新羅의 멸망과 景文王家

전 기 웅 (全基雄)
1954년 서울 출생
동아대학교 문과대학 사학과 졸업
부산대학교 대학원 사학과 석사 · 박사과정 수료(문학박사)
현 부산대학교 한국민족문화연구소 기금교수

주요 논저
『羅末麗初의 政治社會와 文人知識層』(1996)
「신라 하대말의 정치사회와 경문왕가」, 「나말여초의 지방사회와 지주제군사」, 「신라 하대의 화랑세력」,
「고려초기의 신라계세력과 그 동향」, 「헌강왕대의 정치사회와 '처용랑망해사'조 설화」, 「신라말 효공왕대의
정치사회 변동」 외 다수

新羅의 멸망과 景文王家

전 기 웅

2010년 12월 30일 초판 1쇄 발행

펴낸이 | 오일주
펴낸곳 | 도서출판 혜안
등록번호 | 제22-471호
등록일자 | 1993년 7월 30일

주소 | ㉾ 121-836 서울시 마포구 서교동 326-26번지 102호
전화 | 3141-3711~2 / 팩시밀리 | 3141-3710

E-Mail hyeanpub@hanmail.net

ISBN 978 · 89 · 8494 · 415 · 2   93910

값   25,000 원

新羅의 멸망과 景文王家

전 기 웅

혜안

머리말

1996년에 첫 저서인 『羅末麗初의 政治社會와 文人知識層』을 간행한 지 15년이 지났다. 학문에 오로지 전념하지 못하고 그 언저리에서 이것 저것 기웃거리며 낭비한 시간의 양이다. 이제 신라말의 정치사에 관련된 논문들을 모아 다시 하나의 책을 엮는다.

1989년에 발표한 「신라 하대말의 정치사회와 경문왕가」는 저자의 신라사 이해에 기초를 이루었고 그후의 글들은 모두 이 논문에서 파생되었거나 다시 부연하여 조금 더 자세하게 다룬 것에 지나지 않는다. 천년을 이어온 신라가 왜, 어떻게 해서 멸망의 길을 가게 되었는가. 그때 지배층과 신라인들은 무엇을 하고 있었는가. 이 책도 거기에서 벗어나지 않는다.

『삼국유사』의 기이편은 그 자체가 설화로 엮은 역사이다. 저자는 몇 가지 설화를 분석하여 역사 해석의 자료로 사용하였는데, 그러나 그것은 나의 해석이라기보다는 일연이 이미 설화 속에 숨겨두었던 말을 그저 꺼내어 옮긴 것에 지나지 않는다. '48대 경문대왕'조의 설화들과 '처용랑망해사'조와 '진성여대왕거타지'조, 효선편의 '빈녀양모'조는 진성여왕을 전후한 시기의 정치와 사회상을 담고 있는 설화들이다. 설화란 형식은 역사의 기술과는 달라서 상상과 해석의 여지가 많다. 그러나 마치 문학에서 시가 그러하듯이 당시의 사회상을 상징과 은유로서 오히려 더욱 선명하게 드러내는 것이다. 역사학의 시각에서 설화를 사실로 해석하는 데는 적지 않은 무리가 있을 것이지만, 계속 추구해야 할 과제라고 믿는다.

경문왕가와 화랑의 관련성은 이 시기 왕실 지배층의 성격을 이해하는 키워드이다. 경문왕은 화랑으로써 왕이 되었고 화랑과 그 집단은 정치의 중앙으로 떠오르기 시작하여 화랑세력이라고 부를만하기에 이르렀다. 경문왕가에서 나타나는 독특한 현상들은 대부분 화랑, 화랑의 고유 신앙과 관련된 것이었다. 왕실은 성장하는 지방사회를 앞서 이끌어가지 못한 채 종교적 권능에 의존하여 왕실을 유지하기에 급급했고 왕경인은 사치와 호사스런 생활로 지방민을 수탈하였다. 이에 대한 반발은 왕경 내부의 비난과 지방에서의 반란으로 터져 나왔던 것이다.

예겸이라는 인물을 발견한 것은 매우 즐거운 일이었다. 위홍이 대중적으로 널리 알려져 있음에 비하여 예겸은 비교적 생소한 이름이지만, 그는 위홍과 함께 신라말의 정치사에서 가장 많은 영향을 미친 인물이다. 무너져가는 나라를 지탱하기 위한 노력은 정치세력의 교체와 지방 통치체제의 변혁을 가져왔다. 그 개혁을 이끌어간 인물이 예겸이었다. 역사의 사건들에는 표면에 나타나지 않으면서도 정치의 흐름을 조정하고 시대의 방향을 이끌어가는 역할을 하는 사람들이 있다. 이제껏

우리가 예겸을 주목하지 못했다면 그가 바로 그런 인물이었기 때문일 것이다.

신라의 마지막 왕인 경순왕은 싸워보지도 않고 나라를 내어줄 수는 없다는 아들의 거센 항의에도 불구하고 "기왕 强하지도 못하고 또 弱하지도 못하여 무죄한 백성들을 참혹히 죽게 할 수는 없다." 하고 투항을 결정하였다. 그의 심경을 헤아려 본다. 멸망한 후에도 신라인들은 고려라는 새 국가의 주도계층으로 살아남을 수 있었다. 신라인에게 신라의 멸망은 끝이 아니라 새 세계를 향한 도전의 시작이었다. 천년 왕조란 그냥 이루어진 것이 아니다. 그들의 끈질긴 생명력에 대해 감탄할 뿐이다.

이 책에는 신라말의 정치사회와 관련된 8개의 논문이 수록되었다. 각각의 논고는 독립된 주제를 다루고 있으나 경문왕의 등장에서 신라의 멸망까지 신라말 정치사회의 흐름을 따라 연결되고 있다. 대개는 학회지를 통하여 발표하였던 논문들이며 일부는 시대적 배경이 일치하여 내용상 중복과 부연이 또한 적지 않다. 새로운 체제에 따라 보완과 수정을 가하여야 마땅할 것이나 그러지 못하였다. 무리하게 손질을 가하여 억지로 모양새를 갖추느니 되도록이면 원형을 살려 두는 것이 더 나을 것이라는 생각이었다. 따라서 각 논문이 발표된 이후의 새로운 경향이나 연구성과를 반영하지 못하였다. 연구자들의 깊은 양해를 바란다.

살아오면서 이 세상에게서 얻은 은혜와 도움은 이루 다 언급할 수가 없다. 풀 한 포기 돌 하나에겐들 감사하지 않을 수 있겠는가마는, 그중에도 한 사람 나의 아내 정정희에게 이 책을 바친다.

2010년 12월

저자 전 기 웅

목 차

머리말 5

1장 序 論 13

2장 景文王家와 화랑세력 25

Ⅰ. 신라 하대의 花郞勢力 27

1. 신라 하대의 花郞과 그 활동 27

1) 明基와 安樂 27
2) 膺廉과 範敎師 30
3) 邀元郞 등 4人의 花郞과 大矩和尙 34
4) 孝宗郞 37

2. 景文王家 왕실과 화랑세력 43

Ⅱ. 화랑 孝宗과 孝女知恩 설화 58

1. 孝女知恩 설화의 분석 59

1) 孝女知恩條와 貧女養母條의 비교 60
2) 화랑 관련 기사의 검토 67

2. 효녀지은 설화의 배경과 화랑세력 75

1) 王京人의 동향 76
2) 花郞 孝宗의 정치적 부상 80

3장 景文王家期 정치사회의 전개 87

I. 憲康王代의 정치사회와 '處容郎望海寺'조 설화 87

1. '處容郎望海寺'條와 花郎徒 88

2. 헌강왕대 정치사회의 양상 112

1) 왕실 112
2) 정치세력 114
3) 불교와 유학 120
4) 왕경과 지방사회 124

II. 진성여왕대의 '眞聖女大王居陀知'조 설화 129

1. 王京과 왕거인 사건 131

1) 왕거인 사건의 검토 132
2) 왕경의 정치적 변동 144

2. 康州의 해상세력과 거타지 설화 147

1) 거타지 설화의 검토 147
2) 강주와 왕봉규의 해상활동 155

III. 신라말의 개혁과 최치원 163

1. 진성여왕대의 정치사회와 최치원 164

2. 시무10조와 개혁의 양상 171

IV. 孝恭王代의 정치사회 변동 187

1. 효공왕의 즉위와 정치세력의 동향 188

1) 효공왕의 즉위 188
2) 정치세력의 동향 200

2. 효공왕대 정치사회의 양상 212

1) 지방통치체제의 개혁 212
2) 정치사회의 전개 216

4장 新羅의 멸망과 新羅人의 동향 227

Ⅰ. 신라의 멸망과 朴氏王家 227

1. 박씨왕가의 성립과 신덕왕 228

1) 박씨왕실의 구성원에 대한 검토 230
2) 신덕왕의 즉위 배경 236

2. 박씨왕가기 정치사회의 양상 242

3. 박씨왕가와 신라의 멸망 254

1) 신라왕실의 권위와 왕권의 추락 255
2) 외교정책의 한계 257
3) 천재지변과 왕경의 쇠퇴 259
4) 종교적 의존의 심화 261

Ⅱ. 고려초기의 新羅系 세력과 그 동향 265

1. 신라인의 귀부와 그 수용 267

2. 신라 歸附人의 존재 양태 280

1) 왕실과 진골귀족 280

12

2) 百僚와 士庶 284
3) 지식인계층 287
3. 고려초 신라계 세력의 동향 291
1) 신라계 지식인의 성장 292
2) 신라왕실세력의 동향 295

5장 結 論 305

참고문헌 323

찾아보기 333

1장 序 論

1.

신라는 B.C. 57년 박혁거세왕의 건국에서부터 시작하여 A.D. 935년 경순왕의 귀부에 이르기까지 992년 동안 유지된 국가이다. 거의 천년에 이르는 기간 동안 한 국가와 왕조의 틀을 지탱해 온 것은 역사상 드문 일로 신라인의 끈질긴 생명력을 말해주는 것이다. 그런데 천년을 살아남은 신라가 마침내 몰락과 멸망에 이르렀을 때 정작 우리의 관심은 이상할 정도로 적었다. 나말여초의 시기에 새롭게 나타나는 시대상과 신흥국가의 출발과 각축, 영웅들의 그림자에 가려 시들어가는 신라는 주목할 만한 대상이 되지 못하였다. 그나마 관심의 대부분은 고려사의 시각에서 바라본 신라 정복의 과정이었다. 한편 일반인들의 신라 멸망에 대한 인식은 지배층의 무능과 도덕적 타락, 무절제한 사치와 향락, 무기력하고 적절하지 못한 대응 등 패배자의 부정적인 모습들로 기억되어 왔었던 것이 사실이다.

한 국가가 멸망에 이르게 된 것에는 대개 그 지배층의 잘못에 기인한 바가 크며, 이는 신라도 마찬가지이다. 그러나 그저 지배층의 무능과 타락 때문이라고만 넘겨버릴 일은 아니다. 그것은 구체적으로 분석하고 더 깊이 파헤치고 살펴보고 난 이후에 비로소 내려져야 할 결론인 것이다. 이 책에서 주로 다루려고 하는 내용은 경문왕가의 성격과, 정치사회의 전개과정과 정치세력의 동향, 신라의 몰락에 대한 지배층의 대응에 관한 것들이며 이는 결국 신라 멸망의 원인과 과정에 대한 모색인 셈이다.

첫째, 景文王家는 어떤 왕조였는가. 신라 몰락의 출발은 진성여왕 3년의 지방반란에서 시작된다. 이 시기에 신라를 이끌어간 왕실은 경문왕가였다.[1] 경문왕가는 48대 경문왕 膺廉으로부터 시작하여 그 자녀인 헌강왕 晸, 정강왕 晃, 진성여왕 曼, 그리고 경문왕의 손자이며 헌강왕의 아들인 효공왕 嶢까지 5명의 왕을 배출한 신라 하대의 왕실 一家를 지칭한다. 이들이 신라를 이끌어간 50년간의 기간을 景文王家期 (861~911)라고 부르기로 한다. 그 뒤를 이은 신덕왕은 헌강왕의 사위이므로 경문왕가와 관련이 없지 않지만, 스스로 박씨를 칭하며 전대 왕실과의 차별을 내세웠으므로 신덕왕 景暉와 그 아들인 경명왕 昇英, 경애왕 魏膺의 3대는 따로 구별하여 朴氏王家로 부른다. 박씨왕가는 15년간 왕실을 차지하였으나 경애왕이 견훤에게 피살됨으로써 막을 내리고 다시 김씨인 경순왕 傅가 왕위에 올랐는데, 그는 헌강왕의 딸과 혼인한 화랑 출신 孝宗의 아들이다. 즉 헌강왕의 외손인 것이다. 이처럼 경문왕 이후 신라 멸망까지 이르는 기간 동안 신라를 이끌어간 왕실은 경문왕가의 왕들과 그 인척들이었다.

신라가 멸망에 이른 원인을 찾기 위해서는 먼저 이 시기에 왕실을

---

1) 왕실에 대해서는 흔히 '王系'를 쓰기도 한다. 이는 家系, 系列, 친족집단의 리니지 이론와 관련된 용어로 보인다. 무열왕계, 원성왕계 등의 용어들이다. 이에 비해 '王家'는 一家, 家族, 로얄 패밀리의 성격이 좀 더 짙은 용어이다. 영국의 튜더 왕가나 독일의 합스부르크 왕가와 같은 경우이다. 경문왕에서 신라말에 이르는 기간의 왕실에 대해서는 왕의 계통이라는 의미의 '系'보다 왕실가족이라는 의미의 '家'가 더 어울린다고 생각한다.

차지하였던 경문왕가 왕실의 특징과 성격에 대한 이해가 필요할 것이다. 이들은 몇 가지 특이한 점을 보이고 있다. 먼저 경문왕가의 왕들은 모두 단명하여 30세를 넘기지 못하고 일찍 죽었다. 경문왕은 30세 무렵에, 헌강왕은 25세 정도에서 사망하였으며, 정강왕은 24세 미만의 나이로 1년간 왕위에 있었다. 진성여왕은 갓 스물을 넘었을 정도에 왕위에 올라 10년간 재위하였다. 효공왕은 가장 어린 10여 세 무렵에 즉위하여 25세에 죽었다. 이처럼 경문왕가의 왕들은 대개 10대의 어린 나이에 왕위에 올라 30살을 넘기지 못하고 일찍 사망하였다.

이들의 외모는 다른 사람들과 비교하여 확연히 구별될 정도로 특별하였다. 설화 속의 내용이지만 경문왕은 귀가 길어 당나귀 귀와 같았으며, 진성여왕은 骨法이 장부와 같다고 하였고, 효공왕은 등에 두 뼈가 솟아 있었다. 특히 진성여왕은 '우리 집은 骨法이 다른 사람들과 다르다'라고 하며 등에 두 뼈가 솟은 요를 헌강왕의 아들로 인정하였다. 이 가계의 사람들은 다른 가계의 사람들과 확연히 구분될 만큼의 특별한 골법, 즉 신체의 외형적 특징을 갖고 있었던 것이다. 이들이 단명한 것이나 자손이 귀하였다는 점도 이와 관련되는 것은 아닐까 한다. 경문왕은 두 아들과 딸 하나를 두었으나 이후 헌강왕이 서자인 요를 두었던 것 말고는 모두 후사가 없었다.

이들은 종교적 신이함과 밀접한 관계를 보이고 있다. 경문왕은 잘 때 뱀이 와서 지켜주었고,[2] 헌강왕은 동해용 남산신 등 호국신들과 소통하였으며, 진성여왕과 효공왕의 특이한 골법은 북방 샤먼의 특성과 연결된다. 진성여왕의 즉위는 선덕여왕의 경우를 연상케 하는데, 스스로 부처라고 생각하며 신성한 혈통을 강조하였던 중고기 성골왕실과

---

2) 이 뱀은 혀를 내어 왕의 가슴을 덮어주었다고 한다. 가슴을 덮을 만큼 커다란 혀를 가졌다면 그 뱀은 거대한 크기의 신성한 영물이었음에 틀림없다.

하대말의 경문왕가는 서로 유사한 점이 많아 보인다.

경문왕가가 화랑과 밀접한 관계가 있다는 점은 이들의 성격을 이해하는 데 매우 중요한 부분이다. 경문왕은 화랑으로 왕이 되었으며 그 자녀들인 헌강왕, 정강왕, 진성여왕은 바로 화랑의 자녀들이었다. 헌강왕의 사위인 효종도 또한 화랑이었으며, 경순왕은 화랑 효종의 아들로서 이들 또한 花郎家이다. 즉 경문왕가는 화랑 및 화랑의 자녀로써 왕위를 이어간 화랑가이며 화랑세력과 밀접한 가문이었다. 경문왕가기 왕들에게서 나타나는 종교적 권위의 지향이나 신들과 관련된 특이한 현상들은 화랑의 특성과 관련이 있을 것으로 생각된다.

즉 경문왕가는 화랑의 일가이며, 왕실은 종교적 신이함에 깊이 관련되어 있고, 국왕들은 특이한 신체적 외형을 가지고 있었으며, 젊은 나이에 일찍 사망하였다. 경문왕가의 특성은 나말 정치사회 전개의 과정에서 곳곳에 그림자를 내리고 있다.

둘째, 신라말의 정치사회에서는 어떠한 일들이 일어났고 어떤 인물들이 어떻게 신라를 이끌어갔는가 하는 정치사적 전개과정에 대한 관심이다. 경문왕이 즉위한 이후부터 하대의 치열했던 왕위쟁탈전이 멈추고 이후 경문왕 일가만이 왕위를 독점하였다. 이 기간에 왕위계승을 두고 무력으로 도전하는 일은 일어나지 않았다. 경문왕가는 신성한 혈통과 종교적 권위를 내세워 왕위를 고착화시키는 데 성공하였고 마침내 여왕의 등장을 보기에 이른다. 경문왕은 유학과 화랑, 불교를 고루 중시하며 정치적 안정을 이루는데 성공하였으며, 다음 대인 헌강왕 때에 이르면 왕경은 번창하고 왕경인은 사치스런 생활에 젖어 있었다. 그러나 불과 수년 후 진성여왕이 즉위한 지 3년 만에 전국에서는 반란이 일어났고, 왕경인들은 왕실을 비난하고 나섰으며 신라는 분열하여 후삼국의 쟁패기로 들어선다. 이처럼 급격한 전환과 몰락은 풀어야할 수수께끼이다.

경문왕가기에는 화랑세력이 정치적으로 부상하였으며, 경문왕 이후 진성여왕의 즉위에 이르기까지 정국을 이끌었던 위홍과 진성여왕, 위홍 사후 무너지는 신라를 지탱하고자 하였던 예겸세력과 효공왕, 각기 헌강왕의 딸과 혼인하여 왕위계승의 후보로서 각축을 벌인 화랑 효종과 신덕왕 경휘, 효공왕 사후에 경문왕가를 이어 새로이 등장한 박씨왕가 와, 경애왕의 피살로 다시 김씨왕족인 경순왕으로 이어지는 정치사의 전개과정에서 주요 인물들의 등장과 이들 간의 관계에 대한 이해는 신라 하대말 정치사회사의 주요 사건들을 잇는 매듭이 될 것이다.

이 과정에서 『삼국유사』의 설화들은 매우 중요한 해석의 실마리를 제공한다. 경문왕대의 4가지 설화는 경문왕의 성격을, 헌강왕대의 처용 랑망해사 조의 설화와, 진성여왕대의 왕거인 사건과 거타지 설화, 효녀 지은 사건은 각기 당시 사회상을 이해하는 데 많은 도움을 준다. 『삼국유 사』의 설화는 민속학이나 국문학에서 주로 다루어져 왔으나 고대사의 부족한 사료의 공백을 메워주는 자료로 활용이 가능하다. 설화를 역사 학의 영역으로 이끌어 들이려는 꾸준한 노력이 필요할 것이다.

셋째, 신라 멸망과정에 대한 이해와 함께 몰락해가는 나라를 지탱해 온 지배층의 대응에 대한 세밀한 검토가 필요하다는 점이다. 진성여왕 때의 전국적인 반란의 발생 이후에도 신라는 50년을 유지해 나갈 수 있었다. 한 나라가 멸망하는 기간으로는 결코 짧지 않은 기간이다. 이 동안 신라의 지배층은 어떠한 노력과 태도를 나타내고 있었는지 면밀히 살펴보아야 할 것이다.

진성여왕 후기부터 효공왕대의 전반에 이르는 기간에 신라는 지방반 란에 대응하여 성주 장군 등의 군사적 통치체제로 전환하기 시작하였고 성장하는 지방세력가에게는 지주제군사의 직함이나 왕경의 위계를 내리는 등 위기에 대처하려는 변화가 나타나고 있다. 최치원을 대표로 하는 6두품 도당유학생 출신 지식인들은 국내의 위기를 모면하기 위한 방안으로 외교적 노력을 강화하여 당에 대한 적극적인 접근을 꾀하였고, 효종의 형인 김억렴 등 화랑세력은 방위의 요지인 대야성을 굳게 지켜냄으로써 후백제의 신라 침공을 저지하였다. 박씨왕가는 견훤을 배척하고 친고려 외교정책을 폈으며, 마침내 힘이 다한 경순왕은 왕경인들을 보호하기 위해 고려에 대한 귀부를 결정하였다.

흔히 신라 멸망의 원인으로 여왕의 음란이나 경애왕의 포석정 유희와 같은 지배층의 무능과 정신의 타락을 비난하여 왔으나, 대개는 오해이거나 당시의 상황에 대한 이해가 부족한 심정적 비난이 많았다. 50년이라는 기간 동안 무너져 가는 나라를 지탱해간다는 것은 결코 그냥 이루어지는 쉬운 일이 아니다. 신라의 왕실과 지배층은 위기를 극복하기 위해 부단히 노력하였고 안간힘을 다 쓰다가 결국에는 힘이 다하자 스스로 자진하여 고려에 귀부함으로서 자신들과 왕경의 신라인의 안전을 지켜냈다. 그 과정에서 보여주는 신라 지배층의 모습은 오히려 힘겹고 애처로우며 안쓰럽다. 신라 몰락의 원인을 제공하고 결국 멸망에 이르게 한 것도 왕실과 지배층의 책임이지만, 무너져 가는 신라와 왕경의 백성들을 지켜내기 위해 마지막까지 혼신의 힘으로 애쓴 것도 그들이었다.

여기에서는 경문왕가 왕실의 시작인 경문왕의 등장으로부터 박씨왕가를 거쳐 경순왕의 고려에 귀부에 이르는 신라말 정치사회의 흐름에 대해 살피고 이와 함께 신라가 몰락에 이르는 원인을 경문왕가 왕실과 관련하여 찾아보고자 한다. 이는 동시에 신라의 멸망에 관한 고찰이기도 하다.

2.

다음으로 각 장에서 다루고자 하였던 내용을 간단히 소개하기로
한다.

2장 「景文王家와 화랑세력」에서는 下代에 활동하였던 화랑세력의
존재와 역할에 대한 검토와 아울러 정치사회의 양상을 화랑과의 관련
속에서 살피고자 하였다.

Ⅰ. 「신라 하대의 花郞勢力」에서는 하대 화랑의 활동을 살피고 그들이
정치세력으로 성장하는 모습에 대해 주목하였다. 하대에 이르면 화랑의
군사적, 정치적 활동이 크게 증가되고 있다. 즉 憲德王代에 이르면
明基 安樂 두 화랑이 김헌창 난의 진압에 독자적으로 군사를 이끌고
참전하였으며, 경문왕 응렴은 화랑으로써의 활동을 통해 헌안왕의 딸과
혼인하고 그 뒤를 이어 왕위에 올랐다. 그는 유일한 화랑 출신 국왕이다.
경문왕대에는 네 명의 화랑이 금란에서 회동하여 국왕을 위한 충성을
다짐하였다. 이 무렵 화랑세력은 정치적 활동을 통하여 왕실과 결합하
는 양상이 두드러지는데, 진성여왕 이후에는 효녀지은 사건으로 인망을
얻은 孝宗郎이 정치적으로 부상하여 정치세력을 형성하는 모습이 뚜렷
이 나타난다. 박氏왕가를 이어 등장한 경순왕은 효종의 아들이다.

Ⅱ. 「화랑 孝宗과 孝女知恩 설화」는, 『삼국사기』 열전의 효녀지은조와
『삼국유사』 효선편의 빈녀양모조의 설화에는 몰락한 왕경인 지은과
귀족의 꽃이라고 할 수 있는 화랑 효종과의 사이에서 일어난 미담이
담겨 있다. 이 설화를 분석하여 당시 왕경의 사회상과 진성여왕대의
정치적 상황의 일면을 엿보고자 하였다. 흉년과 지방민의 조세저항으로
생활의 어려움을 겪게 된 왕경의 하층민은 몰락의 길을 걷게 된다.
孝女知恩 설화는 이러한 위급한 시기의 신라 왕경을 배경으로 하고
있다. 백성에서 노비로 전락한 지은의 사연을 통해 당시 왕경인의

고단한 삶의 모습을 찾아볼 수 있다. 이 설화는 화랑과 여왕이 등장하고 있어 지배층의 동향을 보여주는 자료로서도 중요한 가치를 지닌다. 화랑 효종은 지은을 구휼한 일로 왕경인의 신망과 여왕의 신임을 얻어 헌강왕의 왕녀와 혼인하였고 이후 유력한 왕위계승자의 지위를 확보하게 된다. 진성여왕은 인망을 얻게 된 화랑 효종을 부각시키고 추락한 왕경의 민심을 회유하기 위해 이 미담을 적극 활용하려 하였던 것이다. 이 설화를 통하여 경문왕가와 밀접하였던 화랑세력의 활동 양상을 보다 선명하게 이끌어낼 수 있을 것이다.

경문왕가와 화랑은 서로 밀접한 관계를 맺고 있었다. 하대의 화랑과 화랑세력에 대한 이해는 나말의 혼란을 유발하였던 경문왕가기 정치사회의 성격과, 신라 왕실의 몰락 원인을 이해하는 데 도움을 줄 것으로 기대한다.

3장 「景文王家期 정치사회의 전개」에서는 헌강왕 이후 효공왕에 이르는 기간의 정치사회의 양상과 전개에 대해 살피고자 하였다.

I. 「憲康王代의 정치사회와 '處容郎望海寺'條 설화」에서는 '처용랑망해사'조에 수록된 설화의 배경과 그 의미를 살피고, 헌강왕대의 정치사회에서 나타나는 양상에 대한 이해를 갖고자 한다. 헌강왕대(875~886)에는 호화스런 王京의 번영과, 호국신들의 잦은 출현, 歌舞의 성행이 나타나지만 불과 10년도 지나지 않아서 혼란과 분열로 이어지게 된다. 진성여왕의 즉위와 함께 찾아온 신라사회 몰락의 요인은 헌강왕 이전의 정치사회에서부터 찾아져야할 것이다. 이 시기에는 동해용의 아들인 처용뿐만 아니라 南山神 北岳神 地神 등 국가를 수호하는 神들의 출현이 빈번하였으며, 헌강왕은 춤과 노래를 매개로 신성한 종교적 존재들과 조우하고 있었다. 『語法集』에서는 이런 현상들을 오히려 신라의 몰락과 관련 있는 것으로 해석하고 있다. 신라의 몰락과 헌강왕대의 가무,

번영은 어떤 관련이 있는 것일까. 처용은 역사적 인물로 해석할 수 있을까. 진성여왕대의 지방 반란의 원인은 헌강왕대의 사회 속에서 이미 내재되어 있었다. 설화의 면밀한 분석을 통해 그 실마리를 찾고자 한다.

Ⅱ. 「진성여왕대의 '眞聖女大王居陀知'조 설화」에서는 '진성여대왕거타지'조에 수록된 설화에 대한 분석을 통하여 진성여왕대의 정치사회에 대하여 접근하고자 하였다. 여기에는 두 개의 설화가 들어있다. 하나는 왕거인 사건이다. 6두품 지식인인 왕거인의 투옥과 방면에 관한 이야기로 국정을 비판하였던 국인들의 다라니에 대한 해석이 첨부되어 있다. 왕경 내부의 분열과 지배층에 대한 불만이 분출되는 왕경의 불안한 사회상을 보여주는 설화이다. 다음은 거타지 설화로 당나라로 가던 거타지가 해상에서 용왕을 구원하고 용녀를 얻어 돌아왔다는 모험담이다. 바다에 나아가 모험을 겪고 보화를 얻어 귀환하는 상인의 성공담 같은 테마는 송악의 작제건 설화에서도 발견된다. 이 둘은 활발하고 진취적인 지방 해상세력의 활동을 보여주는 설화이다. 일연은 추락하는 왕경과 떠오르는 지방을 두 개의 설화를 통하여 대비하고 있는 것이다. 기이편은 설화로 엮어낸 역사이다. 설화들은 유기적으로 관련을 맺으며 하나의 체제를 만들어 가고 있다. 일연은 설화를 통하여 그 시기의 가장 중요한 핵심을 상징과 은유로서 선명하게 제시하고 있다. 이 시기 설화들을 신중하고 꼼꼼히 살펴보아야 할 이유이다.

Ⅲ. 「신라말의 개혁과 최치원」은 나말의 개혁과 최치원의 활동을 연결하여 해석한 것이다. 최치원은 도당유학생 출신 6두품의 대표적인 위치에 있었던 인물이다. 그의 귀국 후 정치적 활동과 행적에 대해서는 많은 연구가 있었음에도 불구하고 구체적인 설명은 부족하다. 그의 지방관 역임이나 도당 사행, 여러 외교문서의 작성 등의 행적은 당시의

정치사적 변화과정과 연관하여 설명함으로써 보다 구체적인 모습이 드러나게 될 것이다.

특히 그가 시무 10조를 올린 것은 의미가 크다. 이 시무책에는 지방사회의 이반에 대처하는 방안이 포함되었을 것으로 생각되며 이후 신라말 지방사회에서 나타나는 광범위한 변화의 양상을 통해 실행의 가능성을 짐작할 수 있다. 진성여왕 후반에 들어서면서 새로운 정치세력이 부상하고 다양한 변화와 개혁의 양상이 나타난다. 왕경에서는 예겸의 등장과 효공왕의 즉위로 정치세력이 교체하였으며, 지방사회에서는 都督制가 폐기되고 知州諸軍事와 城主가 등장하는 통치체제의 변혁이 있었다. 이러한 개혁의 과정에서는 당의 영향이 뚜렷이 드러나고 있어서 최치원과 도당유학생 출신 6두품의 역할을 짐작케 한다.

IV.「孝恭王代의 정치사회 변동」에서는 진성여왕 후반부터 효공왕대까지 정치세력의 각축과 전개에 대하여 살피고자 한다. 국가적 위기를 맞은 신라의 왕경에서는 급격하고도 흥미로운 변화들이 일어나고 있었다. 구 정치집단을 대신하여 예겸세력이 부상하여 정권을 장악하였다. 효종의 화랑세력과 경휘의 예겸세력이 왕위를 두고 경쟁하는 가운데 헌강왕의 서자인 효공왕이 등장하여 태자로 인정받고 즉위하기에 이르는 과정은 정치세력간의 각축과 관련되어 있었다. 예겸세력은 지방 반란에 대비하여 지방통치체제를 개혁하여 지주제군사, 성주의 군사적 대응체제를 성립하고 대당 외교활동을 활발히 전개하는 등 위기의 수습에 나섰다. 이런 변화는 진성여왕 후반부터 시작하여 효공왕대를 거치며 기본적인 형태가 갖추어진다. 나말여초 사회의 새로운 움직임은 지방사회 뿐만 아니라 왕경의 지배층에게도 변화와 개혁을 요구하였다. 진성여왕에서 효공왕을 거치는 동안 신라의 정치사회에서 나타나는 현상과 전개과정을 살핌으로써 지배층의 대응 방식과 변화의 내용을 파악하는 것은 나말여초의 사회변동에 대한 이해에도 도움을 줄 것으로 생각한다.

4장 「新羅의 멸망과 新羅人의 동향」에서는 신라의 실질적인 멸망을 가져온 박씨왕가의 양상과 몰락의 원인에 대해 살피고 신라의 멸망과정과 그후 신라인의 동정을 살펴보았다.

Ⅰ. 「신라의 멸망과 朴氏王家」를 보면, 효공왕이 죽고 그 뒤를 이은 신덕왕은 박씨였다. 신라말 왕경 지배층의 변화 중에서 가장 두드러지는 사건은 박씨왕가의 등장이다. 신라는 박씨왕가기를 지나며 돌이킬 수 없는 몰락의 길로 들어섰으며 견훤에 의한 경애왕의 살해는 실질적인 신라의 멸망이라고 하여도 좋을 것이다. 신라가 멸망한 배경과 이유에 대한 해명을 위해서는 먼저 직접적인 계기가 된 박씨왕가기의 역사상에 대한 적절한 이해가 요구된다. 박씨왕가는 어떤 왕실이며, 박씨가 어떻게 왕위를 차지할 수 있었으며, 그들이 이끌었던 신라말 정치사회의 전개양상은 어떠하였는가. 그들이 후백제와 고려의 위협이라는 국가적 위기를 맞아 취했던 조치들과 대응 형태는 무엇인가. 신라사의 수수께끼 중 하나라고 할 수 있는 박씨왕가의 등장과 정치사회에서 나타나는 현상들을 분석하고 이를 바탕으로 박씨왕가의 몰락과 신라 멸망을 초래한 요인들을 찾아보고자 한다.

Ⅱ. 「고려 초기의 新羅系 세력과 그 동향」은 신라의 멸망과 그후 신라인들에 대한 후일담이다. 멸망당한 국가의 왕족이나 지배층은 대부분 비참한 최후를 맞거나 도태되는 것이 일반적인 경우라고 할 수 있을 것이다. 그럼에도 불구하고 망국의 유민이라 할 수 있는 신라 출신의 인물들은 고려의 정치사회에 진출하여 정치세력으로써 왕실의 일원으로 자리를 잡거나, 유교의 정치이념을 제시하고 실천에 옮긴 주체로 나타나고 있다. 어떻게 이들은 살아남을 수 있었을 뿐 아니라

고려의 중심에 이르게 되었을까. 신라 출신 인물들의 수용과정, 신라계
세력의 존재양태와 그 활동에 대해 살핌으로써 그들이 정치세력으로
대두할 수 있었던 배경과 그 과정에 대한 이해를 갖고자 한다.[3]

---

3) 이 4-II의 부분은 저자의 『羅末麗初의 政治社會와 文人知識層』, 혜안, 1996에
   수록된 바 있으나 본서의 체제와 내용의 필요에 의하여 재수록 하였다.

2장 景文王家와 화랑세력

花郎은 中古期에 등장하여 국가의식의 고양과 통일전의 수행에 큰
역할을 담당하여 斯多含·金庾信·官昌 등이『三國史記』의 列傳에 입전
되리만큼 역사의 전면에서 활발한 활동을 보였다. 그러나 삼국간의
항쟁이 끝난 中代社會에서 화랑의 활동은 역사 속에 뚜렷이 떠오르지
않으며,[1] 화랑의 움직임이 다시 활발하게 나타나는 것은 下代社會에

---

[1] 통일 이후 中代의 화랑으로는 孝昭王代의 竹旨郎, 夫禮郎과 俊永郎, 述郎, 南郎,
安詳의 四仙, 景德王代의 耆婆郎을 찾을 수 있으며, 郎徒로는 孝昭王代의 安常,
眞才, 繁完과 景德王代의 忠談師, 月明師의 僧侶郎徒가 있다. 특히 효소왕대에
화랑에 관한 기록이 집중되고 있어서 주목된다. 효소왕대의 화랑인 夫禮郎은
천 여명의 무리를 거느린 화랑이었는데 무리를 이끌고 金蘭에 出遊하였다가
北溟 방면에 이르러 狄賊에 잡혀가니 門客이 모두 어쩔 줄 모르고 돌아왔는데
安常만이 홀로 쫓아갔다고 하였다(『三國遺事』권3, 栢栗寺條). 이들은 神琴과
萬波息笛의 神異로 귀환하게 되었고 효소왕은 부례랑을 大角干, 안상을 大統으
로 삼는 등의 은전을 펴 神異함에 답하였으나, 통일기 花郎의 용맹하고 씩씩한
기상과 비교해 볼 때 화랑이 적에 잡혀가고 郎徒들이 어쩔 줄 모르고 돌아오는
상황은 격세지감을 느끼지 않을 수 없다. 역시 효소왕대의 竹旨郎은 幢典
益宣阿干에게 낭도 得烏의 휴가를 요청하였으나 거절당하고 있다. 이 역시
益宣을 잡아 죽이고 牟梁里人을 관직에서 축출하는 등의 강력한 대응이 뒤따랐
지만, 화랑의 권위는 왕실과 국가의 보호에 의존하여 유지되고 있음을 알
수 있다(『三國遺事』권2, 孝昭王代 竹旨郎條). 四仙은 遊遙의 행적으로 널리
알려져 있는데, 이 4인의 화랑이 한데 모인 것은 효소왕대의 국왕과 화랑간의
밀접한 관련에서 해석될 수 있을 것이다. 한편 景德王代의 耆婆郎은 忠談師가
지은 讚耆婆郎歌의 대상으로만 알려져 있을 뿐 구체적인 활동사항은 나타나지
않는다. 中代의 화랑에게서 보이는 이러한 양상들은 통일기 화랑의 군사적

이르러서이다. 특히 下代에는 화랑의 군사적, 정치적 활동이 크게 증가
되고 있음이 주목된다. 즉 憲德王代에 이르면 明基, 安樂 두 화랑이
金憲昌 亂의 진압에 참여하였으며, 景文王 응렴은 화랑으로 왕위에
오르고 있다. 이 무렵 화랑세력은 정치적 활동을 통하여 왕실과 결합하
는 양상이 두드러지고 眞聖女王 이후에는 孝宗郞을 중심으로 정치세력
을 형성하여 왕위에 도전하는 모습이 나타난다. 종교적 神異와 관련된
형태로 나타나던 중대 화랑의 모습과는 달리 하대에는 군사적 활동을
하거나 정치세력으로 왕위계승에 나서는 등 화랑세력이 보다 현실적인
정치사회의 일원으로 등장하는 것이다. 여기에서는 하대 정치사회에서
활동하였던 화랑세력의 존재와 역할에 대한 검토와 아울러 하대 정치사
회의 양상을 화랑세력과의 관련 속에서 살피려 한다.[2] 이것은 하대의
정치사회의 전개과정에 화랑세력의 정치적 활동과 역할이 미친 영향이
결코 간과될 수 없기 때문이다. 하대 화랑세력에 대한 이해는 특히
나말의 혼란을 유발하였던 景文王家期 정치사회의 성격과, 신라왕실의
몰락 원인을 이해하는데 도움을 줄 것으로 기대한다.

역할이나 정치적 지위, 사회활동에 비하여 현저히 약화된 모습으로 비춰진다.
그러나 下代에 이르면서 花郞의 軍事, 政治的 역할은 다시 크게 증대하며,
나아가 응렴은 왕위를 차지하였고 화랑집단은 정치세력으로 등장하는 것이다.
2) 그간의 花郞에 관한 많은 관심에도 불구하고 정치사적인 관점에서 화랑을
주목한 논고는 보이지 않는다. 그러나 하대의 화랑은 정치세력으로의 양상이
두드러지게 나타나고 있으며, 이 점은 나말의 정치사에 나타나는 특징적인
현상들을 이해하는데 중요한 시사를 주고 있다. 화랑에 대한 기존의 연구방향
에 대해서는 崔在錫,「新羅의 花郞과 花郞集團」,『韓國古代社會史硏究』, 一志社,
1987 및『花郞文化의 再照明』, 新羅文化祭學術發表論文集 10, 新羅文化宣揚會,
1989를 통해 엿볼 수 있다.

Ⅰ. 신라 하대의 花郎勢力

1. 신라 하대의 花郎과 그 활동

下代의 화랑으로 활동을 알 수 있는 인물은 憲德王代의 明基와 安樂, 憲安王代의 膺廉, 景文王代의 邀元郎, 譽昕郎, 桂元, 叔宗郎과 진성여왕대 의 孝宗을 찾을 수 있다.[1] 그러면 먼저 이들의 활동에 대해 살피기로 한다.

1) 明基와 安樂

明基와 安樂은 憲德王代의 화랑으로서 14년 金憲昌의 난이 일어나자 낭도의 무리와 함께 진압군의 일원으로 참여하는 군사적 활동을 보이고 있다.

> A. 熊川州 都督인 憲昌은 그 父 周元이 王이 되지 못한 것을 이유로 반란을 일으키어……一吉湌 張雄이 先發이 되고, 迊湌 衛恭·波珍湌 悌凌이 그 뒤를 잇고, 伊湌 均貞·迊湌 雄元·大阿湌 祐徵 등은 三軍을 통솔하고 나갔다. 角干 忠恭·迊湌 允膺은 蚊火關門을 지키고, 明基·安樂 두 화랑은 각기 종군하기를 청하여 明基는 그 徒衆과 함께 黃山으로 향하고 安樂은 施彌知鎭으로 향하였다. (『三國史記』권10, 憲德王 14년 3월 18일조)

위의 사료 A에서 보듯이, 金憲昌이 반란을 일으키자 明基와 安樂의

---

1) 이밖에 아마도 진성여왕을 전후한 시기에 사망했을 화랑 출신 인물로 崔致遠의 「鸞郎碑序」의 주인공인 鸞郎을 찾을 수 있으나 그의 활동에 대해서는 알 수 없다.

두 화랑은 종군할 것을 청하여 각기 낭도의 무리를 거느리고 黃山과 施彌知鎭으로 출전하고 있다. 이들은 각기 徒衆, 즉 郞徒들로 구성된 군대를 지휘하고 있다. 이때 진압군의 군사편성은 일길찬 張雄이 선발이 되고 그 뒤에 잡찬 衛恭과 파진찬 悌凌이 뒤를 따랐으며, 당대의 유력한 실력자인 이찬 均貞과 잡찬 雄元, 대아찬 祐徵이 각기 3軍을 거느리고 출전하였다. 이들은 독립부대의 長으로 휘하부대의 독자적인 지휘권을 행사하였을 것으로 생각되는데, 두 화랑이 거느린 부대도 이와 같았을 것이다.2) 즉 이들은 군사지휘관의 통제와 명령에 따라 제한된 임무만을 수행하는 것이 아니라 스스로 독립된 지휘자로서 단위부대를 통솔하고 있는 것이다.

이러한 점은 전대에 비하여 화랑의 군사적 활동이 독자성을 갖게 된 것으로 이해해도 좋을 것이다. 통일기의 화랑이 전장에 나가 크게 활약하였지만 그들의 지위는 단위부대를 이끄는 지휘관이 아니라 裨將 · 副將 등으로 장군의 휘하에서 지휘를 받아 전투에 참여하는, 군사조직 내의 일 구성원에 지나지 않았다.3) 이는 당시의 화랑이 독자적으로 군사력을 운용하지 못하였음을 의미한다. 그러나 하대에 이르면 花郞이 독자적인 군사능력을 보유하고 이를 행사하고 있는 것이다.

화랑과 그 무리들이 보유한 군사적 능력은 화랑의 정치적 활동을 가능하게 하는 요인이 되었을 것이다. 주지하다시피 하대에는 왕위계승을 둘러싼 진골귀족간의 쟁패전이 치열하게 전개되었으며 군사적 실력에 의한 왕위탈취가 행해지기도 하였던 것이다. 여기에 종교적, 정신적

---

2) 李基白, 「新羅私兵考」, 『歷史學報』 9, 1957/『新羅政治社會史硏究』, pp.259~260 재수록.
3) 加耶征伐에서 전공을 세웠던 斯多含은 貴幢裨將으로 異斯夫의 휘하로 그 지휘를 받고 있으며(『三國史記』 권44, 斯多含傳 및 『三國史記』 권4, 眞興王 23년 4월조) 官昌은 황산벌 싸움에 副將으로써 참여하였다(『三國史記』 권47, 官昌傳).

상징성을 가진 화랑과 진골귀족과 왕경인의 자제들로 구성된 화랑무리
의 향방은 그들의 군사력과 더불어 왕위계승의 성패에 중요한 영향력을
행사할 수 있는 것이라 하겠으며, 이러한 점은 그들을 정치세력으로
부상할 수 있게 하는 기반으로 작용 되었을 것임을 짐작케 한다.

　이와 관련하여 볼 때 명기와 안락이 김헌창의 난에 참전하고 있다는
점은 매우 주목되는 사실이다. 金憲昌의 난은 그 아버지인 金周元이
왕위를 계승하지 못한 데 대하여 불만을 품고 일으킨, 元聖王系 왕위계
승에 대해 반발하였던 中代王室 武列系 왕족의 도전이었던 것이다.[4]
비록 지방의 세력기반을 바탕으로 하여 신라 중앙정부에 대한 도전을
하였다는 지역간 갈등의 일면도 없지 않지만, 궁극적으로 이 싸움은
진골귀족들 간의 권력 쟁패전이라고 할 수 있다. 이러한 왕위쟁탈을
둘러싼 귀족간의 분쟁에 화랑들이 스스로 출전할 것을 자원하였던
것은 이제 독자적 군사력을 가진 화랑집단이 진골내부의 권력쟁탈을
위한 싸움에 개입, 정치활동에 참여하기 시작하는 단서로 이해할 수
있을 것이다.

　明基와 安樂은 김헌창의 반란에 진압군으로 출전하였음으로 미루어
무열계와 대립되는 원성왕계 진골귀족의 자제였을 것이며, 전공으로
인한 관직으로의 진출이 있었을 것으로 생각되지만, 그후의 활동을
알 수 있는 기록은 없다. 그들은 아직까지 정치세력의 핵심으로 대두할

---

4) 金憲昌은 武列系의 7세손이며, 父 金周元은 선덕왕대에 上宰가 된 바 있으나
　785년 왕위계승에서 金敬信과의 경쟁에서 실패하고 溟州로 은퇴하였다. 김헌
　창의 형인 金宗基는 원성왕대의 侍中을, 그 아들 金璋如는 헌덕왕대의 시중을
　지내고 있으며(『三國史記』 권44, 김양전) 김헌창도 헌덕왕대에 武珍州都督,
　侍中, 菁州都督을 거쳐 熊川州都督이 되고 있어서 김주원의 가문은 왕경에
　유지되고 있었다. 그는 아버지인 김주원이 왕위에 오르지 못한 것을 이유로
　난을 일으켰다고 하였는데, 여기에는 왕경의 元聖王系 왕실에 대한 무열계의
　불만이 작용한 것이라 하겠다. 그는 국호를 長安, 연호를 慶雲이라고 하여
　신라정부에 대해 새로운 정부의 건립을 표방하였다.

수 있는 단계는 아니었다고 하겠다. 그러나 다음 膺廉의 경우는 花郎出身
으로서 왕위에 오른 사례를 보여주고 있다.

2) 膺廉과 範敎師

憲安王代의 화랑인 膺廉은 侍中 啓明의 子로서 憲安王의 사위가 되었
다가 그 뒤를 이어 왕위를 계승하였다. 화랑 출신으로 신라의 국왕에
오른 인물은 景文王 응렴이 유일한 예로 주목된다. 한편 이 과정에
대해서는 응렴의 혼인에 관한 흥미있는 설화가 전해지고 있다.

> B. 王의 諱는 膺廉이다. 18세에 國仙이 되었다. 弱冠에 이르렀을 때
> 憲安大王이 郎을 불러 殿中에 잔치를 베풀고는 묻기를 "郎이 國仙이
> 되어 사방에 돌아다니면서 무슨 이상한 일을 본 일이 있느냐?" 하니
> 郎이 대답하기를 "臣이 美行者 3인을 보았습니다." 왕이 "그 이야기를
> 듣고자 한다." 하니 郎이 말하기를 "남의 윗자리에 있을만한 사람이
> 겸손하여 남의 밑에 앉은 사람이 있으니 그것이 첫째요, 豪富이면서
> 검소하게 옷 입은 자가 있는데 그것이 둘째요, 본래 고귀한 세력가이
> 면서 그 위엄을 보이지 않은 이가 있으니 그것이 셋째입니다."라고
> 하였다. 왕은 그 말을 듣고 郎의 어짐을 알고 모르는 새에 눈물을
> 흘리며 말하기를 "나에게 두 딸이 있으니 郎의 수발을 받들게 하겠
> 다."……郎의 무리의 上首인 範敎師라는 자가 그 이야기를 듣고 郎의
> 집에 이르러 묻기를 "대왕께서 公主로써 公의 아내를 삼고자 하니
> 정말입니까?" 郎이 "그렇다." 하니 또 묻기를 "어떤 공주를 취하려
> 합니까?" 郎이 대답하기를 "兩親이 나에게 명하시되 아우가 좋다고
> 하시었다." 師가 말하기를 "郎이 만약 아우를 취한다면 나는 반드시
> 郎의 면전에서 죽을 것이고 그 형을 취하면 반드시 세 가지 좋은
> 일이 있을 것이니 경계하십시오."라 하니 郎이 "그대로 하겠다."
> 하였다. (『三國遺事』 권2, 景文大王조)

사료 B에서 보듯이, 憲安王은 당시의 國仙인 膺廉이 유요에서 돌아오
자 그를 불러 잔치를 베풀고 遊學 중에 善人을 본 적이 있느냐고 물으니
그는 貴人으로서 겸손한 자, 부자로서 검소한 자, 세력가로서 남을
누르지 않는 자를 善行者로 들어 응답하였다. 이에 감탄한 왕은 응렴을
사위를 삼고자 하여 長女와 次女의 두 딸 중 하나를 선택하게 하니
그는 미색이 뛰어난 次女를 얻고자 하였으나 興輪寺 僧으로 낭도 중의
上首인 範敎師의 충고를 받아 3가지 이익이 있을 것이라는 長女와 혼인
하였던 것이다.5) 그후 왕위에 오른 응렴은 興輪寺 僧을 불러 그 3가지
이익이란 무엇이냐고 물으니 그는 첫째 왕의 뜻에 맞았으므로 총애가
깊어진 것, 둘째 이로 인하여 왕위에 오르게 된 것, 셋째 바라던 둘째
딸도 취하게 된 것이 그것이라고 대답하였다.6)

위의 일화에서 먼저 주목되는 것은 範敎師의 존재이다. 그는 흥륜사의
승려로서 응렴이 이끄는 낭도무리에 속해 있었는데, 이로 볼 때 화랑을
보좌하며 자문하였던 승려낭도에 해당하는 인물일 것이다. 특히 그를
上首라고 하고 있어서 응렴의 낭도무리 가운데 으뜸가는 지위에 있었음
을 알 수 있다. 즉 그는 낭도들을 이끌고 대표하는 위치에서 응렴의
參謀와 같은 역할을 담당하고 있었다고 생각된다. 화랑의 정치적 활동과
역할이 증대될수록 낭도를 지도하고 지략을 제공하였던 승려낭도의
비중도 높아졌을 것이다. 응렴이 왕위를 계승하기 위해서는 아들이
없었던 헌안왕의 맏사위가 되는, 즉 헌안왕의 장녀와 결혼하는 것이
가장 유력한 방법이라 하겠는데, 범교사는 응렴에게 바로 이 점을 강조
하고 계책을 제공하였던 것이다. 여기에서 범교사를 비롯한 화랑무리들

---

5) 이 설화는 『三國史記』 권11, 憲安王 4년 9월조에도 같은 내용이 전하고 있는데,
   응렴의 나이가 15세로 되어 있고 범교사를 흥륜사의 승려라고 하였다. 두
   기록은 문장에 약간의 차이가 있으나 이야기의 큰 흐름은 같다.
6) 『三國遺事』 권2, 景文大王조.

이 응렴의 왕위계승 문제에 깊이 관여하고 있었다는 점을 알 수 있으며, 특히 범교사가 "만약 郎이 아우를 취한다면 나는 郎의 面前에서 죽을 것이다."라고 하며 마치 협박조의 간절한 요구를 하고 있는 것에서 응렴에 대한 낭도들의 기대와 열망을 읽을 수 있다. 마침내 응렴이 차녀를 선택하려던 부모와 자신의 뜻을 철회하고 범교사의 말에 따라 장녀와 혼인하였던 것에서 화랑무리의 영향력이 결코 무시될 수 없는 것이었음을 짐작케 한다. 응렴의 혼인에 관한 이 일화에서 화랑세력이 응렴의 지지기반으로 작용하고 있었음을 알 수 있을 것이다.

한편 응렴이 헌안왕의 맏사위가 된 바로 그 다음 해인 5년 정월에 왕은 병이 깊어지자 유조를 통하여 사위인 응렴에게 왕위를 전하도록 하였다.

> C. 寡人은 불행히도 아들이 없고 딸만 있다. 우리나라의 故事에 비록 善德·眞德의 두 女王의 예가 있지만 이는 새벽에 암탉이 우는 것과 같은 것이라 法度라고 할 수 없다. 사위인 膺廉은 비록 나이는 적지만 老成한 덕이 있으니 卿 등이 이를 세워 섬기면 반드시 祖宗의 令緖를 떨어뜨리는 일은 없을 것이다. (『三國史記』 권11, 憲安王 5년 정월조)

앞에서 지적한 대로 膺廉이 왕위에 오르는 데에는 헌안왕의 長女와 혼인관계를 맺었다는 입장과 지위가 크게 작용하였던 것은 틀림없다. 그런데 헌안왕녀와의 혼인이 가능하였던 이유는 응렴의 가계와도 무관하지 않다. 원성왕 이후의 왕들은 예영계와 인겸계의 양 가계에서 배출하고 있었는데 景文王 膺廉은 禮英系 가운데에서 憲貞系에 속하는 父 啓明과 均貞系의 母 光和夫人의 사이에서 출생하여 예영계의 혈통을 잇는 유력한 왕위계승권자의 하나로서의 지위를 가지고 있었던 것이다.

그리고 응렴의 혼인은 예영-균정계인 헌안왕과 仁謙-忠恭系의 照明夫
人 간의 혼인을 통한 결합으로 태어난 文資王后 사이에 성립된 것이었
다.[7] 이러한 혼인관계의 양상을 볼 때 그동안 치열한 상쟁을 일으켰던
가계들이 점차 서로 혼인을 통해 결합함으로써 가계간 분란의 소지가
약화되는 방향으로 흐르고 있음을 알 수 있다. 헌안왕이 응렴을 사위로
맞고 이어 왕위를 넘긴 것은 왕실 가계들이 화합과 결속을 지향하는
분위기가 작용하고 있었기 때문에 가능하였다고 생각된다.

헌안왕의 사위가 된 응렴은 후계자로 지목되고 遺詔를 통해 왕위에
올랐으며, 즉위 후에는 응렴의 왕위계승에 반발하는 일부 귀족들을
진압하고 왕경귀족들의 세력을 규합하는 데 진력함으로써 왕권의 안정
을 이룩하고 景文王家의 왕실기반을 확보할 수 있었다. 응렴의 왕위계승
에는 均貞系의 왕위계승이 憲貞系로 이행하였다는 점에서 헌정계 귀족
세력들의 지지와 협조가 있었을 것으로 상정되며, 여기에는 응렴의
父인 계명의 존재와 영향력이 작용하였을 것으로 생각된다.[8]

그러나 이와 함께 현실적으로 다른 귀족세력의 도전을 물리칠 수
있는 응렴의 자기 세력기반이 요구되었다. 실제 경문왕의 즉위가 순조
롭지만은 않은 듯하여, 崔致遠이 撰한 「大崇福寺碑文」에서는 즉위시의

---

7) 元聖王家의 왕위계승은 禮英系와 仁謙系를 중심을 이루어지고 있는데 예영계는
   다시 憲貞系와 均貞系로 분화된다. 그런데 이 무렵 이들 각 계열은 서로
   혼인을 통하여 결합하고 있음을 볼 수 있다. 즉 예영계인 憲安王은 인겸계의
   照明夫人과, 예영-헌정계의 啓明은 예영-균정계의 光和夫人과 각기 혼인을
   통한 결합이 있었던 것이다. 응렴은 헌안왕녀 文資王后와 혼인하였는데, 이
   역시 계열간의 결합의 결과라고 할 것이다. 이런 바탕 위에 균정계인 헌강왕의
   뒤를 이어 헌정계인 응렴의 왕위계승이 가능하였던 것이다. 그러나 헌정계로
   의 왕위 이행은 일부 균정계 귀족들의 반란을 가져왔고, 이를 무마하려는
   노력에도 불구하고 이찬 允興의 난을 비롯하여 수차례의 반란을 겪게 된다.
8) 전반적인 신라 하대의 왕위계승 문제에 대해서는 金昌謙, 『新羅下代王位繼承研
   究』, 성균관대 박사학위논문, 1993이 참고된다.

사정을 "비록 逐鹿之原은 없었으나 集鳥之原은 있었다."라고 표현하고 있어 경문왕의 왕위계승에 따른 대립이 있었음을 짐작케 하며,[9] 특히 王太子를 결정한 6년에는 允興 · 叔興 · 季興의 반란이 있었고,[10] 그 뒤를 이어 8년 정월에는 金銳 · 金鉉이,[11] 14년 5월에는 近宗이 각기 반란을 일으키고 있어[12] 경문왕가의 왕위고착화에 따른 반발이 있었음을 알 수 있다.

이 같은 도전을 극복할 수 있었던 응렴 자신의 勢力基盤으로 먼저 생각되는 것은 그가 이끌었던 화랑집단이다. 앞서 언급하였던 明基, 安樂의 예에서와 같이 독자적인 군사력을 보유한 하대의 화랑이 왕위계승에 따른 분쟁에 간여하는 등 정치활동에도 참여하였던 것을 볼 때 화랑집단이 응렴의 왕위계승과 그후의 분쟁에서도 왕을 도와 세력기반으로 작용하였을 것임은 쉽게 짐작되는 일이다.

경문왕 응렴에 대한 화랑세력의 지지는 응렴 자신의 무리에만 국한된 것은 아니었다. 당시에 존재하고 있었던 다른 화랑집단들도 모두 응렴을 지지하는 입장에 있었던 것으로 보이기 때문이다. 이와 관련하여 경문왕대의 國仙인 邀元郎 · 譽昕郎 · 桂元 · 叔宗郎 등 화랑도의 지도자 4인이 모여 경문왕을 지지하는 결의를 하였던 것은 당시 화랑집단들의 동향을 보여주는 흥미있는 사례이다.

3) 邀元郎 등 4人의 花郎과 大矩和尙

경문왕대의 화랑으로는 邀元郎과 譽昕郎 · 桂元 · 叔宗郎의 4인을 찾을 수 있다. 이들에 관련된 다음의 사료 D는 당시의 여러 화랑들이

---

9) 崔柄憲, 「新羅下代社會의 動搖」, 『한국사』 3, 국사편찬위원회, 1978.
10) 『三國史記』 권11, 景文王 6년 10월조.
11) 『三國史記』 권11, 景文王 8년 정월조.
12) 『三國史記』 권11, 景文王 14년 5월조.

응렴을 도와 정치에 간여하고 있음을 보여주고 있다.

D. 國仙인 邀元郎·譽昕郎·桂元·叔宗郎 등이 金蘭을 유람하였는데,
　은근히 임금을 위하여 나라를 다스리려는 뜻을 가지고 노래 三首를
　짓고 心弼 舍知로 하여금 針卷을 주어 大矩和尙에게로 보내 노래
　三歌를 짓게 하였으니 첫째는 玄琴抱曲이오, 둘째는 大道曲이며
　셋째는 問群曲이었다. 들어가 왕에게 奏하니 王이 크게 기뻐하며
　賞을 내리었다. (『三國遺事』 권2, 景文大王條)

　위의 4인은 모두 경문왕대의 國仙으로서 당시의 화랑집단을 이끌던
대표적인 인물이다.[13] 이러한 4명의 화랑이 한자리에 회동하여 경문왕
을 지지할 것을 결의하고 있다. 즉 金蘭에 모인 이들은 은근히 왕을
도와 나라를 다스리려는 뜻이 있어 노래 세 수를 짓고 大矩和尙으로
하여금 曲을 만들게 하였으며 경문왕은 크게 기뻐하여 稱賞하였다는
것이다. 금란은 현 강원도 通川지역으로 일찍이 효소왕대에 夫禮郎이
무리를 이끌고 出遊하였던 기록이 있음을 볼 때[14] 화랑들이 순례하는
聖所의 하나였던 곳은 아닐까 한다. 이곳에 일시에 4인의 화랑이 집결한
것은 우연한 일로 생각되지 않는다.[15] 이들은 각기 자신을 따르는

---

13) 4인의 화랑이 出遊한 것은 孝昭王代에 俊永郎, 述郎, 南郎, 安祥의 四仙의 예가
　　있다. 효소왕대는 부례랑과 안상의 사건에서 보이는 것과 같이 국왕과 화랑이
　　밀접한 관계를 맺고 있었던 시기로서 이때에 4인의 화랑이 함께 출유하였던
　　것은 어떤 중요한 의미를 갖고 있는 것으로 생각된다. 이 國仙 4인의 모임은
　　당시의 화랑 전체를 대표하는 결집의 의미가 있었던 것으로 보이며, 경문왕대
　　4인의 국선이 금란에 출유한 것도 이와 맥락을 같이 하는 것은 아닐까 한다.
14) 『三國遺事』 권3, 栢栗寺條. 이때 夫禮郎은 狄賊에게 잡혀가는 수난을 겪게
　　된다. 金蘭에 出遊 중인 화랑이 납치되었다는 사실은 국내에 큰 충격을 안겨주
　　었다.
15) 이 4인의 花郎이 처음부터 함께 出遊하여 金蘭에 다다른 것으로 볼 수도
　　있겠다. 그러나 부례랑이 안상 등 낭도들과 함께 금란에 출유하였던 것에서

36

화랑무리를 이끌고 왔을 것인데, 4인의 화랑과 그 무리들이 종교적 의미가 있는 聖所에 한데 모인 것은 어떤 목적이 있었기 때문일 것이다. 그것은 이들의 회합에서 국왕을 돕고 나라를 다스리려는 뜻으로 노래를 짓고 왕에게 보낸 것으로 보아 경문왕을 지지하는 성격의 것으로 생각된 다. 즉 금란에서의 회동은 경문왕의 지지를 결의하고 화랑세력의 결속 을 다짐하는 화랑무리의 대집회였다고 하겠다. 이들은 玄琴抱曲, 大道 曲, 問群曲의 세 노래를 만들고 心弼舍知를 大矩和尙에게 보내어 곡을 짓게 하고 왕에게 이를 알리었다. 이때 화랑들이 지은 노래에 曲을 지은 大矩和尙은 화랑과의 밀접한 관계로 미루어 보아 역시 승려 낭도에 해당하는 인물로서,16) 경문왕을 도와 왕위에 오르게 이끌었던 범교사와 같이 화랑의 참모와 같은 역할을 담당하였을 것이다. 그는 진성여왕 초에 위홍과 함께 『三代目』을 편찬하는 등17) 향가에도 조예가 깊었는데 『삼대목』의 편찬이 진성여왕의 즉위를 정당화하려는 정치적 목적과도 관련이 있음을 볼 때 대구화상은 또한 위홍 등 당시의 정치세력과도 깊은 관련을 맺고 있었던 인물이라고 하겠다.

화랑들이 글을 짓고 大矩和尙이 곡을 붙인 3곡의 향가는 '大道'라던가 '問群' '玄琴抱曲' 등 그 이름으로 보아 정치이념이나 통치방향에 관련된

보듯이 화랑의 出遊는 화랑 1인만의 유요가 아니라 낭도들과 함께 무리를 이루어 행동하는 것이 상례라고 생각된다. 따라서 4인의 화랑은 각기 자신의 낭도들을 이끌고 금란에 이르렀을 것이다. 이렇게 볼 때 4개의 화랑집단이 한꺼번에 시종 같이 움직였다고 보는 것은 무리가 아닐까 한다. 그것보다는 4개의 화랑집단이 각기 다른 경로를 통하여 순례하였다가 목적지인 金蘭에 집결한 것으로 보는 것이 타당할 것이다.

16) 大矩和尙은 邀元郎 등 화랑들과 관계가 깊었고, 鄕歌에 능통하였으며, 魏弘과 함께 『三代目』의 편찬을 맡는 등 그의 행적으로 보아 僧侶郎徒에 해당하는 것으로 본다. 승려낭도 가운데 融天師, 月明師나 忠談師는 뛰어난 향가의 작가였고 範敎師는 화랑의 정치적 활동에 도움을 주었는데 大矩和尙의 경우도 그들과 같다.

17) 『三國史記』 권11, 眞聖王 2년 2월조.

내용, 경문왕에 대한 충성의 서약 같은 내용을 담고 있었던 것으로 보인다. 즉 당시의 화랑들은 자신들이 이상으로 삼았던 정치를 노래로 표출하여 경문왕에게 전달하고 동시에 왕에게 대한 충성과 정치에의 동참을 결의한 집회의 결과를 알린 것이라 하겠다. 이에 대해 경문왕은 크게 기뻐하고 상을 주었다고 한다. 이들 4인의 花郎이 그후 구체적으로 어떤 활동을 하였는지 기록을 찾을 수는 없으나 경문왕을 도와 정치에 참여했을 것은 틀림이 없으며 이들이 이끄는 화랑세력은 응렴의 즉위에 따른 분쟁에 있어서도 왕의 세력기반으로 작용하였을 것이다.

지금까지 살핀 바와 같이 경문왕의 즉위를 전후한 시기의 화랑세력은 응렴의 왕위계승에 도움을 주었고, 국왕을 보필하여 정치에 참여하려는 뜻을 가지고 경문왕을 지지하는 집회를 갖는 등 이미 화랑집단은 정치세력으로써의 활동양상이 뚜렷이 드러나고 있다. 이러한 점은 진성여왕대를 지나며 더욱 두드러지게 나타나고 있는데, 다음 孝宗郎의 경우는 왕실과 결합된 화랑세력의 모습을 보여주고 있다.

4) 孝宗郎

孝宗郎은 진성여왕대의 화랑으로서 나말의 정치사회에서 중요한 위치를 차지하는 인물이다. 효종랑은 헌강왕의 女와 혼인하는 등 경문왕가 김씨왕실과 밀접한 관계를 맺고 있었는데, 후에 敬順王이 된 金傅는 그의 아들이며 고려왕실과 통혼하여 태조의 제6왕후인 신성황후 김씨를 납비하였던 知大耶郡事 金億廉과는 형제간이 된다.[18]

진성여왕대의 화랑세력은 정치의 중심적 위치에 있었던 것으로 생각된다. 다음 사료 E의 孝女 知恩과 관련된 설화는 효종랑과 그 낭도들의

---

18) 敬順王 김부는 효종의 아들인데 고려 태조와의 혼인시에 金億廉을 伯父라고 하고 있어 효종과 김억렴은 형제간임을 알 수 있다.

활동을 알게 하는 흥미로운 내용을 담고 있어서 주목된다.

> E. (知恩은) 韓祇部 百姓인 連權의 딸이다. 성품이 지극히 효성스러워 어렸을 때 아버지를 여의고 혼자서 어머니를 봉양하였는데, 나이가 32살이 되도록 시집을 가지 않고 조석으로 보살피며 곁에서 떠나지 않았다. 먹을 것이 없어 혹은 傭作을 하고 혹은 구걸도 하여 밥을 얻어다 봉양하기를 오래하니 피곤함을 이길 수 없었다.……이때에 孝宗郞이 出遊하다가 이것을 보고 돌아와 부모에게 청하여 家粟 100石과 옷가지를 실어다 주고 또한 知恩을 산 주인에게 몸값을 갚아주고 양민이 되게 하였다. 郞徒 수천 명이 각기 곡식 1石씩을 내어 주었다. 大王이 이를 듣고 또한 租 500石과 집 한 채를 하사하고 賦役을 면제하니…… 孝宗은 당시 第三宰相인 舒發翰 仁慶의 아들로 서 少名은 化達이다. 王이 "비록 나이는 어리지만 老成함을 볼 수 있다."고 하면서 그 형 憲康王의 딸로 아내를 삼게 하였다. (『三國史記』 권48, 列傳8, 孝女知恩條)

효녀 지은의 일화는 『三國史記』와 『三國遺事』에 각기 그 내용이 전하고 있는데, 양 사서의 구체적인 서술 내용은 약간의 차이가 있으나[19] 대강의 줄거리는 한지부 백성인 知恩이 일찍 아비를 잃고 홀로 어머니를 성심으로 봉양하다가 어려움에 마침내 스스로 몸을 팔아 노비가 되었고, 이를 안 어머니가 슬퍼하여 함께 울고 있는데 이 사연을 알게 된 효종과 그 낭도, 진성여왕 등이 이를 구휼하고 그 효행을 칭송하였다는 것이다.

이 일화는 노모에 대한 지은의 지극한 효성을 칭찬하고 사람들에게 이를 본받게 하려는 교훈적인 설화로 이해되고 있다. 그러나 한편으로

---

19) 『三國史記』 권48의 孝女知恩조는 서술의 주체가 지은을 중심으로 되어 있는데 비하여 『三國遺事』 권5의 貧女養母조에서는 효종랑이 행위의 주체로 기술되고 있다.

단순히 효행을 장려하기 위한 설화라고 보기에는 석연치 않은 면이
있어서 그 내면에는 또 다른 의도가 숨어있는 것은 아닐까 한다. 이
일화에서 지은의 효행과 함께 그를 구휼한 효종과 낭도, 진성여왕의
덕행이 아울러 강조되고 있음에 주목할 필요가 있을 것이다.

　주지하다시피 진성여왕대는 지방군현의 조세저항으로 국가의 재정
이 궁핍하여 이를 독촉하자 889년에는 전국에 반란이 일어나고 도둑이
창궐하는 등[20] 왕경의 생활이 극히 곤란에 처한 시기였다. 이런 시기에
知恩에게 희사된 곡식은 효종의 100石과 수천 낭도들이 각 1石씩,[21]
여왕의 500石과 집 한 채 등 수천 석에 이르렀다. 이는 가난한 한
노비에게 쏟아진 온정의 표시라고 할 때 실로 엄청난 물량이 아닐
수 없다. 진성여왕은 도적으로부터 이를 지키기 위해 군사까지 동원하
고 있으며 더욱이 坊里에 旌門을 세우고 그 동리를 孝養坊이라고 부르게
하고 唐王室에게까지 表文을 올리어[22] 국내외에 널리 알리고 있어서
이 일이 단순히 한 개인의 효행을 칭송하는 데에만 그치는 것이 아니었
음을 짐작케 한다. 그렇다면 이 설화에는 당시 곤경에 처하였던 왕경
내 하층민에 대한 구휼의 상징적 사건으로써 孝宗을 중심으로 한 화랑세
력의 사회적 정신운동이며, 동시에 효종과 화랑세력의 미덕과 힘을
과시하려는 일면이 숨어있었던 것은 아닐까.

　이 점과 관련하여 먼저 진성여왕 당시의 왕경인들의 생활이 급속히
조락하고 있었다는 점과 이로 인하여 왕실에 대한 불만이 고조되고
있었음을 지적하고자 한다. 헌강왕 9년의 왕경은 집과 담이 연하고

---

20)『三國史記』권11, 眞聖王 3년조.
21) 한편『三國遺事』에서는 효종의 낭도들이 모아 준 곡식을 1천 석이라고 하였다.
　　어느 쪽의 기록을 취하더라도 낭도들의 모금액은 최소한 1천 석을 상회하는
　　막대한 액수이다.
22)『三國史記』권48, 列傳 孝女知恩조.

초가집은 하나도 없었으며 풍악과 노래가 끊이지 않았고 풍우가 사철 순조로웠다고 하며[23] 민가에서는 지붕을 기와로 얹고 숯불로 밥을 짓는 등 왕경민들은 풍요롭고 사치스런 생활을 하고 있어 王과 侍中 敏恭이 서로 치하하는[24] 모습을 보이고 있었던 것이나, 그로부터 불과 6년이 지난 진성여왕 3년에는 "諸州郡에서 貢賦를 바치지 않아 國庫가 虛竭하고 용도가 궁핍하여 왕이 사자를 보내어 독촉하니 도적이 벌떼와 같이 일어나는"[25] 상황으로 급전하고 있는 것이다. 풍요와 사치에 길들 여졌던 왕경인들은 갑자기 찾아든 궁핍에 대해 동요하게 되고 그 불만과 비난이 왕실과 정치 담당자들에게 쏟아지는 것은 자연스런 현상이라고 할 것이다. 진성여왕 2년에 일어났던 王巨仁의 괘서사건은 이러한 분위 기에서 발생한 것으로써 國人과 지식인들이 국왕과 측근세력에 대해 비판하고 있음을 볼 수 있다. 이들은 왕거인을 주모자로 지목하고 그를 잡아 옥에 가두었지만 결국 방면하지 않을 수 없었다. 왕거인을 풀어준 까닭은 國人으로 표현된 왕경인들의 민심을 의식하지 않을 수 없었기 때문일 것이다.[26]

귀족계층은 그나마 경제적인 위협을 면할 수 있었겠지만 왕경의 하층 백성들은 더욱 극심한 고통을 감수하게 되었다. 知恩은 한지부의 백성 連權의 딸로서 그 신분은 적어도 양민이었지만 아비가 죽은 후에는 가산을 갖지 못한 채 품팔이와 걸식으로 연명하다가 결국에는 노비의 몸으로 전락하기에 이른 것이다. 지은과 같은 처지에 놓인 하층민들은 상당히 광범위하게 존재하였을 것으로 생각되며, 지방에서 봉기한 도적

---

23) 『三國遺事』 권2, 處容郎望海寺조.
24) 『三國史記』 권11, 憲康王 6년 9월 9일조.
25) 『三國史記』 권11, 眞聖王 3년조.
26) 全基雄, 「新羅末期 政治·社會의 動搖와 六頭品知識人」, 『新羅末 高麗初의 政治·社會變動』, 신서원, 1994.

들 역시 이처럼 극심한 고통에 시달리던 하층민들이 대부분을 차지하였을 것이다.

이렇게 민심이 흉흉한 가운데 知恩이 양민에서 노비로 전락하게 된 이유가 노모를 봉양하기 위하여 스스로 몸을 판 지극한 효성의 발로였다는 점은 하층민들 가운데에서 피어난 아름다운 행실로써 주목될 수 있는 것이었고, 이에 대해 귀족의 꽃으로 불리던 화랑으로 당시 귀족의 상징적인 인물인 효종이 그에게 베푼 미덕은 孝를 매개로 최고 신분인 귀족과 최하 신분의 노비 간에 맺어진 훈훈한 미담이 아닐 수 없었다. 당시의 지배층으로서는 하층민들을 달래고 민심을 어루만질 수 있는 가장 적절하고 상징적인 소재가 나타난 것이다. 효녀 지은과 화랑 효종의 미담이 널리 선전되었음은 쉽게 이해되는 일이다.

효종과 그 낭도들의 미행은 왕경인들에게 크게 칭송을 얻었으며 나아가 국왕에게까지 알려지게 되었다. 진성여왕이 큰 관심을 보였음은 물론 이 일로 말미암아 효종은 진성여왕의 총애를 얻고 憲康王의 女와 혼인하게 되었던 것이다. 특히 혼인을 시키면서 "비록 나이는 어리나 老成함을 볼 수 있다."라고 한 말은 憲安王이 화랑 膺廉에게 왕위를 양위하는 유조에서 "응렴은 비록 나이가 어리나 老成한 德이 있으니 ……"[27]라고 한 것과 같아서 흥미롭다. 아직 진성여왕의 후계자를 갖지 못한 상황에서 효종은 경문왕가를 이어 왕위를 계승하는데 가장 우월한 위치에 있었던 것으로 생각된다. 즉 헌강왕의 庶子인 효공왕은 진성여왕 9년에 이르러서야 비로소 그 존재가 알려지고 있어서[28] 아직 여왕의 합당한 후계자는 정해지지 않았던 것이다. 이처럼 후계가 단절될 상황에서 화랑으로서 미담의 주인공으로 덕망을 널리 인정받고 衆意의

---

27) 『三國史記』 권11, 憲安王 5년 정월조.
28) 『三國史記』 권11, 眞聖王 9년 10월조.

지지를 얻고 있었던 효종을 진성여왕이 헌강왕의 딸과 혼인시켰다는 것은 다음 후계자로 효종을 지목하는 의미가 내포된 것으로 볼 수 있을 것이다. 효종의 혼인이 마치 화랑으로서 덕망을 인정받고 헌안왕의 딸과 혼인하여 왕위를 계승하기에 이르렀던 경문왕 膺廉의 경우와 흡사한 양상을 보여주고 있다는 점은 매우 흥미롭다.

왕경의 빈민층인 知恩의 구휼을 통하여 효종랑의 덕행을 널리 선전하고 그가 이끌던 화랑세력의 힘과 능력을 과시함으로써 진성여왕의 뒤를 잇는 후계자로 효종의 위치를 부각시키기에 이른 사건이 곧『삼국사기』의 孝女知恩,『삼국유사』의 貧女養母條의 일화라고 생각되는 것이다.

孝宗郎은 당시 三宰相으로 불리던 舒發翰 仁慶의 子로서 화랑이 되었는데, 진성여왕 당시에 효종은 이미 경제적으로나 군사적으로나 상당한 실력을 보유하고 있었던 것으로 보인다. 즉 효종 자신은 知恩을 주인에게 사서 從良시키고 家粟으로 百石을 선뜻 내어줄 수 있는 경제력을 갖추고 있었으며, 또한 그의 낭도무리는 수천 명을 헤아리는 대규모의 집단이었음을 알 수 있는데,29) 이들은 효종을 따라 각기 粟 1石을 선뜻 내어놓는 강력한 결속력을 가진 집단이었다.

이 시기에 정치적 역할이 증대되고 왕실과 관계가 깊었던 花郎勢力을 대표하는 그는 孝恭王 6년에 大阿飡으로 侍中이 되었으며,30) 효공왕 사후의 왕위계승에 가장 유력한 후보였던 것이나, 乂謙勢力과 國人의 지지를 받은 景暉가 효공왕의 뒤를 이어 왕위에 오름으로써 朴氏王室이 등장하고 효종은 왕위를 차지하지 못하였다. 왕위계승을 둘러싼 이

---

29) 한편『三國遺事』권5, 貧女養母조에서는 '郎之千徒歃租一千石遣之'라고 하여 효종의 낭도가 1천명으로 기술되어 있다.
30)『三國史記』권12, 孝恭王 6년 3월조.

양 세력의 대립과 경쟁은 지배층의 분열을 가져와 나말의 정치를 더욱 큰 혼란으로 이끌고 말았다.[31] 후에 甄萱에 의해 景哀王이 살해되고 효종의 아들인 敬順王이 다시 김씨왕실을 이어가게 된 것은 신라왕실의 정통성 문제를 표방하고 있지만, 효종세력의 강력한 존재와도 무관하지 않을 것이다.

지금까지 살핀 바와 같이 하대의 화랑은 明基, 安樂에게서 보듯이 반란세력을 진압하는 군사적 활동을 하였고, 膺廉은 낭도의 도움을 얻어 왕위에 올랐으며, 邀元郞 등은 국왕의 세력기반이 되어 정치에 참여하였고, 孝宗은 왕경 내 빈민의 구휼활동을 통하여 왕위계승을 노리는 정치세력으로 대두하고 있다. 그리고 이런 활동들은 모두 정치적 의도와 결부되고 있음이 주목된다. 즉 하대의 花郞은 정치세력으로 존재하였던 것이라 하겠다.

2. 景文王家 왕실과 화랑세력

신라말 왕실지배층의 혼미는 그들의 정치사상적 기반의 한계성에 기인하는 바 크다고 생각된다. 진성여왕기에 이르면 지배층은 비판과 반발에 직면하여 마침내 신라의 멸망으로까지 이어지는데 그 원인에 대해서는 경문왕가기에 나타나는 특징적 현상들과 왕실지배층의 정신적 기반의 이해를 통하여 접근할 수 있을 것이다.

下代의 왕실과 진골지배층이 왕위계승전의 혼미에서 벗어나 안정과 번영을 누리게 되는 것은 경문왕 이후라고 하겠으나, 동시에 나말의

---

31) 이 시기 정치사의 전개에 대해서는 다음 논문이 참고된다. 李培鎔, 「新羅下代의 王位繼承과 眞聖女王」, 『千寬宇還曆論叢』, 1985 ; 全基雄, 「新羅 下代末의 政治社會와 景文王家」, 『釜山史學』 16, 1989 ; 申虎澈, 「新羅의 滅亡과 甄萱」, 『忠北史學』 2, 1989 ; 曹凡煥, 「新羅末 朴氏王의 登場과 그 政治的 性格」, 『歷史學報』 129, 1991.

혼란과 지방사회의 분열도 경문왕가가 왕위를 독점하였던 시기의 정치
사회적 상황에서 비롯되고 있다. 그런데 경문왕 膺廉은 바로 화랑 출신
이었다. 그 뒤 왕실을 이어간 憲康王, 定康王, 眞聖女王은 모두 경문왕의
자녀이며 憲康王女는 화랑 孝宗과 혼인하는 등 경문왕가는 곧 花郎家라
고 할 수 있을 것이다. 즉 화랑과 그 자녀들이 국왕의 지위에 오르고
그들이 권력을 장악하여 국가를 지배하고 이끌어간 시기가 곧 景文王家
期32)라고 하겠다. 이 동안에는 하대 가운데에서도 독특한 왕실의 특성
이 나타나고 있는데, 그것은 화랑과의 관련 속에서 이해될 수 있을
것이다.

경문왕가기에는 중대와 하대 전반의 사회에서 보이지 않던 정치·사
회적 현상들이 집중적으로 나타나고 있다. 즉 看燈·百座講會의 잦은
개최와 황룡사9층탑의 중건, 皇龍寺의 부상 등 이미 중고기에 왕권강화
와 결부되어 성행하였던 불교적 양상들의 재현과, 정치적으로는 왕실의
혈통을 강조하는 가운데 종교적 권위에 힘입은 女王의 등장과 화랑세력
의 대두, 그리고 고유신앙과 관련하여 『三代目』의 편찬, 龍·山神·地神
·疫神의 출현과 歌舞의 성행 등이 나타나고 있다. 이는 사상적으로
固有信仰적 요소가 증대하고 있다는 점과, 정치적으로 이와 관련하여
王室血統의 神聖性이 강조되고 있다는 점에서 두드러지는데 화랑세력
이 정치적으로 부상하는 것과 일치하고 있어서 흥미롭다.

먼저 皇龍寺에 대하여 살펴보면, 황룡사는 中古期에 창건된 護國의
대표적 사찰로서 百座講會와 看燈이 여기에서 행해졌고, 皇龍寺 9층탑

---

32) 경문왕에서 효공왕까지 이르는 시기, 즉 경문왕과 그 자녀인 헌강왕·정강왕·
진성여왕, 孫인 효공왕이 왕위를 계승한 기간(861~911)을 편의상 景文王家期라
고 부르기로 한다. 한편 그 뒤를 이은 신덕왕, 경명왕, 경애왕의 통치기간
(912~926)은 박씨 출신이 왕위를 이어가므로 朴氏王家期라고 불러 이와 구별하
기로 한다.

은 선덕여왕의 즉위 후 국제적 고립과 百濟의 공격으로 인한 위기를 맞게 되었을 때 이를 극복하기 위하여 건립한 대표적인 護國의 靈塔이었다.[33] 그런데 中古期 왕실의 정신적 支柱라고 할 수 있는 황룡사는 中代 이후 급격히 그 지위가 쇠퇴되었다가 下代, 특히 경문왕대 이후 다시 불교계의 중추적 사원으로 크게 부상하고 있다. 경문왕 11년 王弟 魏弘으로 하여금 황룡사 9층탑을 중수케 하였고 다음 해인 12년 7월에는 群僚를 이끌고 利柱와 舍利를 참관하였다.[34] 또한 이 무렵에는 황룡사에 成典이 설치된 것으로 보인다.[35]

한편 경문왕가기에는 百座講會와 看燈이 황룡사에서 빈번히 행해졌고 그 때마다 왕이 몸소 親幸하고 있다. 中古期에는 간등과 백좌강회가 활발히 이루어졌으나, 中代에 이르면 역시 기록이 잘 보이지 않다가 下代, 그중에서도 景文王家期에 이르러 백좌강회와 간등의 기록도 황룡사와 관련하여 집중적으로 나타나는 것이다. 이 시기 왕의 황룡사 친행은 6번이나 되며, 간등이 2차례, 백좌강회가 4차례가 되어[36] 황룡사를 통한 왕실의 국가의식 고양 노력과 기대가 얼마나 컸는지를 잘 보여주고 있다.

다음으로 진성여왕의 즉위와 함께 『三代目』이 편찬되고 있다는 점이다.

---

33) 皇龍寺는 花郎徒와도 관계가 있다. 즉 崔滋의 『補閑集』上에서는 "皇龍寺雨花門是古仙徒所創"이라고 하여 황룡사의 설립에 화랑이 간여하였음을 알 수 있다.

34) 『三國史記』 권11, 景文王 11년 정월조 및 「皇龍寺九層木塔利柱本記」.

35) 成典의 衿荷臣인 監脩成塔事는 守兵部令 平章事 伊干 金魏弘으로서 역시 魏弘이 황룡사에 관련된 일을 모두 주관하였음을 알 수 있다. 魏弘은 숭복사, 황룡사구층탑의 중건에 간여하고 『三代目』 편찬 책임을 맡는 등 왕권강화와 관련된 주요 사항마다 중심 역할을 맡았던 인물이다.

36) 이 시기 『三國史記』 황룡사 관계 기록은 다음과 같다. 여기에 「皇龍寺九層木塔利柱本記」의 경문왕 12년 親幸 기사를 더하면 皇龍寺 친행은 6번, 看燈이 2차례, 百座講會가 4차례가 된다.

신라의 여왕은 중고기의 善德, 眞德女王과 이 시기의 진성여왕이 있을 뿐이다. 진성여왕이 여자로서 즉위할 수 있었다는 자체가 신성한 혈통인식의 기반에서 가능하였던 것으로 상대말 선덕여왕의 즉위와도 비견될 수 있을 것이다. 특히 진성여왕의 시호에서 '眞'은 불교적 권위에 힘입어 왕권을 강화하려 했던 中古期 왕실에서 특징적으로 사용하였던 불교식 시호와 상통하고 있으며, '聖' 또한 뜻 그대로 신성함을 의미하는 것으로 보여 선덕여왕과 유사한 종교적 역할을 여왕에게 기대하였던 것은 아닐까 생각된다. 『삼대목』의 편찬이 여왕 즉위 후 중요한 사업으로 추진된 것도 이와 관련하여 이해될 수 있을 것이다.

『삼대목』은 鄕歌 모음집으로 진성여왕 2년 각간 위홍과 大矩和尙에 의해 왕명으로 편찬되었다.[37] 향가는 주지하는 바와 같이 주로 화랑도나 승려들에 의해 만들어졌고 그 내용에는 화랑을 찬양한 것, 종교적, 주술적인 것이 많았다. 당시 정국의 중심인물이었던 위홍이 여왕의 즉위로 인한 복잡한 정치적 문제를 남겨둔 채 향가의 수집과 편찬에 힘을 쏟고 있는 것은 이 편찬사업이 단순한 문화적 동기에 의한 것이 아님을 짐작케 한다. 더구나 이 일에 참여한 대구화상은 邈元郎 등 4인의 화랑이 경문왕을 위하여 玄琴抱曲, 大道曲, 問群曲의 노래를 지은 뒤 그에게 曲을 짓게 하였음을 보아 경문왕가의 왕권강화에도 관련이 있었던 승려낭도 출신으로 보이는 것이다. 비록 후대이지만 팔만대장경

왕명	일자	기록
景文王	6년 정월 15일	幸皇龍寺看燈 仍賜燕百僚
憲康王	2년 2월	皇龍寺齊僧 設百高座講經 王親幸聽之
憲康王	12년 6월	王不豫…又於皇龍寺 設百高座講經
定康王	2년 정월	設百座於皇龍寺 親幸聽講
眞聖女王	1년	設百座皇龍寺 親幸聽法
眞聖女王	4년 정월 15일	幸皇龍寺 看燈

37) 『三國史記』眞聖王 2년 2월조.

의 간행사업이 몽고의 침입을 불력으로 퇴치하고 안녕과 번영을 비는 목적이었음을 볼 때『삼대목』의 편찬사업 또한 이와 유사한 의도가 아닐까 한다. 즉『삼대목』의 편찬은 왕실의 안정과 신라의 평안을 기원하는 한편 진성여왕의 왕위계승을 정당화하기 위한 방법의 하나로 추진된 것으로 생각되며, 그 방향으로 보아 당시의 왕실은 종교적 신비적 권위를 강조하는 정신적 토양 위에서 여왕 권위의 기반을 향가와 같은 고유신앙으로부터 찾고 있었던 것이다.

경문왕가기의 固有信仰적 정신기반의 특성과 결부된 또 하나의 특징적 현상은 王室血統의 강조와 神聖化이다. 이는 정강왕 이후에 더욱 두드러지고 있는데, 왕위계승의 취약점을 보완하려는 정치적 의도와 결부되어 있다.

왕실 혈통에 대한 인식은 왕위계승의 중요한 요건으로서 骨法이 운위되고 있다는 점에서 찾을 수 있다. 정강왕은 여제인 曼에게 嗣位하면서 유조에 "누이 曼은 天資가 명민하고 骨法이 丈夫와 같으니 卿들은 善德·眞德의 고사에 따라 그를 세우는 것이 옳을 것이다."라고 하여 骨法을 들고 있으며, 진성여왕도 또한 조카인 嶢를 불러 등을 어루만져 보고는 "나의 형제자매는 骨法이 다른 사람과 다른데 이 아이도 등 위에 두 뼈가 솟았으니 참으로 憲康王의 아들이다."라고 하며 太子로 삼고 곧 이어 양위하였다. 즉 왕위계승의 조건과 왕자로서의 인정에 남과 다른 골법을 내세우고 있는데 여기에서의 골법이란 왕실혈통을 의미하는 동시에 일정 가계에 나타나는 신체적 특징으로써 왕실혈통의 巫的 神聖性과 결부되어 강조될 수 있었던 것이라 하겠다.

그런데 여기에서 주목되는 것은 지금까지 언급한 경문왕가기의 이러한 제 현상이 상대말 특히 진평왕가기의 특징적 현상들과 극히 유사한 양상을 보이고 있다는 점이다. 즉 화랑활동의 증대, 九層木塔의 중수와

48

百座講會 · 看燈 · 親幸 등으로 나타나는 국가의식의 고양노력과 황룡사의 중시현상, 왕실의 종교적 권위지향, 왕가혈통의 신성화와 골법의 강조, 女王의 즉위, '眞'의 시호, 그리고 지방사회의 이탈과 도전이라는 국가적 위기 상황의 전개와 함께 경문왕가의 단절, 박씨왕실의 등장으로 이어지는 전개는 상대에서 중대로 이행하는 시기의 제 현상을 연상케 한다.[38] 경문왕가기의 정신적 기반과 정치사회의 인식이 상대말의 그것을 추구하고 있었던 것은 아닐까. 경문왕가 왕실과 지배층의 정치 · 사회적 제문제에 대한 인식과 그 해결의 방향이 상대말 眞平王家가 추구하였던 형태를 답습하고 있었다고 한다면 이는 사회의 성장과 시대를 역행하는 복고적 양상이 아닐 수 없다.

이 시기 왕실의 동향과 의식이 상대말의 그것과 유사하다는 점은 경문왕가가 花郎家였다는 점과도 어떤 연관이 있는 것으로 생각된다. 『三國遺事』의 경문왕 이후 기록은 흥미로운 설화들을 전하고 있는데, 경문왕의 침전에 저녁마다 무수한 뱀이 모이고 잘 때에는 혀를 내밀어 가슴을 덮는다는 등 왕이 龍과 비유되고 있는 듯한 설화가 전한다든지, 특히 이 시기의 설화에 龍, 山神, 地神 등이 자주 출현하고 歌舞가 번성하는 것도 화랑집단의 정신적 토양과 관련하여 이해될 수 있을 것이다.

> F-1. 왕의 寢殿에는 저녁마다 무수한 뱀이 모여들므로 궁인이 놀라고 무서워하여 쫓아내려고 한 즉 왕이 말하기를 "내가 만일 뱀이 없으면 편안히 자지 못하니 금하지 말라." 하였다. 매양 잘 때에는 혀를 내밀어 가슴을 덮었다. (『三國遺事』 권2, 景文大王條)

---

38) 眞平王家期의 현상들은 佛敎와 巫가 결합한 형태의 종교적 권위에 왕권의 기초를 두고 있으며 聖骨혈통의 강조, 왕실혈통에 대한 神聖性의 부여로 인한 성골왕가의 성립, 선덕 · 진덕 두 여왕의 즉위, 看燈 百座講會, 皇龍寺의 부상과 九層塔의 건립, 혈통의 단절로 眞骨王室이 출현하는 것 등 景文王家期의 양상과 대비되는 유사성을 보이고 있다.

F-2. 왕이 位에 오르자 귀가 갑자기 길어져서 나귀의 귀와 같았다. 왕후와 궁인들은 다 알지 못하고 오직 幞頭匠 한 사람만이 알고 있었으나 평생 남에게 말하지 않더니 그 사람이 죽을 때에 道林寺의 竹林 속 無人處에 들어가 대를 향해 외치기를 "우리 임금의 귀는 나귀의 귀와 같다."고 하였다. 그후 바람이 불면 댓소리도 "우리 임금의 귀는 나귀의 귀와 같다."고 하였다. 왕이 미워하여 이에 대를 베어버리고 대신 산수유를 심었더니 바람이 불면 다만 "우리 임금의 귀는 길다."고 하였다. (위와 같음)

그런데 이러한 양태가 당시에 부정적으로 인식되고 있다는 점에 대해 주목할 필요가 있을 것이다. 위의 사료 F-1에서 경문왕의 침전에 뱀이 모여든다거나 잘 때에는 뱀이 있어야 편안히 잠들고, 혀를 내밀어 가슴을 덮었다든가[39] 하는 설화는 경문왕과 뱀의 관계를 빌어 왕의 신비함을 높이려 하고 있으며 마치 경문왕을 龍과 비견하고 있는 듯하다. 그러나 왕에 대한 설화의 묘사는 龍이라기 보다는 오히려 뱀에 가까운 듯한 느낌을 주고 있으며 더욱이 宮人이 뱀을 내쫓으려 하였다던가 하여 이 신이함이 크게 외경스럽거나 칭송받을만한 것이 아니라는 입장인 것으로 비춰진다.

이는 바로 뒤를 이어 소개되고 있는 F-2의 설화에서도 비슷한 양상을 보인다.[40] 즉 즉위한 후 왕의 귀가 나귀와 같이 길어졌다는 점은 왕의

---

39) 혀를 내밀어 가슴을 덮은 주체가 뱀인지, 경문왕 자신인지 문맥상으로 정확하지 않다. 이병도 씨의 역주본에서는 주체를 뱀으로(李丙燾 譯註, 『三國遺事』, 廣曺出版社, p.255), 이재호 씨의 역주에서는 주체를 경문왕으로 해독하고 있다(李載浩 譯註, 『三國遺事』 권1, 한국자유교육협회, p.220). 어느 쪽으로 해석하거나 현실성이 결여된 부분이라 하겠다. 단지 여기서 필자가 주목하는 것은 경문왕과 뱀이 밀접한 관계로 묘사되고 있다는 점의 상징성이다.
40) 이 설화는 이솝우화의 내용과 같아서 당시에 창작된 것은 아니라고 하겠다. 그러나 하나의 설화가 어느 일정한 시기의 일정한 인물과 결부되어 유포되고 있다는 점은 충분히 주의할 만하다. 따라서 이 해석의 가치가 감해지는 것은

신이함을 더하는 내용으로 해석될 여지가 있음에도 불구하고[41] 오히려
비밀로 숨겨야 할 대상이 되어 있고, 복두장이 대밭에서 실토한 이
내용이 유포되는 것을 미워하여 대밭을 베어내고 산수유를 심었더니
단지 "임금의 귀는 길다"라고만 하였다는 설화의 전개 역시 당시에
왕의 신비적 요소가 떳떳하지 못하고 은밀한 부정적인 것으로 묘사되고
있음을 보여준다. 대밭을 베어내는 행위 또한 衆意와 여론을 탄압하고
억누르려는 권력의 상징으로 해석될 여지가 있다. 『三國遺事』는 이
두 개의 삽화 뒤를 이어 곧바로 4인의 화랑이 은근히 왕을 위하여
나라를 다스리려는 뜻을 가지고 노래를 지었다는 일화를 곁들이고
있어서 F-1, 2의 설화와 화랑들의 동향이 관련되고 있다는 암시를 주고
있다.[42] 즉 이러한 설화의 분위기는 경문왕가의 화랑적인 요소가 왕경
민들에게 긍정적으로 받아들여지지 않았음을 의미하는 것으로 해석될
수 있을 것이다.

경문왕은 자신이 바로 화랑이었으므로 종교적이고 神異的인 내용의
설화가 바로 왕과 결부되어 나타날 수 있었을 것이라고 생각되지만,
그 아들인 헌강왕의 설화들은 부왕과 같은 자신의 신비함을 나타내는
대신에 국왕과 다른 神들과의 관계가 더욱 강조되고 있다. 즉 헌강왕대
의 설화는 東海龍, 疫神과 處容, 山神, 地神의 등장으로 꾸며져 있는데
이들과의 관계 또한 긍정적으로 수용되고 있지는 못하다.

아니라고 생각한다.
41) 이 점은 진성여왕의 骨法이 丈夫와 같았다던가, 효공왕의 골법이 등에 두
   개의 뼈가 솟았다던가 하는 경문왕가의 특이한 신체적 특징과 관계되는 것은
   아닐까 한다. 그런데 경문왕 자신의 신체적 특징은 비밀로 감춰져야 할 부분이
   었지만 그후 진성여왕과 효공왕의 경우는 왕위계승을 가능케 하는 중요한
   단서로 작용하고 있다. 경문왕가 왕실이 위기에 처할수록 오히려 골법이
   강조된다는 느낌이다.
42) 『三國遺事』권2, 景文大王條.

G-1. 東海龍이 기뻐하여 아들 일곱을 데리고 임금 앞에 나타나서 덕을 찬양하고 춤을 추며 음악을 연주하였다.……그의 아내가 매우 아름다웠으므로 疫神이 흠모하여 사람으로 변하여 밤에 그 집에 가서 몰래 동침하였다. 處容이 밖에서 집에 돌아와 두 사람이 누웠음을 보고 노래를 부르고 춤을 추고 물러나갔다. (『三國遺事』 권2, 處容郎과 望海寺條)

G-2. 왕이 포석정에 行幸하였을 때 南山神이 나타나서 춤을 추었는데 다른 사람에게는 보이지 않고 왕에게만 홀로 보였다. (위와 같음)

G-3. 왕이 金剛嶺에 행차하였을 때 北岳神이 나와 춤을 추었으므로 그 이름을 玉刀鈐이라 하였다. (위와 같음)

G-4. 同禮殿에서 연회를 할 때 地神이 나와 춤을 추었으므로 地伯級干이라 하였다. (위와 같음)

G-5. 語法集에는 그때 山神이 춤을 추고 노래를 부르되 "智理多都波"라 하였는데 都波 云云은 대개 지혜로 나라를 다스리는 사람이 미리 알고 많이 도망하여 都邑이 장차 破한다는 뜻이라고 하였다. (위와 같음)

사료 G-1은 널리 알려진 處容의 설화이다. 처용은 東海龍의 아들로 상정되고 있으며 憲康王을 따라 왕경에 온 뒤 미녀와 결혼하여 정착하였지만, 疫神이 이를 탐내어 간음하였고 이를 목격한 처용은 노래를 부르고 춤을 추며 물러나자 이에 감복한 역신이 굴복하였다는 내용이다. 처용에 대한 해석은 학자마다 다양하지만 필자가 여기에서 주목하려는 점은 동해용과 역신의 존재이다. 東海龍은 울산지방의 호족으로, 처용은 인질로 왕경에 왔던 호족의 자제로 해석되기도 한다.[43] 헌강왕과 동해용은 왕이 望海寺를 지어주고 龍이 王의 덕을 찬양하며 가무하는

---

43) 이우성, 「三國遺事所載 處容說話의 一分析」, 『金載元博士回甲紀念論叢』, 1969/ 『韓國中世社會硏究』, 一潮閣, 1991.

등 국왕과 용의 관계는 순조로운 결말을 가져온 것처럼 보이지만, 왕경
에서의 王과 龍子 사이에는 疫神이 끼어들어 훼방을 놓고 있다.

疫神에 대한 기술은 東海龍의 子인 처용의 처를 간음하는 불의를
저지르고 마침내는 처용에게 무릎을 꿇는 형태로 묘사되고 있다. 이
역신을 타락한 화랑의 후예, 병든 도시의 상징으로 해석하기도 하는
데,[44] 동해용의 자인 처용을 미화하고 왕경의 역신을 폄하하는 형태로
이어지는 이 설화의 진행은 당시 왕경 지배층에 대한 부정적인 인식을
보여주고 있다. 경문왕의 침전에는 뱀이 등장하고 있음에 비하여 지방
세력이 오히려 용의 형태로, 당당한 처용에 비해 왕경의 귀족자제는
굴복당하는 역신의 존재로 묘사되는 이 설화의 저변에는 왕실과 지배층
에 대한 왕경민들의 불신과 조롱이 담겨있는 것은 아닐까.

G-2, 3, 4에서는 南山神, 北岳神, 地神이 나타나 춤을 추었다고 하였는
데, 국왕과 國土神들이 특히 歌舞라는 형태를 통하여 교합하고 있어서
흥미롭다.[45] 이 설화들은 국왕과 산신·지신의 관계를 왕권의 강화를
위한, 혹은 국가적 합일이나 종교적 교감 같은 협조적 관계로 설정하려
는 노력을 보여주는 내용으로 해석될 수 있는 설화라 하겠다. 그런데
이처럼 상서롭게 해석될 수 있는 신령들의 잦은 출현과 歌舞가 오히려
G-5에서 보듯이 도읍이 장차 파멸할 것이라는 경고로 인식되고 있다.
결국 산신, 지신과 같은 고유신앙적 형태의 발현을 매개로 한 왕실의

---

44) 이우성, 위의 논문, p.195.
45) 춤을 추고 노래하는 행위는 花郞徒의 수련·놀이 형태와도 결부된다. 『三國史
記』권4, 眞興王 37년조 및 권47의 金歆運條에는 화랑도의 수련에 대해 "或相磨
以道義 或 相悅以歌樂 遊娛山水"라고 하여 歌樂이 중요한 수련형태였음을 알
수 있다. 화랑무리 사이에는 歌樂이 널리 성행했을 것이다. 그런데 神들이
등장하는 형식이 바로 歌舞였다는 점은, 헌강왕대 왕경에 "풍악과 노래 소리가
길가에 그치지 않았다."라고 하여 歌樂이 크게 번성했던 점과 더불어 화랑과
관련이 있는 것은 아닐까 한다.

노력은 당시의 왕경인들에게 거부되거나 부정적으로 수용되고 있는 것이다.

위에서 살핀 바와 같이 경문왕 이후에 증대되었던 고유신앙적 요소들에 대해 당시의 왕경인들이 불신과 거부감을 표시하였다는 것은 경문왕가 왕실과 지배층에 대한 반발의 의미를 내포하고 있다고 하겠다. 특히 定康王의 女弟로서 신성한 혈통을 강조하며 무리하게 경문왕가의 왕위계승을 유지하려는 진성여왕의 왕위계승은 그 자체가 경문왕가 왕실에 대한 왕경인들의 불만을 더욱 고조시켰을 것으로 생각된다. 더욱이 여왕 즉위 후 정국을 이끌던 魏弘이 급사하면서 정치의 구심점이 상실되고 몇몇 寵臣들에 의한 실정을 거듭되자 마침내 왕경인의 직접적인 반발이 표출되기에 이르는 것이다. 다음의 사료는 진성여왕 2년에 발생하였던 王巨仁 사건에 대한 기록이다.[46]

H-1. 魏弘이 죽음으로 追諡하여 惠成大王이라고 하였다. 王은 이후로 비밀히 2, 3인의 少年 美丈夫를 불러들여 음란하며 그들에게 요직을 주고 國政을 위임하였다. 이로 말미암아 총애를 얻은 자들이 방자하여지고 뇌물이 공공연히 행해지며 상벌이 공평하지 못하여 기강이 문란하게 되었다. 이때에 어떤 자가 익명으로 時政을 비방하는 글을 지어 大路上에 게시하였다. (『三國史記』 권11, 眞聖王 2년 2월조)

H-2. 제51대 眞聖女王이 임금에 오른 지 몇 해만에 乳母 鳧好夫人과 그 남편인 魏弘角干 등 3, 4寵臣이 더불어 권세를 잡고 政事를 휘두르니 도적이 벌떼와 같이 일어났다. 國人이 근심하여 다라니의 隱語를 지어 써서 路上에 던졌다.……다라니에는 "南舞 亡國 刹尼那帝 判尼 判尼蘇判尼 于于三阿干 鳧伊娑婆訶"라고 하였다. 해설자가 말하기

---

46) 왕거인 사건에 대한 분석은 全基雄, 「新羅末期 政治社會의 動搖와 六頭品知識人」, 『新羅末 高麗初의 政治·社會變動』, 韓國古代史硏究會, 1994를 참조할 것.

를 "刹尼那帝는 女主를 지칭한 것이오 判尼判尼蘇判尼는 두 蘇判을 말한 것이니 蘇判은 職名이며, 于于三阿干은(3 · 4寵臣에 해당하며) 鳧伊는 鳧好를 말함이다."라고 하였다. (『三國遺事』 권2, 眞聖女大王居陀知조)

여기에서 먼저 주목되는 것은 위홍 사후 여왕의 측근에서 총애를 받고 국정을 담당하였던 인물들이 少年 美丈夫로 표현되고 있다는 것이다. 『三國史記』에서는 여왕이 美少年들을 끌어들여 음란하였다고 하여 마치 이 때문에 그들이 총애를 얻고 권력을 잡을 수 있었던 것처럼 해석하기 쉽지만, 이런 이해는 여왕에 대한 편견이 작용된 때문이며 비난의 초점이 여왕의 음란에 두어질 성질의 것도 아니다. 문제는 여왕과의 사적인 관계를 통하여 要職을 차지하였다는 것과 國政을 위임받은 이 寵臣들이 국가와 통치의 방향을 잘못 이끌고 있었다는 점이다. 이들은 왕의 총애를 기화로 방자하며 뇌물과 상벌을 함부로 하는 등 국가기강을 문란케 하였다는 비난을 받고 있다. 『三國遺事』에서의 3, 4寵臣, 다라니에서의 두 蘇判, 세 阿干은 바로 소년 미장부들과 같은 대상을 지칭하는 것으로 보인다. 그런데 혹 이 美少年의 존재는 경문왕가와 밀접한 관계를 맺으며 지지기반으로 작용하였던 花郞勢力과 관련되는 것은 아닐까 한다. 당시 왕실과 가장 밀접한 관계를 유지하고 있었던 세력집단은 화랑세력이며, 여왕의 측근에서 정치를 담당하고 정국을 이끌던 위홍이 이끌고 있던 세력도 화랑과 관계가 있어 보이기 때문이다.[47]

---

47) 위홍은 여왕의 즉위 후 곧 『三代目』의 편찬에 착수하였는데, 주지하다시피 『삼대목』은 향가집으로써 위홍과 함께 승려낭도였던 대구화상이 편찬을 담당하고 있으며, 향가는 그 내용에 慕竹旨郎歌, 讚耆婆郎歌와 같이 화랑을 칭송하거나, 彗星歌, 兜率歌 등 승려낭도가 지은 주술적인 노래가 많아 화랑세력과 무관하지 않다. 이러한 향가의 수집과 책의 편찬은 그 자체가 고유신앙적

왕실이 취약성을 노출하고 궁지에 몰릴수록 더욱 샤먼적 요소에의 의존이 커지고 고유신앙적 경향에 지나칠 정도로 경도되었던 것은 일면 景文王家 왕권의 현실적 지지세력이 왕실과 고유신앙적 요소를 통해 결합된 집단이었기 때문은 아닐까. 이런 관점에서 볼 때 花郞勢力은 경문왕가 왕실의 가장 신뢰할 수 있었던 지지세력으로 상정되는 것이다. 경문왕가 왕실과 화랑세력이 밀접한 관련 속에 결합되어 있었다는 점들은 여왕의 즉위가 신성한 왕실혈통을 강조하는 종교적 권위에 크게 의존하고 있었다든가, 향가모음집인『三代目』이 국가적 사업으로 추진되었다든가, 여왕의 샤먼적 기능, 그를 보좌하였던 위홍 역시 皇龍寺와 긴밀한 관련이 있었던 것 등 경문왕가 왕실에서 나타나는 정신기반의 고유신앙적 특성과 연결될 수 있을 것으로 생각된다.

화랑세력이 권력과 밀착하고 정치적 활동과 관련되면서 부작용과 한계성이 노출되었다. 진실을 말하지 못하게 하는 탄압의 상징으로 해석되는 幞頭匠과 나귀 귀의 설화가 경문왕과 결부되어 나타나고 있다거나, 헌강왕대 處容說話에서 이미 타락한 화랑의 후예로 해석된 바 있는 疫神의 존재, 진성여왕의 측근에서 총애를 얻고 국정을 천단하여 비난의 표적이 되었던 美少年들, 헌강왕이 포석정에 行幸하였을 때 나타나 춤을 추며 '智理多都波'라고 노래한 南山神 등 설화의 배경은 당시 화랑세력이 정치세력으로써 국정을 이끄는 동안에 나타났던 부작용과 관련되며 정치적 주도세력으로써 화랑세력의 한계성을 의미하는 것이다.

崔致遠은 儒, 佛, 道 三敎를 포함하여 중생을 교화하는 것으로 風流徒를 들고 있는데,[48] 당시의 사회에서 사상과 종교의 면은 물론 정치·사회적

요소에서 출발하고 있다.
48) 『三國史記』 권4, 眞興王 37년조. 崔致遠作 鸞郞碑序.

56

으로도 영향력을 행사할 수 있었던 집단은 華嚴宗, 禪宗 등 불교세력과 도당유학생을 비롯한 유학자, 그리고 화랑으로 대표되는 仙道의 세력들이 제시될 수 있을 것이다. 이 세 방향을 적절히 포용하며 안정을 이루려는 경문왕가 초기의 노력에도 불구하고 화랑세력에 기반을 두고 있었던 왕실의 치우친 경향은 결국 선종의 이탈과 유학자 지식인들의 반발을 유발하게 되었다.

진성여왕 2년에는 國人이 왕과 측근세력을 비난하는 다라니 글을 지어 붙이는 사건이 발생하였고, 이에 도당유학생 출신 유학자인 王巨仁을 투옥하였다가 여론의 힘에 의해 석방하였던 왕거인 사건은 國人層과 도당유학생 출신 지식인들의 반발과 저항을 보여주는 사건으로 해석된다.[49] 경문왕과 헌강왕대를 지나며 왕경의 번영과 사치로 성공적으로 비춰지던 경문왕가의 왕권강화와 통치방향은 곧 한계성을 드러냈고 진성여왕대에 이르면서 반발과 저항으로 비판받기에 이르는 것이다.

中代王室을 구축하고 등장한 下代王室은 무열왕계의 中代的 성격을 부정하는 일면을 가지고 있었고, 왕위계승을 둘러싸고 혼란을 거듭하며 제 위치를 찾지 못하였던 하대왕실의 한계를 극복하려는 노력으로 경문왕 이후에는 상대로의 복고적 지향이라는 형태가 더욱 강화되고 있었던 것이다. 그러나 이러한 왕실의 상대지향적 인식은 당시의 광범위한 사회의식의 성장과 고대적 체질에 반발하는 각 계층의 욕구에 역행하는 것으로 명백한 한계를 갖는 것이었다. 비록 경문~헌강왕대는 어느 정도 효과를 거두어 왕경의 지배층은 번영과 태평을 구가하는 듯하였으나 진성여왕의 즉위 후 모순은 외부로 표출되어 지식층의 반발이 일어났고 진성여왕을 보좌하며 정국을 지탱해 오던 위홍의 죽음과 함께 국정은 혼란해지고 전국은 순식간에 반란의 물결에 휩쓸리

---

49) 全基雄, 앞의 논문, pp.87~105.

고 말았던 것이다.

신라 하대는 지방사회의 성장과 함께 중국의 禪宗이 전래하고 도당유학생을 통한 선진문화와 사상이 밀려오던 시기였다. 사회의 성장에 따른 변화의 요구에도 불구하고 왕경의 지배층은 자기항쟁에 머물렀고, 왕경의 안정을 이룬 후에도 스스로 새로운 방향을 제시하고 앞서 나아가지 못한 채 몰락의 길을 걷게 되었다.

화랑 출신인 경문왕의 즉위 이후 정치사회에 가장 큰 영향력을 미친 집단은 화랑세력이었다. 화랑들은 하대에 오면서 군사적 활동을 통해 정치적 세력으로 부상하기 시작하였고 화랑 출신의 경문왕과 그 자녀들이 왕실을 장악하면서 화랑과 그 무리는 왕실의 세력기반이 되어 국왕의 측근에서 정치의 방향을 이끌었다. 그러나 그 방향은 固有信仰적 정신기반에 토대를 둔, 上代末로 復古하는 듯한 퇴행적이고 비현실적인 모습을 보이고 있었다. 王京중심의 소신라주의나 황룡사의 看燈 百座講會, 『三代目』의 편찬, 그리고 '骨法' 등 왕실의 신성한 혈통의 강조와 女王의 즉위 등의 양상들이 이 시기의 특징적 현상으로 드러나고 龍, 山神, 地神, 處容, 歌舞의 성행 등 당시의 설화에서 살펴지는 사회적 분위기는 왕경지배층의 정신적 굴절을 보여주는 것이었다.

여왕의 무리한 등장과 측근세력의 실정은 중앙에서 國人層과 知識人들의 반발을, 지방에서는 조세저항과 반란을 유발하는 동기가 되었다. 기존의 화랑과 경문왕가 왕실의 한계성에 대한 비판은 정치세력간의 대립을 가져와 김씨왕실의 지지를 받았던 화랑 출신의 孝宗勢力이 퇴조하고 국인층과 지식인들의 지지를 얻은 景暉가 왕위에 올라 박씨왕실이 등장하였다. 그러나 이미 기울어진 신라는 내부의 체제정비와 대외적 관계 변화를 통한 노력에도 불구하고 甄萱의 침입에 의해 박씨왕실이 몰락함으로써 신라는 멸망의 운명을 기다리게 되었던 것이다.

II. 화랑 孝宗과 孝女知恩 설화

眞聖女王代를 지나면서 신라는 급격한 쇠락의 길로 들어선다. 왕경의 지배층은 지방사회의 분열과 정치적 한계에 부딪치고 있었으며 흉년과 지방민의 조세저항으로 생활의 어려움을 겪게 된 왕경의 하층민은 몰락의 길을 걷게 된다. 孝女知恩 설화는 이러한 위급한 시기의 신라 왕경을 배경으로 하고 있다. 백성에서 노비로 전락한 지은의 이야기를 통해 당시 왕경인의 고단한 삶의 모습을 찾아볼 수 있으며, 화랑과 진성여왕이 등장하고 있어 지배층의 동향을 보여주는 자료로서도 중요한 가치를 지닌다.

이 이야기는 『삼국사기』 열전의 孝女知恩條와 함께 『삼국유사』 孝善의 貧女養母條에도 수록되어 있다. 양 사서에서 모두 비중 있게 다룰 만큼 중요한 사건으로 취급되었던 것이다. 특히 당시의 화랑인 孝宗이 주요인물로 나오고 있어서 진성여왕대 화랑세력의 동향을 알 수 있게 한다. 이 사건을 계기로 효종은 여왕의 신임을 얻어 헌강왕의 왕녀와 혼인하였고 이후 유력한 왕위계승자의 지위를 확보하여 정치적으로 부상하였다. 이 설화를 통하여 경문왕대를 거치면서 정치적으로 부상하고 있었던 화랑세력의 활동 양상을 보다 선명하게 이끌어낼 수 있을 것이다.

이 설화는 국문학의 영역에서만이 아니라 역사학의 관점에서도 보다 깊은 연구가 이루어져야 할 필요가 있다. 그러나 널리 알려진 이야기임에 비하여 구체적인 분석과 연구는 충분치 못하다. 이 설화의 가치는 몇몇 연구자에게 주목되기도 하였으나 부분적으로 언급한 논문만이 있을 뿐 전체적으로 다룬 연구는 잘 찾아지지 않는다.[1] 필자는 진성여왕

대 정치세력의 동향에 대한 연구성과를 토대로 하여 효녀지은 설화를
상세히 분석하고 설화의 배경과 의미에 대해 정치사적 관점에서 접근하
고자 한다.

1. 孝女知恩 설화의 분석

효녀지은 설화는 진성여왕대(887.7~897.6)에 신라의 왕경에서 일어
났던 한 사건을 전하고 있다. 『삼국유사』에서는 국왕의 이름을 眞聖王이
라고 명확히 밝혀주고 있으므로 이 설화의 성립 시기를 알 수 있다.
주지하다시피 진성여왕대는 신라의 몰락이 가시화 되는 까닭에 신라멸
망의 원인을 여왕의 실정 탓으로 돌리는 경향이 일반적으로 널리 퍼져
있었지만, 근래 신라말의 정치사를 깊이 천착하는 여러 연구들이 나오
고 연구성과가 축적됨에 따라 이 시기의 정치사회에 대한 이해도 깊어지
고 있는 것은 고무적인 현상이다.[2] 이 설화는 진성여왕대의 사회와
정치에 관한 몇 가지 중요한 역사적 사실을 확인할 수 있게 하는데,
특히 경순왕 金傅의 아버지인 효종이 진성여왕 당시에 화랑이었다는
점과 헌강왕의 딸과 혼인하게 된 배경이 지은의 일 때문이었다는 사실을
알 수 있어서 신라말의 정치사회를 이해하는 데 도움을 준다.
孝女知恩 설화는 『삼국사기』와 『삼국유사』의 양 史書에 모두 수록되

---

1) 효녀지은 설화를 다룬 논문으로는 李鍾旭, 「新羅下代의 骨品制와 王京人의
   住居」, 『新羅文化』 제7집, 1990 ; 全基雄, 「新羅 下代의 花郎勢力」, 『新羅文化』
   10·11합집, 1994가 있다.
2) 李培鎔, 「新羅下代 王位繼承과 眞聖女王」, 『千寬宇先生還曆紀念 韓國史學論叢』,
   정음문화사, 1985 ; 全基雄, 「新羅 下代末의 政治社會와 景文王家」, 『釜山史學』
   16집, 釜山史學會, 1989 ; 鄭容淑, 「신라의 女王들」, 『한국사시민강좌』 15집,
   一潮閣, 1994 ; 金昌謙, 「新羅 下代 孝恭王의 卽位와 非眞骨王의 王位繼承」, 『史學
   研究』 58·59합집, 1999 ; 조범환, 『우리 역사의 여왕들』, 책세상, 2000 ; 權英
   五, 「김위홍과 진성왕대 초기 정국 운영」, 『大丘史學』 76집, 大丘史學會, 2004.8.

어 있다.[3] 두 사서는 같은 설화를 취급하고 있으나 그 구체적인 내용에
는 부분적으로 차이가 보인다. 먼저 두 가지 기록을 제시하고 상이한
부분들을 분석하여 정리하고자 한다.

1) 孝女知恩條와 貧女養母條의 비교

『三國史記』 卷48, 列傳의 孝女知恩條에 수록되어 있는 이 설화의 내용
은 다음과 같다.

효녀 知恩은 韓岐部의 백성인 連權의 딸이다. 천성이 지극히 효성스
러워 어려서 아버지를 여의고 홀로 어머니를 모셨는데, 나이 32세가
되어도 시집을 가지 않고 조석으로 어머니를 보살펴 그 곁을 떠나지
않았다. 먹을거리가 없으면 혹은 품팔이를 하고 혹은 구걸도 하면서
밥을 얻어다가 어머니를 봉양하였다. 그러한 지 오래되니 피곤함을
견디지 못하고 부잣집에 가서 몸을 팔아 종이 되기를 청하여 10여
石을 얻었다. 종일 그 집에서 일을 하고 날이 저물면 밥을 지어 가지고
돌아와서 어머니를 봉양하였는데 이렇게 사나흘이 지나자 어머니가
딸에게 말하기를 "전에는 음식이 나빠도 맛이 있었는데 지금은 음식이
비록 좋기는 하지만 맛이 그 전과 다르고, 마치 속을 칼로 에이는
것 같으니 이는 무슨 까닭이냐?"라고 하였다. 딸이 사실대로 이르니
어머니가 "나 때문에 네가 종이 되었으니 내가 차라리 빨리 죽느니만
못하구나."고 하면서 큰소리로 통곡하므로 딸도 따라 우니 그 애처로움
에 길가는 사람들까지 마음 아파하였다.
　이때 孝宗郎이 出遊하던 중에 그것을 보고는 돌아와 부모에게 청하여

---

3) 『三國史記』의 孝女知恩條와 『三國遺事』의 貧女養母條는 다소 차이가 있으나
같은 이야기를 담고 있으므로 이 두 사서에 담긴 설화를 통칭하여 孝女知恩
說話라고 부르기로 한다. 또 이후 『三國遺事』는 유사로, 『三國史記』는 사기로
약칭한다.

자기 집의 곡식 100석과 옷가지를 보내주고 또 지은이 몸을 판 주인에게
몸값을 갚아주어 양민이 되게 하였으며, 郎徒 수천 명도 각각 곡식
1석씩을 내어 그녀에게 주었다. 대왕이 이를 듣고 또한 벼 500석과
집 한 채를 하사하고, 征役을 면제하여 주었으며, 곡식이 많아서 도둑에
게 빼앗길까 염려하여 군사를 보내 교대로 지켜주도록 관청에 명하였
다. 그리고 그 마을을 표방하여 孝養坊이라 하였으며 당나라 왕실에
표문을 올려 그 아름다운 행실을 드러내도록 하였다.

　효종은 당시 第三宰相인 舒發翰 仁慶의 아들로서 어렸을 때의 이름은
化達이었다. 왕이 이르기를 "비록 나이는 어리지만 老成함을 볼 수
있다."고 하고는 그 형인 헌강왕의 딸로 아내를 삼게 하였다. (『三國史記』
권48, 列傳8, 孝女知恩條)

　한편 같은 이야기가 『三國遺事』 권5의 孝善編 貧女養母條에도 수록되
어 있다. 효선편에서는 부모의 은공에 보답하는 孝의 행실에 대한 다섯
편의 이야기를 수록하고 있는데, 이는 유교적인 효의 강조로 보이기도
하지만 실제로는 불교적 부모의 은공에 대한 보답이 내용의 기반이
되고 있어서 일반적인 유교의 효행과는 다소 차이가 있다. 승려 일연에
의해 편찬된 『삼국유사』의 성격상 불교적 내용이 설화의 중심이 된
것은 이상한 일이 아닐 것이다. 효선편 가운데서 가난한 민중의 삶을
불교적인 보은으로 응답한 이야기로는 眞定師孝善雙美條와 大城孝二世
父母條가 이에 해당한다. 국왕이 아름다운 행실을 알게 되어 상을 내린
예로는 경덕왕대의 向得舍知割股供親條와 흥덕왕대의 孫順埋兒條의 설
화가 있다. 그리고 화랑과 관련된 것으로는 유일하게 貧女養母條가
있을 뿐이다.

　『삼국유사』에 수록된 내용은 다음과 같다.

孝宗郎이 남산의 鮑石亭(혹은 三花述이라고도 한다)에서 遊할 때에
門客들이 모두 급히 달려왔으나 오직 두 사람만이 뒤늦게 왔다. 郎이
그 까닭을 물으니 대답하기를, "芬皇寺 동쪽 마을에 나이가 스무 살
안팎의 여자가 눈먼 어머니를 껴안은 채 서로 소리내어 울고 있었으므
로 그 마을 사람에게 까닭을 물으니, 말하기를 '이 여자는 집이 가난하여
걸식으로 어머니를 봉양한 지 여러 해가 되었는데 마침 흉년이 들어
걸식으로도 살아가기가 어렵게 되어 남의 집에 가서 품을 팔아 몸값으
로 곡식 30石을 얻어서 주인집에 맡겨 놓고 일을 하다가 날이 저물면
쌀을 가지고 집에 와서 밥을 지어먹고 함께 잠을 자고, 새벽이 되면
주인집에 가서 일을 하기를 며칠이 되었는데 그 어머니가 말하기를
'지난날의 거친 음식은 마음이 편했는데 요즘의 좋은 쌀밥은 창자를
찌르는 것 같아 마음이 편안치 못하니 어찌된 일이냐?'고 했습니다.
그 여인이 사실대로 말하자 어머니가 통곡하므로 여인은 자기가 다만
어머니의 口腹의 봉양만 하고 마음을 살피지 못하였음을 탄식하여
서로 껴안고 울고 있는 것입니다.' 하였습니다. 이것을 보느라고 늦었습
니다."라고 하였다.

郎은 이 말을 듣고 측은하여 곡식 100斛을 보내주니 郎의 부모도
또한 옷 한 벌을 보냈으며, 郎의 모든 무리도 곡식 1,000石을 거두어
보내주었다. 이 일이 왕에게 알려지자 그때 眞聖王은 곡식 500석과
집 한 채를 내려주고 군사를 보내서 그 집을 호위하여 도둑을 막도록
하였다. 또 그 坊에 旌門을 세우고 孝養의 마을이라고 하였다. 그후에
집을 희사해서 절을 삼고 兩尊寺라고 하였다. (『三國遺事』권5, 孝善9,
貧女養母條)

사기의 효녀지은조와 유사의 빈녀양모조는 서술방식과 구체적인
부분에서 약간의 차이를 보인다. 먼저 양 사서의 특성에 따른 차이가
있음을 고려해야 할 것이다. 『삼국사기』는 유학자 문신관료인 김부식에
의하여 유교적 관점에 의해 紀傳體로 기술된 正史이며, 따라서 효녀지은

조도 기전체 列傳의 서술형식에 충실히 따르고 있다. 사기에서는 知恩이라는 이름과 그 출신을 명백히 밝히고 있으며 이야기의 전개가 체계적이고 정돈되어 있음을 볼 수 있다. 즉 사기의 편찬자가 이 사건의 내용을 나름대로 정리하여 열전 형식에 맞추어 기술한 것이다.

이에 비하여 승려인 일연이 불교적 입장에서 야담과 설화들을 모아 수록한『삼국유사』의 빈녀양모조는 포석정에 뒤늦게 도착한 두 낭도가 전하는 말을 그대로 옮겨 놓고 있다. 같은 이야기라고 하더라도 기술하는 관점과 방식에 따라 서로 다른 면이 강조되거나 부가되기도 하는 것이다. 유사에서의 지은이라는 인물과 효행에 대한 묘사는 간접적인 형태를 취하고 있으며 서술과 이야기의 전개도 사기에 비해 허술하다. 그럼에도 오히려 현실감이 있고 정황의 묘사도 상세하여 편찬자에 의해 정돈된 사기의 내용보다 설화의 본래 모습을 더 잘 간직하고 있는 것으로 생각된다.

다음으로 두 사서의 기록에서 나타나는 차이점에 대해 살피기로 한다.

〈표 1〉孝女知恩條와 貧女養母條의 비교

	孝女知恩條	貧女養母條
설화의 소재	『三國史記』卷48, 列傳8, 孝女知恩條	『三國遺事』卷5, 孝善9, 貧女養母條
이야기의 서술 형태	사건을 史記 편찬자가 정리하여 기술함	효종의 문객이 듣고 온 마을사람의 말을 그대로 옮겨 기술함
지은에 대한 소개	孝女 知恩 韓岐部의 백성인 連權의 딸	貧女, 이름 없음 芬皇寺 東里의 스무 살 안팎의 여자
지은의 부모	부 : 어려서 죽음 모 : 내용 없음	부 : 내용 없음 모 : 눈먼 어머니

지은의 처지	1) 어려서 아버지를 여의고 홀로 어머니를 모심, 32세가 되도록 시집을 가지 않음 2) 혹은 품팔이를 하고 혹은 구걸도 하면서 밥을 얻어다가 어머니를 봉양함 3) 부잣집에 가서 몸을 팔아 종이 됨	1) 집이 가난하여 2) 걸식으로 어머니를 봉양함 3) 남의 집에 고용인이 되어 몸값을 얻음
지은의 나이	32세	20세 내외
지은의 몸값	10여 석	30석
지은의 효행을 안 시기	孝宗의 出遊 중에	효종이 鮑石亭에서 遊할 때
목격자	효종	뒤늦게 온 두 명의 門客
효종이 지은에게 베푼 내용	1) 효종이 부모에게 청하여 가속 100석과 옷가지를 보냄 2) 지은이 몸을 판 주인에게 몸값을 갚아주어 양민이 되게 함	1) 효종이 곡식 100斛을, 郎의 부모는 옷 한 벌을 보냄 2) 내용 없음
낭도들이 베푼 내용	郎徒 수천 명이 각각 곡식 1石씩	郎의 千徒가 곡식 1,000石
왕의 명칭	大王	眞聖王
왕이 베푼 내용	1) 벼 500석과 집 한 채 2) 征役을 면제 함	1) 곡식 500석과 집 한 채 2) 내용 없음
왕의 보호 조치	도둑에게 빼앗길까 염려하여 군사를 보내 교대로 지켜주도록 관청에 명하였다.	군사를 보내서 그 집을 호위하여 도둑을 막도록 하였다
효행을 기리는 조치	1) 그 마을을 표방하여 孝養坊이라 하였다 2) 당나라 왕실에 표문을 올려 그 아름다운 행실을 드러내도록 하였다	1) 그 坊에 旌門을 세우고 孝養의 마을이라고 하였다 2) 내용 없음
뒷이야기	효종에게 헌강왕의 딸로 아내를 삼게 하였다.	그 집을 희사해서 절을 삼고 兩尊寺라고 하였다
효종에 대한 소개	第三宰相인 舒發翰 仁慶의 아들로서 어렸을 때의 이름은 化達이었다	내용 없음

첫째, 사기에서는 지은이라는 이름과, 韓岐部의 백성인 連權의 딸이며 어려서 아버지를 여의고 홀로 어머니를 봉양하였다고 하여 지은의 처지와 신상에 관한 소개가 상세하게 나와 있는 데 비해 유사에서는 이름도 밝히지 않은 채 단지 분황사 동쪽 마을의 스무살 안팎의 여인이라는 것만 제시되고 있을 뿐이다. 지은의 부모에 대해서는 사기는 아버지가 일찍 죽었다고 하였으나 유사에서는 아버지에 대한 언급이 전혀 없다. 어머니에 대해서는 사기에 설명이 없는 대신 유사에서는 눈이 멀었다는 사정이 부가되어 있다.[4]

둘째, 사기와 유사의 기록은 구체적인 몇몇 수치에 대해서도 차이가 있다. 지은의 나이에 대해서는 각기 32세와 20세 내외로, 지은의 몸값은 10여 석과 30석으로 각기 다르며, 효종의 낭도들이 지은에게 보낸 은전의 수량을 사기는 낭도 수천 명이 각기 1석씩, 즉 수천 石에 이르는 것이 되지만 유사는 단지 1,000석이라 하였다. 효종이 보낸 물품에 대해서도 사기에서는 효종이 그 부모에게 요청하여 보낸 것으로, 유사에서는 100석은 효종이, 효종의 부모는 옷 한 벌만을 보낸 것으로 기술되고 있다. 이밖에도 지은이 몸을 판 이유나 형태 등에서 약간씩의 차이가 보인다.

셋째, 두 기록에는 서로 없는 부분에 대한 기술이 포함되고 있어서 상호보완이 가능하다.

사기에만 있고 유사에는 없는 내용은, 지은이라는 이름과 아버지 연권의 출신부와 신분 이름, 효종이 지은을 양민으로 만들어 준 사실, 국왕이 지은의 征役을 면제해준 것과 당나라 왕실에 표문을 올렸던 것, 그리고 특히 효종에 대한 소개와 혼인에 관련된 이야기 등이며,

---

4) 눈먼 어머니와 효녀라는 테마는 「심청전」의 이야기와 흡사하여 이 설화가 「심청전」의 근원적 모티브를 제공하였을 것이라는 해석을 낳게 된다.

사기에는 없는 내용으로 유사를 통해서 알 수 있는 사실은 지은이 살던 곳이 분황사 동쪽마을이고, 지은의 홀어머니가 장님이라는 것, 효종이 出遊한 곳이 포석정이며 낭도를 門客이라고 한 점, 당시의 국왕을 眞聖王이라고 명시한 것, 지은이 탄식하며 말한 내용, 후에 그 집을 희사하여 兩尊寺가 되었다는 것 등이다.

넷째, 효종의 비중에 대한 차이이다. 유사에서는 효종의 역할이 그다지 두드러지게 강조되고 있지 않다. 효종이 직접적으로 등장하는 것은 두 낭도에게 늦은 까닭을 물었다는 것과 그들의 말을 듣고 측은하여 곡식 100石을 보내주었다는 것뿐이다. 지은 모녀가 울고 있는 광경을 목격한 사람은 포석정에 뒤늦게 도착한 두 낭도이며, 그들이 효종에게 지은의 사정을 전달한 것으로 되어 있다. 이때 두 낭도가 전한 사연도 마을사람의 설명을 옮긴 것이지 지은으로부터 직접 들은 것도 아니라서 知恩의 실체는 이야기 전개의 전면에 등장하지 않는다. 그러므로 효종과 지은은 바로 연결되지 않는다. 오직 두 낭도라는 매개를 통하여 간접적으로만 관련을 갖게 되는 것이다.

유사에서는 많은 부분이 지은이 몸을 팔게 된 애처롭고 안타까운 처지와 지은과 어머니 사이에 교감하는 끈끈한 애정에 초점이 맞추어져 있다. 비록 지은은 몸을 팔아 노비가 되었다고는 하지만 두 모녀가 굶주려 죽을 만큼 다급한 처지도 아니었고 아주 이별을 하여 다시 만나볼 수 없는 상황에 처하게 된 것도 아니다. 오히려 어머니는 좋은 쌀밥을 먹고 있었고, 지은은 요즘 식으로 표현한다면 출퇴근하는 정도의 종살이였던 것으로 보인다. 따라서 사람들의 마음을 감동하게 만든 것은 그들이 처한 상황의 곤란함 때문이라기보다는 어려운 처지에 놓여있으면서도 서로를 아끼는 모녀의 애틋한 사랑이라고 하겠다. 눈먼 어머니는 "나 때문에 네가 종이 되었으니 내가 차라리 빨리 죽느니만 못하다."고 하며 딸에게 짐이 되고 있음을 마음 아파하고 지은은 '口腹의 봉양만 하고 마음을 살피지 못하였음'을 탄식하는 정황이었다. 유사의 빈녀양모조는 어머니에게 먹을 것을 드리기 위해 몸을 판 딸과 그 딸의 사정을 알게 된 어머니의 아픈 마음이라는, 모녀간에 오고가는 애틋한 감정의 교류를 묘사하는데 많은 부분이 할애되고 있어서 효종과 국왕의 시혜에 대한 기술은 오히려 부차적인 것으로 여겨진다.

이에 비해 사기에서는 효종의 역할과 비중이 매우 크다. 효종은 出遊 중에 지은과 어머니가 함께 울고 있는 광경을 직접 목격한 것으로 나타나고 있으며, 곡식 100석과 옷가지를 보내주고 지은을 다시 양민으로 만들어 준 것도 효종이 직접 한 것으로 되어 있다. 유사에서와는 달리 효종은 설화의 전면에 중심인물로 등장하고 있는 것이다. 특히 설화의 말미에 별도로 효종의 신상 소개와 헌강왕녀와의 혼인에 관한 내용이 추가되어 있는 것은 사기의 서술이 효종을 부각시키고 있으며, 지은의 孝行 못지않게 효종과 국왕의 빈민구휼 행위를 강조하려는 의도가 있는 것은 아닌가 하는 생각마저 들게 한다.

지금까지 사기와 유사의 기록을 비교 분석하였다. 두 사서는 구체적인 면에서 얼마간 차이가 있다고 하더라도 그 줄기가 되는 이야기의 큰 틀은 같다. 즉 하나의 사건을 각기 다른 방식으로 전하고 있을 뿐이다. 효녀지은조와 빈녀양모조는 서로 부족한 부분을 보완할 수 있는 자료로 보아도 무방할 것이다.[5]

2) 화랑 관련 기사의 검토

이 설화에는 진성여왕대 화랑들의 모습을 전해주는 내용들이 담겨져

---

5) 李鍾旭, 앞의 논문, 1990, pp.170~173 참고.

있다. 특히 화랑의 鮑石亭 出遊와 관련된 부분은 매우 흥미로운 사실을 전해주고 있어서 주목된다. 이에 대한 검토를 통해 국가적 위기가 증대되고 있었던 진성여왕대의 상황에서 화랑들의 동향은 어떠하였는지에 대해 살피고자 한다.

유사의 빈녀양모조에는 "효종랑이 남산 포석정에서 遊하였다. 門客들이 모두 급히 달려왔으나, 오직 두 사람만이 뒤늦게 왔다."고 하여 효종랑과 그 낭도들이 鮑石亭에 모여 있었던 것을 알 수 있다.

『삼국유사』의 번역본에서는 모두 遊를 '놀았다'고 번역하고 있는데 이 遊는 포석정이라는 장소가 流觴曲水의 놀이터였다는 일반적인 인식과 어우러져서 화랑과 낭도들이 모여서 즐거이 오락을 하면서 한바탕 놀았다는 식으로 여겨지기 쉽다. 그러나 遊라는 말이 꼭 연회와 같은 즐거운 유희만을 의미하지는 않으며, 화랑들에게 遊는 단순한 놀이가 아니라는 점을 간과할 수 없을 것이다.

A-1. 景德王이 栢栗寺에 遊幸하여 산 밑에 이르렀을 때 땅 속에서 염불하는 소리가 들렸다. 그곳을 파게 했더니 큰 돌이 나왔는데 사면에 四方佛이 새겨져 있었다. 그래서 절을 세우고 절 이름을 掘佛寺라고 하였다. (『三國遺事』 권3, 塔像4, 四佛山 掘佛山 萬佛山)

A-2. 어느날 大王이 開雲浦(鶴城 서남쪽에 있으며 지금의 蔚州이다)에서 遊하다가 돌아가려고 낮에 물가에서 쉬고 있는데 갑자기 구름과 안개가 자욱해서 길을 잃었다. 왕이 괴상히 여겨 좌우 신하들에게 물으니 日官이 말하기를 "이것은 東海龍의 조화이오니 마땅히 좋은 일을 해서 풀어야 할 것입니다."라고 하였다. 이에 왕은 일을 맡은 관리에게 명하여 용을 위하여 근처에 절을 지으라고 하였다. 왕이 명령을 내리자 구름과 안개가 걷혔다. 이로 말미암아 그곳을 개운포라 이름했다. 동해용이 기뻐하여 이내 아들 일곱을 데리고 왕의

수레 앞에 나타나 덕을 찬양하며 춤을 추고 음악을 연주했다. 그
중 한 아들이 왕을 따라 서울로 들어가 왕의 정사를 도우니, 이름을
처용이라 했다. (『三國遺事』 권2, 紀異2, 處容郎望海寺)

A-1의 사료에서 경덕왕은 栢栗寺에 遊幸하였을 때 땅 속에서 울리는
佛聲을 들었으며, 헌강왕은 개운포에 遊할 때 동해용을 만나게 된다
(A-2). 신라의 왕이 부처나 용과 같이 신성한 존재를 만날 때가 遊의
도중이었음을 볼 수 있다. 국왕과 종교적 의미를 가지는 존재와의
조우는 예사로운 일이 아니다. 이때 遊로 표현된 국왕의 행차는 단순한
놀이일 수 없으며 국가의 수호신이나 각 지역의 신령스런 존재와의
만남을 갖기 위한 준비과정으로 이해하는 것이 타당하겠다.

遊는 국왕뿐만 아니라 화랑의 활동을 통해서도 나타나고 있다.

B-1. 그 후 다시 미모의 남자를 택하여 곱게 꾸며 花郎이라 이름하고
그를 받드니, 무리들이 구름처럼 몰려들었다. 혹은 道義로써 서로
연마하고 혹은 노래와 음악으로 서로 즐겼는데, 산과 물을 찾아
遊娛하니 멀리 이르지 않은 곳이 없었다. 이로 인하여 사람의 사악함
과 정직함을 알게 되어, 착한 사람을 택하여 조정에 천거하였다.
(『三國史記』 권4, 眞興王 37년조)
B-2. (夫禮郎)이 무리들을 거느리고 金蘭에 遊하였는데, 北溟의 경계에
이르렀다가 狄賊에게 사로잡혀 갔다. 門客들은 모두 어쩔 줄을
모르고 그대로 돌아왔으나 홀로 安常만이 그를 쫓아갔다. (『三國遺
事』 권3, 塔像4, 栢栗寺)
B-3. 제5 居烈郎, 제6 實處郎(혹은 突處郎이라고도 한다), 제7 寶同郎
등 세 화랑의 무리가 風岳에 遊하려고 하는데 慧星이 心大星을
범하였다. 郎徒들은 이를 의아하게 생각하고 그 여행을 중지하려고
했다. 이때에 融天師가 노래를 지어 부르자 별의 괴변은 즉시 사라지

고 日本 군사가 제 나라로 돌아가니 도리어 경사가 되었다. 임금이 기뻐하여 郞徒들을 보내어 풍악에서 遊하게 했다. (『三國遺事』 권5, 感通7, 融天師 彗星歌 眞平王代)

B-4. 왕의 이름은 膺廉이니 나이 18세에 國仙이 되었다. 弱冠에 이르자 憲安大王은 그를 불러 궁중에서 잔치를 베풀고 묻기를 "郞은 국선이 되어 사방을 돌아다니면서 遊하였으니 무슨 이상한 일을 본 것이 있는가." 하였다. 낭이 대답하기를 "신은 행실이 아름다운 사람 셋을 보았습니다." 하였다. "그 이야기를 듣고 싶다." 낭이 말하였다. "남의 윗자리에 있을만하면서도 겸손하여 남의 밑에 있는 이가 있었으니 그 하나요, 세력이 있고 부자이면서도 옷차림을 검소하게 하는 이가 있었으니 그 둘이요, 본래부터 귀하고 세력이 있는데도 그 위세를 부리지 않는 이가 있었으니 그 셋입니다." 이 말을 들은 왕은 그의 어짐을 알고 자기도 모르게 눈물을 흘리며 말했다 "나에게 두 딸이 있으니 아내로 삼기 바란다."(『三國遺事』 권2, 紀異2, 四十八 景文大王)

B-5. 國仙 邈元郞·譽昕郞·桂元·叔宗郞 등이 金蘭에서 遊覽하는데 은근히 임금을 위해서 나라를 다스리려는 뜻이 있었다. 이에 노래 3首를 짓고, 다시 心弼 舍知를 시켜서 공책을 주어 大矩和尙에게 보내어 3歌를 짓게 하니 첫째는 玄琴抱曲이요, 둘째는 大道曲이요, 셋째는 問群曲이었다. 대궐에 들어가 왕께 아뢰니 왕은 기뻐하여 칭찬하고 상을 주었다. (『三國遺事』 권2, 紀異2, 四十八 景文大王)

사료 B의 몇 가지 사례만으로도 화랑의 활동 중에는 遊가 중요한 위치를 차지하고 있음을 알 수 있다. 사료 B-1에서는 화랑의 무리들이 산수간을 遊娛하는 가운데 그 인물됨을 알고 아름다운 자를 택하여 등용하였다고 하였다. 국가에서 인재를 선발하여 등용하는 기준으로 화랑도들이 遊하는 가운데서 나타나는 행실과 덕성이 적용되고 있었음을 알 수 있다.

B-2, 3은 화랑의 遊가 神異함과 관련되고 있음을 보여준다. 夫禮郎의 낭도들이 명주의 북쪽 경계 지역에까지 올라가 遊하다가 北狄을 만나 화랑이 납치되는 곤욕을 치르게 되는데 이 이야기는 안상이 부례랑을 구출하여 돌아오는 과정에서 玄琴과 萬波息笛의 신이함과 연결되고 있으며(B-2), 居烈郎 實處郎 寶同郎 등 3명 화랑의 무리가 풍악산에 遊하려다가 혜성이 나타나 혼란스러워 할 때 융천사가 혜성가를 지어 일본군을 물러가게 한 것도 또한 신이함과 관련되고 있다(B-3). 국가의 보물이나 향가의 주술적인 힘이 화랑의 遊와 관련되어 발현되고 있는 것이다.

B-4, 5는 화랑에게 遊가 정치적 활동과도 결부되고 있음을 보여준다. 헌안왕은 각지를 遊하고 돌아온 국선 응렴에게 어떤 특이한 것을 보았느냐고 질문하고는 응렴의 답변이 마음에 흡족하므로 곧 사위로 삼았다는 것이다(B-4). 응렴은 이때 헌안왕녀와의 혼인을 통해 왕위계승권을 확보할 수 있게 되었고 헌안왕의 사후 왕위에 올라 경문왕이 되었다. 그리고 邀元郎·譽昕郎·桂元·叔宗郎 등 경문왕대의 4인의 화랑이 金蘭에 遊하면서 왕을 위해 나라를 다스리려는 뜻을 품고 3수의 노래를 지은 것은(B-5) 화랑들이 정치적 활동에 참여하고 있음을 보여주는 사례이다.

위의 몇 가지 사례를 통하여 볼 때 효종과 낭도들의 遊를 단순히 재미를 위한 오락의 성격으로만 해석할 수는 없을 것이다. 이와 함께 효종과 낭도가 모인 곳이 鮑石亭이라는 사실은 더욱 흥미롭다.

포석정은 流觴曲水의 유적지로 알려져 있으며,[6] 경애왕이 견훤의

---

6) 姜敦求, 「鮑石亭의 종교사적 이해」, 『韓國思想史學』 4·5 합집, 韓國思想史學會, 1993, pp.54~57. 流觴曲水는 원래 중국에서 3월 삼짇날 九曲의 流水에 잔을

침입이 있었을 때 이곳에서 놀다가 죽임을 당한 곳이다. 경애왕의
포석정 놀이는 신라 멸망을 재촉한 행위로 오랫동안 비난의 대상이
되기도 하였다. 효종과 화랑무리가 포석정에서 遊하였다는 것도 경애왕
의 경우와 비교되어 역시 연회를 베풀며 유희하였던 것으로 인식되기
쉽다. 그러나 포석정은 단순한 연회장소가 아니라 팔관회와 관련이
있는, 호국제사와 같은 신성한 제례 의식이 행해지던 곳이라는 지적이
있다. 신라에서 연회는 주로 臨海殿에서 열렸으며, 포석정은 헌강왕이
南山神을 만난 것에서 보듯이 신성한 장소이며, 경애왕은 견훤의 침입을
앞두고 포석정에서 국가를 보호하려는 의식을 행하고 있었다는 것이
다.7) 혹 연회가 있었다 하더라도 그것은 의식을 마치고 나서 술과
음식을 나누어 먹는 뒷풀이와 같은 성격이었을 것으로 보아야 할 것이
다.

　헌강왕이 南山神을 만나 御舞祥審이란 춤을 얻은 것도 이 포석정이었
다. 왕이 포석정에 갔을 때 남산신이 나타나 춤을 추었는데 신하들은
보지 못하므로 왕이 산신의 춤을 추어 보였다. 그후부터 그 춤이 널리
행하여져 고려시대까지 유행하였다 한다.8) 신라인에게 南山은 신성한
장소로 靑松 皮田 金剛과 더불어 국가의 대사를 논의하던 四靈地의
하나이며9) 오늘날까지도 무수한 불교유적을 찾아볼 수 있는 불교의
성지였다. 왕과 남산신과의 만남이 이루어진 장소인 포석정은 그 자체

　　띄어놓고 술을 마시며 시를 짓는 놀이였다고 한다.
　7) 姜敎求, 앞의 논문, 1993. 강돈구는 '遊'를 단순히 '놀러갔다'라는 의미로만
　　해석하기 어렵고, 국가가 위급한 상황에서 견훤의 침입을 경애왕이 몰랐다는
　　것은 이해가 되지 않으며, 당시는 음력 11월로써 추운 한겨울에 야외에서
　　연회를 즐긴다는 것은 적절하지 않다는 점을 들어 포석정을 연회 장소로
　　보는 것은 무리라고 하였다.
　8)『三國遺事』권2, 紀異2, 處容郎望海寺.
　9)『三國遺事』권1, 紀異1, 眞德王.

로 신성한 장소로서의 의미를 갖는 것이다.[10]

한편 『화랑세기』에서는 포석정을 鮑石祠라고 하여 吉禮가 행해지던 사당이 있었으며, 여기에는 화랑 文弩의 畵像이 있었다고 하여 화랑과 포석정이 밀접한 관련이 있었음을 짐작케 한다.[11] 또한 1999년 5월에는 경주문화재연구소의 조사에 의해 포석정 남쪽 담장 밖에서 '砲石'이라는 명문이 새겨진 기와가 발견되었는데, 이는 현재의 포석정 유적 외에 지붕을 덮은 건물이 있었음을 말해주며 포석정이 사당이었을 가능성을 높여주는 것이다.

포석정이 연회장소가 아니고, 종교적 의식을 행한 사당이었거나, 국가의 위급한 시기에 행사를 갖는 장소, 또는 八關會와 같은 국가적 의식이 행해지던 장소였다고 한다면 효종랑 무리의 포석정 出遊도 그와 유사한 행사와 관련된 회동으로 보아야 할 것이다. 이 자리에 늦게 도착한 두 사람에게 화랑이 굳이 그 이유를 캐묻고 있는 것은 포석정에서의 행사가 가벼운 것이 아니었음을 짐작케 한다. 그저 단순한 오락을 위해 무리를 모은 정도라면 낭도들이 그리 급히 달려갈 일도 아니며 더욱이 늦게 도착한 두 사람에게 굳이 그 이유를 추궁하지도 않았을 것이다.

그렇다면, 이 鮑石亭 出遊는 화랑도 무리가 회동하여 국가와 왕실에 대한 어떤 기여를 다짐하기 위한 회합의 자리는 아니었을까 한다. 화랑들은 경문왕 이후 정치에 깊이 간여하기 시작하였으며, 여왕과도

---

10) 姜敦求, 앞의 논문, pp.50~51.
11) 『花郎世紀』, 8世 文弩條. 필사본 화랑세기에 대해서는 진위 여부에 대해 논의가 끝나지 않은 상태이다. 따라서 사료로 이용하기에는 주의가 필요하지만, 이 포석사에 관한 부분은 '砲石' 명문 기와가 출토되는 등 비교적 신빙성이 있어 보이고, 대체적인 경향성을 파악하는 데에는 무리가 없을 것으로 생각한다. 필자는 화랑세기가 후대의 한 사람에 의해 순전히 창작되었을 것으로는 생각하지 않는다.

밀접한 관계에 있었다. 진성여왕 초기의 정국을 이끌던 魏弘이 죽은 뒤 왕경의 위기의식은 높아져 가고 있었으며 이를 타개하기 위한 모색이 진행되기도 하였다. 이러한 시기에 화랑에게도 왕실을 위한 움직임이 요구되었을 것이다. 앞서 경문왕대의 화랑인 요원랑 등 4명의 화랑과 그 무리들이 金蘭에 모여 왕을 위하여 정치를 보필하겠다는 결의를 하고 그 뜻을 노래로 짓고 대구화상에게 곡을 만들게 하여 경문왕에게 보냈던 사실은(A-5) 이 포석정 모임에도 많은 시사를 주고 있다.12)

이처럼 국가의식을 고취하는, 제의와 관련된 행사의 엄숙한 분위기가 고조되어 있는 가운데 눈먼 어머니를 봉양하기 위해 몸을 팔았던 가난한 여인의 애처로운 사연이 그 자리에 모인 모든 낭도들에게 전달되었고, 이는 효종을 비롯하여 그 자리에 모였던 낭도무리의 마음을 크게 자극하였을 것이다.

효종은 1백 석과 옷가지를 전해주었으며 아울러 그녀의 몸값을 보상해 주고 양민으로 만들어 주었다. 이것만으로도 지은에게 베푼 은혜는 충분한 것이라고 할 수 있다. 그러나 지은에게 쏟아진 은덕은 여기에 머물지 않았다. 그의 낭도 수천 명이 각각 곡식 1석씩을 모아서 주었다고 하였으니, 그 총액은 수천 석에 이르는 막대한 것이다. 유사의 기록에 따라 1,000석이라고 해도 그 양은 결코 적은 것이 아니다. 사기에서는 당시 지은의 몸값을 10여 석이라고 하였으므로 거의 100명의 노비를 살 수 있는 금액이다. 효종과 그의 낭도들이 지은에게 베푼 은덕은 놀랄 만큼 풍성한 것이 아닐 수 없다.

지은의 구휼은 효종의 개인적인 시혜에 머문 것이 아니었다. 효종과 함께 하였던 그의 수천 낭도들이 빠짐없이 함께 참가하였던 것이다. 이는 전례 없는 일로써 왕경의 수천 명 청년이 참여한, 거대한 사회운동

---

12) 全基雄, 앞의 논문, 1994, pp.7~9.

에 필적하는 규모이다. 효종의 낭도들이 보여준 단합의 정신과 단결된 힘은 이 시기 화랑세력이 결코 무시할 수 없는 위력을 발휘할 수 있는 집단임을 여실히 증명하는 것이다. 지은의 일을 통해 나타난 花郞徒의 이러한 모습은 鮑石亭 出遊의 의미와 관련하여 해석할 때 비로소 이해될 수 있을 것이다.

2. 효녀지은 설화의 배경과 화랑세력

화랑도의 동향과 함께 주목되는 것은 이 일에 진성여왕이 적극 가담하고 있다는 점이다. 지은과 효종의 미담이 국왕에게 전해지니 진성여왕은 또한 벼 5백 석과 집 한 채를 하사하고 부역과 조세를 면제하여 주었다.13) 이때 여왕이 하사한 집은 수천 석의 곡식을 쌓아둘 수 있을 정도의 큰 규모를 가진 저택이었음을 짐작케 한다. 훗날 그 집으로 사찰을 만들었을 정도이다. 여왕은 곡식이 많아 도적이 들까 염려하여 군사를 보내 지켜주게 하는 배려까지 잊지 않았다.

진성여왕의 시혜는 여기에 머문 것이 아니었다. 여왕은 지은이 살고 있던 마을을 孝養坊이라고 부르게 하였다. 이는 국왕의 은총이 지은 개인에게만 국한된 것이 아니라 그 마을에 살고 있는 사람 모두에게까지 확산되었음을 의미한다. 더욱이 表文을 올려 당나라 왕실에게까지 그녀의 아름다운 행실을 알렸다고 한다. 여왕이 베푼 조치는 가난으로 인해 노비로 전락해버린 한 여인에게 주어진 은덕으로서는 지나치다는 느낌마저 든다.

이미 효종과 낭도들에 의해 보내진 곡식만으로도 넘칠 만큼 많은 양이라고 하겠는데 진성여왕은 어째서 이토록 풍성한 은혜를 베풀었을

---

13) 경덕왕이 넓적다리를 베어 아버지를 봉양하였던 向得에게 내린 상은 租 500석이며, 흥덕왕이 孫順에게 내린 포상은 집 한 채와 해마다 메벼 50석을 준 것이었다.

까. 효종 개인에서 모든 낭도로, 다시 진성여왕으로 지은에 대한 시혜는
눈덩이처럼 불어나고 있다. 이 설화의 또 하나의 수수께끼인 셈이다.

여기에서 여왕이 지은의 일을 국내외에 널리 알리도록 애쓰고 있었다
는 것에 주목하고자 한다. 즉 이 미담을 널리 선전함으로써 어떤 효과를
얻고자 하는 의도가 있었던 것은 아닌가 하는 점이다. 그것은 당시
왕경인들의 생활상이 핍박하여 왕실과 정치세력에 대한 불만이 점차
고조되어가는 상황과 무관하지 않을 것이다. 왕실이 위기에 처한 상황
에서 몰락해 가는 왕경인들의 불만을 해소하기 위한 방책의 하나로서의
중요성을 인식한 결과였다고 해석되는 것이다. 그러면 다음으로 당시
왕경인들의 동향은 어떠하였는지에 대해 살펴보기로 한다.

1) 王京人의 동향

진성여왕이 즉위하기 불과 수년 전인 헌강왕대 왕경인의 생활은
퍽 풍족하였던 것으로 보인다.

> 제49대 헌강대왕 때에는 서울에서 바다 어귀에 이르기까지 집과
> 담이 연이어져 있었으며, 초가집은 하나도 없었다. 풍악과 노래 소리가
> 길거리에서 끊이지 않았고, 바람과 비는 사철 순조로웠다. (『三國遺事』
> 권5, 處容郎望海寺)

> 9월 9일에 왕이 좌우의 신하들과 함께 月上樓에 올라가 사방을 둘러
> 보았는데, 서울 백성의 집들이 서로 이어져 있고 노래와 음악소리가
> 끊이지 않았다. 왕이 시중 敏恭을 돌아보고 말하였다. "내가 듣건대
> 지금 민간에서는 기와로 지붕을 덮고 짚으로 잇지 않으며, 숯으로
> 밥을 짓고 나무를 쓰지 않는다고 하니 사실인가?" 민공이 "臣도 역시
> 일찍이 그와 같이 들었습니다." 하고는 아뢰었다. "임금께서 즉위하신

이래 陰陽이 조화롭고 비와 바람이 순조로와 해마다 풍년이 들어, 백성들은 먹을 것이 넉넉하고 변경은 평온하여 민간에서 즐거워하고 있습니다. 이것은 거룩하신 덕의 소치입니다." 왕이 기뻐하며 말하였다. "이는 경들이 도와준 결과이지 朕이 무슨 덕이 있겠는가?"(『三國史記』 권11, 新羅本紀11, 憲康王 6년 9월조)

헌강왕 6년(880) 9월 당시 왕경은 왕이 月上樓에 올라 侍中 敏恭과 함께 번화한 왕경의 모습을 내려다보며 서로 치하하리만큼 번영을 누리고 왕경인은 사치와 향락에 젖어 있었다. 이러한 풍요는 왕경 자체 내부의 생산기반에 기인한 것이 아니라 지방의 수탈을 통해 누리던 것이었다. 그러나 그후 불과 10년이 지나지 않아 왕경의 상황은 급변하였다.

진성여왕이 즉위한 해(887) 왕실은 전국 諸州郡의 1년간 조세를 면제해주는 은혜를 베푼 바 있었다.[14] 죄수들에게 대사면령을 내린 것과 함께 취해진 이 조세 감면의 조치는 진성여왕이 즉위와 함께 백성에게 은혜를 내림으로써 민심을 회유하고 여왕의 즉위를 경사스럽게 여기게 하려는 의도가 있었을 것으로 생각된다. 이 무렵 지방에서는 누적된 조세 수취의 가혹한 수탈에 대한 불만이 위험한 지경에 이르고 있었던 것이다. 그런데 한번 세금을 내지 않게 된 지방민들은 다음 해까지도 조세를 납부하지 않았다. 이에 따라 왕경의 생활은 어려움에 처하게 되었고, 왕실은 세금을 거두기 위해 각지에 사신을 파견하여 독촉을 하였다.

나라 안의 여러 주와 군에서 공물과 조세를 보내오지 않아, 나라의

---

14) 『三國史記』 권11, 新羅本紀11, 眞聖王 卽位條.

창고가 텅 비어 國用이 궁핍하게 되었으므로 왕이 사자를 보내 독촉하였다. 이로 말미암아 도적들이 곳곳에서 벌떼처럼 일어났다. (『三國史記』 권11, 新羅本紀11, 眞聖王 3년조)

이때 강제로 조세를 징수하려는 관원들과 저항하는 지방민들 사이에 마찰이 발생하게 되었으며, 이는 사벌주에서 일어난 元宗과 哀奴의 난을 비롯하여 지방민의 반란으로 이어지게 되었고[15] 나아가 순식간에 각지에 도적들이 벌떼와 같이 일어나는 상황으로 전개되었던 것이다.

왕경은 대부분의 물자를 지방으로부터 수탈하여 유지하였던 것이나, 이제 지방민들이 조세를 거부하면서 왕경의 경제적 상황은 급격하게 어려움에 빠지게 되었다. 지은과 같이 걸식으로 지탱하던 가난한 사람들은 그나마 남의 집에서 밥을 빌어먹기에도 어려운 지경에 놓이게 되었다. 왕경의 백성들 가운데 가난을 이기지 못하고 노비로 몰락하게 되는 처지에 몰린 사람들은 단지 지은 만이 아니었을 것이다. 걸식마저 어려워질 정도로 왕경의 경제적 상황은 어려움에 처하고 있었다.

지방에서는 도적들이 벌떼처럼 일어나고 지방세력가들은 자립하여 왕실을 외면하기 시작하였으며 조세 수입은 감소되어 國用은 결핍하게 되었다. 헌강왕대의 번영에 익숙해져 있던 왕경인들은 이러한 상황을 초래한 여왕과 측근의 寵臣들에 대해 비난하기 시작하였다. 왕거인 사건은 이런 사정을 보여주는 사례이다.

제51대 진성여왕이 임금이 된지 몇 해 만에 乳母 鳧好夫人과 그녀의 남편 魏弘 匝干 등 3, 4명의 寵臣들이 권력을 마음대로 하여, 정사를 어지럽히니 도적이 벌떼처럼 일어났다. 國人이 이를 근심하여 이에

---

15) 『三國史記』 권11, 新羅本紀11, 眞聖王 3년조.

다라니의 隱語를 지어 써서 길에 던졌다. 왕과 權臣들이 이것을 얻어
보고 "王居仁이 아니면 누가 이런 글을 지을 사람이 있겠느냐?" 하고
거인을 옥에 가두었다. 居仁이 시를 지어 하늘에 호소하니 하늘이
獄에 벼락을 쳐 풀어 주었다. (『三國遺事』 권2, 紀異2, 眞聖女大王居陁知)

사기에서는 이 사건이 진성여왕 2년조에 기재되어 있다.[16] 그러나
"도적이 벌떼와 같이 일어났다."는 상황은 그 다음 해인 3년의 일이므로
왕거인 사건의 발생은 진성여왕 3년, 또는 그후 멀지 않은 시기의 일로
생각된다. 여기에서 주목되는 것은 다라니의 은어로 여왕과 그 측근에
대해 비난하는 글을 지어 거리에 던진 사람이 國人이라는 점이다. 이미
國人들은 진성여왕과 정치세력에 대해 비난하고 저항하는 모습으로
등장하고 있다.[17]

國人들은 왕경의 주요 구성원이었다.[18] 이들이 왕실에 대해 저항하기
에 이른 것이다. 그 이유는 진성여왕과 측근의 실정에 대한 불만과
함께 왕경인의 생활이 어려움에 처한 까닭일 것이다. 이러한 불온한
상황에 마주친 지배층은 생활고에 처한 왕경인을 달래고 마음을 사로잡
을만한 꺼리가 필요하였다. 이런 시기에 효녀 지은의 아름다운 행실이
전해지고, 왕경의 백성에서 남의 집 종으로 몰락한 한 여인을 귀족의
꽃이라 할 수 있는 화랑 효종이 구휼한 미담이 나타난 것이었으니
지배층은 이 절호의 소재를 적극 활용할 필요가 있었던 것이라 하겠
다.[19]

---

16) 『三國史記』 권11, 新羅本紀11, 眞聖王 2년 2월조.
17) 全基雄, 『羅末麗初의 政治社會와 文人知識層』, 혜안, 1996, pp.28~48.
18) 全基雄, 위의 책, 1996, pp.42~46.
19) 孝女知恩의 일이 있었던 시기는 왕거인 사건과 비슷한 시기, 아마도 진성여왕
    3년경이거나, 적어도 그다지 머지않은 시기에 발생한 것으로 짐작된다. 효종의
    혼인도 같은 시기에 있었을 것이다.

진성여왕까지 나서서 노비로 전락한 한 여인을 구휼하고 이를 대대적으로 선전함으로써 지배층이 의도한대로 왕경인의 마음을 위무하고 달래는데 어느 정도 효과를 거둔 것으로 보인다. 그것은 여왕이 효종과 헌강왕의 딸을 혼인하게 한 것을 통해 알 수 있다.

2) 花郎 孝宗의 정치적 부상

효녀지은 설화에서 지은과 함께 설화의 한 축을 담당하는 중요한 인물은 화랑 효종이다.

효종은 46대 문성왕의 후손으로 孝恭王 6년에는 大阿粲으로 侍中의 지위에 올랐다.[20] 그는 효공왕 요의 등장과 신덕왕 경휘와의 경쟁에서 밀려 스스로 왕위에는 오르지 못하였다. 그러나 헌강왕녀인 桂娥太后와의 사이에서 얻은 아들 金傅는 경애왕이 견훤에게 살해된 후 견훤의 추대를 받아 왕위를 차지하게 되었으니, 신라의 마지막 왕인 敬順王이다. 또한 경순왕이 고려에 귀부할 때 고려 태조와 신라왕실은 서로 혼인을 주고 받았는데 이때 고려 태조에게 제6비 神聖王后를 납비하였던 知大耶郡事 金億廉은 효종의 형이다.[21] 신성왕후가 낳은 安宗은 景宗妃 憲貞王后와 사통하여 大良君을 낳았는데 그는 목종을 이어 왕위에 올라 현종이 된다.[22] 효종과 그의 가계가 나말여초 정치사의 흐름에서 차지하는 비중이 적지 않음을 알 수 있다.

효종의 아버지는 舒發翰 仁慶이다. 인경은 당시에 第三宰相으로 불렸던 것으로 보아 상당한 실력을 갖춘 진골귀족이라고 하겠다.[23] 효종의

---

20) 『三國史記』 권12, 孝恭王 6년 3월조.
21) 『三國史記』 권12, 敬順王 9년 12월조.
22) 全基雄, 앞의 책, 1996, pp.156~165.
23) 曺凡煥, 「新羅末 花郎勢力과 王位繼承」, 『史學研究』 57집, 韓國史學會, 1999, pp.31~33. 조범환은 효종의 혼인이 가능했던 배경으로 아버지인 仁慶의 정치

어렸을 때 이름은 化達이라고 하여 효종이라는 이름을 사용하기 전에는
화달로 불리고 있었음을 알 수 있다. 그런데 孝宗이란 이름의 '孝'는
지은의 효행과 연결되고 있어서 혹시 이 일이 효종이라는 이름을 사용하
게 된 것과 관련되지는 않을까 한다.

효녀지은 사건은 효종의 정치적 부상에 지대한 영향을 미쳤다. 지은
과의 아름다운 이야기가 널리 알려짐으로써 효종은 그 주인공으로
왕경인의 칭송과 사랑을 얻게 되었고 그의 낭도들이 보여준 단합과
강한 결속력은 효종의 실력을 과시한 것이었다. 이러한 효종의 부상은
여왕의 인정을 얻고 헌강왕녀와 혼인으로 왕위를 물려받을 수 있는
위치에까지 다다르게 된다.

진성여왕은 지은의 일이 있은 후 "비록 나이는 어리지만 老成함을
볼 수 있다."고 하며 효종에게 헌강왕의 딸을 아내로 맞게 하였는데,
이 말은 헌안왕이 응렴에게 왕위를 물려주면서 遺詔에서 한 말과 같아서
흥미롭다.

왕이 병으로 누워 위독해지자, 측근들에게 말했다. "과인이 불행하게
도 아들이 없이 딸만 두었다. 우리나라에는 예전에 善德·眞德 두 여왕
이 있었지만, 이는 암탉이 새벽을 알리는 것과 비슷한 일로써, 이를
본받을 수는 없다. 사위인 膺廉은 나이가 비록 어리지만 老成한 덕을
갖추고 있다. 그대들이 그를 임금으로 세워 섬긴다면, 반드시 朝宗의
훌륭한 후계자를 잃지 않을 것이요, 내가 죽은 이후에도 나라에 해로운
일이 없을 것이다." (『三國史記』 권11, 新羅本紀11, 憲安王 5년 春正月조)

헌안왕 당시와 진성여왕 때 왕실의 상황은 유사한 점이 많다. 헌안왕

경제적 능력과 1천 명 낭도의 군사적 기반을 들고 있다.

82

은 두 딸만 있었을 뿐 후사를 이어갈 아들이 없는 처지였으며 진성여왕 때에도 왕위를 이을만한 경문왕가 왕실 출신의 남자가 없었다. 여왕의 오라버니인 정강왕은 후사가 없었고 헌강왕에게는 훗날 효공왕이 되는 요가 있었지만 그는 아직까지 왕실에 그 존재가 알려지지 않았던 것으로 보이므로[24] 당시 경문왕가 왕실의 혈통을 이어갈 수 있는 사람은 헌강왕의 두 딸만이 있었던 것이다. 헌안왕이 화랑 응렴을 택해 딸과 혼인케 하고 왕위를 물려주었던 것과 진성여왕이 화랑 효종에게 헌강왕의 딸과 혼인케 한 것은 서로 닮아있다.

효종과 헌강왕녀와의 혼인은 매우 중대한 의미를 가진다. 진성여왕 이후의 왕위계승에서 우월한 지위를 차지할 수 있기 때문이다.[25] 이때 효종은 두 딸 가운데 장녀와 혼인한 것이 아닐까 한다. 차녀는 아직 어린나이라서 혼인연령에 이르지 못하였을 것으로 보인다.[26] 또한 전에 경문왕 응렴이 헌안왕의 사위가 될 때에 헌안왕의 두 딸 중 어느 쪽을 선택할까 하는 문제를 두고 미인인 차녀와 혼인하려고 하였는데 낭도의 上首인 範敎師는 장녀와 결혼할 것을 요구하며 장녀와 혼인하면 3가지 좋은 일이 있을 것이고 차녀와 결혼하면 면전에서 죽을 것이라고 협박조의 충언을 하였다.[27] 그것은 장녀와의 혼인이 왕위계승에 커다란 영향력을 행사할 수 있기 때문이다. 그 결과 응렴은 헌강왕의 뒤를

24) 『三國史記』 권11, 眞聖王 9년 10월조.
25) 헌강왕에게는 桂娥太后와 資成王后의 두 딸이 있었는데, 계아태후는 효종과, 자성왕후는 神德王 朴景暉와 각기 혼인하였다.
26) 진성여왕 즉위 시에 헌강왕의 장녀는 10대 초반의 연령에 해당한다. 860년 경문왕이 헌안왕녀와 혼인하였으므로 장남인 헌강왕의 즉위 시(875) 연령은 많아야 15세 미만이며, 헌강왕이 즉위와 함께 결혼하여 다음 해 장녀를 낳았다고 하여도 진성여왕 즉위 시(887)의 연령은 많아야 12세 미만이다. 효종과의 혼인이 여왕 3년경에 이루어졌다고 본다면 차녀는 아직 혼인연령에 이르지 못하였을 것이다.
27) 『三國遺事』 권2, 紀異2, 四十八景文大王.

이어 왕위를 차지할 수 있었다. 이러한 전례에 비추어 보아도 효종은 장녀와의 결혼을 선택하였을 것으로 보는 것이 타당하겠다.

진성여왕이 효종과 헌강왕녀를 혼인케 하였다는 것은 다음 왕위의 후계자로 효종을 지목한 것으로 해석하여도 좋을 것이다.[28] 즉 효종은 지은 사건을 통해 왕위계승 후보자로서의 지위를 확보한 셈이다. 조금 더 추측을 허용한다면, 진성여왕이 지은의 일을 널리 선전한 배후에는 효종을 미담의 주인공으로 부상하도록 하여 왕경인의 칭송을 얻도록 하려는 의도가 있었던 것은 아닐까 하는 생각마저 든다.

그렇다면 어째서 진성여왕은 효종에게 왕위를 물려주려고 하였을까 하는 점이 궁금해진다. 그것은 진성여왕의 아버지인 경문왕이 화랑 출신으로 왕위에 올랐으며, 헌강왕 정강왕 진성여왕은 모두 화랑의 자녀라는 경문왕가 혈통의 특징과, 경문왕 이후의 왕실이 가장 신뢰할 만한 지지집단은 화랑세력이었다는 점과 관련지어 생각해 볼 수 있을 것이다.[29]

신라 하대에 이르면서 화랑의 정치적 역할은 급격히 증대되었다.[30] 김헌창의 난이 일어났을 때 화랑이었던 明基와 安樂은 자신들의 낭도를 이끌고 반란군의 진압에 나서고 있어서 왕위계승전에 참여하는 모습을 보이고 있으며,[31] 경문왕 응렴은 화랑으로서의 활동을 통해 덕망을 인정받고 憲安王의 신임을 얻어 헌안왕녀와 혼인을 함으로써 왕위에 오를 수 있었다. 경문왕대에는 4명의 화랑이 모여 향가를 짓고 곡을

---

28) 全基雄, 「新羅 下代의 花郞勢力」, 『新羅文化』 10·11합집, 1994, pp.11~12.

29) 全基雄, 「新羅 下代末의 政治社會와 景文王家」, 釜山史學 16집, 釜山史學會, 1989.

30) 신라 하대의 화랑세력에 대한 서술은 全基雄, 앞의 논문, 1994 ; 曺凡煥, 「新羅末 花郞勢力과 王位繼承」, 『史學硏究』 57집, 韓國史學會, 1999를 참고할 것.

31) 『三國史記』 권10, 憲德王 14년 3월 18일조.

84

붙여 국왕에게 전하고 정치에 보필할 것을 맹서하였다. 이런 화랑의
활동은 정치세력으로서의 양상을 보여주는 것이었다.

진성여왕대에 이르면 화랑은 왕실의 측근세력으로 부상한 것으로
보인다. 왕거인 사건에서 國人들이 다라니의 은어를 통해 비난한 국왕
측근의 寵臣들이나 각간 위홍이 여왕 즉위 초『三代目』을 편찬한 것,
여왕이 美少年과 더불어 음란했다는 비난을 듣게 된 것 등은 여왕의
주변에 화랑과 연결된 세력이 활발히 움직이고 있었음을 짐작케 하는
일이다.[32]

화랑 출신인 응렴이 왕위에 오른 후 경문왕가 왕실의 유력한 지지세력
은 화랑이었으며, 헌강왕과 정강왕을 지나며 고립된 진성여왕대의 왕실
이 정치적으로나 사회적으로나 의지할 수 있는 집단은 바로 花郎勢力이
었던 것이다. 효종의 화랑세력이 국가를 위해 회합하여 단결된 낭도들
의 힘을 보여주거나 화랑 효종이 미담의 주인공으로 왕경인들에게
인망과 사랑을 받는 등 화랑세력이 건강하게 유지되는 것은 왕실에
있어서도 도움이 되는 일이었다.

그러나 진성여왕의 실정과 측근의 총신들이 비난의 대상이 되고
신라는 분열하여 지방세력이 이탈하는 위기상황이 심화되는 상황에서
경문왕가 왕실과 함께 화랑세력도 위축되었다. 화랑세력은 한계성을
노출하고 정치, 사회의 주도권을 잃게 되었으며 불교의 선종과 六頭品
유학자, 그리고 國人의 지지를 얻은 경휘세력이 각축을 벌이며 대두하였
던 것이다.

효종은 왕위에 오르는데 실패하였다. 진성여왕 9년에 헌강왕의 아들
인 嶢가 나타나 태자의 지위를 얻게 되고 여왕은 그에게 선양하여
왕위를 넘기고 물러남으로써 효종은 진성여왕의 후계자가 되지 못하였

32) 全基雄,「新羅 下代末의 政治社會와 景文王家」,『釜山史學』16집, 1989.

다. 효공왕 때에는 侍中의 지위에까지 올랐으나, 경휘와의 경쟁에서 밀려 효공왕 사후에는 國人의 추대를 얻은 神德王 경휘가 왕이 되었다. 화랑세력을 배경으로한 효종의 왕위에 대한 도전은 두 번에 걸친 실패로 좌절되었고 경문왕가의 김씨왕실은 효공왕을 마지막으로 단절되었다.

그렇다고 하여도 효종세력이 완전히 몰락한 것은 아니었다. 경문왕가를 이은 박씨왕가는 견훤의 침입으로 경애왕이 살해됨으로써 막을 내리고 효종의 아들인 金傅가 왕위에 오름으로써 김씨왕실은 복구된다. 견훤에 의해 추대되었다고는 하지만, 경순왕 김부의 등장에는 효종세력의 존재가 작용하였을 것으로 생각된다.[33] 신라말 정치사의 전개과정에 효종과 그 가문이 차지하는 비중은 결코 적지 않다. 그리고 그 세력이 정치사의 중심에 서게 된 계기가 된 사건이 바로 孝女知恩의 일인 것이다.

『삼국유사』에서는 많은 설화들이 담겨 있다. 그것을 단순한 옛이야기로 흘려버리기에는 하나하나 속에 숨겨진 역사적 사실들이 너무나 많다. 孝女知恩 설화는 단순히 몸을 팔아 눈먼 어머니를 봉양한 여인의 효도에 대한 이야기로 알려져 왔을 뿐이지만, 그 배경을 들쳐보면 역동적인 신라사의 중요한 사건들과 연결되어 있음을 알 수 있다.

이 설화가 신라의 분열이 시작되는 진성여왕대를 배경으로 하고 있었던 점과 화랑 효종이 설화에 중요 인물로 나오고 있는 것은 특히

---

33) 신라말의 정치적 상황에 대해서는 다음의 논문이 참고된다.
　　全基雄,「新羅 下代末의 政治社會와 景文王家」,『釜山史學』16집, 釜山史學會, 1989 ; 曺凡煥,「新羅末 朴氏王의 登場과 그 政治的 性格」,『歷史學報』129집, 歷史學會, 1991 ; 全基雄,「高麗初期의 新羅系勢力과 그 動向」,『釜大史學』17집, 釜大史學會, 1993 ; 음선혁,「新羅 敬順王의 卽位와 高麗 歸附의 政治的 性格」, 『全南史學』11집, 全南史學會, 1997 ; 曺凡煥,「新羅末 花郞 勢力과 王位繼承」, 『史學硏究』57집, 韓國史學會, 1999 ; 金昌謙,「新羅 下代 孝恭王의 卽位와 非眞骨 王의 王位繼承」,『史學硏究』58·59합집, 1999 ; 권영오,「신라하대 왕위계승과 상대등」,『지역과 역사』10집, 부경역사연구소, 2002. 6.

주목할 만한 것이었다. 구체적인 내용에 있어서도 花郎徒의 포석정
出遊 사실과, 효종의 모든 낭도와 진성여왕까지 가담하여 지은을 구휼하
고 국내외로 널리 선전한 것, 효종과 헌강왕녀와 혼인 사유 등은 효녀지
은 설화가 전하는 중요한 역사적 사실이다.

　효녀지은 사건은 지은에 대한 구휼이 효종, 효종의 부모, 효종의
모든 낭도, 진성여왕으로 자꾸 확산되어가고 있다는 점에서 특이하다.
그 결과 지은에게 주어진 물품의 총액은 엄청난 규모로 늘어났으며
효종은 이 일로 헌강왕녀와 혼인하기에 이른다. 이 과정은 단순한
빈민의 구휼 차원을 넘어서 있다. 이 설화의 수수께끼는 갈수록 눈덩이
처럼 불어나는 이 진행과정을 어떻게 해석하느냐 하는 문제이다.

　필자는 진성여왕대의 역사적 상황을 바탕으로 정치사적인 관점에서
이 설화의 배경과 의미에 접근하였다. 화랑들의 鮑石亭 出遊를 여왕대의
위급한 현실에서 국가를 위한 화랑도의 대회의 성격으로 해석함으로써
지은의 구휼에 낭도들이 모두 참여하게 된 이유를 설명하였고, 진성여
왕이 이 미담에 가담하고 널리 선전한 점은 고조되고 있는 왕경인의
불만을 해소하기 위한 지배층의 목적이 개재되어 있었던 것으로, 효종
의 정치적 부상과 헌강왕녀와의 혼인은 화랑이 당시 왕실과 연결된
정치세력이었다는 점에서 각기 해석의 실마리를 찾고자 하였다. 이를
통하여 효녀지은 설화가 던지는 몇 가지 의문에 대해 설명할 수 있는
단서를 갖게 되었음은 다행이다.

3장 景文王家期 정치사회의 전개

Ⅰ. 憲康王代의 정치사회와 '處容郎望海寺'조 설화

憲康王代(875~886)의 신라사회를 상징하는 역사상을 든다면 사치스런 王京의 번영과, 護國神들의 잦은 출현, 歌舞의 성행을 떠올리게 된다. 그러나『三國史記』권11, 헌강왕 6년 9월조에 전하는 헌강왕대 왕경의 번화한 모습은 불과 10년도 미치지 않아서 진성여왕대의 혼란과 분열로 이어지게 된다. 헌강왕의 뒤를 이은 定康王의 치세는 불과 1년에 지나지 않으므로 진성여왕의 즉위와 함께 찾아온 신라사회 몰락의 요인은 헌강왕 이전의 정치사회에서부터 찾아야할 것이다. 이것이 헌강왕대의 정치사회를 이해하기 위해 풀어야할 첫 번째 과제이다.

다음으로 가무와 신들의 잦은 출현에 대한 해석의 문제이다.『三國遺事』소재의 '處容郎望海寺'條는 헌강왕과 관련된 몇 개의 설화를 수록하고 있는데 일반에 널리 알려진 처용설화를 비롯하여 御舞詳審, 玉刀鈐, 地伯級干 등 주로 歌舞에 관한 내용이 담겨있다. 이 시기에는 동해용의 아들인 처용뿐만 아니라 南山神, 北岳神, 地神 등 국가를 수호하는 神들의 출현이 빈번하였으며, 헌강왕은 춤과 노래를 매개로 신성한 종교적 존재들과 조우하고 있다. 이러한 신들의 출현과 가무의 성행은 다른 왕의 기록에서는 찾아보기 어려운 특이한 현상이다. 유독 헌강왕대에 가무와 관련된 설화가 집중되고 있는 이유는 무엇인가. 춤과 노래의 성행은 언뜻 보면 호사스런 왕경의 모습이라 할 것이나 설화의 말미에 첨부된『語法集』에서는 이것이 신라의 몰락과 관련 있는 것으로 해석되고 있다. 왕경은 번화하고, 춤과 노래를 매개로 호국신들이 연이어 나타나고 있음에도 불구하고 이것이 신라 멸망의 징조로 해석되었다는 것은 쉽게 이해되지 않는다. 신라의 몰락과 헌강왕대의 가무는 어떤 관련이 있는 것일까.

『삼국유사』에 수록된 설화의 배경을 유심히 살펴보면 당시의 정치·사회적 현상들과 밀접하게 관련되어 있음을 알 수 있을 것이다. 특히 왕들의 이야기를 다룬 紀異편의 설화들은 더욱 세심하게 살필 필요가 있다. 당시의 정치·사회적 상황이 상징적으로 반영되어 있기 때문이다. '처용랑망해사'조의 설화도 그냥 지나칠 수 없는 문제를 숨겨두고 있다. 헌강왕대의 정치사회상에 대한 이해는 먼저 이 설화들을 면밀히 분석하여 숨겨진 의미를 찾아내는 데서 시작해야 할 것이다. 당시 정치적으로나 사회적으로 크게 대두하였던 하대 화랑세력에 대한 이해는 해석의 실마리를 제공한다. 여기에서는 헌강왕대를 전후한 시기의 축적된 연구성과를 바탕으로 '처용랑망해사'조에 수록된 설화의 배경과 그 의미를 살피고, 헌강왕대의 정치사회에서 나타나는 양상에 대한 이해를 갖고자 한다.

1. '處容郎望海寺'條와 花郎徒

신라 제49대 憲康王의 이름은 晸이며 875년 경문왕을 이어 왕위에 올라 11년간 재위하였다. 헌강왕은 다방면에 뛰어난 자질을 가진 총명한 인물이었던 것으로 생각된다. 성품이 명민하였으며 책 읽기를 좋아하여 눈으로 한 번 보면 입으로 모두 외웠다고 하며[1] 國學에 행차하여 강론케 하고 三郞寺에서는 文臣들에게 시를 짓게 하는 등 문장과 유교적 소양도 깊었다. 또한 임해전의 연회에서는 스스로 거문고를 타고[2] 포석정에서는 남산신의 춤을 그대로 재현해 추어 보일 수 있었던[3] 예술적 감각과 재능을 가지고 있었다.

한편 그는 종교적 세계에 대해 깊은 관심을 보이고 있다. 불교의 선종 승려들과의 교류와 지원에 힘썼으며 동해용 남산신 북악신 지신 등 호국의 諸神들과 자주 교류하였고 歌舞 出遊 종교적 행사에 열중하여 스스로 샤먼과 흡사한 영적 능력을 보여주기도 하였다. 헌강왕대의 신라사회에서 가장 특기할만한 것은 바로 호국신들의 출현과 가무의 성행이며 그 상세한 모습은 『三國遺事』 권2, 紀異2 '處容郞望海寺'條를 통해 드러나고 있다.

'처용랑망해사'조에는 헌강왕대의 사회상을 이해하는 데 중요한 내용들이 담겨져 있다. 이미 문학과 민속, 종교적 측면에서의 수많은 선행연구가 있지만, 역사적 사실로 해석되어야 할 부분과 설화로 해석되어야 할 부분이 혼재되어 있어서 주의가 필요하다. 아래의 사료 A와 D는 설화라기보다는 역사적 내용이며, C 또한 사실을 전하는 것이라서 엄밀히 따지면 설화라고 할 수 있는 부분은 처용설화로 널리 알려진 B뿐이다.

먼저 '처용랑망해사'조에 대한 분석을 통해 헌강왕대의 사회상에 접근하고자 한다. 내용이 비록 길고 번거롭지만 전문을 제시한다.

---

1) 『三國史記』 권11, 憲康王 즉위조.
2) 『三國史記』 권11, 憲康王 7년 3월조.
3) 『三國遺事』 권2, 紀異2, 處容郞望海寺.

A. 제49대 憲康大王 때에는 서울에서 바다 어귀에 이르기까지 집과 담이 서로 이어졌고 초가집은 하나도 없었다. 풍악과 노래 소리가 거리에서 끊이지 않았고, 風雨는 사철 순조로웠다.

B-1. 이때에 대왕이 開雲浦(鶴城의 서남쪽에 있다. 지금의 蔚州이다)에 遊하였다가 돌아가려고 하여 낮에 물가에서 쉬고 있는데 갑자기 구름과 안개가 자욱해져서 길을 잃었다. 왕이 괴이하게 여겨 측근의 신하들에게 물으니 日官이 아뢰기를 "이는 東海龍의 조화이오니 마땅히 좋은 일을 하여 풀어야 할 것입니다." 하였다. 이에 일을 맡은 관리에게 命하여 龍을 위하여 근처에 절을 지으라고 하였다. 명령이 내리자 구름과 안개가 걷혔다. 이로 말미암아 그곳을 개운포라 이름했다. 동해용이 기뻐하여 이내 아들 일곱을 데리고 왕의 수레 앞에 나타나 덕을 찬양하며 춤을 추고 음악을 연주했다.

B-2. 그 중 한 아들이 왕을 따라 서울로 들어가 王政을 輔佐하였는데 이름을 處容이라 했다. 왕은 아름다운 여자를 아내로 삼게 하여 그의 마음을 머무르게 하고, 또한 級干의 관직을 주었다. 그의 아내 는 무척 아름다웠으므로 疫神이 흠모하여 사람으로 변하여 밤이면 그 집에 가서 몰래 동침했다. 처용이 밖에서 돌아와 잠자리에 두 사람이 누워있는 것을 보고는 노래를 부르며 춤을 추면서 물러 나왔다. 그 노래는 이렇다. "동경 밝은 달에 밤들이 노닐다가 들어와 자리를 보니 가랑이가 넷이어라 둘은 내 것인데 둘은 뉘 것인가 본디 내 것이지만 앗은 것을 어찌하리."이때 疫神은 모습을 드러내 며 처용 앞에 꿇어앉아 말했다. "내가 公의 아내를 사모하여 지금 상관하였는데도, 공은 노여움을 나타내지 않으니, 감동하고 아름답 게 여깁니다. 맹세코 이제부터는 공의 모습을 그린 것만 보아도 그 문안에 들어가지 않겠습니다." 이런 까닭으로 國人은 처용의 형상을 문에 그려 붙여 나쁜 귀신을 물리치고 경사로운 일을 맞아들 였다.

B-3. 왕이 돌아와서는 이내 靈鷲山 동쪽 기슭에 경치 좋은 자리를 골라 절을 세우고 望海寺라 이름했다. 혹은 新房寺라고도 불렀는데, 이는 용을 위하여 세운 것이다.

C-1. 또한 鮑石亭에 갔더니 南山神이 나타나 왕 앞에서 춤을 추었다. 좌우 사람들은 보지 못하고 왕만 홀로 보았다. 어떤 사람이 나타나 앞에서 춤을 추었으므로 왕이 스스로 따라서 춤을 추어 그 형상을 나타내 보였다. 그 神의 이름을 혹은 祥審이라고 하므로 지금까지 國人이 이 춤을 전해오며 御舞祥審, 또는 御舞山神이라고 한다. 어떤 이는 말하기를 신이 나와 춤을 출 때 그 모습을 살펴 工人에게 명하여 새기게 하여 후세 사람들에게 보이게 했기 때문에 象審이라 고 했다고도 한다. 혹은 霜髯舞라고도 하니 그것은 그 형상에 따라 일컬은 것이다.

C-2. 또 왕이 金剛嶺에 갔을 때 北岳神이 나타나 춤을 추었는데 이를 玉刀鈐이라 했다.

C-3. 또 同禮殿에서 잔치를 할 때에는 地神이 나와서 춤을 추었는데 그 이름을 地伯級干이라 했다.

D. 「語法集」에서는 이렇게 말했다. "그 때 山神이 춤을 추어 드리면서 노래를 불러 이르기를 '智理多都波都波'라고들 한 것은 대개 지혜로 나라를 다스릴 사람들이 미리 사태를 짐작하고 많이 도망하여 도읍 이 장차 파괴된다는 뜻이었다." 이는 地神과 山神이 장차 나라가 망할 것을 알았기 때문에 춤을 추어 이를 경고한 것이나, 國人은 이를 깨닫지 못하고 도리어 좋은 징조가 나타났다고 하여 耽樂이 더욱 심하여졌으니 마침내 나라가 망하게 된 것이다.

'처용랑망해사'조의 구성을 살펴보면 A는 설화의 배경으로 도입 부분, B와 C는 설화의 내용인 본문, D는 설화의 논평으로 마무리에 해당하는 정돈된 형태로 기술되고 있음을 알 수 있다. 헌강왕대의 화려하고 순조로운 왕경의 모습을 보여주는 것으로 시작하여 處容歌, 御舞詳審, 玉刀鈐, 地伯級干 등 歌舞와 관련된 4개의 설화를 소개한 다음『語法集』의 기사를 인용하여 이러한 가무가 장차 나라가 망한다는 경고라는 것으로 마무리짓고 있는 것이다. 이처럼 잘 짜여진 구성은 매우 흥미로우며 설화의 의미를 살피는데 중요한 시사를 주는 것이다.

사료 A의 부분은 헌강왕대의 사회상을 대표하리만큼 강한 인상으로 남아있는데 이러한 왕경의 번영과 사치스런 모습은 다른 곳에서도 부연되어 나타나고 있다.

E-1. 왕이 좌우의 신하들과 月上樓에 올라가 사방을 바라보니, 서울에는 民家가 즐비하고, 노래 소리가 연이어 들렸다. 왕이 侍中 敏恭을 돌아보면서 "내가 들으니 지금 민간에서는 짚이 아닌 기와로 지붕을 덮고, 나무가 아닌 숯으로 밥을 짓는다 하니 과연 그러한가?"라고 물었다. 민공이 "신도 또한 그렇다는 말을 들었습니다."라고 대답하고, 이어서 아뢰기를 "왕께서 즉위하신 이후로 陰陽이 조화를 이루고, 風雨가 순조로워서 해마다 풍년이 들고, 백성들은 먹을 것이 넉넉하며, 변경이 안정되고 市井이 즐거워하니, 이는 왕의 어진 덕에 의한 것입니다."라고 하였다. 왕이 기뻐하며 "이는 卿들의 도움 때문이지, 나에게 무슨 덕이 있겠는가?"라고 하였다. (『三國史記』 권11, 憲康王 6년 9월 9일조)

E-2. 신라의 전성기에는 서울에 17만 8천 9백 36戶, 1천 3백 60坊, 55里, 35개의 金入宅(부유한 큰 집)이 있었다. (『三國遺事』 권1, 紀異1, 辰韓)

E-3. 제49대 헌강왕 때에 城 안에 초가로 된 집은 하나도 없고 집의 처마와 담들이 이웃과 서로 붙어 있었다. 노래 소리와 피리 부는 소리가 길거리에 가득하여 밤낮으로 끊이지 않았다. (『三國遺事』

권1, 紀異1, 又四節遊宅)

E-1의『삼국사기』헌강왕 6년(880) 9월 기사는 왕경의 화려한 번영의
모습을 생생하게 보여주고 있다. E-3의 기사도 A와 마찬가지의 내용을
전하고 있다. 특히 E-2에서 왕경의 민호가 178,936戶라던가 1,360坊
55里 35金入宅의 수치는 왕경의 규모가 거대한 것임을 알게 한다.[4)]

헌강왕과 侍中 敏恭은 月上樓에 올라 번화한 왕경의 모습을 내려다보
며[5)] 서로 왕의 聖德이니, 경들이 補佐한 덕분이니 하면서 치하하고
있다. 그런데 자세히 살펴보면 둘의 대화 내용에 좀 어색한 점이 보인다.
헌강왕은 "내가 들으니……그러한가?"하고 묻고 있으며, 민공 또한 "그
렇다는 말을 들었습니다."라고 대답하였다. 민공은 이 대답만으로는
부족하다는 생각이 들었는지 이어서 음양과 풍우를 들먹이며 안정과
번영이 성덕의 소치라고 하였다. 물론 왕경의 번화한 모습이 과장이나
왜곡이라고는 생각되지 않는다. 그러나 헌강왕이 새삼스레 왕경인의
생활상에 대해 묻고 감탄하고 있다는 것은 그가 민간의 생활에 대해
무관심하였다는 것을 반증하는 것이다. 그것은 시중인 민공의 경우도
마찬가지이다. 국정의 책임자인 시중으로서 민공의 답변은 무책임하
며, 성덕 운운하는 부분은 겉치레에 가깝다. 즉 헌강왕과 시중이 왕경인
과 지방민들의 실태를 정확히 파악하고 적합하게 대치하였던 것인가

---

4) 辰韓條에는 이 기사가 헌강왕대의 것이라는 언급은 없다. 그러나 금입택의
   명칭을 나열한 후 바로 그 뒤를 이어 헌강왕대 왕경에 대한 기사가 수록된
   又四節遊宅條가 기술되고 있다. 여기서 又라고 한 것은 앞의 금입택 기사를
   이은 것이라고 해석된다. 그러므로 이 戶 坊 里의 수치는 헌강왕대의 것으로
   보는 것이 타당하다.
5) 月上樓는 月城 남동쪽 끝 언덕 높은 곳에 자리한 누각으로 경문왕 11년 2월에
   중수되었다. 경주 시내를 바라볼 수 있는 위치라고 하지만, 시야가 그리
   넓다고 보기는 어렵겠다.

하는 점에 대해 의문이 드는 것이다. 연이은 풍년으로 인한 풍요는 기후가 순조로운 덕분이지 당시 지배층의 통치방식이 탁월하게 훌륭했다는 것과는 별도의 것이다. 오히려 민생에 대한 걱정에서 벗어난 헌강왕이 가무에 耽樂한 것은 신라사회의 당면한 현실에 대해 무관심하게 하는 결과를 가져왔다고 하겠다.

그런데 노래 소리가 그치지 않던 헌강왕대의 화려한 왕경상과는 대조적으로 진성여왕 3년(889)년의 기사에서는 궁핍과 몰락하는 왕경의 모습이 나타나고 있다.

F-1. 나라 안의 여러 주와 군에서 공물과 조세를 보내오지 않아, 나라의 창고가 텅 비어 國用이 궁핍하게 되었으므로 왕이 사자를 보내 독촉하였다. 이로 말미암아 도적들이 곳곳에서 벌떼처럼 일어났다. (『三國史記』 권11, 眞聖王 3년조)

F-2. 효녀 知恩은 韓岐部의 백성인 連權의 딸이다. 천성이 지극히 효성스러워 어려서 아버지를 여의고 홀로 어머니를 모셨는데, 나이 32세가 되어도 시집을 가지 않고 조석으로 어머니를 보살펴 그 곁을 떠나지 않았다. 먹을거리가 없으면 혹은 품팔이를 하고 혹은 구걸도 하면서 밥을 얻어다가 어머니를 봉양하였다. 그러한지 오래되니 피곤함을 견디지 못하고 부잣집에 가서 몸을 팔아 종이 되기를 청하여 10여 石을 얻었다. (『三國史記』 권48, 列傳8, 孝女知恩條)

진성여왕이 즉위한 해(887) 왕실은 諸州郡의 1년간 조세를 면제해주는 은혜를 베푼 바 있었다.[6] 그런데 지방에서는 다음 해도 조세를 납부하지 않았다. 국용이 결핍하게 되자 왕실은 각지에 사신을 파견하

---

6) 『三國史記』 권11, 新羅本紀11, 眞聖王 卽位조. 대사면령과 함께 취해진 조세 감면은 백성에게 은혜를 내림으로써 민심을 회유하고 여왕의 즉위를 경사스럽게 여기게 하려는 의도였을 것이다.

여 조세 납부를 독촉하였는데, 이때 강제로 조세를 징수하려는 관원들과 저항하는 지방민들 사이에 마찰이 발생하게 되었으며, 이는 元宗과 哀奴의 난을 비롯하여 지방민의 반란으로 이어지게 되었고[7] 순식간에 각지에 도적들이 벌떼와 같이 일어나는 상황으로 전개되었다(F-1).

진성여왕대에는 왕경인의 생활도 궁핍과 어려움에 처하게 되었다. 왕경의 백성이었던 知恩은 품팔이와 구걸로 어머니를 봉양하다가 그나마도 여의치 못하여 몸을 팔아 종이 되는 지경에 이르렀다(F-2). 비록 지은은 화랑 효종과 진성여왕의 풍성한 도움으로 가난을 벗어날 수 있었지만[8] 지은 외에도 몰락한 왕경인은 많았을 것이다.

헌강왕대의 번영에 비해 불과 수년만에 일어난 왕경의 몰락상은 너무나 급격하고 처참한 것이라서 당혹스럽기까지 하다. 그러면 이런 변화의 원인은 어디에 있을까.

위의 사료 D에서 『삼국유사』의 편찬자는 『어법집』의 '智理多都波都波'라는 隱語에 대한 해석을 소개한 후 "地神과 山神의 가무는 나라가 망할 것을 경고한 것임에도 國人이 깨닫지 못하고 도리어 耽樂이 심하여 마침내 나라가 망하게 된 것"이라고 하여 이미 헌강왕대에 호국신의 경고가 있었음을 시사하고 있다.

이 『어법집』에는 처용랑망해사조에 전하는 설화들이 수록되어 있었을 것이다. 처용설화의 경우는 단정하기 어려우나, '智理多都波都波'에 대한 해석이 담겨있는 것을 보면 적어도 사료 C의 御舞祥審, 玉刀鈐, 地伯級干에 관한 이야기는 『어법집』에 수록되어 있었던 것임에 틀림없다. 『어법집』에 대해서는 전혀 알려진 바가 없다. 인용된 내용으로

---

7) 『三國史記』 권11, 新羅本紀11, 眞聖王 3년조.
8) 효녀지은 설화에 대해서는 全基雄, 「眞聖女王代의 花郞 孝宗과 孝女知恩 說話」, 『韓國民族文化』 25집, 부산대 한국민족문화연구소, 2005가 참고된다.

보면 신라가 멸망한 이후 고려 초기의 어느 시기에 만들어진 책으로,
『三代目』과 유사하게 歌舞와 관련된 가사집이거나 神과 관련된 종교적
설화의 모음집일 가능성이 크다.9) 당시로서는 쉽게 알기 어려운 옛
문장이나 뜻이 숨겨져 있는 隱語에 대한 해설이 또한 담겨 있었던
것은 아닌가 한다.10)

  신라 몰락의 원인으로 거론되고 있는 '耽樂'은 헌강왕대의 기사 곳곳
에서 빠지지 않고 등장하는 歌舞와 관련이 있다. 사료 B와 C는 바로
이 가무의 내용을 보여주는 것이다. 그러면 먼저 처용설화로 널리
알려져 있는 사료 B의 내용에 대해 살피기로 한다. 이 설화는 이미
오래 전부터 연구자들의 관심을 끌어왔고, 문학과 민속 분야의 수많은
연구들과 함께 역사학의 입장에서도 연구가 진행되어 왔다. 그 대표적
인 연구는 1969년 같은 해에 발표된 이우성과11) 이용범의12) 두 논문으로
처용의 실체를 각기 울산지역 지방호족의 자제, 또는 이슬람 상인으로
서로 다르게 보고 있으나 신라 하대의 정치적 사회적인 배경에 대한
해석과 접근방법은 많은 공감을 얻었다. 그후 처용에 대한 한국사학자

---

9) 語法集이라는 이름에서 아마도 法, 즉 불교나 혹은 어떤 종교적인 내용과
   관련된 것은 아닐까 하는 추측이 가능하다. 그러나 話術의 의미가 강한 '語法'이
   라고 한 것을 보면 불교관련 서적이라고 선뜻 단정하기에는 망설여진다.
10) 『삼국유사』의 '진성여대왕 거타지'조에서는 왕거인의 벽서에 등장한 다라니
   隱語를 '說者云'이라고 하여 "刹尼那帝者 言女主也, 判尼判尼蘇判尼者 言二蘇判也,
   蘇判爵名 于于三阿干也, 鳧伊者 言鳧好也."라고 해석한 내용을 함께 소개하였다.
   여기에서는 비록 인용한 책명이 나타나지는 않았으나 은어에 대한 해설을
   하고 있다는 점에서 '지리다도파도파'를 해설한 어법집의 것과 서로 닮아
   있다. 이를 볼 때 옛 설화의 소개와 함께 그 속에 등장하는 수수께끼와도
   같은 은어의 속 내용에 대한 해설도 전해오고 있었던 것을 알 수 있다. 『어법집』
   은 이러한 내용을 포함하여 담고 있는 서책은 아니었을까 한다.
11) 李佑成, 「三國遺事所載 處容說話의 一分析」, 『金載元博士回甲紀念論叢』, 乙酉文
   化社, 1969.3/ 『韓國中世社會史硏究』, 一潮閣, 1991.7 재수록.
12) 李龍範, 「處容說話의 一考察」, 『震檀學報』 32집, 1969.12.

의 연구는 이어지지 못하였지만 그동안 신라 하대의 정치사회에 관한 연구는 크게 진전되어 많은 사실들이 밝혀졌으므로 처용에 대한 해석도 새로운 접근이 가능할 것으로 생각한다.13)

처용설화는 대체로 B-1, 2, 3을 묶어 하나의 설화로 취급하여 왔으나 자세히 살펴보면 두 개의 설화가 결합되어있음을 알 수 있다. 즉 B-1과 B-3이 하나의 이야기로 연결되어 있으며, 그 사이에 B-2의 내용이 삽입되어 있는 형태이다. B-2의 설화를 떼어낸다 해도 전체적으로 통일된 구성은 흐트러지지 않는다. B-2는 다른 설화에 비해 이질적인 요소가 많다. 다른 설화들은 헌강왕이 주체가 되어있으며 호국신이 등장하는데 비해 이 부분만은 처용이 주인공으로 되어 있으며 역신이 나타나고 있는 것이다.

'처용랑망해사'조의 이해에서 가장 중요한 부분은 '遊'에 대한 해석이라고 하겠다. 遊는 헌강왕의 행위에 근본 원인이 되는 셈이다. B-1의 大王遊開雲浦, B-2의 처용가 중에서 東京明期月良夜入伊遊行如可, 그리고 C-1에서의 又幸鮑石亭, C-2의 又幸於金剛嶺, C-3의 又同禮殿宴은 문장상 遊가 생략되어 있으나 又라고 한 것을 보면 역시 遊 중에 일어난 일인 것이다.

흔히 '遊'는 '놀다'라고 번역되고 있다. '놀다'라는 번역에 문제가 있는 것은 아니라 하겠지만, 遊가 단순한 즐거움을 얻기 위한 오락 유희의 행위로 간주되는 것은 오해를 낳게 하는 원인이 된다.14) 『삼국유사』에

---

13) 김기흥은 처용의 실체를 孝恭王 嶢로 추정하는 논고를 내놓고 있다. 金基興, 「신라 處容說話의 역사적 진실」, 『역사교육』 80집, 2001.

14) 대표적으로 경애왕의 포석정 出遊에 대한 오해를 들 수 있으며, 四節遊宅을 귀족의 별장으로 규정하는 것도 재고가 필요하다. 이우성은 '환락의 도시에서 밤 늦도록 노닐며 다닌 처용'을 신라사회에 대한 아웃사이더, 현실에 대한 저항자라고 하였다 (이우성, 앞의 논문, pp.194~195). 그가 왕경을 병든 도시, 환락의 도시로 이해한 것도 歌舞와 遊의 의미를 유흥과 오락으로 해석한

서 '遊'라는 말은 빈둥거리거나 오락과 유흥의 '놀이'를 뜻하는 것으로만 쓰이지는 않았다.[15] 대개 왕과 화랑의 遊는 종교적인 행위와 관련된 것으로 나타나고 있다.[16] 즉 헌강왕이 遊幸한 것은 신이한 존재와의 조우를 갖는 과정이었으며 처용이 밤늦도록 遊行하였던 것도 이러한 遊와 관련된 것이었다.

헌강왕은 出遊 중에 각기 호국신인 개운포의 동해용, 포석정의 남산신, 금강령의 북악신, 동례전의 지신을 만나게 된다. 그런데 헌강왕의 遊幸에 함께 동행한 사람들은 누구일까? 일단 국왕의 出遊에는 몇몇 群臣들이 동행했을 것이다. 개운포에서의 日官은 정부내의 신하라고 하겠다. 그런데 출유에 정부의 신료들만이 동행하였으리라고 보기는 어렵다. 주로 종교적인 행사, 가무와 밀접한 사람들이 함께 다녔을 것이기 때문이다. 出遊 歌舞 종교적 儀禮와 밀접한 관계가 있는 집단이라면 얼른 花郎徒를 떠올리게 한다.[17] 出遊는 흔히 화랑과 관련되어 나타나며 화랑도의 중요한 활동 중의 하나이다.

헌강왕이 화랑이었을 가능성은 적다. 일찍이 太子의 신분을 가졌던 때문이다. 그렇더라도 화랑과의 관련을 짐작할 수 있다. 헌강왕의 아버지인 경문왕은 바로 화랑 출신이었으며 당신의 화랑들은 국왕을 보좌하

탓이다.

15) 遊라는 말의 일반적인 의미와 용례는 놀다, 놀러가다, 두루 돌아다니다, 노닐다, 가다 등이 있다. 그러나 『삼국유사』에 자주 등장하는 遊, 遊行 遊幸의 '가다'라는 행위의 목적은 대개 종교적인 것이며, 그 자체가 종교적 활동의 일환이기도 하다. 화랑과 관련된 고유신앙의 종교적 활동에는 춤과 노래 놀이가 중요한 부분을 차지한다. 그들이 흥겹게 춤추고 노래하고 놀았다고 하더라도 그것이 종교적 성격과 관련된다는 것을 간과할 수 없다.

16) 全基雄, 「眞聖女王代의 花郎 孝宗과 孝女知恩 說話」, 『韓國民族文化』 25집, 부산대 한국민족문화연구소, 2005, pp.208~212.

17) 널리 알려진 『三國史記』 권48, 金歆運傳의 '相磨以道義, 相悅以歌樂, 遊娛山水'는 화랑의 활동을 집약한 것으로 이해된다. 여기에서 道義는 흔히 유교적인 의미로 이해하지만, 고유사상의 종교적 의미로 해석할 수 있다.

고 있었다.[18] 헌강왕의 주위에서 출유와 가무를 함께 하며 영향력을 행사할 수 있는 가장 유력한 집단인 셈이다.[19]

『삼국사기』의 헌강왕 5년 3월조에는, "왕이 동쪽의 州郡을 순행하였는데, 어디서 왔는지 알 수 없는 사람 넷이 왕의 수레 앞에 와서 노래를 부르고 춤을 추었다. 그들의 모양이 무섭고 차림새가 괴이하여, 당시 사람들이 그들을 일컬어 산과 바다에 사는 정령이라고 하였다."라고 하였는데, 사기의 이 내용은 유사가 전하는 처용설화의 배경과 관련이 있는 듯 한데 보다 더 합리적인 기술을 하고 있다. 이 순행을 개운포 출유로 본다면 당시 헌강왕은 20세 미만의 연배로 화랑의 활동 연령에 해당한다.[20] 헌강왕과 화랑무리는 비슷한 연배의 가장 친밀한 관계로 함께 어울릴 수 있는 또래인 셈이다. 歌舞와 神異, 出遊는 화랑의 활동과 깊이 관련되어 있는데, 헌강왕은 마치 화랑과 같은 행각을 스스로 하고 있었던 것이다. 헌강왕이 여기에 탐닉하게 된 것은 왕실주변에 머물러 있던 이들의 영향을 받은 까닭이 아닌가 한다.

---

18) 邈元郎 등 경문왕을 도와 국정에 참여할 것을 맹세하였던 4명의 화랑이 있었으며, 이들 외에도 범교사, 대구화상 등 당시의 화랑세력은 국왕의 주변에서 보좌하였다.

19) 진성여왕의 주위에 있었다는 美少年들은 화랑과 관련된 인물로 파악된다. 이들은 여왕과 음란하였다고 하며, 총애를 얻어 국정을 천단하는 寵臣으로 비난받기도 하였다. 화랑세력이 왕실의 가까운 주변에서 국왕에게 영향력을 미치고 있었음을 볼 수 있다. 全基雄, 『羅末麗初의 政治社會와 文人知識層』, 혜안, 1996, pp.39~41.

20) 경문왕이 헌안왕의 장녀와 혼인한 것은 860년 9월의 일이고 헌강왕이 즉위한 해는 875년 7월이다. 혼인한 다음 해에 헌강왕이 출생하였다고 하더라도, 헌강왕의 즉위시 연령은 14세 정도이다. 따라서 개운포 출유를 5년 3월의 일이라고 하면 아직 열 아홉살에 미치지 못한 연배이다. 화랑의 활동연령은 대개 15~18세 정도이므로, 이 무렵의 헌강왕과 같은 또래에 해당한다. 한편 이 사료의 주석에는 '古記에는 이 일이 卽位 元年에 있었던 일이다'라고 하여 年代에 차이가 있는 두 가지 계통의 다른 사료가 있었던 것을 알 수 있다. 고기의 기록에 따라 즉위 원년의 일로 본다면 당시 헌강왕의 나이는 14세가 된다.

遊에 대한 해석은 처용의 성격을 이해하는 데 중요한 단서를 제공한다. 처용가에서 '동경 밝은 달에 밤들이 노니다가……'의 '노닐다'의 원문은 '遊行'이다. 앞에서 언급한 바와 같이 遊는 화랑, 종교적 활동과 관련되어 있다. 즉 처용은 밤의 향락에 빠져있었던 것이 아니라 遊行, 즉 어떤 종교적 성격의 활동에 참여하고 있었던 것이다. 그런데 처용의 遊行은 특이한 면이 있어서 주의가 필요하다. 처용은 보름달이[21] 떠 있는 왕경의 밤거리에서 늦게까지 遊行하고 있었으며,[22] 아마도 새벽녘이 되어서야 집으로 돌아오고 있다.

이와 관련하여 왕경에서의 가무에 관하여 기술된 내용을 살펴보면, A의 "笙歌不絶道路", E-1의 "歌吹連聲", E-3의 "歌吹滿路 晝夜不絶"에서 보듯이 헌강왕대 왕경은 특별히 歌樂과 밀접하게 결합되어 있는데 흥미로운 것은 가악이 행해지던 곳이 道路, 路라고 하여 길거리였다는 점이다. 흔히 오락과 연회를 베푸는 장소에서 흥을 돋우고 즐기기 위한 가무라고 한다면 실내에서거나 마당이라 하더라도 연회장에서 행해지는 것이 일반적이다. 길거리에서 행해지는 가무는 연회의 가무와는 그 성격이 다르다. 사람에게 해를 끼치는 잡귀를 몰아내거나 질병의 치료 기복 번창을 기원하는 목적에서 행해지는, 종교적인 성격의 민간 풍습과 가까운 것이다.[23] 처용은 역신을 굴복시키는 샤먼적 능력의

---

21) 밝은 달이란 곧 보름달을 의미하는 것이라고 하겠다. 滿月의 밤은 정령의 활동이 가장 활발한 시각이다. 이날 처용의 遊行이 밤늦도록 계속된 것은 보름날과 관계가 있겠다.

22) 경덕왕대 國仙徒였던 월명사는 달 밝은 밤에 젓대를 불며 문 앞 큰 길을 지나니 달이 가기를 멈추었다고 한다(『三國遺事』권5, 感通7, 月明師兜率歌). 월명사는 도솔가를 지어 두 해가 나타난 괴변을 사라지게 했던 인물이다. 보름달 밤, 거리에서의 歌樂이 달의 운행을 멈추게 하는 주술적 힘을 발휘하고 있는 것이다.

23) 농촌에서의 農樂도 길에서 행해지지만, 왕경과 같이 담이 연이은 도시에서 거리를 돌며 가무를 하는 것은 잡귀를 몰아내고 복을 기원하는 민간의 풍습과

소유자였다. 처용의 遊行은 가무를 통해 祈福과 進慶을 가져오는 종교적
활동으로 보아도 좋을 것이다.

그렇다면 이런 歌樂을 행하던 사람들은 누구일까? 밤낮으로 왕경의
거리에서 가무를 통해 종교적 의례를 행하고, 귀신을 몰아내거나 다룰
수 있는 능력을 가진 사람 또는 집단의 존재를 찾는다면, 이에 가장
부합하는 것은 역시 花郞徒이다. 아직 하대 화랑도의 활동상이 충분히
밝혀진 것은 아니지만, 花郞徒의 仙道와 같은 고유신앙의 종교성과
遊娛 歌舞의 활동, 후대까지 민간으로 전해오는 화랑의 遺風과 형태
등을 고려하면 공통점을 찾는 것은 어렵지 않다. 그러나 주로 국가적
의례에 활동하였던 당시의 花郞이 민간의 逐邪 進慶의 굿거리까지 행하
였는지는 단정하기 어렵다. 화랑의 하부조직이거나 화랑활동의 일부분
을 구성하면서 민간신앙과 밀접한 관련을 가진 무리가 있었던 것은
아닐까 한다. 처용은 이에 가장 부합하는 성격의 인물인 셈이다.[24]

여기에서 처용과 마찬가지로 辟邪 逐鬼를 행하였던 또 하나의 인물인
鼻荊郞에[25] 대해 주목하고자 한다.

G. 眞平大王이 그 신기함을 듣고 데려다가 宮中에서 길렀다. 나이

관련된 것이 아닐까 한다. 이런 풍습은 지금까지도 행해지고 있다.

24) 아직까지 신라 하대 화랑의 종교, 사회적 활동상을 구체적으로 밝혀내기는
충분치 못하지만, 진성여왕대의 화랑 효종과 그 낭도는 효녀지은을 구휼하는
데 나서고 있어서 화랑의 사회적 활동의 일면을 짐작케 한다. 한편 후대까지
전해져 내려오는 화랑의 유풍은 대개 민간신앙적 요소와 닿아있다. 신라의
국가 조직과 연결되어 있었던 상층부분은 신라의 멸망 이후 서서히 사라져
없어졌지만, 민간에 뿌리내린 화랑도의 활동은 민속 속에서 살아남았던 것이
다. 민간신앙과 관련된 이들은 화랑도의 하부 집단이거나 화랑 활동 중의
한 부분을 차지하였을 가능성이 크다.

25) 비형랑 설화에 관해서는 다음의 논문이 참고된다.
金杜珍,「新羅 眞平王代 初期의 政治改革」,『震檀學報』69집, 진단학회, 1990 ; 金
基興,「桃花女 · 鼻荊郞 설화의 역사적 진실」,『한국사론』41 · 42합집, 1999.

열다섯 살이 되어 執事로 임명하였더니 그는 매일 밤마다 도망하여 가서 遠遊하였다. 왕이 勇士 50명으로 하여금 지키게 하였으나 매번 月城을 날아 넘어서 서쪽으로 荒川 언덕 위(서울의 서쪽에 있다)에 가서 귀신무리를 거느리고 遊하였다. 용사들이 숲 속에 매복하여 엿보니 鬼神들은 여러 절에서 울리는 새벽 종소리가 들리면 저마다 흩어지고 郎도 또한 돌아왔다. (『三國遺事』 권1, 紀異1, 桃花女鼻荊郎)

처용과 유사한 형태의 벽사진경 설화는 비형랑의 경우에서도 발견된다. 두 설화는 각기 邪鬼를 물리친다는 것 이외에도 많은 공통점을 발견할 수 있어서 흥미롭다.[26] 처용설화를 이해하는 데 비형설화는 많은 도움을 줄 수 있을 것이다.

첫째, 처용랑과 비형랑은 모두 郎으로 호칭되고 있다. 이 郎이라는 호칭은 일반적으로 젊은 사내를 부르는데 사용되는 것이기는 하지만, 실제로 삼국유사나 사기에서 일반 청년을 郎이라고 칭한 경우는 매우 드물며, 대부분 화랑을 높여 부르는 경칭으로, 혹은 신이한 능력을 가진 인물에게 사용되었음을 볼 수 있다.[27] 비형랑과 처용랑에 사용된

---

26) 비형과 처용설화의 유사성에 대해서는 김기흥이 주목한 바 있다. 그는 각기 독립된 두 편의 논문에서 비형랑의 실체를 진지왕의 아들인 龍春으로, 처용을 헌강왕의 아들인 효공왕 요로 각기 비정하고 '庶出王子 登極說話'로 유형화할 수 있다고 하였다(김기흥, 앞의 논문, 1999 및 2001). 두 설화의 유사성은 필자도 동감하지만, 비록 설화라고 하여도 역사 속의 인물을 다른 역사적 인물과 대치시키는 것에 대해서는 찬성하기 어렵다. 비형은 비형이고 처용은 처용이다.

27) 『삼국사기』와 『삼국유사』에서 ○○郎의 형태로 이름에 호칭이 붙은 화랑으로는 武官郎 薛原郎 未尸郎 近郎 好世郎 居烈郎 實處郎 寶同郎 竹旨郎(竹曼郎) 夫禮郎 俊永郎(永郎) 迹郎 南郎 耆婆郎 邀元郎 譽昕郎 叔宗郎 孝宗郎 鸞郎 原郎 등 대다수를 차지하며, 비록 이름에는 郎이 없지만 본문 중에 랑으로 부른 경우는 擧眞 金庾信 明基 安樂 金膺廉 등의 경우가 보인다. 斯多含 金欽春(純) 金令胤 官昌 文努 安詳 桂元 등 칭호가 붙지 않은 예도 있으나 이는 랑이

郎의 경우도 단순한 호칭이라기보다는 화랑, 또는 종교적 신이함과 관련된 특별한 지위를 의미하는 경칭으로 보아야 하겠다.

둘째, 이와 관련하여 두 사람이 모두 밤늦도록 遊하고 있어서 주목된다. 비형은 매일 밤늦도록 멀리 달아나서 遊하였다고 하였다. 이때 그는 귀신들의 무리와 함께 놀았다고 하였는데, 처용 또한 동경 밝은 달 아래 밤늦도록 遊行하다가 돌아오고 있다. 비형의 경우에 비추어 볼 때 처용의 遊도 또한 단순히 서울의 거리를 헤매고 다닌 것이 아니라 종교적 행위, 귀신과 관련된 활동에 참여하였던 것으로 해석할 수 있을 것이다.

셋째, 비형과 처용은 각기 벽사의 능력을 가진 인물이었다. 비형은 귀신을 부려 다리를 만들게 하고 길달을 추천하였다가 그가 달아나자 귀신무리를 동원하여 잡아 죽였다. 이런 까닭에 귀신들은 비형을 두려워하였고 당시 사람들은 "聖帝魂生子 鼻荊郞室亭 飛馳諸鬼衆 此處莫留停"이라는 글을 적어 붙임으로써 귀신을 물리쳤다. 처용은 역신을 춤과 노래로 물리쳤으며 사람들은 처용의 형상을 그려 문에 붙여 벽사경진의 부적으로 삼았던 것이다. 진평왕대의 비형이 무력적이고 힘에 의존하여 귀신을 다루고 물리쳤음에 비해 가무로 역신을 물리친 처용의 행위는 헌강왕대의 독특한 사회상을 반영하고 있다.

넷째, 비형과 처용은 각기 神異한 존재의 아들로 상정되고 있다.

생략되었거나 瞿旵公처럼 다른 직함, 경칭이 있었기 때문일 것이다. 화랑의 호칭은 ○○郞의 형태가 기본적으로 사용되었던 것으로 보아도 좋을 것이다. 낭도의 경우에는 郞의 호칭을 붙이지 않았다. 그런데 화랑인지 확실히 알 수 없는 사람 가운데에서도 郞의 호칭을 가지고 있는 경우도 있다. 鼻荊郞 長春郞 罷郞 處容郞 延烏郞 善宗郞 등이 그렇다. 그런데 이들은 자장율사의 출가 전 이름이었던 善宗郞은 제외하더라도 각기 죽은 왕의 영혼이 낳은 아들, 전사한 영혼, 동해용의 아들, 해와 달의 정령이라서 신이함과 연관이 있다. 그밖에 울주 천전리서석에서 보이는 ○○郞의 형태도 이곳이 화랑들이 자주 출유하던 신성지역이라는 점에서 역시 종교적 신성함과 관련이 있다.

비형은 이미 죽은 眞智王의 혼령과 桃花女와의 사이에서 태어났으며, 처용은 東海龍의 아들이라고 하였다. 이는 두 사람이 신이한 행적을 나타낼 수 있는 능력을 가지고 있었으며 그 힘을 범상치 않은 존재의 혈통에 의하여 부여받은 것으로 설명하고자 하였기 때문일 것이다.

〈표 2〉 처용설화와 비형설화의 내용 비교

내용	처용설화	비형설화
설화의 소재	『三國遺事』 권2 紀異2 '處容郎望海寺'조	『三國遺事』 권1 紀異1 '桃花女鼻荊郎'조
활동시기	憲康王代	眞平王代
출생	東海龍의 아들	죽은 眞智王 魂靈의 아들
郎의 칭호	處容郎	鼻荊郎
밤에 遊함	東京明期月良夜入伊遊行如可	每夜逃去遠遊…每飛過月城 西去荒川岸上…率鬼衆遊…鬼衆聞諸寺曉鐘各散 郎亦歸矣
국정을 도움	隨駕入京 輔佐王政	귀교를 건축, 길달을 추천
왕이 내린 직위	級干職	執事
벽사의 대상	疫神	鬼神
귀신을 굴복시킨 형태	唱歌作舞而退 역신이 감복함	吉達變狐而遁去 荊使鬼捉而殺之 이름만 들어도 두려워 달아남
벽사의 방식	國人門帖處容之形 以僻邪進慶	鄕俗帖此詞以辟鬼
전해지는 글	處容歌	聖帝魂生子 鼻荊郎室亭 飛馳諸鬼衆 此處莫留停

다섯째, 두 사람은 왕정에 참여하고 있으며 관직을 보유하였다. 비형은 15살에 執事의 직을 맡았으며 鬼橋를 만들고 길달을 추천하는 등 왕정을 보좌하였다. 처용은 헌강왕을 따라 왕경에 와서 보좌왕정하였으며 왕은 그에게 級干의 지위를[28] 하사하였다. 즉 귀신을 다루는 능력을

---

28) 級干은 신라 관등의 제9위에 해당하며 6두품 이상만이 오를 수 있는 위계이다.

가진 두 사람은 관직을 가지고 등용되어 왕정에 참여하였다.

　이와 같이 유사성을 가진 처용과 비형 두 인물을 통하여 신라사회에서 민간의 고유신앙과 관계있는 어떤 부류의 존재를 상정할 수 있을 것이다. 이런 부류의 인물들과 화랑도는 서로 차이가 있는 듯하나 활동의 근본적인 성격은 동일한 것으로 보인다.

　종교적인 역할을 수행하는 것은 花郎徒의 중요한 활동 중의 하나였다. 그들은 팔관회 같은 국가적인 제사나 의례에 참여하였고[29) 미륵의 불교적 신앙, 명산대천의 호국신과 관련을 맺고 있었으며, 진골귀족의 자제가 화랑이 되어 천명이나 되는 낭도를 이끌었던 국가적 조직으로 신앙단체적 성격의 일면을 갖고 있다. 그런데 이에 비해 민간에서 보다 자주 접할 수 있었던 하급의 신, 혹은 귀신과 관련된 집단이 있었다. 주로 민간에서의 신앙형태와 밀접한, 귀신이나 정령들을 통제하고 다스리는 존재들이다. 귀신을 부려 다리를 놓게 하고 길달을 잡아 죽인 비형랑이나 역신을 춤과 노래로 굴복시킨 처용랑은 바로 그런 인물인 것이다. 이들은 귀신을 다스릴 수 있는 신령한 능력을 가졌으며, 그 힘의 원천은 그들이 각기 이미 죽은 왕의 영혼에 의해 탄생한 자, 운무와 기후의 이변을 일으키는 능력을 가진 동해용의 아들이라는 神性을 부여받았기 때문으로 여겨지고 있었다.

　국가적 신앙의 담당자가 진골 출신의 귀족인 花郎, 國仙과 관련된다

　　처용이 본래 6두품 출신의 왕경인이 아니라면, 지방출신의 인물로서 6두품에 해당하는 지위를 얻은 셈이다. 이는 그가 가진 신이한 능력에 대한 보상일 것이다. 한편 慕竹旨郎歌의 작가이며 효소왕대 죽지랑의 낭도였던 得烏와 동례전 地神의 위계도 급간으로 나타나고 있어서 이런 인물들에게 주어지는 지위는 6두품의 급간직 이었음을 짐작케 한다.
　29) 고려 태조대의 팔관회에서 행해졌던 四仙樂府는 신라의 화랑들이 전승한 음악과 歌舞百戱이다. 팔관회는 天靈, 五岳, 名山, 大川, 龍神 등을 섬기는 고유신앙과 관련된 것으로, 신라의 전통을 이어 화랑 계통의 사람들이 가무를 담당하였다.

106

면, 그들의 범주에서 벗어나 있는 일반 민들의 토착신앙의 대상인 鬼神들과의 관계는 바로 비형이나 처용 같은 존재에 의존하였을 것이다.[30] 國人들은 그의 얼굴을 그려 문에 붙여서 역신을 몰아낼 만큼 처용을 신뢰하고 있었다. 이들의 영향력은 왕실로서도 무시할 수 없었으며, 진평왕은 비형에게 執事의 직책을, 헌강왕은 처용에게 6두품에 해당하는 級干의 지위를 부여하고 미녀와의 혼인을 맺게 하는 등 이들을 포섭하여 국가의 통제와 관리체제로 수용하고 왕정을 보좌케 하였던 것이다.[31]

왕경의 길거리에서 밤낮으로 歌樂을 행하던 무리는 처용이나 비형과 같은 성격의 집단이었을 것이다. 민간신앙의 영역에서 하급신인 귀신 역신을 제압하였던 비형이나 처용을 진골귀족이 임명되었던 花郞, 國仙으로 설정하기에는 망설여진다. 처용은 지방에서 왕경으로 유입된 인물일 것으로 생각되며[32] 화랑이 되기엔 자격이 부족하다. 그러나 그들의 성격과 역할, 그리고 행동양식은 화랑도의 그것에서 벗어나지 않는다는 점에 대해 유의하고자 한다. 비록 처용이 화랑은 아니더라도 화랑도

---

30) 이와 유사한 설화로 『수이전』의 내용이 『대동운부군옥』, 『태평통재』에 실려 전하는 志鬼說話가 있다. 선덕여왕을 연모하던 지귀는 火鬼가 되었는데, "王命 術士作呪詞曰 志鬼心中火燒身變火神 流移滄海外 不見不相親 時俗帖此詞於門壁 以鎭火災"라고 하여 여왕은 術士로 하여금 呪詞를 짓게 하였고 사람들은 이 글을 문과 벽에 붙여 화재를 막았다는 것이다. 여왕의 곁에는 귀신을 제압하는 주술의 능력을 가진 術士가 있었음을 알 수 있다. 처용이나 비형의 補佐王政도 이러한 성격의 것으로 짐작된다.

31) 경문왕대의 후반기에는 천재지변이 많았고 전염병이 자주 창궐하였다. 삼국사 기에는 경문왕 7년 5월, 10년 7월, 13년 봄에 각기 疫疾의 기사가 보인다. 이를 막기 위해서는 처용과 같이 疫神을 제압할 수 있는 인물이 절실하게 필요하였을 것이다.

32) 후대의 기록이지만, 『高麗史』 권71, 志25, 樂2 俗樂 處容조에 "新羅憲康王遊鶴城 還至開雲浦 忽有一人 奇形詭服 詣王前歌舞讚德 從王入京 自號處容 每月夜歌舞於 市 竟不知其所在"라고 한 것이 참고된다.

조직의 일부를 구성하는 인물로 보아야 할 것이다.[33]

다음으로 B-1과 C의 사료에 대해서 살피기로 한다. 여기서는 모두 헌강왕이 주체로 등장하고 있으며, 출유와 가무를 매개로 하여 신이한 존재와 조우하고 있다. 헌강왕은 특이한 영적 능력을 소유한 인물로 생각된다.

B-1은 일면 望海寺[34]의 창건설화로 불러도 좋을 만하다. 헌강왕의 開雲浦 出遊는 동해용과의 조우에서 망해사의 창건으로 이어진다. 그는 동해용에게 절을 지어준다는 약속으로 감사의 가무를 헌납 받았다. 龍은 민간의 용신앙에서 국가의 호국신으로, 다시 불교의 신격으로 수용되고 있는데 헌강왕은 울주 일대의 용신앙을 국가적 신앙체계의 통제 하에 두려고 하였던 것으로 생각된다. 헌강왕의 본래 출유의 목적지가 개운포는 아니었다. 헌강왕의 출유는 아마도 鶴城의 戒邊天神 제의와 관련이 있는 듯하며,[35] 개운포는 돌아오는 길에 잠시 쉬었던

---

33) 이들의 역할과 花郎徒 활동의 유사성은 혹 처용의 무리와 같은 성격의 집단이 화랑도의 하부조직이거나 화랑조직의 일부분을 차지하고 있었던 것은 아닐까 하는 생각을 갖게 한다. 화랑도에는 진골 출신의 화랑 외에도 천명의 낭도들이 있었으며 화랑의 주위에는 진자사 융천사 혜숙 전밀 안상 월명사 범교사와 같은 승려들도 있었다. 범교사는 낭도 중의 上首였다고 한다. 화랑 혼자서 천명의 낭도를 관리할 수는 없겠다. 그 중간에는 上首 혹은 『화랑세기』에 보이는 郎頭 같은 자들이 이끄는 하부조직의 존재가 예상된다. 이들 하부조직 은 上首의 성격에 따라 활동의 영역에도 차이가 있었을 것이며, 辟邪를 행하는 처용과 같은 무리도 이 가운데 하나로 보아 좋을 것이다. 그렇다면 우리는 신라 하대 花郎徒의 실체와 활동을 이해하는데 보다 구체적인 자료를 갖게 되는 셈이다.

34) 望海寺는 新房寺라고도 불리었으며 하대의 대표적인 양식인 八角圓堂形 석조부 도 2기가 남아 있어 그 자취를 엿보게 한다. 한편 김기흥은 신방사라는 이름에 서 '新房'에 주목하여 처용을 孝恭王 嶢로 비정하는 근거로 삼았는데(김기흥, 앞의 논문, 2001, p.140) 당시는 물론 고려시대까지도 혼인 첫날의 의미로 新房이라는 용어를 사용하지 않았다.

35) 김유미, 『처용전승의 전개양상과 의미 연구』, 부산대 박사학위논문, 1998, pp.17~19.

바닷가의 장소로 이때까지는 地名도 갖지 못했던 곳이다.36) 그러므로 동해용의 출현은 왕으로서는 뜻하지 않았던 일이다. 이 동해용은 해안지역 민간의 龍神信仰과 관련이 있어 보인다.37) 즉 이미 호국신으로서의 확고한 위치를 가지고 있었던 남산신이나 북악신의 경우와는 다른 것이었다. 이 뜻밖의 조우는 얼마간 갈등의 요소를 갖고 있었으나, 헌강왕은 사원을 지어주겠다는 약속을 매개로 용을 감복시키고 있다. 이로써 민간의 용신신앙을, 어쩌면 그 용신신앙을 가지고 있었던 지방민들을 국가의 종교적 체제와 통제 속으로 흡수하였으며, 나아가 6두품의 지위와 혼인으로 처용의 왕정보좌를 이끌어낸 것이다. 국왕의 위엄과 종교적 권위는 동해용의 감복으로 諸神들의 우위를 점하게 되었다. B의 설화는 그 과정을 보여주는 것으로 해석된다.

C-1에서 보면 헌강왕은 鮑石亭에 가서 南山神을 만나고 있다. 불교 유적들이 빽빽이 들어서 있는 남산은 토함산(동악) 선도산(서악) 낭산(중악) 소금강(북악)과 함께 경주 五岳으로, 청송 피전 금강과 더불어 四靈地로 일컬어지는 신성지역이며 남산신은 중요한 호국의 국토신이었다. 특히 헌강왕이 남산신과 만난 곳이 포석정이라서 흥미롭다. 포석정은 흔히 이곳에서 연회 중이었던 경애왕이 견훤의 침입으로 최후를 맞은 장소로 널리 알려져 있다. 경애왕은 위기의 시기에 환락에 빠져 나라를 망친 임금으로 비난을 받기도 하였지만, 이는 포석정 연회의 성격에 대한 오해에서 비롯된 것이다.38) 포석정은 효종랑의 화랑도가

---

36) 처용설화는 '於是大王遊開雲浦'로 시작하고 있어서 마치 헌강왕이 개운포로 출유하였던 것으로 보인다. 그러나 왕이 절을 지으라고 명한 후에 '雲開霧散 因名開雲浦'라고 하여 개운포란 이름은 후에 붙여진 것이며 출유의 목적지도 아니었다.

37) 민간신앙의 疫神과 관계되는 처용이 동해용의 아들로 상정되고 있는 것은 이를 반영한다. 龍을 지방호족과 연관하여 해석한 이우성의 견해는 수긍되는 점이 많다.

국가를 위한 종교적 성격의 회합을 갖거나,[39] 八關會 같은 종교적 의례
가 치루어지던 곳이며[40] 화랑과 관련된 사당이 있었던 곳으로[41] 역시
신성한 장소에 해당한다. 헌강왕의 포석정 출유는 이 신성한 곳에서
국토신이라는 신이한 존재와의 조우를 위한 것이었으며 이에 남산신은
왕 앞에 출현하여 가무로 응답하였다. 이때 남산신의 춤을 볼 수 있었던
사람은 헌강왕뿐이었다. 왕은 직접 그 춤을 따라 추어 사람들에게
보이고 工人들로 하여금 그 형상을 새기어 후세에 남기도록 하였다.

C-1은 내용의 절반 이상을 이 춤의 이름에 대한 설명으로 할애하고
있다. 祥審 御舞祥審 御舞山神 象審 霜髯舞 등 다양한 이름은 각기 춤의
내용을 추측하는 단서가 된다. 남산의 포석정에 나타나 춤을 춘 神은
山神, 즉 南山神이었고, 이름이 祥審이었다고 한 것에서 길흉과 화복을
잘 알아맞혔던 것으로, 象審에 대한 해설에서 工人이 그 춤의 추임새를
돌에 새기어 남겼음을, 형상에 따라 霜髯舞라고 불렀다고 하니 백발의
노인 혹은 神靈의 형상이었을 것이며, 헌강왕이 추어 보인 탓에 이름

---

38) 경애왕에 대한 비난은 주로 이 포석정 연회를 오락을 위한 饗宴으로 간주하였던
까닭이다. 그러나 "遊鮑石亭宴娛" "出遊鮑石亭"이라고 하여 경애왕은 포석정에
出遊한 것이었다. 이는 견훤의 위협을 호국신의 도움으로 극복하려는 의도로
행해진 종교적 행사였을 것이다. 이때의 연회라는 것도 종교적 행사의 과정에
수반된 것으로 생각된다. 百戲 歌舞 四仙樂部가 행해졌던 팔관회의 경우는
좋은 예이다. 포석정과 팔관회에 대해서는 姜敦求, 「鮑石亭의 종교사적 이해」,
『한국사상사학』 4·5 합집, 1993이 참고된다.
   한편으로, 경애왕이 견훤의 침입에 대비하여 군사를 이끌고 전선에 나가
있었더라면 물론 이런 비난은 없었을 것이다. 비록 호국신에게 도움을 청하는
종교적 행사였다고 하더라도 위기에 직면한 신라왕의 대처방식이 현실적으로
적절치 못했던 점은 지적되어도 좋을 만하다.
39) 全基雄, 「眞聖女王代의 花郎 孝宗과 孝女知恩 說話」, 『韓國民族文化』 25집,
부산대 한국민족문화연구소, 2005, pp.212~214. 한편 강돈구는 보다 구체적으
로 효종랑의 화랑무리가 八關會에 참석한 것이라고 하였다(강돈구, 앞의 논문,
p.62).
40) 姜敦求, 위의 논문, 1993, pp.61~63.
41) 全基雄, 앞의 논문, 2005, p.213.

110

앞에 御舞가 붙게 되었다는 것이다.42)

C-2, 3에서 보듯이, 호국신의 등장은 金剛嶺43) 행차 때의 北岳神과, 同禮殿 연회에44) 나타난 地神으로 이어지고 있다. 이들의 춤과 노래는 각기 玉刀鈐, 地伯級干이라고 불렸는데 적어도 고려시대까지 전해져 왔으며, 주로 제례에 사용되었을 것이다. 玉刀鈐은 이름으로 보아 劍舞에 해당하는 춤으로,45) 地伯級干이라는 이름은 바로 地神을 지칭한 것으로 생각되는데, 級干이란 관등명이 붙어있는 것으로 보아 처용과 마찬가지로 이 地神도 헌강왕에게 급간의 지위를 받은 것은 아닐까 한다. 그렇다면 이 또한 지위의 부여를 통해 신이한 존재로 하여금 국왕을 위해 봉사케 한 것으로 볼 수 있겠다. 헌강왕의 권위와 위력 앞에 각 지역의46) 호국신들은 감복하거나 봉사하게 되었고, 헌강왕은 諸神들의 상위에 군림하는 신성함과 종교적인 지위를 확보한 것이다.

지금까지 헌강왕과 제신들과의 관계에 대해 살펴보았다. 유독 헌강왕

---

42) 이처럼 가무의 명칭에 대한 상세한 해설이 전하는 것은 일연이 참고했을 텍스트인『語法集』의 성격을 엿볼 수 있게 한다.

43) 金剛嶺은 경주시 북쪽에 있는 높이 280m의 산으로 경주 五岳의 하나인 北岳이며 (『三國遺事』권4, 栢栗寺) 굴불사, 백률사가 있는 불교의 성지이다.

44) 同禮殿은 月城에 있었던 전각이다. 월성에는 이밖에도 신하의 하례를 받던 朝元殿, 정사를 돌보던 評議殿, 외국 사신을 접견하고 연회를 베풀던 臨海殿 및 講武殿 등의 전각이 있었다고 한다. 한편 地神의 동례전 출현은 연회 중에 나타나 춤을 춘 것이라서 자칫 오해의 소지가 있다. 地神의 춤이 연회의 흥을 돋우기 위한 것이라고는 생각되지 않는다. 일반적인 연회의 장소는 주로 임해전이었다. 이름에 禮가 들어있는 것으로 보아 同禮殿은 종교적 의례와 관련이 있는 전각이 아니었을까 한다. 그렇다면 경애왕의 포석정 연회와 마찬가지로 종교적 의례의 일부이거나 집전 후에 베푼 뒤풀이 같은 성격의 연회일 것이다.

45) 현재까지도 무당들의 굿거리에는 칼을 들고 하는 경우가 많다.

46) 동해용의 東, 남산신은 南, 금강령의 북악신은 北에 해당하는 방위를 가진 지역의 신이다. 동례전의 지신은 알 수 없으나 설화의 구조가 四方神의 등장으로 유추할 수 있다는 점으로 미루어볼 때 서쪽에 해당하는 지역의 신으로 처용처럼 궁내에 들어와 왕정을 보좌한 것이 아닐까 한다.

앞에 산신 지신들이 나타나고 남산신의 춤은 그만이 볼 수 있었다는
것은 헌강왕의 신이한 능력과 관련이 있다. 헌강왕은 신령들과 교통할
수 있는 샤먼적 능력을 소유하였으며, 나아가 국왕의 권위를 통하여
신이한 존재들을 포용하고 감복시키며 도움을 얻어내기에 이른다. 왕은
망해사를 매개로 동해용의 감복을 얻어냈으며, 민간신앙의 주제자로
귀신을 다룰 수 있는 처용에게는 급간의 지위와 혼인을 통해, 동례전의
지신에게는 급간의 위계로, 각기 諸神들로부터 보좌를 이끌어내고 있
다. 처용과 비형의 신비한 능력이 각기 범상치 않은 출생에 기인한
것이라고 한다면, 이러한 헌강왕의 권위와 능력은 경문왕의 혈통을
이은 인물이었기 때문에 가능하였던 것으로 여겨진다.

경문왕가의 신성한 혈통 인식은 남다른 바가 있었다.[47] 경문왕과
관련된 『삼국유사』의 당나귀 설화와 뱀 설화는 그가 신이한 존재로
여겨졌음을 암시적으로 전하고 있다.[48] 진성여왕과 효공왕의 왕위계승
에는 骨法이라는 기준이 적용되고 있는데 이는 신성한 혈통 인식의
소산으로 생각되며,[49] 하대의 유일한 여왕의 즉위를 가능케 하는 요인
으로 작용하였다. 화랑이었던 경문왕을 이은 헌강왕의 샤먼적 능력과
종교적 권위는 그가 신성한 존재라는 인식을 낳았고, 나아가 景文王家

---

47) 全基雄, 「新羅 下代末의 政治社會와 景文王家」, 『釜山史學』 16집, 釜山史學會,
1989.
48) 헌강왕의 설화가 국왕과 신들과의 관계를 보여준다면 경문왕의 설화는 바로
국왕 자신이 신비한 모습으로 등장한다. 왕의 귀가 매우 길었다던가 뱀들이
왕의 잠자리를 지켜준다던가 하는 식이다. 비록 그 설화들은 경문왕을 부정적
으로 묘사하고 있지만, 일반인과 다른 왕의 특이한 모습은 역설적으로 왕이
신이한 존재들과 동일시되고 있었음을 짐작케 한다.
49) 全基雄, 앞의 논문, 1989, pp.34~35. 경문왕가의 신성한 혈통을 강조하며
'骨法'이 강조되고 있는 것은 경문왕가의 신체적 특이함과 관련이 있어 보인다.
경문왕의 귀는 당나귀 귀처럼 컸으며, 진성여왕은 골법이 丈夫와 같았고,
효공왕은 등 위에 두 뼈가 솟아 있었다. 이러한 특징은 샤먼의 특성과 관련된다.

왕실의 혈통이 신성한 것이라는 인식을 갖게 하는 원인이 되었던 것이다.

2. 헌강왕대 정치사회의 양상

앞 절에서는 '처용랑망해사'조의 검토를 통해 헌강왕대 왕경의 번영과 연관된 가무와 출유 신이한 존재들의 출현은 화랑적 요소의 작용이라는 것을 지적하였다. 왕경에는 화랑의 일부로 여겨지는 처용과 辟邪 집단이 존재하고 있었으며 헌강왕은 이들과 각 지역의 諸神을 은혜와 신이한 능력의 권능으로 굴복시키고 왕정에 봉사하게 하였다. 헌강왕은 신이한 능력의 소유자였으며 그 능력은 왕실의 신성한 혈통 의식을 초래하였다. '처용랑망해사'조가 알려주는 모습들은 헌강왕대의 다양한 사회상 중에 그저 한 부분에 지나지 않을 것이다, 그러나 한편으로 이 일면이 헌강왕대를 관통하는 가장 중요한 특징을 의미하는 것이기도 하다. 설화 속의 헌강왕대는 국왕과 신들이 교류하는 종교적 세계였다. 그러면 현실적인 정치사회에서는 어떤 양상들이 나타나고 있었는가에 대해 살피기로 한다.

1) 왕실

憲康王은 경문왕의 장남으로 태어나 경문왕 6년(866)에 왕태자로 책봉되었다. 경문왕에게는 2명의 부인이 있었는데 860년에 헌안왕의 장녀인 寧花夫人(文懿王后)와 혼인하였고 그후 863년에는 그 동생을 次妃로 맞아들였다.[50] 차비는 매우 뛰어난 미모였던 것으로 알려져 있으나[51] 다른 기록은 남기지는 않아서 행적을 알 수 없다.[52] 헌강왕과

---

50) 『三國史記』 권11, 景文王 3년조.

정강왕, 진성여왕은 모두 정비인 영화부인의 소생으로 생각된다.[53]

헌강왕은 金順憲의 딸인 懿明王后를 정비로 맞이하여 두 명의 딸을 두었는데 장녀인 桂娥夫人은 진성여왕대의 화랑 효종과 혼인하여 경순왕을 낳았고, 차녀인 義成(資成)王后는 신덕왕 경휘와 혼인하여 경명왕과 경애왕을 낳았다. 헌강왕의 庶子로 진성여왕에게 선양을 받아 왕위에 올랐던 효공왕 요는 헌강왕이 거리에서 만나 행재소에서 야합하였던 金氏의 소생이다.[54]

경문왕가의 혈통의식은 화랑과 관련이 있다. 화랑 출신인 경문왕과 그 자녀들로 이어진 경문왕가 왕실은 곧 花郎家라고 불러도 좋을 것이며, 이 시기 화랑들은 왕실을 보좌하며 정치세력으로 부상하였다.[55] 화랑과 관련된 현상들이 왕실 주변에서 끊이지 않는 것도 이런 탓이다.

경문왕가기의 왕실에서 흥미로운 점은 이들이 모두 젊은 나이에 왕위에 올라 30세를 넘기지 못하고 일찍 죽었다는 것이다. 경문왕은 16세에 즉위하여[56] 14년간 재위하여 30세 무렵에, 헌강왕은 많아야

---

51) 『三國遺事』 권2, 景文大王조.

52) 혹 「開仙寺石燈記」의 '大娘主'를 이 次妃로 보기도 하지만(金昌謙, 『新羅 下代 王位繼承 研究』, 경인문화사, 2003, p.63) 이를 진성여왕으로 보는 견해도 있어서 단정하기는 어렵다.

53) 『삼국유사』의 王曆에는 정강왕을 민애왕의 母弟라고 하였으나 이는 헌강왕의 잘못이며, 진성여왕은 정강왕의 同母弟라고만 하였다. 『삼국사기』에는 정강왕과 진성여왕의 母系에 대한 언급이 없다. 앞의 헌강왕과 같은 까닭일 것이다.

54) 하대왕실의 계보에 대해서는 김창겸, 앞의 책, 2003이 참고된다.

55) 全基雄, 「新羅 下代의 花郎勢力」, 『新羅文化』 10 · 11합집, 동국대 신라문화연구소, 1994. 경문왕대에는 낭도의 上首였던 승려 범교사와 邀元郎 譽昕郎 桂元 叔宗郎, 그들의 노래에 곡을 붙여준 대구화상 등의 화랑세력이 활동하였다. 헌강왕대 화랑의 이름은 보이지 않으나 진성여왕대에는 효종이 있다.

56) 경문왕의 즉위 연령에 대해서는, 헌안왕의 장녀와 혼인 때 응렴의 나이를 『삼국사기』는 15세, 『삼국유사』는 弱冠 즉 20세로 각기 다르게 기술하였다. 그러나 그 다음 해 헌안왕은 유조에서 "응렴이 비록 나이는 적으나 老成한 덕이 있으니"라고 하였다. 20살을 '年雖幼少'라고 하지는 않았을 것이므로 『삼국사기』의 기록에 따르는 것이 옳겠다. 송은일, 「新羅下代 景文王系의

14세 무렵에 즉위하여 11년 재위기간이므로 25세 정도에서, 헌강왕의
아우인 정강왕은 24세 미만의 나이로 1년간 왕위에, 정강왕의 동생인
진성여왕의 즉위시 연령은 갓 스물을 넘었을 정도이며 10년간 왕위에
있었다. 효공왕은 가장 긴 15년간 왕위에 있었으나 10여 세 무렵에
즉위하여 25세 경에 죽었다. 이처럼 경문왕가의 왕들이 대개 10대의
어린 나이에 왕위에 올라 30살을 넘기지 못하고 일찍 사망하였으니
국왕이 정치사회의 주도권을 장악하고 원숙한 경륜을 펴기에는 한계가
있었다고 하겠다.[57]

2) 정치세력

종교적 활동에 빠진 국왕을 대신하여 국가를 다스리고 실질적인
정치를 행한 사람들은 왕실 주위의 측근이나 정치세력이었다. 헌강왕대
를 이끌어간 가장 중심이 되는 인물로는 상대등이었던 위홍, 시중이었
던 예겸과 민공을 들 수 있을 것이다.

魏弘은[58] 경문왕의 親弟이며 헌강왕과 정강왕 진성여왕에게는 숙부
가 된다. 경문왕 5년에는 太弟 相國으로 종묘에 제를 올리고, 왕을
대신하여 先王陵에 배알하였다.[59] 이후 871년에는 경문왕의 초청으로
왕경을 찾은 無染을 맞이하였고,[60] 上宰相, 守兵部令 平章事 伊干으로

成立」,『전남사학』22집, 전남사학회, 2004, p.131, 주)16 참고.
57) 물론 국왕의 나이가 적다고 해서 정치가 어려워지는 것만은 아니다. 헌강왕
이후 왕위계승은 王弟, 女弟, 庶子의 비정상적인 경로를 보이고 있으며, 취약해
진 왕의 권위는 측근의 정치세력에 의지하지 않을 수 없었던 탓이기도 하다.
58) 위홍에 대해서는 全基雄,『羅末麗初의 政治社會와 文人知識層』, 혜안, 1996,
pp.35~39 ; 權英五,「김위홍과 진성왕대 초기 정국 운영」,『大丘史學』76집,
대구사학회, 2004가 참고된다.
59)「大崇福寺碑銘」.
60)「聖住寺朗慧和尙塔碑」.

監脩成塔事가 되어 황룡사 9층목탑을 중수하는 책임을 맡았다.[61) 이 무렵 그는 이미 국왕에 버금가는 위치에 있었다. 헌강왕의 즉위와 함께 상대등에 오른 그는 헌강왕대 전반에 걸쳐 통치를 이끌었다. 헌강왕이 비록 총명하였다고는 하지만 14세 정도의 어린 나이에 왕위에 올랐으므로 정치는 위홍이 주도하였을 것이다. 헌강왕이 출유와 풍류에 이끌린 것도 위홍의 영향이 컸을 것으로 생각된다.

그는 경문왕가기의 정치사회에서 가장 커다란 영향을 미친 인물이었다. 경문왕 이후 진성여왕의 즉위 초에 이르기까지 왕실과 정치의 핵심인물로 가장 중요한 역할을 수행한 실질적인 주도자였으며 경문왕가기에 일어난 거의 모든 사건에는 위홍의 그림자가 드리워져 있었다고 해도 과언이 아닐 것이다. 그는 경문왕가의 왕권강화와 관련된 일에 빠짐없이 간여하였다. 경문왕대에는 崇福寺의 중창을 통하여 원성왕계 귀족세력들을 회유하고 융화하려는 노력과, 황룡사의 위치를 높여 成典을 설치하고 看燈 百座講會를 재현하였으며 호국의 영탑이었던 皇龍寺 九層塔을 재건하는 등 국가의식의 강화를 위한 조치들과, 잦은 수조역사와 사원의 건축과 佛事를 통한 왕실의 권위의 과시, 문한기구와 근시기구의 강화를 통한 측근정치의 지향, 균정계의 반발과 반란에 대한 강력한 진압, 禪僧의 초치와 지원을 통한 지방사회의 통제 등 왕권강화책이 다양하고도 강력하게 추진되고 있었다. 그 곳곳마다 위홍이 간여하고 있었던 것이다.

위홍이 지향하였던 신라사회의 모습은 종교적 세계의 현실적 실현이라고 할 수 있을 것이다. 왕실의 권위를 높이려는 노력은 고유신앙과 관련된 종교적 권위에 바탕을 둔 왕실혈통의 신성성을 강조하게 되었으며 상대복고적인 보수적 정신기반에 힘입고 있었다. 화랑세력이 부상하

---

61) 「皇龍寺九層木塔刹柱本紀」.

여 활발한 정치적 활동을 보이고 왕실의 주변에서 영향력을 행사할 수 있었던 것도 고유신앙적 정신기반과 관련된 것이다. 그것은 일시적이나마 신라사회를 안정케 하였고 헌강왕대의 번영을 가져올 수 있었다. 그러나 이미 성장하고 있었던 지방사회와 도당유학생 출신의 6두품, 불교의 새로운 변화를 가져온 선종승려들을 이끌고 나아갈 수 있는 것은 아니었다. 왕실이 현실적이고 합리적인 정신에 입각한 통치이념을 제시하지 못하고 종교적 권위와 왕실혈통의 신성화에 의지하게 된 것은 당시 경문왕가 지배층의 한계이기도 하였다.

신성한 혈통의식을 내세워 진성여왕의 즉위를 주도한 것도 위홍이다. 그는 진성여왕을 어렸을 때부터 키우고 돌보아왔던 것으로 보인다.[62] 여왕과는 사통관계에 있었다고 하는데, 이는 경문왕가의 남자가 절멸한 상태에서 왕실의 혈통을 유지하기 위한 것이 아닐까 한다.[63] 그가

---

62) 진성여왕의 유모는 위홍의 부인이었던 鳧好夫人이다. 여왕은 위홍의 보호 속에서 성장하였다고 하겠다.

63) 여왕에 대한 비난은 후대의 가치관에 의한 것으로, 신라 멸망의 원인을 여왕의 실정, 음란과 부도덕의 탓으로 돌리려는 마치 마녀사냥 같은 것이었다. 경애왕의 포석정 연회에 대한 비난도 마찬가지며 여왕과 위홍의 사통관계에 대한 비난도 그렇다. 이에 대한 인식을 바로잡으려는 노력이 꾸준히 이루어져 왔으며, 권영오는 위홍을 여왕의 匹로 기록한 삼국유사 왕력 기사의 신뢰성을 의심하고, 여왕과 서로 通하였다는 것은 위홍을 믿고 의지한 것의 표현으로 해석하여 아예 사통관계를 부정하였다(권영오, 앞의 논문, 2004, pp.39~44, pp.53~54).
군이 위홍과 여왕의 관계를 부정하지 않더라도, 신라왕실에서 근친간 혼인이 부도덕한 것으로 간주될 이유는 없다. 특히 경문왕가 혈통의 단절이 우려되는 상황에서 당시 왕실의 남자는 위홍뿐이었으며, 신성한 혈통을 유지시킬 수 있는 가장 확실하고 유일한 방법은 두 사람 사이에서 후계자를 낳는 것이었다. 이는 당시로는 매우 절실한 문제였던 것 같다. 그러나 후사가 없이 위홍은 죽었다. 9년에 이르러서야 헌강왕의 서자인 요가 나타났고, 헌강왕녀와 결혼한 효종과 경휘는 후계자의 지위에서 밀려났다. 요의 등장이 정치사회를 흔드는 중대한 사건이었던 사정을 이해할 수 있을 것이다. 그러나 효공왕 요 또한 후사가 없어 경문왕가 혈통은 단절되었다.

대구화상과 함께 편찬한 『三代目』은 여왕의 즉위를 정당화하는데 이용
되었다. 위홍의 죽음과 함께 신라의 분열이 폭발하고 있는 것은 그가
차지하고 있었던 비중을 반증한다. 사후에는 惠成大王으로 追諡되었다.

乂謙은 위홍과 함께 신라말의 정치사에서 가장 많은 영향을 미친
인물이다. 헌강왕은 즉위와 함께 이찬 위홍을 상대등으로, 대아찬 예겸
을 시중으로 삼았다. 헌강왕 6년에 그가 시중을 물러난 것은 천재지변의
책임을 진 탓으로 보이기는 하나, 그 전해에 있었던 信弘의 반역사건과
도 관계가 있는 듯하며 한편으로 위홍이 대립적인 존재로 성장한 예겸의
세력을 견제하려 하였기 때문일 가능성도 있다.[64] 그후 동향을 알
수 없다가 위홍이 죽고 진성여왕대의 정치가 걷잡을 수 없는 혼란에
빠졌을 때 다시 정계에 복귀하였다.

예겸은 경휘의 義父였다. 경휘는 예겸의 후원과 돌봄을 받으며 성장
하였을 것이다. 그가 헌강왕의 사위가 될 수 있었던 것도 예겸의 도움에
의한 것이라고 하겠으며,[65] 민간에 묻혀 있었던 嶢를 찾아 궁실로 데려
온 것도 그가 아닐까 한다. 왕위계승자로서의 우월한 지위를 차지하였

---

64) 시중에 오를 당시 예겸의 위계는 大阿飡에 불과하여 왕의 숙부이며 화려한
   경력의 상대등 伊飡 위홍에 비하면 퍽 미약해 보인다. 이후 그의 세력은
   점차 성장하여 위홍과 대립적인 위치에 이르렀을 것이다. 5년 6월 반역을
   꾀하다 伏誅된 信弘은 어떤 인물인지 알 수 없으나 당시에 반란이 일어날
   만한 뚜렷한 이유를 찾기 어려워, 위홍세력과의 정치적 갈등에 원인이 있었던
   것은 아닐까 한다. 예겸이 물러난 것은 다음 해인 6년 2월이라서 신홍의
   반역에 직접 연루된 것으로 보기는 어렵겠으나 신홍이 위홍과 대립하였다면
   예겸세력과 가까운 인물이었을 것이며, 위홍은 예겸 또한 위험인물로 여겨
   제거하려 들었을 것이다.

65) 헌강왕의 장녀와 효종의 혼인은 진성여왕 3년에서 그리 멀지 않은 시기로
   추측된다(전기웅, 앞의 논문, 2005, p.222). 차녀의 혼인은 그후 몇 년이 지나서
   라고 하겠는데, 진성여왕대의 혼란한 정국에서 화랑세력을 대신하며 부상한
   예겸세력의 요청에 의한 것으로 보인다. 요를 궁실로 불러와 여왕에게 선양토
   록 한 것도 예겸세력이 주도했을 것이다.

118

던 효종의 화랑세력을 물리치고 요가 왕위를 계승할 수 있었던 것은 예겸세력이 작용한 탓이었다. 어린 효공왕을 보좌하며 정국을 주도하던 그는 효공왕 3년에 딸을 납비하여 왕의 妃父가 되었다. 효공왕 사후 신덕왕 경휘의 왕위계승도 역시 예겸이 주도한 것으로 보인다. 진성여왕의 후반부터 효공왕의 등장과 신덕왕의 박씨왕실이 성립되는 정치사적 전개과정의[66] 배후에는 예겸이 자리잡고 있었던 것이다. 그는 위홍이 사라진 진성여왕 이후의 정국에서 신라말 정치사의 구도를 그려간 인물이었다.

예겸이 정권을 주도하게 된 진성여왕의 후반기부터 신라사회는 전반적인 개혁의 양상이 나타나고 있다. 중앙정부에서는 화랑세력이 약화되고 정치세력이 교체되었으며 6두품의 진출과 함께 최치원의 시무 10조가 제시되고 상대등 시중 대신 相國 國相의 등장과 중국식 관호 관직명 文散階가 채용되었다. 지방에서는 都督制를 대신하여 군사적 대응체제인 성주 장군과 知州諸軍事제가 성립되었고, 5소경과 군현의 州, 府로의 전환과 골품제의 변화 위계의 확산이 나타나고 있었다.[67] 박씨왕실의 성립은 개혁정부의 출발이라고 하여도 좋을 것이다. 이러한 변화를 초래한 정치사회의 배후에는 예겸이 있었던 것이다.

敏恭은 예겸의 뒤를 이어 6년 2월 시중이 되어 헌강왕 후반의 정치를 담당하였다. 그는 그해 9월에는 왕과 함께 월상루에 올라 왕경의 번영상을 보며 서로 치하하고 있는데, 문성왕–김안–민공–실홍–효종–경순왕으로 이어지는 경순왕의 계보에 의하면 경순왕 金傅의 증조부이며 화랑 효종의 조부가 된다.[68] 진성여왕 이후 효종과 경순왕의 화랑세력

---

66) 曺凡煥, 「新羅末 朴氏王의 登場과 그 政治的 性格」, 『歷史學報』 129집, 역사학회, 1991 참고.
67) 全基雄, 『羅末麗初의 政治社會와 文人知識層』, 혜안, 1996, pp.259~260.
68) 「新羅敬順王殿碑」. 한편 여기에서는 효종의 父를 實虹이라고 하여 『삼국사기』

은 예겸 경휘세력과 함께 신라말 정치사회를 이끄는 두 축이었다. 효종은 진성여왕과 효공왕 양대에 걸쳐 유력한 왕위계승 후보자였으나 예겸세력에 밀려 왕위에 오르지 못하였지만 그 아들인 김부는 경애왕이 견훤에게 살해된 후 즉위하여 경순왕이 되었다. 민공은 화랑 효종의 조부로 경문왕가의 화랑세력과 직접적인 관련을 맺고 있다. 예겸이 떠난 헌강왕대의 정치사회에는 고유신앙과 화랑세력의 옹호자인 위홍과 민공이 장악하였던 것이다. 경문왕가기의 정치사회에서 나타나는 고유신앙적 요소의 증대와 왕실혈통의 신성화, 화랑세력의 정치적 성장은 이들에 의해 주도되었다고 하겠다.

지금까지 살펴본 바와 같이 헌강왕대의 정치사회에서 가장 중요한 이 3인은 각기 신라 하대말의 정치사회에 중대한 영향을 남긴 인물들이었다. 즉 헌강왕대의 정치사회에서 이미 그후 신라의 멸망에 이르는 기간까지의 정치사적 흐름을 결정짓는 움직임이 만들어지고 있었다고 보아도 좋을 것이다.

그런데 위홍과 예겸은 현실인식과 대처방식에서 서로 대조적인 모습을 보이고 있다. 두 사람은 서로 다른 방향으로 신라의 정치사회를 이끌어 가려 하였던 것이다. 예겸이 이끌던 진성여왕의 후반기부터 박씨왕가에 이르기까지의 기간 동안 신라는 새로운 개혁과 변화를 추구하고 있었다.[69] 신라사회의 위기에 대처하는 예겸의 현실적 대응방식은 경문왕대부터 진성여왕 초기까지 위홍이 추구하였던 종교적 방향,

---

권48, 효녀지은조에서 仁慶이라 한 것과는 차이가 있다. 그러나 효종의 兒名이 化達이었듯이 반드시 하나의 이름만 사용되었던 것은 아니다. 동일한 인물로 보아도 무리가 없겠다. 三宰相으로 불리었던 인경 또한 당시의 상당한 실력자로 여겨진다(曺凡煥, 「新羅末 花郎勢力과 王位繼承」, 『史學硏究』 57집, 한국사학회, 1999, pp.31~33).

69) 全基雄, 「羅末麗初의 地方社會와 知州諸軍事」, 『慶南史學』 4집, 1987.

즉 고유신앙적 요소와 화랑세력의 증대를 초래하고, 국왕의 종교적 권위의 고양과, 왕실의 신성한 혈통을 강조함으로써 왕권을 강화하고 왕통을 유지하려 했던 방식과는 뚜렷이 차이를 보이는 것이었다.

헌강왕 6년까지 두 사람은 함께 정치를 담당하여 조화와 견제를 이루었으나 예겸의 실각과 민공의 등장은 위홍세력의 독점을 가져왔다. 헌강왕 후반기에는 왕실의 고유신앙에 대한 경사와 신성한 왕실혈통이 더욱 강조되었으며 국정을 장악한 위홍은 이를 주도하였다. 헌강왕은 종교적 현상들에 탐닉하였고, 國人들은 耽樂하였으며 왕경에는 밤낮으로 가무가 그치지 않았다. 왕은 諸神들에게 은혜를 베풀고 성덕으로 감복시키며 상위에서 통제하려 하였다. 이것은 왕의 신이함과 샤먼적 능력을 과시하는 것이며 왕실은 신성한 권위로 포장되었다. 이런 과정을 통해 진성여왕의 즉위가 가능할 수 있었다. 위홍이 죽고 예겸이 다시 등장하였을 때 그가 위홍이 이루려 하였던 것을 폐기하고 현실적인 통치로 개혁하고자 한 것은 당연한 추이였다. 그는 민간에서 성장한 요를 궁실로 불러들여 여왕을 선양케 하여 정권을 장악하고 왕실의 종교적 권위 대신에 6두품의 능력과 국인들의 지지를 바탕으로 한 박씨왕실의 현실적인 개혁정치를 추구하였던 것이다. 위홍과 예겸, 효종의 화랑세력과 경휘, 경순왕과 박씨왕실로 이어지는 신라말의 정치적 갈등과 대립의 씨앗은 이미 헌강왕대 정치사회를 이끌던 인물들에 의해 시작되고 있었던 것이다.

3) 불교와 유학

景文王家期(861~912)[70]의 정치사회에 대해서는 왕실과 밀접한 관계

---

70) 경문왕의 즉위로부터 그 자녀인 헌강왕 정강왕 진성여왕을 거쳐 김씨왕실이 끝나는 효공왕의 치세까지, 景文王家가 왕실을 차지했던 하대 후반의 약

를 맺은 화랑집단이 정치세력으로 부상하였으며,71) 고유신앙적인 요소의 증대와 왕실 혈통의 신성화 현상이 두드러지게 나타나는데 이는 중고기 신라왕실의 종교적 분위기를 연상케 하는 복고적인 것이었다.72) 그러나 한편으로는 경문, 헌강왕대에는 고유신앙 외에도 불교, 유학에 대한 적극적인 지원과 관심이 두드러지게 나타나고 있었음을 무시할 수 없겠다. 나말여초의 금석문과 선사비문, 최치원의 문장 등에서 나타나는 이 시기 왕실의 모습은 불교와 禪宗 승려들의 강력한 후원자이며 각종 불사와 사원에 지원을 아끼지 않는 것이었다.

경문왕은 가지산사를 낙성하고 남북의 탑을 세웠으며, 秀澈和尙, 利觀, 무염 등 선승들을 초청하였고, 知實寺, 億聖寺, 성주사 등 사원은 각기 경문왕의 지원을 받았다. 大通을 月光寺에, 玄昱을 高達寺에 주지케 하였고, 慧徹이 죽자 왕명으로 碑文을 짓게 하였으며, 順之에게도 御書를 내려주었다.73) 경문왕의 여동생인 端儀長翁主는 일찍 미망인이 되어 있었는데 경문왕 5년(864)에는 智證大師를 安樂寺에 주석케 하고 867년에는 농장과 노비문서를 헌납하였으며,74) 진성여왕대에도 秀澈和尙을 위해 양주의 深源山寺를 선종사원으로 만드는 데 힘쓰는 등75) 불교에 깊이 간여하고 있다. 헌강왕은 경문왕을 이어 무염을 스승으로 삼고, 도헌 절중을 초청하였으며, 順之와 관련을 맺는 한편 체징, 利觀, 진감선사의 비문을 건립케 하는 등 선승들에 대한 예우와 더불어 성주사,

---

50년간의 시기(861.1~912.4)를 景文王家期라고 부르기로 한다.
71) 全基雄, 「新羅 下代의 花郎勢力」, 『新羅文化』 10·11합집, 동국대 신라문화연구소, 1994.
72) 全基雄, 「新羅 下代末의 政治社會와 景文王家」, 『釜山史學』 16집, 부산사학회, 1989.
73) 한기문, 「신라말 선종사원의 형성과 구조」, 『한국선학』 2호, 한국선학회, 2001.
74) 「鳳巖寺智證大師寂照塔碑」.
75) 「深源寺秀澈和尙碑」.

안락사, 봉암사, 곡산사, 홍령선원 등의 선종사원에 대한 지원을 하였다. 禪宗뿐만 아니라 국왕의 잦은 皇龍寺 친행과 간등, 연이은 불사와 건축 또한 불교계에 대한 왕실의 관심을 말해준다.

그러나 헌강왕대의 선종에 대한 대책은 獅子山 興寧禪院과 迦智山門을 각기 中事省과 宣敎省에 소속시키려 한 것에서 나타나듯이 왕권강화를 위한 목적이 작용된 것이었다. 왕실은 선종을 새로운 정치이념의 사상체계로 받아들이기보다는 선사들을 포섭하고 회유하여 지방사회를 효율적으로 지배하려는 의도였으며, 승려들에게 자문을 구하는 왕들의 요청도 국가의 통치를 위한 목적에 치우쳐 있을 뿐 선종의 교리를 적극적으로 이해하고 실천하려 하지는 않았다.76)

왕실에 대한 선사들의 태도도 그리 적극적인 것은 아니었다. 국왕의 초청에 응했더라도 왕실에 힘써 봉사하려 들지는 않았다. 中古期 불교 승려들의 열정적인 호국 의지에 비하면 격세지감이 들게 한다. 경문왕이 쏟았던 열정적인 노력에도 불구하고 왕실은 결국 불교를 자신의 수호자로 둘 수는 없었다.

6두품 도당유학생 출신과 유학에 대한 배려도 없지 않았다. 이 시기에는 國學의 개편과 '能官人'을 등용하려는 노력,77) 입당사의 잦은 파견과 도당유학생의 귀환을 통한 당 문물의 수용, 文翰 近侍機構의 강화를 통한 측근정치의 지향78) 등으로 나타나는 유학에의 관심과 6두품의 진출이 늘어나고 있다는 점이 지적되었다. 그러나 이 또한 그 목적은 왕권의 강화에 있었던 것이다. 6두품에 대한 왕실의 태도는 그들이

76) 金志垠, 「新羅 景文王의 王權强化政策」, 『경주사학』 21집, 경주사학회, 2002, pp.45~47.
77) 田美姬, 「新羅 景文王·憲康王代의 '能官人' 登用政策과 國學」, 『동아연구』 17집, 1989.
78) 李基東, 「羅末麗初 文翰機構와 近侍機構의 擴張」, 『歷史學報』 77집, 1978.

보유하였던 행정의 능력과 유용한 지식을 통해 통치행위를 원활히 하려는 도구적인 것에 머무르고 있었다. 당에서 수학하고 돌아온 도당 유학생들에게는 현령이나 太守 小守 같은 지방관직이 주어졌다. 6두품 지식인들이 지방사회의 현실에서 부딪친 것은 수탈로 고통 받는 지방민이었으나 그들은 수탈을 행하는 입장에 서지 않을 수 없었다. 일부 비판적인 지식인은 王居仁의 경우에서 보듯이 은둔하였고 禪師들은 왕경을 벗어나 지방에 자리를 잡았다.[79] 대표적인 6두품 출신 지식인인 최치원이 시무 10조를 올릴 수 있었던 것은 이미 경문왕가의 지배질서가 무너진 진성여왕 8년에 이르러서야 가능하였다.

경문왕가 왕실이 근거를 둔 곳은 화랑의 仙敎, 風流道였다. 최치원은 風流道를 儒·佛·仙 3교를 포함하여 중생을 교화한다는 玄妙之道라고 하였다. 그러나 유불선 3교를 융합하려 하였다고 하더라도 통치자가 한 종교적 흐름의 대표자라면 이미 다양해진 신라말의 사회와 사상의 모든 흐름을 다 포용할 수는 없는 것이다. 하나의 종교 사상체계로 다른 사상을 포섭하고 수용하려 드는 것은 통합의 추구라기보다는 서로 대립하는 결과를 가져올 뿐이다. 경문왕가가 추구하였던 정신세계의 통합과 종교적 권위의 추구는 風流라는 하나의 세계에서만 머무른 것이었다.

헌강왕은 화랑의 가무 출유 종교적 신이함에 깊이 간여하고 있었다. 그의 종교적 성향으로의 경사는 현실적이고 합리적인 정치와 통치행위에서 벗어나 있었다고 해도 좋을 것이다. 종교적 권위와 샤먼적 능력을 통한 신성함에서 권위를 찾는 국왕의 모습은 당시 지방사회의 성장과,

---

79) '智理多都波都波'를 '대개 지혜로 나라를 다스릴 사람들이 미리 사태를 짐작하고 많이 도망하여 도읍이 장차 파괴된다는 뜻'으로 해석한 『어법집』의 풀이는 이런 상황을 빗댄 것이라 하겠다.

최치원으로 상징되는 6두품 도당유학생 출신들의 새로운 사회에 대한 기대, 역시 선진의 당에서 수학하고 돌아온 선종 승려들의 종교에 대한 깊은 깨달음과 사회인식에 대하여 이를 포용해 나가야 하는 통치자의 적절한 형태라고 볼 수 없다. 따라서 유교의 6두품 지식인과 불교의 선종 승려, 그리고 다른 한쪽에 왕실과 화랑세력이 남게 되었던 것이다. 이러한 구도가 시작되었던 시기가 바로 경문, 헌강왕대의 정치사회였다.

4) 왕경과 지방사회

『삼국유사』의 又四節遊宅조에 의하면 헌강왕대의 왕경은 178,936戶에 1,360坊 55里의 거대한 규모의 대도시이다. 戶당 5인 구성으로 계산하면 90만 명에 육박하는 인구이며 4인 구성으로 보아도 70만 명이 넘는다.[80] 이 수치는 王都와 王畿를 합산한 것으로 생각되지만 고대도시인 신라 왕경이 이런 규모라는 것이 잘 믿어지지 않는다. 그러나 굳이 이를 부정할 만한 이유도 없다. 신라촌락문서를 보면 하대의 신라정부는 지방의 일개 촌락조차 연령별 인구의 증감과 牛馬, 유실수의 수치까지 정밀하게 파악해내고 있다. 뿐만 아니라 興德王 9년 敎書의 골품 규제 내용은 지나칠 정도로 세밀하여 심지어 여성 속옷의 옷감 재료까지

---

80) 王京에서 살고 있었던 178,936호의 사람들이 모두 본래부터 왕경 태생의 왕경인이었다고 보기는 어렵다. 상당수의 인구는 지방에서 이주해온 사람들일 것이다. 지방민이 자유롭게 왕경으로 이주해오기는 쉽지 않았을 것이며, 이주민의 상당수는 군사적인 것이건 사치생활이나 경제적인 요인이든지 왕경의 필요에 의해 옮겨 온 것이라 하겠다. 견훤은 尙州 加恩縣 사람으로 종군하여 왕경에 들어왔다고 하였다. 군사적 필요에 의해 지방민이 왕경에 거주하게 된 예이다. 견훤 외에도 여러 필요를 충당하기 위해 왕경으로 이주시킨 지방민은 상당수에 이를 것으로 생각된다. 처용 또한 그런 인물 중 한 사람일 것이다. 그들의 생활경비와 급료 또한 왕경의 귀족이나 정부에서 지급하였을 것이다.

도 통제하려 들고 있어서 당혹스럽게 한다.[81]

이런 예는 하대 신라정부의 사회 통제력과 장악력이 상상을 초월할 정도로 치밀하고 정확하였음을 보여준다. 1戶 단위까지 산출해낸 왕경의 호구 파악은 그에 비하면 결코 놀라운 것만도 아니다. 이렇게 파악된 자료는 조세의 수취에 이용되었을 것이다. 당시 신라 民의 경제는 지배층의 수탈에 낱낱이 노출되어 있었다고 하겠다. 신라 통치체제의 급격한 붕괴는 일면 지배층이 의존하고 있었던, 이 숨막힐 정도로 세밀한 조직과 정보, 통제력이 지방민의 저항으로 일순간에 마비되고 만 것이 오히려 더 치명적인 타격을 주었던 까닭은 아닐까 한다.

왕경인의 사치스런 소비형태는 흥덕왕 9년 교서에 잘 나타나고 있으며, 왕경의 번화한 모습은 헌강왕대에 이르러 절정에 달한다. 수입물품의 소비 증대와 잦은 행사와 가무를 수반한 각종 연회, 많은 佛事와 塔 寺院 碑 浮屠 등의 건축과 보수, 그리고 지붕마다 기와를 얹고 숯으로 밥을 짓는 왕경인의 사치는 왕경 내부에서의 경제적 활동으로 충당되는 것이 아니라 대부분 지방에서 수탈해온 물자들로 인한 것이다. 그것이 정부의 조세 수취건 귀족들이 사적인 수탈이건 전국의 경제력은 왕경에 집중되었고 어쨌든 지방민들이 부담해야 하는 몫이었다.

하대의 지방사회는 신라촌락문서에서 보이듯이 촌락에 이르기까지 정부의 치밀하고도 상세한 파악이 이루어지고 있었다. 따라서 정부가 수탈하려고 든다면 빠져나갈 길이 없었던 처지이다. 경문왕과 헌강왕대에는 특히 많은 국가적 수조역사, 건축과 불사가 있었다. 그 경비 또한 지방에서 보내온 조세로 충당하였을 것이다. 각 지방에 파견된 지방관들의 가장 중요한 임무는 이러한 조세의 수취였다. 왕경과 왕실의

---

81) 『三國史記』 권33, 雜志2, 色服. 이 흥덕왕 9년의 교서는 고문서에 가까워 1차 사료적인 가치를 갖는 것이라 하겠다.

소비가 증대할수록 지방민에 대한 조세의 수취는 증대되었고 지방관은 더 가혹하게 수취하게 되었다. 경문왕대의 후반기에는 각종 천재지변으로 인한 흉년으로 민들의 생활이 어려운 처지에 놓이게 되었지만 왕경의 사치스런 생활은 줄어들지 않았고 이에 대한 반발의 분위기도 갈수록 커져갔을 것이다. 지방관으로 파견되었던 도당유학생 출신들은 이러한 지방의 어려움을 직접 목도하였던 것이다.

헌강왕대는 다행히 풍우가 순조로워 풍년이 들었으나 지나칠 정도로 비대해진 왕경의 사치와 소비를 감당하기에는 부족한 것이었다. 자립적 경제기반이 확실하지 않은 왕경의 비대화는 지방민들의 경제를 왕경에 집중하게 만들었으며 특히 진성여왕의 즉위가 불러온 반발은 전국을 반란으로 이끌어갔던 것이다.

경문왕가의 왕실과 지배층은 이런 신라사회와 왕경의 위기에 대해 적절한 대응을 하지 못하였다. 오히려 헌강왕은 연이은 풍년에 흡족하여 화랑의 풍류도적 행태에 취해 있었으며, 위홍은 왕실의 종교적 권위를 높이는 일에 전념하였다. 왕경이 직면한 문제에 대한 해결은 호국신에 의지하는 것으로 해결될 수 있는 문제가 아니었던 것이다. 왕경의 國人들조차도 국왕의 가무와 연회, 풍류에 대해 불만을 품고 곱지 않은 시선을 보내기 시작하였다. '처용랑망해사'조에 나타나는 현상들은 이런 사회상을 유추하게 한다. 일연이 『어법집』을 통하여 호국신의 가무를 국가의 멸망의 징조로 거론한 것은 이에 대한 탄식으로 이해될 것이다.

지금까지 '처용랑망해사'조에 나타나는 몇 가지 설화들을 분석하면서 헌강왕대 정치사회에 대해 살펴보았다. 설화를 해석한다는 일은 역사가의 상상력으로는 참으로 지난한 일이 아닐 수 없다. 특히 각기 수백편을 헤아리는 처용설화와 화랑관련 선행연구들의 존재는 퍽 부담스러

운 것이었다. 그러나 설화 속의 세계를 역사적 사실로 끌어다 놓는
것 또한 역사학자에게 주어진 책무일 것이다.

헌강왕과 왕경의 모습에서 보이는 잦은 出遊 歌舞와 護國神과의 교류
등의 행위는 화랑의 활동에 해당하는 것이었다. 왕경의 민간에서 辟邪
逐鬼와 祈福을 행하던 처용과 같은 무리는 화랑활동의 일부로 파악된다.
헌강왕은 종교적 신이한 능력을 가지고 있었으며 동해용에게는 망해사
를 지어줌으로써, 처용에게는 급간의 지위와 혼인을 통해, 지신은 급간
의 지위를 부여함으로써 諸神들의 감복과 봉사를 이끌어내고 왕정을
보좌케 하였다. 설화 속의 헌강왕대는 국왕과 신들이 교류하는 종교적
신이함의 세계였다.

헌강왕이 고유신앙과 관련된 신성함을 추구하는데 열중하는 동안
현실의 정치사회는 정치세력인 魏弘과 乂謙, 敏恭에 의해 움직여가고
있었다. 위홍은 종교적 권위를 통한 왕권의 강화와 유지를, 예겸은
보다 현실적으로 신라사회의 변혁을 추구하는 서로 대조적인 입장에
있었다. 진성여왕의 즉위 초까지는 위홍이, 이후 박씨왕실의 등장까지
는 예겸이 지향하는 바에 의해 하대의 정치사회는 진행되었다. 이
시기의 국왕은 선종승려와 6두품 유학자에 대한 관심을 보이기도 하였
으나 그들의 입장은 고유신앙에 뿌리를 두고 있었고 선종과 유학은
통치를 위한 도구라는 인식에서 벗어나지 못하였다. 헌강왕대 왕경의
번영은 지방사회의 수탈에 근거하고 있었으며 지방민의 저항은 이미
내재되어 있었다. 위홍과 헌강왕대의 지배층은 현실적이고 합리적인
해결방안 대신에 종교적 왕실의 권위와 정신적 융합을 추구하는 데
머물렀다. 위홍의 죽음과 함께 경문왕가 왕실의 권위는 급격히 붕괴하
고 예겸이 추구한 개혁에도 불구하고 신라는 몰락의 길을 걷게 되었다.

헌강왕은 886년 7월 5일 疾患으로 죽었다. 그가 병이 드니 죄수들을

사면하고 황룡사에 百高座를 베풀고 經을 講說케 하였으나 목숨을 연장
하지는 못하였다. 처용은 이때 어디에 있었는지 알 수 없다. 인간으로
神을 흉내내는 것은 늘 허망하다.

II. 진성여왕대의 '眞聖女大王居陀知'조 설화

『三國遺事』는 표로 만들어진 '王曆'을 제외하면 모두 8개의 편으로
구성되어 있다. 그 중 첫 번째 편이 '紀異'편이다. 기이편은 다른 7편이
불교와 관련된 것임에 비하여 일반적인 역사서의 형태와 내용으로
이루어져 있으며 그 분량도 전체의 절반 정도를 차지한다. 이는 나머지
7편을 합친 것과 비슷하다. 기이편은 주로 국가와 정치에 관한 이야기들
이다. 여기에는 왕실과 국왕에 관련된 신이한 이야기들이 주로 담겨
있으며 특히 신라의 왕에 대한 이야기들이 대부분을 차지하여 56명의
신라왕 중에서 36명의 왕이 언급되고 있다.[1]

기이편에 수록된 설화들은 그저 신이한 이야기가 아니라 그 시기의
사회상에 대한 해석과 의미가 담겨 있는 것들이 많아서 세심하게 살필
필요가 있다. 특히 하대 경문왕가기의 진성여왕을 전후한 시기의 설화
들은 신라가 몰락하는 시기의 정치와 사회의 모습을 상징적으로 반영하
고 있어서 주목된다.

景文王家期(861~911)는 경문왕과 그 자녀들인 헌강왕·정강왕·진성
여왕과, 헌강왕의 아들인 효공왕까지 5대에 걸친 50년간의 기간을 말한
다. 이 기간 동안에 신라는 하대의 왕위계승 혼란이 사라지고 헌강왕대
왕경의 번영을 이루었으나 그후 불과 몇 년이 지나지 않아 진성여왕
3년에 이르면 전국의 반란과 분열로 인하여 멸망의 길로 들어서게
된다. 일연의 시각에 의하여 해석된 신라 멸망의 원인과 의미는 이
시기에 수록된 설화들을 통하여 알 수 있다. 경문왕가기에 해당하는
시기의 기사로는 第四十八 景文大王, 處容郎望海寺, 眞聖女大王居陁知,

---

1) 이기백, 「삼국유사 기이편의 고찰」, 『신라문화』 1, 동국대 신라문화연구소,
1984.

孝恭王의 4개의 편이 있다.

'第四十八 景文大王'조에서는 4개의 설화가 소개되어 있다. 첫 번째 설화는 화랑 응렴이 헌안왕의 사위가 되어 국왕에 오르게 된 경위에 관한 이야기이다. 두 번째는 경문왕의 침소에 거대한 뱀이 들어와 수호하였다는 것, 세 번째는 갑자기 왕의 귀가 길어졌다는 사실과 이 비밀을 홀로 알고 있던 복두장의 발설에 관한 에피소드를 담고 있다. 마지막으로 당시 4명의 화랑이 금란에 회동하여 왕을 위해 충성을 다짐하고 3곡의 노래를 지었다는 내용이다.

'處容郎望海寺'조에는 헌강왕에 관한 두 개의 설화가 수록되어 있다. 하나는 헌강왕이 개운포에 나가 동해용을 만나서 망해사를 짓게 되는 이야기이다. 여기에는 龍子인 처용이 역신을 퇴치하는 에피소드가 중간에 삽입되어 있다. 다른 하나는 헌강왕이 남산신 북악신 등 호국신들과 조우하였다는 것이다. 흥미로운 것은 이 설화의 말미에 『어법집』을 인용하여 신들의 경고를 알지 못하고 놀이에 빠진 탓에 나라가 망하게 되었다는 언급이 첨부되어 있다는 점이다.[2]

'眞聖女大王居陀知'조에는 두 가지의 설화가 들어 있다. 하나는 왕거인 사건이다. 왕거인의 투옥과 방면에 관한 이야기로 국정을 비판하였던 다라니에 대한 해석이 첨부되어 있다. 다음은 거타지 설화로 당나라로 가던 거타지가 해상에서 용왕을 구원하고 용녀와 보회를 얻어 돌아왔다는 모험담이다.

'孝恭王'조는 가장 간략하다. 다소 엉뚱하게 까치와 까마귀가 집을 지었다는 것과, 서리가 내리고, 민물과 바닷물이 싸웠다는 것을 별다른 설명 없이 짧게 기술하였다.

---

2) 전기웅, 「헌강왕대의 정치사회와 '처용랑망해사'조 설화」, 『신라문화』 26, 동국대 신라문화연구소, 2005.

얼핏 보아도 이 설화들이 단순한 신기한 이야기의 나열이 아님을 쉽게 알 수 있을 것이다. 기이편은 설화로 엮어낸 역사이다. 설화들은 유기적으로 관련을 맺으며 하나의 체제를 만들어 가고 있다. 일연은 설화를 통하여 그 시기의 가장 중요한 핵심을 상징과 은유로서 선명하게 제시하고 있다. 이 시기 설화들을 신중하고 꼼꼼히 살펴보아야 할 이유이다.

여기에서는 특히 신라의 분열이 시작된 진성여왕대의 설화인 '진성여대왕거타지'조에 대해 분석하고 그 내용과 의미를 찾아보기로 한다. 왕거인 사건은 왕경 내부의 분열과 지배층에 대한 불만이 분출되는 왕경의 불안한 사회상을 보여주며, 위홍 사후의 정치적 변화는 이 사건을 계기로 시작되고 있어서 그 중요성이 매우 크다. 거타지 설화는 강주지역의 해상세력과 연관되고 있다. 바다에 나아가 모험을 겪고 보화를 얻어 귀환하는 상인의 성공담이라는 테마는 송악의 작제건 설화에서도 발견된다. 이 두 지방에서는 각기 왕봉규와 왕건이라는 대 해상세력의 활동이 나타난다. 일연은 추락하는 왕경의 분열하는 사회상과 활발하고 진취적인 지방 해상세력의 양상을 두 개의 설화를 통하여 상징적으로 대비하고 있는 것이다.

1. 王京과 왕거인 사건

『삼국유사』 기이편의 '진성여대왕거타지'조는 왕거인의 투옥과 방면에 관한 사건의 경위와 신라의 대당사신을 수행하면서 거타지가 겪은 모험담의 두 개의 내용으로 구성되어 있다.[3] 왕거인 사건은 왕경의

---

3) 편의상 전자를 왕거인 사건, 후자를 거타지 설화로 부르고자 한다. 전자는 설화적 요소보다 일반적인 역사의 기술에 가까우며, 중요한 정치적 사건에 해당하므로 왕거인 사건이라고 하는 것이 좋을 듯하다. 또한 『삼국사기』와

정치적 상황을, 거타지 설화는 지방 해상세력의 사회상을 각기 전하고 있는데, 이 두 가지는 얼핏 서로 관련이 없어 보이지만, 자세히 들여다보면 두 설화가 서로 대비를 이루면서 왕경과 지방의 분위기가 대조적으로 비교되고 있음을 알 수 있을 것이다. 먼저 왕거인 사건에 대하여 살피기로 한다.[4]

1) 왕거인 사건의 검토

진성여대왕거타지조에 수록되어 있는 왕거인 사건은 설화적 성격보다는 일반적인 역사적 사실을 충실하게 전하고 있다는 점에서 주목된다. 왕거인 사건의 기록은 다음과 같다.

> A-1. 제51대 眞聖女王이 임금이 된 지 몇 년 만에 乳母인 鳧好夫人과 그녀의 남편 魏弘匝干 등 3, 4명의 寵臣들이 권력을 마음대로 하고 정사를 어지럽히니 도적들이 벌떼처럼 일어났다.
>
> A-2. 國人들이 이를 근심하여 다라니의 隱語를 지어 길 위에 던졌다. 왕과 權臣들이 이것을 얻어 보고 "王居仁이 아니면 누가 이 글을 짓겠는가." 하고는 거인을 옥에 가두었다. 거인이 詩를 지어 하늘에 호소하니 하늘이 그 옥에 벼락을 쳐 그를 풀어주었다.
>
> A-3. 그 시는 이렇다. "燕丹의 피어린 눈물에 무지개가 해를 뚫었고, 鄒衍이 품은 슬픔에 여름에도 서리가 내렸네. 지금 나의 불우함은 그들과 같은데 皇天은 어찌 아무런 조짐도 없는가." 또 다라니의 은어는 이러했다. "南無亡國 利尼那帝 判尼判尼蘇判尼 于于三阿干 鳧伊娑婆訶." 해설하는 사람은 이렇게 말했다. "利尼那帝란 여왕을

『삼국유사』는 때때로 사기와 유사로 약칭하기도 하였다.

4) 왕거인 사건과 관련 인물, 정치적 성격에 대해서는 전기웅, 「신라 말기 정치사회의 동요와 육두품지식인」, 『신라말 고려초의 정치·사회변동』, 한국고대사연구회편, 신서원, 1994, pp.78~105에서 상세히 다룬 바 있다.

가리킨 것이요, 判尼判尼蘇判尼는 두 蘇判을 말한 것이다. 소판은
官爵의 이름이요, 于于三阿干은 3, 4명의 寵臣을 말한 것이요, 鳧伊는
鳧好를 말한 것이다."(『三國遺事』 권2, 眞聖女大王居陁知)

　왕거인 사건은 3개의 단락으로 구성되어 있다. 사건의 배경인 A-1과
사건의 전개인 A-2, 그리고 사건 속에 담긴 문헌들의 소개가 A-3이다.
이중에서 "하늘이 옥에 벼락을 쳐 그를 풀어주었다."는 부분을 제외하면
전체가 일반적인 사실에 충실한 역사적 기록으로 볼 수 있다. 특히
A-3은 옛 기록에 있는 내용을 그대로 옮겨주고 있어서 자료로서의
가치가 크다. 왕거인 사건에 대해서는 설화적 해석보다 역사적 접근이
필요하며 또 가능하다.

　A-1에는 진성여왕 3년의 전국적인 도적 봉기의 원인에 대한 기술과
당시의 왕경 내부의 정치적 상황에 대한 중요한 정보들이 숨어있다.
진성여왕대의 정치를 어지럽힌 사람들은 유모인 부호부인과 그녀의
남편인 위홍잡간, 그리고 3, 4명의 총신이라고 지목하였다. A-2에는
왕거인 사건의 전개과정이 소개되어 있다. 國人들은 이들의 실정과
그로 인한 전국의 소요를 미워하여 다라니의 은어를 지어 길에 던졌다고
한다. 여왕과 권신들은 왕거인을 지목하고 잡아 투옥하였으나 그는
하늘의 조짐으로 풀려난다. A-3에서는 왕거인이 지은 시의 전문과 다라
니의 은어, 그리고 은어에 대한 해설이 옛 문헌의 모습 그대로 수록되어
있다.

　한편 이 왕거인 사건은 『三國史記』에도 소개가 되어 있다. 양 사서에
모두 비중 있게 수록된 것은 이 사건의 의미와 파장이 적지 않았기
때문일 것이다. 다음은 『삼국사기』 권11, 眞聖王 2년 2월조의 기사이다.

B-1. 위홍이 죽으므로 追諡하여 惠成大王이라고 하였다. 왕은 이후로 비밀히 2, 3인의 소년 美丈夫를 불러들여 음란하며 그들에게 요직을 주고 국정을 위임하였다. 이로 말미암아 총애를 얻은 자들이 방자해지고 뇌물이 공공연히 행해지며 상벌이 공평하지 못하여 기강이 문란하게 되었다.

B-2. 이때에 어떤 자가 익명으로 시정을 비방하는 글을 지어 대로상에 게시하였다. 왕은 사람을 시켜 수색케 하였으나 잡지 못하였는데 어떤 자가 왕에게 고하기를 "이는 반드시 失志한 文人의 소행일 것이니 아마도 大耶州의 隱者 巨仁일 것입니다."라고 하였다. 왕이 명하여 거인을 왕경의 옥에 잡아 가두고 장차 형을 가하려 하니 거인은 분하고 원통하여 獄壁 위에 글을 써서 이르기를 "于公이 통곡하니 3년 동안 날이 가물었고 鄒衍이 슬픔을 품으니 5월에도 서리가 내리었다. 지금 나의 근심도 예와 다름이 없는데 皇天은 말이 없이 그저 蒼蒼할 뿐이구나."라고 하였다. 그날 저녁에 홀연히 雲霧가 끼고 雷震이 일어나고 雨雹이 쏟아지니 왕은 두려워 거인을 풀어주고 돌려보냈다. (『三國史記』 권11. 眞聖王 2년 2월조)

여기에서 B-1은 사건의 배경이 된 진성여왕 초의 정치적 상황에 대한 설명이며, B-2는 왕거인 사건의 내용과 전개과정을 유사에 비해 상세하게 기술하고 있다. 이 양 사서의 기록은 약간의 차이가 있지만 큰 줄거리는 같다. 『삼국사기』에는 『삼국유사』의 기록에 없는 부분이 담겨 있어서 서로 보완이 가능하다. 한편으로는 서로 다른 부분도 적지 않아서 주의가 필요하다.

먼저 왕거인 사건의 발생 시기에 대해서 史記에는 위홍의 사후라고 하였으며 진성여왕 2년 2월조에 기재되어 있다. 그러나 遺事에서 언급한 도적 봉기의 사실은 진성여왕 3년의 일이며 위홍 사후의 정치적 상황에 대한 내용을 전하고 있으므로 2년 2월의 일이라기보다는 3년의 도적봉기가 있은 지 얼마 지나지 않은 시기로 보는 것이 옳겠다.

여왕의 측근세력으로는 유사에서는 부호부인, 위홍, 3~4 총신이라고
하였으며, 사기에서는 2~3인의 少年美丈夫라고 하였다. 위홍 부부와
소수의 귀족들, 그리고 위홍 사후에는 젊고 용모가 아름다운 미장부들
이5) 여왕의 측근으로 등장한 것이다.6) 이들은 모두 여왕과 밀접한
위홍세력에 해당되는 것으로 보아도 좋을 것이다.

실정의 내용에 대해서는 사기의 기록이 더 구체적이고 상세하다.
유사에서는 "擅權撓政"이라고 하여 단지 정사를 어지럽혔다고만 하였
는데, 사기에서는 "佞倖肆志, 貨賂公行, 賞罰不公, 紀綱壞弛"라고 하여
위홍의 사후에 여왕의 총애를 얻어 요직을 차지하고 국정을 위임받은
자들은 소년미장부들이며, 이들이 권력을 얻자 방자해져서 뇌물과 상벌
이 공평치 못하고 기강이 문란하게 되었다고 구체적으로 지적하였다.
이에 따르면 실정의 책임은 오직 소년미장부들에게 있으며 위홍의
사망 이전에는 적어도 극심한 비난은 없었던 것이 된다.

B-2에서 시정을 비방하는 글이 무엇인지는 유사에서 다라니의 은어
임을 알 수 있으며 그 내용도 유사에서만 소개되고 있다. 그 작자에
대해서는 유사가 國人으로 명시하고 있음에 비하여 사기는 '無名子'
즉 이름을 알지 못하는 사람이라고만 하였다. 게시방법도 길에 던진
것과 방을 붙인 것으로 차이가 난다.

---

5) '少年美丈夫'라는 표현은 주의가 필요하다. 흔히 미소년이라고 번역되어 왔지
만, 엄격히 말하면 '나이가 적고 용모가 아름다운 丈夫'이며, 장부는 이미
성년이 된 남자를 의미하는 단어이다. 즉 미소년이 아니라 미장부인 것이다.
앞의 소년과 뒤의 장부가 모순되는 표현인데, 적어도 미성년자는 아니라고
하겠으며, 갓 성년을 넘긴 '젊고 아름다운' 정도의 표현으로 보는 것이 어떨까
한다.
6) 이 少年美丈夫들은 경문왕가기에 이르러 정치적으로 활동이 활발하였던 화랑
세력과 관련되는 것으로 해석된다. 전기웅, 「신라하대의 화랑세력」, 『신라문
화』 10·11합집, 동국대 신라문화연구소, 1994, p.129.

王居仁에 대해서는 유사가 설명 없이 이름만 소개하고 있는데 비해 사기는 문인으로 그 뜻을 얻지 못한 자, 大耶州의 隱者라고 하여 그가 어떤 인물인지 자세히 알 수 있다. 그가 지은 시의 내용이나 권신들이 의심 없이 왕거인을 범인으로 지목한 점 등으로 미루어보면, 왕거인은 당시에 널리 알려져 있는 저명한 문인이며 당에 유학한 경력이 있는 6두품 출신으로 당시의 정치세력에 반감을 갖고 비판하다가 도피하여 대야주에 은둔하고 있었던 인물이라고 하겠다.

그가 지은 시의 내용은 유사에서의 燕丹과 鄒衍의 對句가 사기에서는 于公과 추연으로 바뀌어 있는 등 의미는 비슷하지만 차이가 있다.[7] 이는 이 사건과 시의 내용이 여러 갈래의 구전으로 조금씩 다르게 전하여져 오다가 어느 시기에 문자로 정착되면서 다른 모습을 갖게 된 것으로 볼 수 있다. 그렇다면 사기와 유사는 서로 다른 사람에 의해 쓰인 자료를 참고했을 것이다.

그밖에 유사에서는 거인이 하늘에 호소하니 하늘이 벼락을 쳐서 구원하였다고 하여 풀어준 주체가 하늘로 되어 있으나 사기에서는 옥의 벽에 글을 썼더니 천재지변이 일어나므로 여왕이 그를 방면한 것으로 되어 있다던가 하는 차이들이 보인다. 이 두 기록의 상이점을 비교하여 표로 제시하면 다음과 같다.

---

7) 燕丹은 전국시대 연나라의 태자인 단을 말한다. 연나라가 자객 형가를 보내어 진왕을 살해하려다가 실패하자, 두려워 태자 단을 목 베어 사죄하였다. 于公은 한나라 東海 사람으로 옥사를 잘 처리함으로 명성이 높았는데 한 孝婦를 위한 쟁송에서 뜻을 이루지 못하자 3년 동안 비가 오지 않았다고 한다. 한편 鄒衍은 전국시대 제나라 사람이다. 연나라의 소왕이 스승으로 섬겼으나, 아들인 혜왕이 신하의 참소를 믿고 추연을 옥에 가두었더니 여름에 서리가 내렸다고 한다. 연단과 추연은 전국시대 사람으로 동시대인이나 우공은 漢나라 때의 사람이다. 아마도 옥사에 관련된 탓으로 우공의 고사가 삽입된 것이 아닐까 한다.

〈표 3〉 왕거인 사건의 『삼국유사』와 『삼국사기』 기록의 비교

소재	『삼국유사』 권2, 진성여대왕거타지조	『삼국사기』 권11, 眞聖王 2년 2월조
발생시기	진성여왕이 즉위한 지 몇 년이 지난 후 臨朝有年	위홍이 죽고 혜성대왕으로 추시한 이후 及魏弘卒 追諡爲惠成大王 此後
측근세력	유모인 부호부인, 위홍잡간 등 3, 4 총신 乳母鳧好夫人 與其夫魏弘匝干等三 四寵臣	2, 3인의 소년 미장부 少年美丈夫兩三人
실정의 내용	그들이 권력을 마음대로 하고 정사를 어지럽힘 擅權撓政	그들에게 요직을 주고 국정을 위임하니 이로 말미암아 총애를 얻은 자들이 방자해지고 뇌물이 공공연히 행해지며 상벌이 공평하지 못하여 기강이 문란하게 되었다 仍授其人以要職, 委以國政. 由是, 佞倖肆志, 貨賂公行, 賞罰不公, 紀綱壞弛
지방반란과의 관련	도적들이 벌떼처럼 일어났다. 盜賊蜂起	없음
다라니의 작자	국인 國人	이름 모르는 사람 無名子
글의 성격	다라니의 은어 陁羅尼 隱語	시정을 비방하는 글 欺謗時政
게시방법	길 위에 던졌다. 書投路上	대로상에 게시하였다. 構辭榜於朝路
왕거인의 투옥	왕과 權臣들이 이것을 얻어 보고 "王居仁이 아니면 누가 이 글을 짓겠는가." 하고는 거인을 옥에 가두었다. 王與權臣等得之 謂曰此非王居仁 誰作此文 乃囚居仁於獄	왕은 사람을 시켜 수색케 하였으나 잡지 못하였는데 어떤 자가 왕에게 고하기를 "이는 반드시 失志한 문인의 소행일 것이니 아마도 대야주의 은자 거인일 것입니다."라고 하였다 왕이 명하여 거인을 왕경의 옥에 잡아 가두고 장차 형을 가하려 하였다. 王命人搜索 不能得. 或告王曰 此必文人不得志者所爲 殆是大耶州隱者巨仁耶 王命拘巨仁京獄 將刑之.

거인의 호소	시를 지어 하늘에 호소하다. 居仁作詩訴于天.	분하고 원통하여 옥의 벽 위에 글을 쓰다. 巨仁憤怨, 書於獄壁
방면의 방법	하늘이 옥에 벼락을 쳐 그를 풀어주 었다. 天乃震其獄囚以免之	그날 저녁에 홀연히 雲霧가 끼고 雷震이 일어나고 雨雹이 쏟아지니 왕은 두려워 거인을 풀어주고 돌려 보냈다. 其夕 忽雲霧震雷雨雹 王懼 出巨仁 放歸.
거인의 시	燕丹의 피 어린 눈물에 무지개가 해를 뚫었고, 鄒衍이 품은 슬픔에 여름에도 서리가 내렸네. 지금 나 의 불우함은 그들과 같은데 皇天은 어찌 아무런 조짐도 없는가. 燕丹泣血虹穿日 鄒衍含悲夏落霜 今 我失途還似舊 皇天何事不垂祥	于公이 통곡하니 3년 동안 날이 가 물었고 鄒衍이 슬픔을 품으니 5월 에도 서리가 내리었다. 지금 나의 근심도 예와 다름이 없는데 皇天은 말이 없이 그저 蒼蒼할 뿐이구나. 于公慟哭三年旱 鄒衍含悲五月霜 今 我幽愁還似古 皇天無語但蒼蒼
다라니 은어	南無亡國 利尼那帝 判尼判尼蘇判尼 于于三阿干 鳧伊娑婆訶.	없음
다라니의 해설	"찰니나제란 여왕을 가리킨 것이 요, 판니판니소판니는 두 소판을 말한 것이다. 소판은 官爵의 이름 이요, 우우삼아간은 3, 4명의 총신 을 말한 것이요, 부이는 부호를 말 한 것이다." 利尼那帝者 言女主也 判尼判尼蘇判 尼者 言二蘇判也 蘇判爵名 于于三 阿干也 鳧伊者 言鳧好也	없음

전반적인 이야기의 전개는 사기의 기록이 더 구체적이고 자세하게 설명되고 있다. 그러나 다라니의 내용과 해석은 유사에서만 찾을 수 있다. 다라니의 은어는 "南無亡國 利尼那帝 判尼判尼蘇判尼 于于三阿干 鳧伊娑婆訶"라고 하였다. 說者의 해설에 의하면 찰니나제란 여왕이며, 판니판니소판니는 두 蘇判이며, 우우삼아간은 3, 4명의 寵臣이며, 부이는 鳧好라고 하였다. 그러니까 나라를 망하게 하는 자는 여왕과 두

소판, 3~4 총신, 부호부인이라는 것이다. 이 해설이 당시의 것인지 후대에 부회하여 작성된 것인지 명확하지는 않지만, 왕거인 사건의 내용과 다라니 은어에 해설을 담은 설화집이 전해져 왔으며 일연은 이를 인용한 것으로 생각된다.8) 이 다라니에서 언급된 2명의 소판의 이름이나 3~4명의 총신이 구체적으로 누구를 지목한 것인지는 알 수 없다. 그러나 진성여왕과 위홍, 부호부인은 명백하다. 그러면 이들에 대해서 살펴보기로 한다.

眞聖女王은 경문왕의 딸이며 헌강왕 정강왕의 동생이다. 그가 여성으로서 왕위를 계승할 수 있었던 가장 큰 이유는 경문왕의 자손으로 유일한 인물이었기 때문이다. 여왕의 왕위계승은 경문왕가 왕실의 신성한 혈통을 강조하는 분위기 속에서 가능하였다. 정강왕은 유조에서 "누이 曼은 天資가 명민하고 骨法이 장부와 같으니 경들은 선덕 진덕의 고사에 따라 그를 세우는 것이 옳을 것이다."라고 하였다.9) 경문왕가의 혈통을 의미하는 '骨法'과 선덕, 진덕의 옛일을 들어 여왕을 즉위케 하였던 것이다. 그 배후에는 위홍세력의 지지와 후원이 있었다. 위홍은10) 경문왕의 친동생이며 헌강왕과 정강왕 진성여왕의 숙부이다. 『삼국유사』의 왕력에는 진성여왕의 匹을 위홍이라고 하였다.11) 그러나

---

8) 처용랑망해사조에 보이는 『語法集』에서는 '智理多都波都波'라는 은어에 대한 해설을 담고 있다. 설화의 내용에 대한 소개와 은어의 해설을 담고 있는 『어법집』 같은 문서가 전해지고 있었음을 알 수 있다. 이 다라니의 은어도 또한 이와 같은 성격의 설화집에서 채록한 것이 아닐까 한다.

9) 『삼국사기』 권11, 정강왕 2년 5월조.

10) 위홍에 대해서는 전기웅, 『나말여초의 정치사회와 문인지식층』, 혜안, 1996, pp.35~39 ; 권영오, 「김위홍과 진성왕대 초기 정국 운영」, 『대구사학』 76집, 대구사학회, 2004가 참고된다.

11) 왕력편 '진성여왕'에는 "王之匹 大角干追封惠成大王"의 기사가 있다. 이 기사는 진성여왕의 남편이 위홍이라는 유일한 전거이다. 이 기록의 신빙성에 대해서 의문이 제기된 바 있다(권영오, 앞의 논문, 2004). 해석의 여지가 많으므로 차후 더 깊은 논의가 있기를 바란다.

140

여왕과 위홍이 정식 부부라고 하기에는 무리가 많아 보인다. 공식적인 혼인관계로 보기에는 어려운데다[12] 부호부인의 남편이라는 위의 기록의 내용과는 상이하기 때문이다. 그렇더라도 위홍은 여왕의 가장 신뢰하는 인물이었음은 틀림이 없겠다. 여왕은 20세 남짓에 왕위에 올랐으나 즉위한 다음 해 갑자기 위홍이 죽고 전국적인 도적의 창궐과 신라의 분열, 왕경내의 정치적 갈등, 잦은 병으로 고생하다가 재위 10년만에 효공왕에게 왕위를 선양하고 北宮으로 물러나 6개월 후에 죽었다.

魏弘은 경문왕대에서 시작하여 진성여왕의 즉위에 이르는 기간 동안 경문왕가 왕실의 실질적인 주도자로서 정치의 핵심에 있었다. 경문왕 5년에는 太弟 相國으로 종묘에 제를 올리고, 왕을 대신하여 선왕릉에 배알하였다.[13] 이후 871년에는 경문왕의 초청으로 왕경을 찾은 無染을 맞이하였고,[14] 上宰相, 守兵部令平章事伊干으로 監脩成塔事가 되어 황룡사 9층목탑을 중수하는 책임을 맡았다.[15] 그는 진성여왕의 즉위에 주도적 역할을 담당하였을 것으로 생각되며, 즉위 후에는 1년간의 조세 면제로 지방세력을 회유하는 한편 『三代目』의 편찬을 통해 여왕 즉위의 정당성을 확보하기 위해 노력하였다. 위홍은 경문왕가의 上代復古的 정신기반과 관련되는 주요사건의 대부분을 주도하였으며, 고유신앙과 관련되는 왕실의 종교적 권위의 지향을 추구하였다.[16] 위홍은 여왕

---

12) 혼인이란 공식적으로 인정받은 관계를 의미한다. 여러 명의 부인이 있더라도 혼인의 순서보다 정식 혼인관계인가 아닌가 하는 점이 중요하였다.
13) 「大崇福寺碑銘」.
14) 「聖住寺朗慧和尙塔碑」.
15) 「皇龍寺九層木塔刹柱本紀」.
16) 특히 위홍이 황룡사와 밀접한 관련을 맺고 있었다는 점은 경문왕가 왕실의 정신적 기반과 관련하여 시사하는 바가 크다. 황룡사에서의 백좌강회와 간등, 9층탑의 중건, 친행 등의 잦은 행사는 국가의식을 고조하고 왕권을 강화하려는 의도와 관련된 것이다. 경문왕가와 황룡사와의 긴밀한 관계는 위홍을 매개로 한 것으로 보인다.

즉위 후 1년 만에 갑자기 사망하였는데, 경문왕가 왕실을 지탱해온 위홍의 죽음으로 왕실은 위기를 맞게 되었다. 사후에는 惠成大王으로 추시되었다.

鳧好夫人은 다른 기록에서는 전혀 보이지 않는다. 오직 여기에서만 그 존재를 알 수 있는 인물이다. 부호부인에 대해서 이 기록을 통하여 몇 가지 사실을 알 수 있다. 夫人이라는 진골귀족 여인의 칭호를 사용하고 있으며, 진성여왕의 유모였다는 것이며, 그녀의 남편이 위홍이라는 것이다.[17] 위홍의 부인은 '海印寺田券'에는 康和夫人으로 나타나기도 하는데,[18] 부호부인이 곧 강화부인일 가능성이 크다.[19] 부호부인은 진성여왕의 숙모로서 여왕 曼이 갓난아이였을 때부터 양육을 해왔다. 여왕을 키워준 어머니와 같은 존재로 위홍이 죽은 후에 여왕은 부호부인에게 의지하였을 것이다. 그녀는 위홍과 함께 왕실의 어른으로서 여왕대의 정치에 간여하였던 것이다. 진성여왕과 위홍, 부호부인은 바로 경문왕가 왕실 가족이다. 당시 왕경에 살고 있던 국인들의 원망과 비난이 여왕과 경문왕가 그 자체를 겨냥하고 있는 것이다.

權臣으로 나오고 있는 당시의 권력자는 두 소판, 2~3의 소년미장부, 3~4 총신으로 불리고 있는데, 여기서 각기 2명, 2~3명, 3~4명과 같이 숫자로 명시되고 있음이 주목된다. 이는 비록 인명을 거론하지는 않았더라도 각기 지명하는 사람이 있었음을 의미한다. 소판은 진골귀족의

---

17) 이 부분의 원문은 "第五十一眞聖女王 臨朝有年 乳母鳧好夫人 與其夫魏弘匝干等 三四寵臣 擅權撓政 盜賊蜂起"이다. 위홍은 진성여왕의 匝으로 알려져 있으므로, 여기에서의 其夫를 진성여왕의 남편으로 볼 여지도 없지는 않으나 문맥이나 기술의 내용으로나 부호부인의 남편으로 해석하는 것이 옳다고 하겠다.

18) 曹偉, 『梅溪集』 권4, 書海印寺田券後.

19) 권영오, 앞의 논문, pp.42~45. 한편 당시 부인들의 이름은 여러 가지로 나타나는 경우가 많다. 일례로 헌강왕녀이며 신덕왕비인 義成王后는 資成, 懿成, 孝資의 다양한 호칭으로 불렸다.

관직이며 총신은 총애하는 신하라는 일반적인 의미의 단어이므로 이것만으로는 성격을 알기 어렵지만, '소년미장부'라고 한 것은 주목할 만하다. 이들은 경문왕 이후 정치적 활동이 활발하였던 화랑세력과 관련되는 것으로 파악되고 있다. 경문왕 자신이 화랑이었으며 헌강왕 정강왕 진성여왕은 화랑의 자녀이며, 여왕은 헌강왕의 딸을 화랑 효종과 혼인케 하였다. 경문왕가는 바로 花郎家이기도 하였다. 경문왕가를 뒷받침해준 정신적 기반과 세력이 모두 화랑과 관련된다.[20] 이 2~3의 미장부도 화랑과 관련되어 해석할 수 있을 것이다. 이들은 경문왕가 왕실과 위홍에 관련되어 있었던 정치세력에 해당한다고 하겠다.

한편 이들을 비방하는 다라니를 거리에 던진 사람이 '國人'이라는 점이 주목된다. 국인들은 왕위의 결정이나 국가의 중대사에 여론과 중의로서, 정치적 영향력을 행사할 수 있는 계층이며, 왕경의 중심을 형성하는 주요 구성원이었다.[21] 이러한 국인들이 진성여왕기의 실정에 반발을 하고 나섰던 것이다. 이제 왕실은 왕경인들의 비난과 저항에 부딪치기에 이르렀다. 그 중요한 이유 중 하나는 왕경인의 생활이 어려움에 처한 까닭일 것이다.

진성여왕대에 이르면 지방에서는 도적들이 벌떼처럼 일어나고 지방 세력가들은 자립하여 왕실을 외면하기 시작하였으며 조세 수입은 감소되어 國用은 결핍하였다. 진성여왕이 즉위한 해(887) 왕실은 대사면령을 내리고 전국 諸州郡의 1년간 조세를 면제해주었는데,[22] 이 조세

---

20) 신라 하대 이후의 화랑의 정치적 활동에 대해서는 다음 논문이 참고된다. 전기웅, 「신라 하대의 화랑세력」, 『신라문화』 10·11합집, 동국대 신라문화연구소, 1994 ; 조범환, 「신라말 화랑세력과 왕위계승」, 『사학연구』 57집, 한국사학회, 1999.
21) 전기웅, 『나말여초의 정치사회와 문인지식층』, 혜안, 1996, pp.42~46.
22) 『三國史記』 권11, 진성왕 즉위조.

감면의 조치는 신라정부와 왕경 귀족들의 가혹한 수탈에 대하여 불만과 고통이 누적되어 있었던 지방민의 민심을 회유하려는 의도였다. 그런데 한번 세금을 내지 않은 지방민들은 연이은 흉작으로 말미암아 다음 해에도 조세를 납부하지 못하였다.[23] 이에 정부는 세금을 거두기 위해 각지에 사신을 파견하여 독촉을 하였다.[24] 이때 강제로 조세를 징수하려는 관원들과 저항하는 지방민들 사이에 마찰이 발생하게 되었으며, 이는 사벌주에서 일어난 원종과 애노의 난을 비롯하여 지방민의 반란으로 이어지게 되었고 나아가 각지에 도적들이 봉기하는 상황으로 전개되었던 것이다.

헌강왕대의 왕경은 178,936戶에 1,360坊 55里의 거대한 규모의 대도시이다.[25] 호당 4인 구성으로 보아도 70만 명이 넘는다. 왕경의 번화와 사치는 헌강왕대에 이르러 절정에 달한다. 경문왕 이후 많은 佛事와 塔 寺院 碑 浮屠 등의 건축과 보수, 헌강왕대의 가무를 수반한 각종 연회, 그리고 지붕마다 기와를 얹고 숯으로 밥을 짓는 왕경인의 사치는 대부분 지방에서 수탈해온 물자들로 인한 것이었다. 지방민들이 조세를 거부하면서 왕경의 경제적 상황은 급격하게 어려움에 빠지게 되었다. 왕경의 백성들 가운데는 효녀지은조에서 보이듯이 가난을 이기지 못하고 노비로 몰락하게 되는 사람들이 생겨났다. 지은과 같은 하층민은 걸식마저 어려워질 정도로 왕경의 경제적 상황은 어려움에 처하고 있었다.

헌강왕대의 번영을 맛보았던 왕경의 국인들은 진성여왕의 즉위를

---

23) 진성여왕의 면세조치가 있었던 그해인 즉위년 겨울에는 눈이 오지 않았으며, 다음 해인 2년 5월에는 가뭄이 있었다. 농민들은 거듭된 천재로 세금을 낼 수 없는 처지에 몰렸던 것이다.
24) 『三國史記』 권11, 진성왕 3년조.
25) 『三國遺事』 권1, 진한조.

전후하여 취약해진 왕실이 실정을 거듭하는 가운데 지방의 조세저항으로 국용과 재정의 압박으로 위기를 초래하기에 이르니 마침내 왕실과 측근세력에 대한 불만을 표출하였던 것이라 하겠다. 왕거인 사건은 이런 사정을 보여주는 사례이다. 그러면 다음으로 왕거인 사건이 일어난 이후의 신라 왕경에서는 어떤 변화가 나타나고 있는가에 대해 살피기로 한다.

2) 왕경의 정치적 변동

국인들이 진성여왕을 직접 겨냥하여 던진 다라니는 곧 呪文을 말한다.[26] 단순한 문장과는 달리 주문은 神的인 주술력을 가지고 있으며 여러 사람들이 모여 주문을 외칠 때는 수로부인의 설화에서와 같이 용을 굴복시킬 수도 있는 위력을 발휘하는 것이다. 특히 진성여왕대와 같이 경문왕가 왕실의 종교적 권위를 강조하던 시기에 왕실과 정치사회에 미친 다라니의 파장과 충격은 결코 적지 않았을 것임을 짐작할 수 있을 것이다.

왕거인 사건 이후 왕경의 지배층과 정치사회에서는 다양한 변화와 움직임이 나타나고 있다. 먼저 기존의 여왕 측근의 화랑세력에서는 새로운 움직임이 시작되었다. 그것은 경제적 어려움에 처해 있던 하층 왕경민에 대한 구휼과 관심의 형태로 나타났다. 화랑 효종이 빈민인 지은을 속량하고 그의 수천 낭도들이 1석씩 내어 도와준 것은[27] 아름다운 미담으로 여겨져 칭송을 받았고 이를 알게 된 여왕은 또한 벼 5백

---

26) 본래 다라니는 긴 경전에 실려 있는 근본적인 원리를 짧게 요약한 것을 말하지만, 후대에 이르러 형식상의 유사함 때문에 주문까지도 다라니로 통칭되었으며, 길이에 따라 짧은 것은 眞言 또는 呪라 하고, 긴 것을 다라니 또는 大呪라 하였다.

27) 『三國遺事』권5, 효선9, 빈녀양모조 및 『三國史記』권48, 열전의 효녀지은조.

석과 집 한 채를 하사하고 부역과 조세를 면제하여 주었다.[28] 이 일로 인하여 화랑 효종은 정치적으로 크게 부상하게 되었다.[29] 여왕은 화랑 효종을 헌강왕녀와 혼인케 하여 다음 왕위계승자의 지위를 마련해 주었던 것이다.

여왕의 실정을 비난하였던 국인들의 지지를 얻으며 부상한 정치세력은 乂謙이었다. 위홍이 대중적으로 널리 알려져 있음에 비하여 예겸은 비교적 생소하지만, 그는 위홍과 함께 신라말의 정치사에서 가장 많은 영향을 미친 인물이다. 그는 헌강왕대의 시중을 거친 인물로 효공왕의 妃父이며 신덕왕의 義父이다. 예겸세력은 진성여왕 후반에 이르면 정치를 장악하고 정국을 이끌어가기에 이른다. 이 무렵부터 6두품의 진출과 함께 최치원의 시무 10조가 제시되고 중국식 관호와 관직명, 문산계가 채용되었으며, 지방에서는 도독제를 대신하여 군사적 대응체제인 성주장군과 知州諸軍事 제도가 성립되었고, 5소경과 군현의 주, 부로의 전환과 골품제의 변화, 위계의 확산이 나타나고 있었다. 이러한 변화와 개혁을 이끌어간 정치사회의 배후에는 예겸이 있었던 것이다.[30]

두 세력은 진성여왕 이후의 왕위를 어느 쪽에서 차지하느냐를 두고 경쟁하게 되었는데, 화랑 출신으로서 헌강왕의 장녀와 혼인하였던 효종과 예겸의 義子로서 헌강왕의 차녀와 혼인하였던 경휘의 두 사람이 여왕 이후의 왕위계승을 노리는 상황이 전개되었다. 왕위계승 경쟁에서

---

28) 여왕은 이에 더하여 군사를 보내 지켜주게 하고 그 마을을 孝養坊이라고 부르게 하였으며 表文을 올려 당나라 왕실에게까지 그녀의 아름다운 행실을 알렸다고 한다. 여왕이 베푼 조치는 지나칠 정도로 풍성하다.

29) 효녀지은 설화에 대해서는 이종욱, 「신라하대의 골품제와 왕경인의 주거」, 『신라문화』 제7집, 1990 및 전기웅, 「진성여왕대의 화랑 효종과 효녀지은 설화」, 『한국민족문화』 25, 부산대 한국민족문화연구소, 2005가 참고된다.

30) 이 시기 왕거인 사건 이후의 정치적 변화에 대해서는 전기웅, 「신라말기 정치사회의 동요와 6두품지식인」, 『신라말 고려초의 정치·사회변동』, 한국고대사연구회편, 신서원, 1994를 참고.

보다 유리한 쪽은 효종이었다.[31] 별다른 내세울 것이 없었던 경휘에[32] 비해 우월한 위치에 있었지만, 효종은 왕위에 오르지 못하였다. 헌강왕의 아들인 요가 나타남에 따라 경문왕가의 직접 혈통이 아닌 효종은 왕위계승에서 밀려났던 것이다. 요의 등장과 왕위계승에는 예겸세력의 작용이 있었을 것으로 추정되고 있다. 경휘는 효공왕 요의 뒤를 이어 신덕왕이 된다.

경문왕가의 종교적 권위와 상대복고적인 경향은 예겸의 등장으로 새로운 변화를 맞게 되고 신라정부는 개혁을 통하여 왕경 내외의 문제들을 하나씩 해결해 나가기 시작하였다. 진성여왕대 후반에는 당에 대한 외교적 교섭이 활발하였는데, 여기에는 당의 사정에 밝은 도당유학생 출신의 6두품 문인들이 사신으로 파견되거나 공헌을 하였다. 최치원은 당에 사행하고 돌아온 즉시 시무10조를 제출하여 가납되었으며, 당의 사정과 제도 문물에 밝았던 도당유학생들의 지식은 신라가 후삼국의 위기를 대처하는 데 유용하였다. 이들의 노력은 무너져가는 신라의 운명을 수십 년 동안 더 연장시킬 수 있었다. 국인이 진성여왕대의 실정을 비판하며 일어났던 왕거인 사건은 왕경에서 정치세력의 변화를 가져오고 그들이 실정을 회복하여 개혁에 이르게 하는데 중요한 도화선의 역할을 하였던 것이다.

---

31) 효종은 문성왕의 후손으로 아버지인 삼재상 서발한 인경은 당시의 실력자이며 조부인 민공은 헌강왕대의 시중이었다. 그는 효녀 지은을 구휼한 일로 사람들의 칭송을 얻었고 여왕은 그를 '나이는 어리나 老成한 덕이 있다'고 하며 헌강왕녀와 혼인케 하였는데, 이는 다음 왕위계승자로 인정한 것을 의미한다. 그는 경문왕가의 왕실의 지지를 얻고 수천 명에 이르는 낭도들을 거느리고 있었다.
32) 경휘는 박씨로서 아달라왕의 원손이며 예겸의 義子가 되었다. 그 밖의 중요한 업적이나 가시적인 활동을 보여주는 기록은 없다.

3장 景文王家期 정치사회의 전개   147

2. 康州의 해상세력과 거타지 설화

1) 거타지 설화의 검토

다음으로 진성여대왕거타지조의 두 번째 이야기인 거타지 설화에 대해 살피기로 한다.[33] 居陀知라는 이름에서 居陀는 康州(진주)의 옛 명칭이며,[34] 知는 신라에서 이름 뒤에 붙여 우두머리의 존칭으로 사용하는 말이다. 거타지는 거타주, 즉 강주지역의 유력한 인물이라는 의미를 담고 있다. 출신지역의 명칭을 이름처럼 사용하는 경우가 흔히 보이는데, 거타지는 거타사람, '康州人'이라는 이름인 셈이다.[35] 왕거인 사건이 왕경의 사회상을 전하는 상징적인 설화라면 거타지 설화는 지방사회, 특히 강주지방 해상세력의 모습을 상징적으로 보여주는 설화라고 할 수 있다. 거타지 설화의 전문을 제시하면 다음과 같다.

C-1. 이 왕 때에 阿飡 良貝는 왕의 막내아들로서 사신이 되어 唐에

---

33) 이 설화에서 중요한 역할을 하는 인물은 서해의 용이다. 거타지 설화를 용과 관련하여 주목해 온 것은 당연한 일이라 하겠다(신동익, 「거타지설화 소고—용 구출담의 비교를 중심으로—」, 『육사논문집』 26집, 1984). 하대에 이르면 용은 중앙의 왕권이나 정부와는 무관하게 살아가는 형태로 나타난다. 이하대 용의 실체를 지방호족으로 해석하기도 한다(이우성, 「삼국유사소재 처용설화의 일분석」, 『김재원박사회갑기념논총』, 을유문화사, 1969.3). 용왕은 바다를 다스리며 인간에게 보물을 주기도 하는데 한편으로는 주문에 약하고 승려를 가장한 여우에게 침탈당하고 사람의 도움을 얻어 위기에서 벗어나는 모습으로 나타나기도 한다.
34) 『三國史記』 권34, 지리지 康州조. 강주는 지금의 晉州인데, 신문왕 5년에 居陀州를 나누어 菁州를 설치하였으며 경덕왕대에 이르러 康州로 고쳤다고 하였다. 즉 거타는 신문왕 이전까지 강주의 고유한 이름이었다. 개명된 이후에도 거타라는 이름은 민간에서 잊혀지지 않고 이어진 것이라 하겠다.
35) 신라말 고려초부터 본관과 성씨가 사용되기 시작하였다(김수태, 「고려 본관제도의 성립」, 『진단학보』 52집, 진단학회, 1981, pp.56~58 참고). 본관으로 자신의 출신지를 밝히는 것은 다른 사람들과의 구분이 필요하였기 때문이라고 하겠다. 지역의 명칭이 사람을 부르는데 중요하게 여겨졌음을 볼 수 있다.

가는데 백제의 해적들이 津島에서 길을 막는다는 말을 듣고 弓士 50명을 뽑아 따르게 했다.

C-2. 배가 鵠島(鄕言으로는 골대도라 한다)에 이르자 풍랑이 크게 일어 열흘을 묵게 되었다. 良貝公은 이를 근심하여 사람을 시켜 점을 치게 하였더니, "이 섬에 神池가 있으니 제사를 지내면 좋겠습니다." 하였다. 이에 못 위에 제물을 차려 놓았더니 못물이 한 길도 넘게 치솟았다. 그날 밤 꿈에 노인이 나타나 공에게 말하기를 "활 잘 쏘는 한 사람을 이 섬에 남겨 두면 순풍을 얻을 것이다." 하였다. 공이 깨어나 그 일을 가까운 사람들에게 물었다. "누구를 남겨 두는 것이 좋겠는가." 이에 여러 사람이 말하기를 "나무 조각 50개에 우리의 이름을 써서 물에 담가 가라앉는 것으로 제비를 뽑는 것이 좋겠습니다." 하므로 공이 그 말대로 하였다.

C-3. 이때 군사 중에 居陀知라는 사람이 있었는데 그의 이름이 물에 가라앉았으므로 그를 머무르게 하였더니 문득 순풍이 일어나고 배는 거침없이 나아갔다. 거타지는 수심에 잠겨 섬 위에 서 있는데 문득 한 노인이 못에서 나오더니 말하기를 "나는 西海若이다. 매번 해가 뜰 무렵이면 하늘로부터 사미 하나가 내려와 陀羅尼를 외우면서 이 못을 세 번 돈다. 그러면 우리 부부와 자식 손자들이 모두 물 위에 떠오르게 되는데 그 사미는 내 자손들의 간과 창자를 뽑아 먹는다. 이제는 딸 하나와 우리 부부만이 남게 되었다. 내일 아침에도 반드시 올 것이니 그대는 활로 그를 쏘아 달라."라고 하였다. 거타가 "활 쏘는 일이라면 나의 長技이니 말씀대로 하겠습니다." 하니 노인은 고맙다 하고 사라지고 거타는 숨어서 기다렸다. 이튿날 동쪽에서 해가 떠오르자 과연 사미가 와서 전과 같이 주문을 외우고 늙은 용의 간을 앗으려 하였다. 이때 거타가 활을 쏘아 맞히니 사미는 곧 늙은 여우로 변하여 땅에 떨어져 죽었다.

C-4. 이에 노인이 나와 치사하기를 "공의 은덕으로 내 性命을 보전하게 되었으니 내 딸을 아내로 맞아주기 바란다." 하니, 거타는 "주는

것을 저버리지 않으리니 참으로 원하던 바입니다."라고 하였다.
노인은 그 딸을 한 가지 꽃으로 변하게 하여 품속에 넣어주고,
두 용에게 명하여 거타를 받들고 使臣의 배를 쫓아가 그 배를 호위하
여 당나라에 들어가도록 하였다. 당나라 사람은 신라의 배를 두
마리의 용이 호위하고 있는 것을 보고 이 사실을 아뢰니 황제는
"신라의 사신은 반드시 비상한 사람일 것이다." 하고 잔치를 베풀어
여러 신하들의 윗자리에 앉히고 금과 비단을 후하게 주었다. 본국으
로 돌아온 거타는 꽃가지를 꺼내 여자로 변하게 하여 함께 살았다.

C-1에서는 거타지가 사신을 수행하며 당으로 가게 된 경위를 알려준
다. 이 설화 속에서 역사적인 사실을 전하고 있는 부분이다. 여기에서
신라 사신 아찬 양패는[36] 왕의 季子라고 하였지만, 진성여왕에게는
아들이 없다. 당에 보내는 사신들은 자주 왕자를 칭하였는데, 이 또한
외교적 목적을 위한 칭호였다고 생각된다. 이미 백제라는 명칭이 사용
되고 있으며 해상교통에 후백제의 위협을 받고 있는 것을 보면 후백제가
건국한 여왕 6년(892) 이후 얼마쯤 지난 뒤의 일이다. 진성여왕 7년에는
병부시랑 金處誨가 당에 사행하다가 익사하였으며[37] 같은 해에 이번에
는 최치원과 김준이 하정사로 다시 파견되는 등 이 무렵 신라의 대당외
교는 매우 활발하였다. 최치원은 견훤의 세력에 의해 남쪽 길이 막히자
북쪽으로 올라가 서해안 중부지역에서 산동반도로 가는 항로를 이용하
였다.[38] 후백제가 진도로 가는 길을 막고 있었으므로 거타지의 일행은

---

36) 『高麗史』 고려세계에 소개된 민지의 편년강목에서는 신라 사신의 이름을
　　金良貞이라고 하였다. 신라 귀족들의 일반적인 이름 형태를 감안하면 良貝보다
　　는 良貞이 더 그럴 듯하다. 그러나 두 설화가 동일한 것이라는 확증은 없다.
37) 『三國史記』 권11, 진성왕 7년조.
38) 전기웅, 「신라말의 개혁과 최치원」, 『신라사학보』 5집, 신라사학회, 2005,
　　p.130.

서해안 중부지역을 거쳐 당으로 갔을 것이다. 배가 鵠島, 즉 백령도에 이르렀다는 것은 이를 확인케 한다.

C-2에서, 배가 곡도에서 풍랑으로 더 나아가지 못하게 되자 섬의 神池에 제사를 지냈다. 신지는 水神信仰의 연못이니 水神에게 제의를 지낸 것이다. 여기에 응하여 노인이 꿈에 나타나 해결방법을 제시해 준다. 궁사 1명을 남겨두라는 것이다. 희생물을 요구하는 것처럼 보이기도 한다. 그래서 궁사들은 제비를 뽑고 거타지가 남게 되었다. 위기와 갈등의 발생에 해당하는 부분이다.

C-3에서는 홀로 남겨진 거타지에게 西海若, 즉 서해용왕이 나타나 도움을 요청하고 거타지는 사미로 화한 늙은 여우를 활로 쏘아 죽임으로써 용왕을 구출한다. 여기에서 용과 대립관계에 있는 자는 沙彌, 즉 불교의 승려이다.[39] 사미는 불경의 주문인 다라니를 외워 용을 무기력하게 만들고 용의 간을 앗아 먹는데, 용들은 도리가 없이 당하기만 한다. 이를 해결하기 위해서는 사람의 도움이 필요하다. 사신이 만난 풍랑은 도움을 줄 사람을 얻기 위한 용의 수단이었다. 여기에서 주목되는 것은 水神인 용과 불교의 승려와의 대결이다.

신라에 불교가 전래된 이후 불교가 점차 전래 민간의 수신, 용신신앙을 흡수해 가면서 전통적인 토착의 용들은 불교의 일부로 수용되거나 종속되었다. 불교에 귀의한 용은 善龍 法行龍 報德龍 등으로 인간 세상에 이익을 주는 존재로 살아남고, 외래신앙인 불교에 저항하거나 귀의하지 않는 용들은 불교적 입장의 선악 개념에 의하여 惡龍이나 毒龍으로 분류되었다. 전통적인 용들은 교화되거나 퇴치됨으로써 불교신앙에 매몰되었

---

39) 이 사미는 늙은 여우로 변하여 땅에 떨어져 죽는다. 승려를 가장한 여우라는 설정이지만, 이 대립구조는 전통신앙인 용신신앙과 외래의 불교신앙의 대립이라는 구도로 보는 편이 좋겠다. 이 시기에 이르면 지방사회에서 불교의 위력은 현저히 감소하고 있음을 짐작케 한다.

다. 이러한 사례들은 수로왕이 주문으로 퇴치하지 못한 독룡과 나찰녀를 부처의 설법으로 교화시키거나[40] 혜통에 의해 쫓겨나 사람들을 해치다 가 기장산 웅신이 된 독룡[41]을 비롯하여 여러 설화 속에서 다양하게 찾아진다.[42] 일반적으로 승려에 의해 용이 퇴치당하는 대개의 설화들에 비하여 거타지 설화에서는 오히려 사미가 늙은 여우로 변하여 죽고 용은 승리한다. 신라말에 이르면 지방사회에서 살아가던 전통적 토착의 용신은 더 이상 신라왕실의 이데올로기이며 귀족의 신앙이었던 불교의 권위에 의해 굴복하지 않는다. 여기에는 사람의 도움이 있다. 거타지와 같은 지방 출신의 인물이 토착의 용신을 도와 사미를 물리치는 것이다.

불교의 승려에 대한 불신과 조롱을 담은 이러한 형태의 설화가 널리 유행하는 것은 지방민들을 수탈하고 가혹한 세금을 거두어 왕경의 번영 과 화려한 사치의 생활을 영위하던 왕실과 지배층에 대한 저항과, 자신의 힘을 자각한 지방민들이 중앙권력에 대항하려는 의식이 내부에 자리 잡고 있었던 까닭으로 생각된다.

C-4에서 결과는 모두가 행복한 해피엔딩으로 처리되고 있다. 서해용 왕은 생명을 건지고 위엄을 되찾았으며, 사신 일행은 용들의 호위를 받으며 당에 도착하여 황제의 환대를 받았고, 주인공인 거타지는 龍女를 얻었다.

한편『高麗史』高麗世系에 수록되어 있는 태조 왕건의 선대설화 가운 데 작제건 설화는 거타지 설화와 동일한 모티브와 유사한 내용을 보여준 다.[43] 작제건은 왕건이 조부이며 송악지역의 해상세력으로 여겨진다.

---

40)『三國遺事』권3, 탑상4, 어산불영조.

41)『三國遺事』권5, 신주6, 혜통강룡조.

42) 송봉호, 「전통신앙과 불교의 대립에 관한 연구−구룡사 창사설화를 중심으로 −」,『한국무속학』7집, 2003.

43) 박한설, 「고려 왕실의 기원−고려의 고구려 계승이념과 관련하여−」,『사총』

152

두 설화를 비교하여 제시하면 아래 표와 같다.

<표 5> 거타지 설화와 작제건 설화의 비교

	거타지 설화	작제건 설화
소재	『삼국유사』진성여대왕거타지조	『고려사』高麗世系. 金寬毅의 編年通錄
시기	진성여왕 7년 무렵(893)	8세기 후반, 당 숙종년간(756~761) 무렵
지역	남해 강주	서해 송악
가계	없음	부 : 唐 肅宗, 모 : 貞和王后, 자 : 용건, 손 : 왕건
도당 사유	사신 良貝의 사행에 호위궁사로 수행	당의 아버지를 찾아 商船(편년강목-金貞의 使行船을 탐)을 타고 떠남
위치	서해 鵠島(백령도)	서해 바다 복판쯤의 암초
구출	여우를 활로 쏘아 西海若을 구함	여우를 활로 쏘아 서해용왕을 구함
보답	용왕은 거타지와 용녀를 혼인케 하고 두 용으로 사신일행을 호위함	작제건은 용녀 翥旻義와 혼인하고 칠보, 버드나무 지팡이, 돼지를 얻음
목적	사신일행은 당 황제의 환대를 받고 金帛을 얻어 사행의 임무를 수행하고 돌아옴	아버지 찾는 일을 그만두고 왕이 되기 위해 돌아옴
지역 세력	신라 知康州事 王逢規	고려 太祖 王建

작제건 설화는 金寬毅의 『編年通錄』을 인용하여 소개되어 있다. 여기에는 부분적으로나마 다른 내용을 담고 있는 閔漬의 『編年綱目』 기사도 삽입되어 있어서 태조 선대의 이야기들이 여러 가지 형태로 전하고 있었음을 알 수 있다. 거타지 설화가 강주지역을 중심으로 성립된 설화라면 작제건 설화는 송악지역을 배경으로 한다. 즉 남해 해상세력

---

21 · 22합집(강진철교수화갑기념한국사학논총), 1977, pp.105~106. 태조의 선대 설화 가운데 작제건 설화는 왕건가의 무역과 해상활동을 가장 뚜렷하게 보여주는 자료이다.

의 거타지 설화에 비해 작제건 설화는 서해 해상세력의 존재와 활동을 담고 있다.

남해지역은, 나주 영암지역을 통한 사행길이 막힌 이후 신라는 강주와 김해를 통한 남해상통로에 의존하게 되었고 이에 강주세력의 활발한 활동이 나타나게 된다. 한편 서해의 송악지역은 당의 등주로 향하는 길목으로 직접 당과의 연결이 가능하여 신라의 사행도 이 지역을 경유하게 되었다. 최치원도 이 지역을 통하여 당에 사행이 가능하였을 것으로 보인다. 이 두 지역에서는 각기 강력한 해상세력이 성장하였다. 강주에는 왕봉규, 송악에서는 왕건 일가가 그들이다.

두 설화는 용왕을 도와 불교의 승려를 가장한 여우를 퇴치하고 보답으로 龍女와 혼인하고 보화를 획득하여 돌아온다는 기본 내용이 일치한다. 이 중에 어느 쪽이 먼저 성립된 것인지는 가리기가 쉽지 않다. 설화의 시간적인 배경은, 작제건 설화가 잠저시의 당 肅宗의 아들인 작제건이 자라서 아버지를 찾아 간다는 설정이므로 대강 당 숙종의 재위기(756~761)인 8세기 후반으로 짐작할 수 있다. 그에 비해 거타지 설화는 후백제가 건국한 이후의 진성여왕 재위기이므로 진성여왕 6년(892)에서 10년까지 기간의 일이 된다. 백제에 의해 길이 막혀 가기 어렵다는 상황은 최치원이 賀正使가 되어 사행하였던 여왕 7년(893)의 형세와 일치하므로 이 무렵으로 보는 것이 좋을 것 같다. 따라서 설화의 시대적 배경으로는 작제건 설화가 100여 년을 앞선 것으로 볼 수 있다. 그러나 거타지 설화가 자연스럽고 원형에 가까운데 비하여 작제건 설화는 여러 가지 이야기들이 첨가되어 복잡하게 변형되었으며 고려 태조의 선대를 꾸미는데 이용되었을 가능성도 있다.

신라말에는 작제건이나 거타지와 같이 바다로 나가 모험을 겪고 금은보화와 여인을 얻어 돌아온다는, 마치 신밧드의 모험 같은 상인들의 성공담이 상인들을 비롯한 많은 사람들 사이에 널리 퍼져 있었음을 짐작할 수 있다. 그 배경이 강주나 송악이 된 것은 이 두 곳에서의 상인들의 활동과 진출이 다른 곳보다도 더 활발하였던 것을 반영하는 것이라고 하겠다.

흥미로운 것은 두 사람의 기질의 차이를 발견할 수 있다는 점이다. 거타지는 용왕으로부터 금은보화 같은 보물을 받지 않았으며 탐내지도 않는다. 용왕의 보답은 거타지와 용녀를 혼인하게 하고 두 마리 용으로 사신 일행의 배를 호위해 주는 것으로 되어있다. 상인이라기보다는 소박하고 우직한 武人의 기질에 가깝다. 한편 작제건은 요구하는 것이 많다. 동방의 왕이 되게 해 줄 것을 요구하였다가 다시 할미의 조언으로 용녀와의 혼인을, 용녀의 조언으로 버드나무 지팡이와 돼지 등 여러 가지 보물을 용왕에게 요구해서 마침내 받아낸다. 그래서 작제건은 용녀와 칠보와 지팡이와 돼지를 가지고 옻칠한 배를 타고 돌아오는 것이다.[44] 영악하고 이익에 밝은 상인의 기질을 보여준다. 이는 강주와 송악이라는 두 지역 간 성격의 차이로 해석해도 좋을 것이다.

거타지 설화와 작제건 설화의 마무리는 중요한 차이점을 보이고 있다. 거타지 설화에서는 용왕을 구출한 후 사신 일행은 용의 호위를 받으며 당에 도착하여 이를 기이하게 여긴 황제로부터 극진한 대우와 보화를 얻고 무사히 임무를 완수하고 돌아오는 것으로 마무리 되어 있다. 거타지는 처음부터 양패의 호위궁사로 使行에 참여하였으며 끝까

---

44) 작제건이 용왕에게 보물을 요구하는 부분의 원문은 다음과 같다. "吾所欲者 王東土也 翁曰 王東土 待君之子孫三建必矣 其他惟命 作帝建 聞其言 知時命未至 猶豫未及荅 坐後有一老嫗 戲曰 何不娵其女而去 作帝建 乃悟 請之 翁以長女鸞昺義 妻之 作帝建 齎七寶將還 龍女曰 父有楊杖與豚 勝七寶 盍請之 作帝建 請還七寶 願得楊杖與豚 翁曰 此二物 吾之神通 然君有請 敢不從 乃加與豚 於是 乘漆船 載七寶與豚 泛海 俟到岸."

지 사신 일행의 일원으로 신라의 사행 임무를 완수하였던 것이다. 즉 거타지의 求龍說話는 신라 사신의 임무 수행을 조력하는 역할을 하고 있다. 그러나 작제건 설화는 신라정부의 공적인 임무인 사행의 성공 여부에는 아랑곳하지 않는다. 작제건은 상인의 배에 탔다고 하였으며, 혹 민지의 『편년강목』에서처럼 김양정의 사행을 수행하였다고 하더라도 도중에 배를 내린 것으로 더 이상의 관계는 없다. 그는 개인적인 일로 도당하려다가 동방의 왕이 되겠다는 포부를 가지고 돌아오는 것이다. 신라인의 상선에서 작제건을 고려인이라고 하였던 것도 이질적이다. 즉 강주의 거타지는 신라의 일원으로서의 역할에 충실함에 비하여 송악의 작제건은 신라 정부와는 무관하다. 설화에서 드러나는 두 지역의 이러한 차이점은 그후에 강주의 왕봉규가 신라를 도와 당과의 사행에 적극 협조한 것과 이와 대조적으로 송악의 왕건이 신라를 이탈하여 독자적인 국가를 건설하였던 결과로 나타나게 되는 것이라 하겠다.

2) 강주와 왕봉규의 해상활동

거타지와 작제건의 모험과 성공은 그 뒤를 이은 거대한 해상세력의 출현을 예고하는 것이었다. 거타지의 뒤를 이어 강주에서는 왕봉규가, 송악에서는 작제건의 후손인 왕건의 대세력이 해상활동을 통해 성장하였던 것이다. 다음으로 거타지의 강주지역은 신라말의 격동기에 어떤 양상을 보이고 있는지에 대해 살피고자 한다.

일찍이 9세기부터 康州는 일본과의 교섭에서 신라의 대외창구의 역할을 담당하고 있었다. 836년 일본에서 파견한 사신인 紀三津은 일본 태정관이 신라 집사성에 보내는 첩문을 가지고 왔는데 신라는 일본의 사신을 거절하고 菁州, 즉 강주에서 바로 돌려보냈다.[45] 일본 사신의 거처와 통로가 강주였음을 알 수 있다. 한편 845년에는 신라의 강주에서

156

첨문 2통과 일본인 표류자 50인을 압송하여 太宰府로 보냈는데 대재부에 첨문을 보낸 주체가 바로 강주였음이 주목된다.[46] 이 시기 신라는 주로 강주가, 일본은 대재부가 양 국가의 창구로 기능하고 있었던 것이다.[47] 신라말 일본과의 교류는 정치적인 것보다는 상업적인 이득을 취하려는 것이 대부분이었다. 강주는 일본과의 교역을 통해 해상무역의 기반을 쌓아가고 있었던 것이다.

그후 강주지역의 해상활동은 일본과의 교역에서 점차 중국과의 교역으로 확산되었다. 거타지가 당나라로 향하는 신라 사신을 수행하였다는 것은 강주가 중국과의 교역활동에 나서고 있었음을 짐작케 한다. 비록 설화이지만, 거타지의 활약은 강주와 중국과의 교역이 성공적으로 이루어졌음을 상징적으로 암시한다. 거타지의 뒤를 이어 강주에서 가장 강력한 세력가로 등장하는 인물은 王逢規이다. 거타지 설화의 배경이 된 시기는 진성여왕 7년(893) 무렵이며 왕봉규가 역사에 등장한 것은 경명왕 8년(924)이다. 이 두 사람 사이에는 30년이라는 시간의 차이가 존재한다.[48] 거타지와 왕봉규가 어떤 관계인지 알려주는 자료는 없지만, 거타지의 활동은 왕봉규와 같은 해상세력의 대두를 가져오는 밑거름이 되었을 것이다.

D-1. 遣使入後唐朝貢 泉州節度使王逢規 亦遣使方物 (『三國史記』 권12, 景明王 8년 정월조)

---

45) 『續日本後紀』 권5, 仁明天皇 承和 3년 12월 3일조.
46) 『續日本後紀』 권15, 仁明天皇 承和 12년 12월 5일조.
47) 전기웅, 「나말여초의 대일관계사 연구」, 『한국민족문화연구』 9집, 부산대 한국민족문화연구소, 1997, pp.9~10.
48) 30년이란 젊은 거타지가 성숙한 중년이 되었을 세월이다. 거타지와 왕봉규가 동일한 인물일 가능성도 없지 않겠으나, 이를 입증할만한 자료는 없다. 상상의 영역에 맡겨둘 일이다.

D-2. 唐明宗 以權知康州使王逢規爲懷化大將軍 (위와 같음, 景哀王 4년 3월조)

D-3. 知康州使王逢規遣使林彦 入後唐朝貢 明宗召對中興殿賜物 (위와 같음, 景哀王 4년 4월조)

D-4. 康州所管突山等四鄕 歸於太祖 (위와 같음, 景哀王 4년 4월조)

D-1에서 왕봉규는 경명왕 8년(924) 정월에 천주절도사를 칭하면서 후당에 사신을 파견하여 방물을 바쳤다고 한다. 그런데 이 기사는 신라가 후당에 사신을 파견하여 조공하였다는 기사와 함께 기재되어 있다. 같은 해 같은 달에 신라정부와 왕봉규의 사신이 동시에 도착하였다는 것이다. 신라정부의 사신과 왕봉규의 사신이 동행하였을 가능성이 크다. 당시의 대당 통로를 확보하고 있었던 왕봉규가 신라의 사신을 후당으로 인도하는 동시에 스스로도 천주절도사를 칭하며 독자적인 사신을 동행하여 보냈던 것이 아닐까 한다.[49]

장보고 사후 신라의 대외교역 창구는 강주와 김해를 비롯한 남부 해안지역이 중요시 되었다. 일본과의 교역창구가 강주였다든가 당 등주의 登州知後官 李彦謨가 신라 김해의 金州司馬이었음은[50] 이런 사정을 짐작케 하는 것이다.[51] 그후 후백제가 서남해로 진출하면서 김해지역과 부산의 절영도까지 남해상을 위협하였고 이미 서해를 장악한 고려는 서남해의 해상권을 둘러싸고 후백제와 각축전을 벌이게 되었다. 이런 가운데 신라는 경명왕 이후 고려와의 관계를 개선하고 이어서 대중국외교를 통하여 고립된 상황을 타개하려는 외교적 노력에 힘을 쏟고 있었

---

49) 사신 파견과 조공을 행하는 중요한 이유는 조공무역을 통하여 얻을 수 있는 이득이 매우 크기 때문이다. 왕봉규가 스스로 사신 파견의 주체가 되려 한 것에는 이와 같은 무역의 이득을 얻기 위한 목적이 있었을 것으로 생각된다.

50) 『冊府元龜』 권976, 外臣部20, 裒異3, 後唐 明宗 天成 2년 3월 을묘조.

51) 박승범, 「9~10세기 동아시아 지역의 교역─신라말 고려초 한반도를 중심으로─」, 『중국사연구』 29집, 2004, pp.119~120.

158

다. 그러나 후백제와 고려에 의해 해상이 봉쇄당한 경명왕대의 신라 왕경은 독자적으로 당나라에 사신을 파견할 수 있는 여력을 상실하고 있었다. 이 난국을 타개할 방법은 지방세력에 의존하는 것이었다. 일찍부터 신라의 대외교역에 기여하였던 강주지역에서 군사적인 능력을 갖춘 왕봉규와 같은 유력한 해상세력가가 등장하게 되자[52] 신라정부는 그와 협력하여 당과의 통교를 지속하려고 하였던 것이다. 당나라와의 교역에 신라의 후광이 필요하였던 왕봉규와 신라정부는 서로 필요로 하는 존재였다. 일개 지방세력가에 지나지 않았던 왕봉규가 절도사를 칭하며 독자적으로 당에 사신을 보낼 수 있었던 배후에는 신라정부의 지원이 있었기 때문으로 생각된다. 이러한 관계는 경명왕이 죽고 경애왕이 들어선 이후에도 지속되었다.

왕봉규가 사신을 파견하고 방물을 바친 것은 당과 신라와의 해상활동과 조공무역에 따른 이득을 얻기 위한 것이며, 이는 성공적으로 진행되었다. 3년 후인 경애왕 4년 3월에는 후당의 明宗이 權知康州使 王逢規를 懷化大將軍으로 삼았는데(D-2), 이는 바로 그 전달인 경애왕 4년 2월에 신라가 병부시랑 張芬 등을 후당에 보내어 조공하니 당에서는 장분에게 檢校工部尙書의 직함을 주고 副使 병부낭중 박술홍에게 兼御史中丞을 제수하는 등[53] 사신들에게 관직을 수여한 것과 관련이 있어 보인다. 신라의 사신 파견과 왕봉규의 대당 활동은 긴밀히 연결되고 있었던 것이다.

다음 달인 4월에는 왕봉규가 후당으로 林彦을 사신으로 파견하였는

52) 왕봉규는 절도사, 대장군, 지주제군사의 직책을 얻었다. 이는 모두 군사적인 능력을 보유한 자에게 주어지는 칭호이다. 그가 단순한 상인이 아니라 강주지역의 대호족으로 강력한 군사력을 갖추고 있었음을 짐작케 한다. 이 군사력은 해상활동에도 사용되었을 것이다.
53) 『三國史記』 권12, 경애왕 4년 2월조.

데 이제는 임시직을 뜻하는 '權'이 없어지고 정식으로 知康州使를 칭하고
있다. 왕봉규의 신라 직함인 知州諸軍事는 신라정부가 유력한 지방세력
가를 회유하고 협조와 충성을 얻기 위하여 진골에 해당하는 지위와
신분을 부여하고 그 지방의 지배권을 인정하였던 제도였다.[54] 왕봉규는
대당외교에서의 공로와 역할로 지주제군사의 직위를 얻을 수 있었을
것이다. 이때 명종은 중흥전에서 임언을 불러보고 물품을 내려주었다
(D-3). 그는 후당의 명종으로부터 인정을 얻고 후대를 받기에 이르렀던
것이다.

왕봉규가 임언을 후당에 사신으로 파견하였던 바로 그해인 927년
고려는 강주지역에 진출하여 海軍將軍 英昌과 能式이 전이산 노포 평산
돌산 등 4개 지역을 항복시켰다.[55] 8월에는 태조가 강주를 순행하였으
며 이에 고사갈이성 성주 흥달이 귀부하였다.[56] 고려의 강주 공략은
바다를 통해 이루어졌다. 영창과 능식은 海軍의 장군이었다. 이로써
고려의 해군이 강주의 해상세력을 무찌르고 남해의 해상권을 장악하게
되었던 것이다. 고려로서는 신라와 후당을 연결하는 통로를 차단하고
아울러 당과의 외교적 우위와 서남해의 해상권을 공고히 하기 위해서는
강력한 경쟁자로 부상한 강주의 왕봉규 세력을 제거해야 할 필요가
있었을 것이다. 그 결과 서해와 남해의 해상권이 모두 고려의 수중에
들어가게 되면서 왕봉규의 활동도 더 이상 지속되지 못하였다. 신라
또한 더 이상 중국과의 관계를 기대하지 못하게 된 것이다.

이때 왕봉규의 사신이었던 임언은 같은 해(927) 이번에는 고려 태조의
견당사로 파견되고 있어서[57] 왕봉규의 사신으로 파견되었다가 귀환하

---

54) 지주제군사와 나말의 지방제도 변화에 대해서는 전기웅, 「나말여초의 지방사
　　회와 지주제군사」, 『경남사학』 4집, 1987이 참고된다.
55) 『高麗史』 권1, 태조 10년 4월조.
56) 『高麗史』 권1, 태조 10년 8월조.

는 도중에 태조에 의해 사로잡혔거나 이 해에 강주지역에 진출한 고려군에 의해 강주의 일부 지역이 예속되는 가운데 그 또한 투항하였을 것으로 생각된다.

고려 태조의 사신으로 다시 후당에 파견된 임언은 왕봉규와 연결되었던 후당의 관심을 고려로 돌려놓는 데 성공하였다. 다음 해인 928년을 기점으로 후당이 고려 사신에 대해 예우와 격식을 갖추는 등 고려를 중시하게 되었던 것은 그 결과였다.[58] 신라의 6두품 출신으로 생각되는 임언은 태조의 11비인 천안부원부인 임씨를 납비하여 태조의 妃父가 되었는데 이때 그는 경주인 太守로 나타나고 있다.[59] 임언이 태조와 통혼하기에 이른 것은 고려와 후당과의 외교에서 그가 거둔 성과와 공헌에 힘입은 것이라 하겠다.

강주와 왕봉규의 몰락으로 경명왕 이후부터 활발하게 진행되었던 신라의 대당외교는 결정적인 타격을 받게 되었으며 뒤이어 경애왕마저 견훤에게 살해됨으로써 완전히 와해되기에 이르렀다. 이로써 신라는 다시 회생할 수 있는 기대감마저 사라지고 말았다.

고려의 진출에 자극을 받은 견훤은 927년 11월에 신라 왕경을 습격하여 경애왕을 살해하고 돌아갔다. 이는 오히려 후백제에 대한 적개심을 높이는 결과를 가져왔고 강주 또한 이 무렵 저항을 멈추고 고려에 귀부하였다. 태조는 견훤에게 보낸 서신에서 "강주는 남쪽으로부터 스스로 귀래하였다."라고 자랑스럽게 말하고 있다.[60] 강주가 고려의 영향권으로 들어가게 되자 견훤은 태조 11년 직접 군대를 이끌고 강주의 공격에 나섰다. 정월에는 강주를 구원하려던 고려의 元尹 金相과 正朝

57) 『高麗史』 권1, 태조 10년조.
58) 박승범, 앞의 논문, 2004, p.132.
59) 『高麗史』 권88, 후비1, 천안부원부인조.
60) 『高麗史』 권1, 태조 11년조.

直良이 초팔성 성주 興宗에게 패하여 김상은 전사하였으며,[61] 5월에는 견훤의 습격을 받아 康州元甫 珍景이 싸웠으나 또한 패배하고 강주장군 有文은 견훤에게 항복하였다.[62] 이후 강주는 후백제의 세력 아래 들어 갔는데 934년에는 견훤의 아들인 양검이 강주도독으로 머물고 있었음을 보아[63] 태조의 통일까지 후백제의 영역으로 남아 있었다.

왕봉규는 927년 고려의 공격에 의하여 강주가 넘어가면서 그도 또한 몰락하였을 것이다. 이후 왕봉규에 관해서는 어떠한 기록도 찾을 수 없다. 왕봉규와 손잡았던 신라의 경애왕도 왕봉규가 몰락한 지 수개월 후에 죽임을 당하였다. 거타지 설화의 마지막은 해피엔딩이었지만, 거타지의 뒤를 이은 강주 왕봉규의 해상세력은 통일전의 격랑 속에서 작제건의 후손인 더 강력한 해상세력 송악의 왕건에 의해 마침내 몰락하고 말았던 것이다.

일연은 『삼국유사』 기이편을 통해 설화로 이루어진 고대사의 역사체제를 갖추려고 하였다. 신라 하대 경문왕가기의 설화들은 각기 그 시기의 가장 중요한 사건과 역사상을 상징적으로 선명하게 드러나게 하는 것들이다. 신라가 몰락의 시기로 넘어가는 진성여왕대의 설화는 '진성여대왕거타지'조에 수록된 왕거인 사건과 거타지 설화의 두 가지이다. 이 두 설화는 얼핏 별 관계가 없는 듯이 보이지만 하나는 왕경에서 일어난 정치적 사건으로 당시 지배층의 암울한 현실을 나타내고 있으며 다른 하나는 지방에서 흥기하는 해상세력의 모험과 성공을 희망적으로 제시하고 있다. 왕경과 지방이라는 양자의 대비를 통해 당시의 사회상을 함축하여 나타내고 있는 것이다.

---

61) 『高麗史』 권1, 태조 11년 정월 을해조.
62) 『高麗史』 권1, 태조 11년 5월 경신조.
63) 『三國史記』 권50, 견훤전.

왕거인 사건은 6두품 지식인과 왕경의 중심계층인 국인들이 여왕과 왕실 측근의 세력집단에 대한 불만을 다라니의 은어를 통해 표출한 것이었다. 헌강왕대의 풍요와 번영에 길들여져 있었던 왕경인들은 진성여왕 즉위 후 지방에서의 조세 거부와 도적들의 봉기로 수입이 막히게 되자 극심한 경제적 타격을 입고 있었다. 왕경 내부에서의 분열은 이미 신라가 몰락의 단계에 이르렀음을 보여준다. 왕거인 사건은 진성여왕대 왕경의 사회상과 암울한 분위기를 선명하게 드러내고 있다.

거타지 설화는 강주의 거타지가 신라 사신을 수행하여 당으로 가는 과정에서 용왕의 어려움을 도와주고 그 보호를 얻어 무사히 사행을 마치고 돌아올 수 있었다는 이야기이다. 이 설화의 테마는 송악의 작제건 설화에서도 동일하게 나타난다. 바다로 나가 모험을 겪고 보물을 얻어 귀환한다는 이야기는 당시에 널리 퍼져 있던 해상 상인들의 모험담이었다.

두 설화 속의 사건은 그후의 역사에 커다란 영향을 미치고 있다. 왕거인 사건 이후 왕경은 새로운 정치세력의 대두로 개혁과 정치적 변화를 시작하였다. 예겸과 효종, 효공왕 요와 신덕왕 경휘로 이어지는 신라말 정치사의 전개는 왕거인 사건에 그 출발점을 두고 있는 것이다. 거타지 설화와 작제건 설화는 그후 강주의 왕봉규와 송악의 왕건이라는 강력한 해상세력의 등장으로 이어진다. 거타지의 활동을 이어간 왕봉규는 신라의 대당외교에 협조하며 활동하였으나, 신라를 벗어나 독립된 국가 조직을 갖춘 송악의 왕건에 의해 몰락하고 만다.

III. 신라말의 개혁과 최치원

진성여왕 3년 이후 지방사회의 분열과 동요를 겪은 신라말의 정치사회에서는 다양한 변화와 개혁의 양상이 나타난다. 왕경에서는 여왕과 총신들의 실정에 대한 비판이 제기되고 정치세력이 교체하여 박씨왕실로 이어지며, 지방사회에서는 都督制가 폐기되고 知州諸軍事와 城主가 등장하는 통치체제의 변혁이 있었다. 이러한 개혁의 과정에서는 당의 영향이 뚜렷이 드러나고 있어서 도당유학생 출신 6두품의 역할을 짐작케 한다.

최치원은 도당유학생 출신 6두품의 대표적인 위치에 있었던 인물이다. 그의 정치적 활동은 신라말 지식인의 동향을 보여주는 중요한 사례이다. 특히 그가 시무 10조를 올린 것은 의미가 크다. 여기에는 당시 도당유학생 출신 6두품 지식인들의 의지가 집약되어 있었을 것으로 생각된다. 이 시무책은 대개 실행에 옮겨지지 못하였던 것으로 이해되고 있는 듯하다. 그러나 이 시무책에는 지방사회의 이반에 대처하는 방안이 포함되었을 것으로 생각되며 이후 신라말 지방사회에서 나타나는 광범위한 변화의 양상을 통해 부분적으로나마 실행의 가능성을 엿볼 수 있을 것이다.

한편 최치원의 활동에 대해서는 보다 구체적으로 현실의 정치적 상황과 결부하여 이해할 필요가 있다. 신분의 제약으로 제 뜻을 펼 수 없었다든가 질시와 견제로 인해 失志하여 은둔하였을 것이라는 식의 이해가 일반적인 듯하다. 그러나 그렇다 하더라도 당시 정치사회의 전개과정을 면밀히 검토한 이후에 내려져야 할 결론이라고 믿는다.

1. 진성여왕대의 정치사회와 최치원

경문왕 8년(868) 12세의 나이로 입당한 최치원은 16년간 당에서 머물며 빈공과에 급제하고 溧水縣尉, 高騈의 종사관을 지냈다. 그는 황소의 난이 평정된 다음 해인 헌강왕 11년(885) 3월 귀국한 이후 효공왕 2년(898) 11월 면직으로 은퇴할 때까지 약 12년 동안 신라의 관료로서 정치사회에 몸담고 있었다.

그가 왕경에 머물러 있었던 기간은 귀국 후 진성여왕 4년(890) 경까지의 약 5년간과 진성여왕 8년(894)~효공왕 1년(897)까지의 약 3년간으로 모두 8년 정도이며, 외직에 나간 것은 태산군과 부성군의 태수로 890~893년까지의 약 3년, 천령군 태수로 897~898년까지의 약 1년으로 총 4년으로 추산된다. 최치원의 정치적 활동은 주로 그가 왕경에 머물면서 중앙 정치사회에 몸담고 있었던 기간 동안에 이루어졌다. 먼저 최치원이 귀국한 이후 태산군 태수로 부임할 때까지의 왕경내 정치사회의 양상에 대해 살피기로 한다.

최치원이 귀국할 무렵 신라에는 도당유학생 출신 6두품의 역할과 정치적 진출은 크게 늘어나고 있었다. 헌덕왕대에는 김흔을 당나라로 보내 崔利貞, 金叔貞, 朴季業 등을 귀환시키고 새로 金允夫, 金立之, 朴亮之 등 12인의 국자감 배속과 양식의 제공을 요청하여 허락을 얻었으며[1] 문성왕 2년(840)에는 신라 유학생 105인이 일시에 귀국한 것으로 그 규모를 짐작할 수 있다.[2] 이들이 빈공과에 급제한 이후에는 당의 지방관이 되었는데 신라에 귀국한 이후에도 역시 대개 지방관으로 나가고 있다.[3]

1) 『三國史記』 권10, 헌덕왕 17년 5월조.
2) 『三國史記』 권11, 문성왕 2년조.
3) 당에서 빈공과에 급제한 후 지방관을 역임한 인물은 金雲卿 崔致遠 金裝 金穎 등이며, 귀국 후 신라의 지방관으로 파견된 인물은 金巖 子玉 梁悅 金立之

한편 왕권강화의 노력과 함께 國學의 개편과 '能官人'을 등용하려는 노력,4) 입당사의 잦은 파견과 도당유학생의 귀환을 통한 당 문물의 수용 등 유학에의 관심에 따라 6두품의 진출이 늘어나고 있었다. 경문왕대에는 中事省·宣教省과 같은 국왕 측근의 近侍機構의 강화와 더불어 瑞書院·崇文臺와 같은 文翰機構의 확장이 진행되고 있는데 이 개혁은 중국식 제도의 수용과 왕권강화라는 측면에서 해석된다. 여기에는 朴居勿·崔賀·朴邕·金仁圭·崔致遠·朴仁範·崔彦撝 등 도당유학생 출신 문인들이 瑞書院(翰林臺)의 郞, 學士로 참여하고 있었다. 이들이 지향하는 정치형태는 中世的 측근정치로서 그 방향은 唐制를 모델로 삼아 중국의 제도와 문화를 수용하려는 것이다.5) 도당유학생 출신의 6두품 지식인은 당 유학을 통한 선진문화의 체험, 유교적 이념과 한문의 교양, 6두품 신분이라는 동질성을 공유하고 있었다. 이들은 정치적 현실의 불만과 그 개혁의 방향에 대해서도 일치할 수 있는 토대를 공유한 인물들로서 정치적인 세력으로 부상할 수 있는 역량을 갖춘 집단으로 성장하고 있었다.

헌강왕은 당에서 귀국한 최치원에게 侍讀兼翰林學士 守兵部侍郞 知瑞書監의 직위를 내렸다. 헌강왕이 베푼 예우는 각별한 것으로 文翰을 담당케 하는 한편 兵部의 직임을 겸하게 하였는데, 그가 받은 관직은 당시 6두품 도당유학생 출신의 인물이 받을 수 있는 가장 상급의 직위였다.6)

金峻 崔致遠 金蕓 金穎 등을 찾을 수 있다.
4) 田美姬, 「新羅 景文王·憲康王代의 '能官人' 登用政策과 國學」, 『동아연구』 17집, 1989.
5) 李基東, 「羅末麗初 近侍機構와 文翰機構의 擴張」, 『歷史學報』 77, 1978/ 『新羅骨品制社會와 花郎徒』, pp.249~254 재수록.
6) 이때의 守兵部侍郞은, 최언위가 守執事侍郞, 박인범이 守禮部侍郞으로 각기 文翰職과 함께 겸하였음을 보면 당시 도당유학생 출신에게는 守侍郞의 직위가

최치원은 다음 해인 886년 1월 당나라에서 저술하였던 시문을 정리하여 私試今體賦 5수 1권, 五言七言今體詩 100수 1권, 雜詩賦 30수 1권과 『中山覆簣集』 1부 5권, 『桂苑筆耕集』 1부 20권 등 모두 28권을 엮어 왕에게 진상하였다. 그의 뛰어난 문장력과 도당 경험은 신라의 대당 외교문서 작성에 크게 유용하여 국왕을 대신하여 「讓位表」, 「謝嗣位表」 등 7편의 表와 宿衛學生首領等入朝狀 등 6편의 狀을 비롯한 외교문서를 작성하였다. 또한 왕명으로 찬술한 四山碑銘을 비롯한 수많은 불교관련 저술을 남기고 있다. 헌강왕은 智證大師 道憲(824~882)의 탑비문 찬술을 명하였고 이어 大崇福寺의 사적비 비문을 짓도록 하였으며 886년에는 眞鑑禪師 慧昭(774~850)의 탑비문을 맡겼다. 왕명으로 선사의 비문을 찬술하는 일은 문한을 담당한 당대 최고의 문인에게 주어진 영광스런 것이었다.

이처럼 최치원이 귀국한 초에는 헌강왕의 지원과 예우를 받으며 순탄한 신라 생활을 시작하였던 것으로 생각되지만, 886년 7월 5일에 헌강왕이 병을 얻어 죽고 정강왕을 거쳐 女弟인 진성여왕으로 왕위가 이어지면서 신라의 정치사회는 혼란과 분열로 빠져들게 된다. 이때까지 최치원은 왕경 내에서 중앙정부의 관직을 갖고 종사하였다. 그러나 그후에는 지방관으로 파견되어 太山郡(태인), 富城郡(서산), 天嶺郡(함양)의 太守를 두루 거치게 된다. 당에서 溧水縣尉와 高騈의 종사관으로 근무한 경험을 갖고 있었던 그는 신라에서도 지방관을 역임하면서 지방사회의 실상을 파악할 수 있는 기회를 갖게 된 셈이다.

그가 외직으로 나가게 된 사정에 대해서는 『삼국사기』의 최치원전에

주어진 것이라고 하겠다. 이때의 守는 후대의 '階卑職高'의 의미라기 보다는, 실무를 담당하지 않았던 散職의 의미로 이해하는 것이 좋겠다. 知瑞書監은 왕실도서를 관장하는 瑞書院의 知事일 것이다.

"而衰季多疑忌 不能容, 出爲太山郡太守"라고 하여 자신의 뜻을 행하려 하였으나, 말세를 당하여 의심과 시기가 많아 용납되지 못하였다고 하였다. 이는 첫 외직인 태산군 태수로 부임할 당시의 상황을 말해주고 있는데, 헌강왕과 정강왕의 재위기간 동안에 최치원이 용납되지 못하였거나 말세라고 생각할만한 뚜렷한 이유를 찾기 어렵다. 그러므로 위홍이 죽고 여왕의 측근 총신들에 의해 정치가 문란해지면서 전국의 도적이 봉기하고 왕경의 민심이 동요하던 진성여왕 3년(889) 무렵의 상황을 의미한다고 보는 것이 합당하다. 그가 정치적인 상황에 어려움을 절실히 느꼈던 시기도 寵臣들이 천권하던 이 무렵의 일이었을 것이다. 따라서 태산군 태수로의 부임은 소요가 일어난 3년이나 그 다음 해인 4년(890) 경의 일이라 하겠다.7)

최치원을 비롯한 도당유학생 출신 6두품 지식인이 용납되지 못하였다는 사정은 왕거인 사건을 통해서 짐작할 수 있다. 진성여왕 초의 정국은 혼란에 빠져있었으며 일부 도당유학생 출신 지식인들은 失志하여 은둔하거나 여왕과 권신들의 실정에 대해 불만을 표출하고 저항하는 모습으로 나타나고 있다.

---

7) 최치원이 지은 「王妃金氏爲先考及亡兄追福施穀願文」의 말미에는 '中和 丁未年 暢月 富城太守 崔致遠'이 명기되고 있다. 정미년은 887년으로 진성여왕이 즉위한 해이다. 이에 따르면 헌강왕 사후 곧 태산군 태수가 되었다가 1년이 안 되는 사이에 다시 부성군 태수로 전임하여 7년 이상 임직한 것이 된다. 그러나 이 재임기간은 의문이 있다(崔敬淑, 「崔致遠 硏究」, 『釜山史學』 5집, 1981, p.21). 최영성은 이를 後人이 『東國僧史碑』에 옮겨 실을 때 착오로 기록한 것으로 보고, 진성여왕 4년(890) 경 태산군 태수로 부임하였다가 동왕 6년(892) 견훤의 후백제 건국으로 태수직을 수행할 수 없게 되어 부성군 태수로 전임되었을 것이라고 하였다(최영성, 『註解四山碑銘』, 아시아문화사, 1987, pp.298, 299). 당시의 정황으로 미루어 볼 때 최영성의 견해는 타당성이 있다.

A-1. 제51대 진성여왕이 임금이 된 지 몇 해 만에 乳母 鳧好夫人과 그녀의 남편 魏弘匝干 등 3, 4명의 寵臣들이 권력을 마음대로 하여, 정사를 어지럽히니 도적이 벌떼처럼 일어났다. 國人이 이를 근심하여 이에 다라니의 隱語를 지어 써서 길에 던졌다. 왕과 權臣들이 이것을 얻어 보고 "王居仁이 아니면 누가 이런 글을 지을 사람이 있겠느냐?" 하고 거인을 옥에 가두었다. 居仁이 시를 지어 하늘에 호소하니 하늘이 獄에 벼락을 쳐 풀어 주었다. (『三國遺事』 권2, 紀異2, 眞聖女大王 居陁知)

A-2. 魏弘이 죽으므로 追諡하여 惠成大王이라고 하였다. 王은 이후로 비밀히 2, 3인의 少年美丈夫를 불러들여 음란하며 그들에게 요직을 주고 國政을 위임하였다. 이로 말미암아 총애를 얻은 자들이 방자하여지고 뇌물이 공공연히 행해지며 상벌이 공평하지 못하여 기강이 문란하게 되었다. 이때에 어떤 자가 익명으로 時政을 비방하는 글을 지어 大路上에 게시하였다. 王은 사람을 시켜 수색케 하였으나 잡지 못하였는데 어떤 자가 王에게 고하기를 "이는 반드시 失志한 文人의 소행일 것이니 아마도 大耶州의 隱者 巨仁일 것입니다."라고 하였다. (『三國史記』 11, 眞聖王 2년 2월조)

왕거인 사건은 『삼국유사』와 『삼국사기』 두 사서에 모두 기록을 남길 만큼 중요한 사건으로 여겨지고 있었다. 두 사료는 약간의 차이가 있으나 같은 사실을 전하고 있으므로 서로 보완하여 해석하여도 좋을 것이다. 이 사건은 진성여왕 2년 위홍의 사망 기사에 이어지고 있지만 내용상으로 볼 때 3년 무렵의 상황을 전하고 있다.

경문왕의 친동생으로 진성여왕 초기까지의 정국을 주도하던 위홍이 갑자기 죽자 정치는 급격한 혼란으로 빠지고 왕실에 대한 불만이 표출되면서 혼란이 야기되었다. 여왕은 소수의 측근 총신들에게 권력을 맡겼는데 국정을 위임받은 총신들은 요직을 차지하여 방자하고 뇌물과 상벌을 멋대로 하는 등 정치의 기강을 문란하게 하였다. 이에 여왕과 측근의 실정에 대해 왕경의 國人들이 비난하고 나섰으며 다라니의 은어로 된 벽서가 나붙기에 이르렀다. 이때 權臣들은 주모자로 왕거인을 지목하고 잡아다 옥에 가두었다.

왕거인은 도당유학생 출신의 6두품으로 생각되는데 失志하여 대야주에 은거하고 있었다고 하였다. 그럼에도 불구하고 그를 지목한 것은 이미 왕거인이 그들의 실정을 비판하고 있었던 인물이기 때문이라 하겠다. 즉 6두품 지식인 가운데에는 왕거인처럼 왕실의 실정과 지배층의 폐해에 대해 비판하거나 자신의 뜻이 받아들여지지 않자 왕경의 정치사회를 떠나 지방에 은거하기에 이른 사람들이 있었던 것이다. 진성여왕 초기 왕경의 현실은 왕거인을 잡아다 옥에 가둔 것에서 보듯이 권신들에 의해 6두품 지식인들이 견제와 탄압을 당하는 상황이 전개되고 있었다.[8]

비록 왕거인은 풀려났지만,[9] 6두품 지식인들에 대한 권신들의 의구심이 사라진 것은 아니었다. 정치사회에 대한 불만은 왕경의 國人들과 왕거인을 비롯한 당시 6두품 지식인들에게 폭넓게 퍼져 있었다. 6두품 지식인을 대표하는 위치에 있었던 최치원 또한 권신들로부터 의혹과 견제의 대상이 되었을 것이다. 그가 의심과 시기로 자신의 뜻을 펼 수 없었다고 한 것은 이처럼 위홍 사후의 문란해진 정치현실을 탄식한 것이며 그가 지방관으로 나가게 된 사정은 이러한 왕경의 정치적 상황에 기인한 것이라고 하겠다.

---

8) 王居仁 사건에 대해서는 全基雄, 『羅末麗初의 政治社會와 文人知識層』, 혜안, 1996, pp.28~48 참고.
9) 왕거인이 풀려난 이유는 하늘에서 옥에 벼락을 쳤기 때문이라고 표현되고 있으나, 이는 당시 왕경인들의 여론과 동향이 압력으로 작용하였기 때문일 것으로 해석된다.

최치원이 태산군 태수로 외직에 나간 진성여왕 4년(890) 이후 왕경 내부에서는 정치세력의 변동 양상이 나타난다. 진성여왕은 효녀 지은의 사건을 계기로 화랑 효종의 미덕을 부각시키는 등 왕실과 결합하였던 화랑세력을 통해 흐트러진 왕경의 민심을 수습하기 위해 노력하였으나[10] 상황은 급박하게 전개되어 5년 10월에는 북원의 양길이 궁예로 하여금 북원 동쪽 부락과 명주 관내 주천 등 10여 군현을 습격하게 하였고, 다음 해인 6년에는 견훤이 후백제를 자칭하고 무주 동남 군현이 투항하는 등 분열이 가속되고 있었다.

진성여왕 초의 권신들이 왕경 내부의 비난과 반발, 지방사회 분열이라는 사태에 적절하게 대처하지 못하는 상황에서 새로운 정치세력의 부상이 있었다. 그것은 예겸의 등장이다. 乂謙은 헌강왕 즉위시 상대등이 된 위홍과 함께 시중이 되었다가 헌강왕 6년에 물러났는데 위홍이 죽고 진성여왕대의 정치가 혼란에 빠진 틈을 타서 다시 정계에 복귀하였다. 예겸은 효공왕과 신덕왕 두 사람과 모두 밀접한 관련을 맺고 있었던 인물이다. 신덕왕 경휘에게는 義父가 되며, 효공왕 3년에는 딸을 납비하여 왕의 妃父가 되었다. 민간에 묻혀 있었던 효공왕 嶢가 갑자기 나타나 태자의 지위를 얻고 진성여왕의 선위를 받아 왕위에 오른 것이나, 신덕왕 경휘가 헌강왕의 사위가 되어 효종의 화랑세력을 물리치고 효공왕을 이어 왕위를 계승할 수 있었던 것도 예겸세력의 작용이 있었을 것으로 여겨진다.[11]

예겸이 정권을 주도하게 된 진성여왕의 후반기부터 신라사회는 전반적인 개혁의 양상이 나타나고 있다. 중앙정부에서는 화랑세력이 약화되

---

10) 全基雄, 「眞聖女王代의 花郎 孝宗과 孝女知恩 說話」, 『韓國民族文化』 25집, 부산대 한국민족문화연구소, 2005.
11) 全基雄, 「憲康王대의 정치사회와 '處容郎望海寺'條 설화」, 『新羅文化』 26집, 동국대 신라문화연구소, 2005, pp.76~77.

고 정치세력이 교체되어 박씨왕실의 성립으로 이어지고 있으며, 6두품
의 진출과 함께 최치원의 시무 10조가 제시되고 相國 國相의 등장과
중국식 관호 관직명 文散階가 채용되었다. 지방에서는 都督制를 대신하
여 군사적 대응체제인 성주 장군과 知州諸軍事제가 성립되었고, 5소경
과 군현의 州, 府로의 전환과 골품제의 변화 위계의 확산이 나타나고
있었다.[12] 이러한 변화를 이끈 정치사회의 배후에는 예겸이 있었던
것이다.

예겸과 경휘세력의 지지기반은 국인층과 6두품 지식인을 들 수 있다.
이들은 왕거인 사건에서 볼 수 있듯이 진성여왕의 실정에 대해 비판하고
나섰던 계층으로 그후 國人은 효공왕 사후 신덕왕 경휘를 추대하여
즉위케 하였으며 최치원을 비롯한 6두품은 시무 10조를 통하여 개혁의
방향과 방법을 제시하였다. 6두품 출신인 최치원이 시무 10조를 제시될
수 있었던 정치적 배경은 예겸세력의 등장과 개혁의 추진, 이에 따른
6두품 지식인의 경험과 지식의 필요에서 찾을 수 있을 것이다.

2. 시무10조와 개혁의 양상

최치원의 정치적 활동이 표면에 나타난 것은 진성여왕 8년의 시무
10조의 제시이다. 이는 王巨仁事件과 함께 나말 6두품의 동향을 파악할
수 있는 중요한 단서이다. 최치원이 시무 10조를 올린 것은 894년 2월의
일이다.

최치원은 890년 경 태산군 태수로 부임하였는데 지금의 전북 정읍지
역인 태산군은 여왕 6년(892)에는 견훤이 후백제를 건국하였으므로
이곳 또한 후백제의 영향 아래 들게 되었다. 최치원은 그 다음 해인

---

12) 全基雄, 『羅末麗初의 政治社會와 文人知識層』, 혜안, 1996, pp.259~260.

여왕 7년(893)에는 富城郡 태수로 나타나고 있어 부성군으로 임지를 옮겨간 것을 알 수 있다. 이 해 당에 納旌節使로 파견한 兵部侍郎 金處誨 가 바다에 빠져 죽자 왕실에서는 槥城郡 太守 金俊을[13] 告奏使로, 부성군 태수 최치원을 賀正使로 삼아 다시 당에 파견하였으나 흉년과 도적들의 창궐로 길이 막혀 갈 수가 없었다고 하였다. 이는 무주를 통한 사행의 길이 견훤에 의해 막힌 까닭이다. 그런데 그후 이 使行은 성공적으로 수행되었다. 894년 2월에 시무 10조를 올린 것과 『삼국사기』 최치원전 에 전재되어 있는 「上大師侍中狀」에서의 내용, 지증대사비문에 '入朝賀 正兼迎奉皇花等使'라고 명기한 것을 보면 사행은 그해 바로 이루어졌음 을 알 수 있다.[14] 이들은 당으로 가는 사행의 통로였던 무주로 가는 남쪽 길을 포기하고 견훤의 세력이 미치지 못하는 북쪽으로 올라가 서해안의 항해로를 통해 당으로 갔을 것으로 생각된다. 남양만에서 황해도에 이르는 서해안의 중부지역에서 서해를 가로질러 산동반도로 직항하는 서해안의 뱃길은 불과 수일이면 왕래가 가능하다. 특별한 문제가 없다면 당의 수도에서 출발하여 신라의 왕경에 도착하는 기간은 십 수일 정도이다. 최치원과 김준이 태수로 있었던 부성군과 혜성군은 각기 지금의 충남 서산과 당진지역이므로 서해안지역의 商船을 이용한 사행이 용이하였을 것이다.

그가 賀正使로 파견된 것은 893년인데, 하정사는 신년을 하례하는 사절이므로 당에서 894년의 새해를 맞이하였을 것이다. 당에서의 체류

---

13) 槥城郡은 현재 충남 당진군 면천면이다. 당시 최치원은 지금의 충남 서산인 보성군 태수이었으므로 서로 인접한 지역의 지방관인 셈이다. 金峻은 西原京의 少尹을 지냈던 인물로 최치원은 그에게 '留別西京金少尹峻'이라는 글을 보낸 바 있어서 교분을 짐작케 한다(『東文選』 권19). 최치원과 마찬가지로 지방관이 면서 함께 당에 使行한 것으로 보아 그 또한 도당유학생 출신이 아닐까 한다.
14) 崔英成, 『崔致遠의 哲學思想』, 아세아문화사, 2001, pp.358~359.

기간이 얼마였는지 확실하지는 않으나 귀국에 걸린 시간을 감안한다면 시무 10조가 제시된 2월은 그가 귀국한 직후이거나 얼마 지나지 않은 시기의 일이다.[15] 그러므로 여기에는 그가 사행할 때까지의 과정에서 겪었던 지방사회의 반란으로 인한 어려움이나[16] 唐이 황소의 난이 진압된 이후 昭宗 년간(888~904)의 정치사회를 견문한 경험이 반영되었을 것으로 생각된다. 최치원은 시무 10조를 올렸던 그 다음 해인 895년에 지은 「海印寺妙吉祥塔記」에서는 "唐十九帝中興之際 兵兇二災 西歇東來" 라고 하여 소종 무렵의 당은 중흥을 맞이하고 있다고 하였다. 이는 그가 당에서 사신으로 머무르고 있는 동안에 얻은 판단일 것이다.[17] 최치원은 사행을 마치고 돌아온 후 새로운 개혁의 움직임에 부응하여 자신이 지방관을 역임하며 파악한 지방사회의 양태와 당의 대응책들을 종합하여 새로운 개혁의 방향을 제시한 것이라고 하겠다.[18]

崔致遠 進時務一十餘條 王嘉納之 拜致遠爲阿湌 (『三國史記』 권11, 眞聖女

---

15) 시무책의 제시는 唐 使行의 결과를 보고하면서 함께 올렸을 가능성도 있다. 병화가 멈추고 중흥의 기운이 돌았다는 당의 사정에 대한 최치원의 보고와 지방사회의 혼란을 타개할 방책의 제시는 신라왕실로서는 퍽 고무적인 일이었겠다. 이때 시무 10조의 건의를 가납하였다는 것은 여기에서 새로운 희망과 기대를 가질 수 있었기 때문일 것이다. 이후 당의 외교문서를 모두 최치원에게 맡긴 것은 그를 신뢰한 까닭이라고 보아도 좋을 것이다.

16) 최치원은 태산군 태수로 있을 때 견훤의 후백제 건국으로 태수직을 옮겼으며, 부성군 태수로 있을 때 당의 사행이 도적으로 길이 막혀 가지 못하는 등의 지방사회의 어려움을 직접 겪은 바 있었다.

17) 崔英成, 『崔致遠의 哲學思想』, 아세아문화사, 2001, pp.360~362.

18) 이때의 지방관 경험과 사행 길에서의 체험은 지방사회의 참혹함을 깊이 인식하게 하는 계기가 되었을 것이다. 사행에서 돌아온 다음 해에 지은 「海印寺妙吉祥塔記」에 "굶어서 죽고 전쟁으로 죽은 시체가 들판에 별처럼 널려있었다" 라고 한 것은 최치원이 사행할 때에 "해마다 흉년이 들어 기근에 시달렸고, 그로 말미암아 도적이 횡행하여 길이 막혀 가지 못하였다."고 한 것에서 보듯이 직접 목격한 것을 기술한 것이라 하겠다.

174

王 8년 2월조)

　진성여왕은 이를 가납하고 아찬의 위계를 수여하였다. 6두품 신분의
최치원이 시무책을 제시하고 국왕이 嘉納하였다는 것은 그 사실만으로
도 매우 큰 변화를 의미한다. 신라사회에서 국가의 정책을 제시하고
결정하며 명령할 수 있는 계층은 진골이다. 6두품은 진골층을 보좌하며
행정의 실무만을 담당할 수 있었던 계층이었다. 그러므로 6두품은 원칙
적으로 국가의 정책 방향을 제시하거나 결정할 수 있는 존재는 아니었
다. 그러나 진성여왕 8년에 이르러 최치원이 제시한 시무 10조는 時務策
의 형태를 갖추어 공식적으로 제기된 국가정책의 건의였다. 6두품이
정책을 제안하고 국왕의 嘉納을 얻어 실행되는 상황이 전개되고 있는
것이다. 왕거인이 투옥되었던 진성여왕 초의 상황에 비하여 현격한
차이를 느끼게 한다. 이는 6두품의 정치적 지위와 발언권의 성장을
의미하는 것이라 하겠으며, 한편으로는 신라정부가 직면한 현실의 문제
들을 해결하기 위해서는 도당유학생 출신 6두품 지식층의 지식과 경험
을 필요로 하였기 때문이었다. 6두품 지식인은 이제 당당히 국왕에게
시무책이라는 형태를 통하여 정치사회의 개혁을 요구하기에 이른 것이
다.19)

　최치원의 시무책은 당시 도당유학생 출신을 비롯한 6두품 지식층의
여망을 집약하여 입안된 정책이며 왕경의 내외가 동요하는 급박한
위기의 상황에서 제시된 것이 바로 시무 10조이었다는 점을 주목한다면

---

19) 이 시무책은 그 내용은 전하지 않으므로 여러 가지 추측이 있었으나, 일반적으로
　　시행되지 못했을 것이라는 이해가 지배적이다. 그러나 崔致遠에게 아찬을
　　수여하면서 가납한 시무책이 그대로 폐기되었다고 볼 근거도 없다. 최치원과
　　6두품 지식인이 제시한 해결방안은 이 시기 위기의 극복과 개혁에 필요하였을
　　것이기 때문이다. 이 10가지의 시무책이 그대로 모두 시행되기는 어려웠을
　　것으로 생각되나 그 중 일부는 실행에 옮겨졌다고 보아도 좋을 것이다.

여기에는 진성여왕 8년 당시의 신라가 당면하고 있었던 위기상황에 대한 대응방안, 즉 중앙 정치에 대해서는 왕경의 國人과 6두품에 의해 비난의 대상이 되었던 여왕과 측근의 寵臣들의 실정과, 지방세력의 반발과 이탈에 대한 해결이 모색되었을 것으로 생각된다.[20] 특히 당과 신라에서 두루 지방관을 역임하면서 당에서는 고변의 종사관으로 황소의 난과 절도사의 발호를 겪었고 귀국 후에는 견훤의 반란으로 당으로 가는 사행길이 막히는 등 지방세력의 발호를 몸소 체험하였던 최치원으로서는 무엇보다도 지방 반란에 대처해야할 필요성이 가장 절실하였을 것이다.

태산군과 부성군의 태수로 재임하는 동안 최치원이 겪은 지방사회의 현실은 참담한 것이었다. 당시의 지방민들은 가혹한 왕경의 수탈로 고통을 받고 있었으며 전국은 도적으로 들끓는 상황이었다. 지방관의 가장 중요한 의무는 납세를 거두어들이는 일이었지만, 지방민들은 세금의 납부를 거부하고 있었으며 이를 강행하려는 정부와 마찰로 도적이 봉기하는 상황에 처해 있었다. 최치원이 마주친 지방의 현실은 이미 견훤과 같이 스스로 자립하여 국가를 칭하는 단계에 와있었던 것이다. 첫 부임지였던 태산군은 견훤에 의해 넘어가고 새로 부임한 부성군 또한 흉년과 도적들로 당에의 사행 길이 막혀 가지 못할 상황이었던 것이다. 그는 당에서 절도사의 발호와 황소의 난을 직접 겪으며 당의

---

20) 李基白氏는 최치원의 시무책이 反眞骨的 입장에서 科擧制의 실시, 전제왕권에 대한 지지를, 그리고 귀족적 특권을 옹호하는 일면 反豪族的 입장에서 중앙집권정책의 강화, 지방의 豪族勢力에 대한 비판을 담고 있었을 것으로 추정하였다(李基白, 「新羅骨品體制下의 儒敎的政治理念」, 『新羅思想史硏究』, 1986, pp.232~235). 그 밖에 시무책에 대해 언급한 경우에도 李基白氏가 제시한 이해의 틀을 크게 벗어나지 않고 대체로 새로운 정치운용의 원리 제시, 專制王權의 지지, 人事問題, 科擧制의 실시와 같은 것을 통하여 신분제의 제한에 불만을 가진 6두품의 입장을 대변하는 것으로 생각되었다.

지방사회 분열을 목도한 바 있었다. 따라서 그가 접한 신라의 지방사회의 혼란을 극복할 방법을 당의 대응책에서 찾았던 것이다.

당시의 가장 중대한 당면문제였던 지방사회의 반란에 대한 최치원의 방안이 구체적으로 무엇이었는지는 시무책이 제시된 이후의 신라 정치사회에서 나타나는 변화의 양상을 통하여 그 윤곽을 짐작할 수 있을 것이다. 특히 시무책이 제시된 직후 知州諸軍事가 등장하고 있으며, 城主의 명칭이 나타나는 등 지방제도의 전환이 이 시기부터 시작되고 있어서 주목된다.

> 天祐二年六月 □退定武州之會津 此時知州蘇判王公池本 竊承大師 (「無爲寺先覺大師遍光塔碑」, 『韓國金石全文』, p.348)

진성여왕 4년(890)경의 무주에는 金鎰이 도독으로 있었는데,[21] 天祐 2년(효공왕 9년, 905)에는 왕지본이 武州의 知州, 즉 지주제군사로 나타나고 있다. 王池本이 등장한 것은 890년 이후 그가 기록상 나타나는 905년 이전의 시기이며, 특히 견훤이 후백제를 세우고 무주의 동남 군현이 투항하는 892년(진성여왕 6년) 이후의 어느 시기로 생각된다.

효공왕 이후에는 武州의 王池本을 비롯하여 金海의 金仁匡 · 蘇忠子 · 蘇律熙, 基州의 康公萱, 牙州의 金行濤, 溟州의 王順式, 康州의 王逢規, 大耶의 金億廉 등이 知州諸軍事로 활동하고 있었다. 즉 이 시기에 이르면 신라의 도독제는 붕괴되고 군사적 성격이 강화된 지주제군사제가 운용되었던 것이었다. 이는 당의 지방세력에 대처하였던 知州軍州事를 모방한 것이었다.

---

21) 「聖住寺朗慧和尙白月葆光塔碑」. 이때 武州都督 蘇判 金鎰은 執事侍郎 金寬柔와 浿江都護 金咸雄 全州別駕 金英雄 등과 함께 朗慧의 贈諡와 銘塔을 청하고 있다. 진성여왕 4년 무렵까지 무주에는 도독이 있었음을 알 수 있다.

대체로 '知州'라 하면 宋代 이후의 지방제도로 일컬어지지만 이미 唐末에 節度使를 知州軍州事로 대치하는 양상이 보이고 있다.[22] 그후 後唐에 이르면 知州軍州事의 출현이 더욱 빈번해지고 있는데,[23] 崔致遠 은 唐에서 고변의 종사관으로 머물 때에 知州軍州事의 임명을 청하는 狀文들을 작성하기도 하였다. 최치원은 당의 지주군주사에 대한 상세한 식견을 갖추고 있었던 것을 알 수 있는데, 그의 장문에 나타나는 知州軍 州事는 '군사를 훈련시키고 왕실을 보호하며 순무하는데 뛰어난'[24] 忠勇을 겸비한 인물, '用軍을 하는 데는 義로서 하고 절개를 지키는 데는 忠으로서 한다'거나[25] '오랫동안 雄師들을 조련시켰던'[26] 인물들 이다. 즉 이들에게 요구된 것은 군사적 능력과 국가에 대한 충성이었다. 당말 지방세력의 발호와 혼란에 대처하기 위한 唐의 노력은 종래의 節度使·刺使에 대신하여 보다 긴밀한 관계와 협조를 추구하려는 知州 軍州事의 형태로 나타났던 것이라 하겠다.[27]

한편 지주제군사와 함께 城主도 이 시기에 등장하고 있다.

草賊遍起 命諸州郡都督太守捕捉之 (『三國史記』 권10, 憲德王 11년 3월조)
王聞疆場日削甚患 然力不能禦 命諸城主 愼勿出戰 堅壁固守 (『三國史記』 권12, 孝恭王 9년 8월조)

---

22) 『新唐書』 上, 本紀9 僖宗 乾符 5年(878)條에는 天安軍節度使 장양이 죽자 그 衙將 崔君裕가 知州事를 칭하고 있다. 대체로 節度使의 유고시 그 州를 장악한 인물이 知州事가 되고 있다.

23) 『舊五代史』 29, 唐書5 莊宗紀3 天祐 19年 12月條에 魏州觀察判官 張憲을 權知鎭州 軍州事로 삼고 있다.

24) 최치원, 『桂苑筆耕』 4, 奏楊行敏知盧州軍州事狀.

25) 최치원, 위의 책 13, 授高覇權知江州軍州事.

26) 최치원, 위의 책 14, 孫端權知舒州軍州事.

27) 全基雄, 「羅末麗初의 地方社會와 知州諸軍事」, 『慶南史學』 4집, 1987, pp.8~9.

헌덕왕은 州郡의 都督·太守에게 명하여 捕捉케 하고 있는데 비해, 효공왕 9년(905)에 이르면 城主들에게 출전하여 싸우지 말고 굳게 지킬 것을 命하고 있다. 국왕의 명령을 수행하는 지방통치의 담당자가 종래의 都督制下의 도독·태수·현령 등이 아니라 城主라는 명칭을 가진 새로운 형태의 지방관이라는 점을 알 수 있다. 진성여왕 이후의 지방반란에 대처하는 지방관들이 군사지휘관의 임무를 띠게 됨에 따라 군사적 의미가 포함된 城主의 명칭을 부여한 것이라 하겠다.

이 지주제군사와 성주의 등장은 도독제의 붕괴와 시기적으로 일치하고 있다. 이미 지방사회를 통제할 능력을 상실한 신라정부는 궁예와 견훤 같이 정부체제를 갖춘 대세력이 王을 칭하는 상황에서 지방통치 전환의 필요를 느끼게 되었고, 이에 유명무실해진 도독체제를 파기하고 당의 경우를 참고하여 知州諸軍事 체제를 성립한 것이다. 그리하여 본래의 지방관, 새로이 州治를 장악하게 된 지방세력가, 지방관의 유고 등의 이유로 그 뒤를 이은 자 등 軍權을 장악한 군사적 실력자에게 그 지위를 인정하고 관직을 부여하였으며, 진골에 해당하는 위계를 수여하는 등 회유와 타협에 나섰다.[28] 이러한 노력은 신라의 권위와 영향이 미치는 범위 내에서 어느 정도 효과를 거둔 것으로 보인다.

한편 9州 5小京制를 근간으로 하는 신라의 군현제는 나말에 이르러 와해되어 9주와 5소경이 州·府로 개편되었을 뿐 아니라 일반 군현도 州로 승격되는 양상이 나타난다. 즉 金海小京은 金州 또는 金海府로 바뀌어져 지주제군사가 설치되었으며 中原京은 忠州로, 西原京은 淸州로 변하였다. 또한 신라 세력권내의 지방세력이 고려에 귀부하기 이전

---

28) 知州諸軍事 및 城主에 대한 기본적 방침은 이미 그들이 획득한 경제적·군사적 독립성과 지역민에 대한 지배권의 일부를 인정하고 國家에 대한 忠誠과 왕실의 보호를 보장받는 것이 아닌가 한다. 이는 眞聖女王 3년의 租稅 독촉과 같은 강압책과 비교할 때 현저한 변화라 하겠다.

에 이미 州·府의 명칭을 사용하고 있었으며, 沙伐州·竹州·完山州등 지방반란의 근거지가 州를 칭하고 있고 王逢規의 泉州, 康公萱의 基州 및 知事類의 칭호를 가진 諸州의 존재가 등장하고 있다. 이와 함께 지방세력이 소유한 位階의 승격이 있었다. 蘇判 王池本, 匝干 蘇忠子, 韓粲 金行濤 등 지방세력가로서 지주제군사가 되었던 인물들이 진골에 해당하는 위계를 갖고 있으며, 종래 4·5두품에 해당하는 대우를 받았던 村主들이 大奈麻·及干·沙干·三重沙干 등 6두품 위계를 소유하는 경우가 증가하고 있다. 지방 통치체제의 변화는 전반적이며 광범위하게 진행되고 있었다.[29]

즉 최치원을 비롯한 도당유학생 출신들의 경험과 지식이 시무책을 통해 제시되었고, 여기에는 당시의 지방사회 이탈에 따른 극복의 모색이 있었을 것으로 생각되며, 이에 따라 당제를 모방한 지주제군사제를 비롯하여 지방통치제의 정비가 실시되었으며 아울러 5小京과 군현의 州, 府로의 전환과 골품제의 변화 위계의 확산 등의 광범위한 변화가 나타나고 있다.[30] 신라말 지방통치체제의 변혁은 최치원과 도당유학생의 역할을 보여주는 것이다.

한편 중앙정치사회에서는 민가에서 성장하고 있었던 嶢가 나타나 태자가 되고 여왕의 禪位에 의해 효공왕으로 즉위하였다. 이 진성여왕의 선위는 유교적인 의례를 따르는 것이라서 주목된다.[31] 이때 최치원은 진성여왕을 대신하여 「讓位表」를, 효공왕이 즉위한 직후에는 다시 「謝嗣位表」를 짓는 등 선위의 명분을 밝히고 당의 인정을 요구하는 대당

---

29) 全基雄, 앞의 논문, 1987, p.21.
30) 全基雄, 『羅末麗初의 政治社會와 文人知識層』, 혜안, 1996, pp.259~260.
31) 최치원, 「謝嗣位表」, "又以慈踰十起 禮過三辭"라고 하였다. 신라에서 국왕의 선위 자체가 전례 없는 일이었다. 왕위계승이 유교적 형식과 명분에 따라 진행되었다는 것은 유학자의 개입을 시사한다.

외교문서를 작성하였다. 여기에는 유교적인 입장이 반영되고 있어서 최치원과 6두품의 정치적 역할을 짐작케 한다.

헌강왕의 서자로 왕위계승에 문제의 소지를 가지고 있었던 효공왕에게 왕위계승을 정당화 할 수 있는 명분과 당의 승인은 매우 중대한 일이었다. 진성여왕의 양위가 전례 없는 유교적 선양의 형식을 갖추고 있는 것이나 당과의 외교에 진력하여 사행이 빈번한 것도 이런 사정과 관련된다고 하겠다. 이때 당과의 외교문서는 최치원이 도맡아 작성하다시피 하였다. 지금까지 전하는 7개의 表는 진성여왕 말년에서 효공왕 즉위 초에 이르는 897년을 전후한 기간에 작성된 것이다. 즉「起居表」「謝賜詔書兩函表」「讓位表」는 진성여왕 말년 경에,[32]「謝嗣位表」「新羅賀正表」「謝恩表」「謝不許北國居上表」는 효공왕 1년 무렵의 것이며, 奏請宿衛學生還蕃狀과 遣宿衛學生首領等入朝狀 역시 이때의 것이다.[33] 최치원이 효공왕의 왕위계승과 안정에 이바지한 공로는 결코 적지 않다고 하겠다.

그러나 효공왕 2년 11월에 이르면 최치원은 죄를 얻어 면직되었다.[34] 이후 그는 정치에 뜻을 버리고 은거하였는데, 면직과 은거를 가져온 죄의 내용에 대해서는 다음 사료를 통해 짐작할 수 있다.

B-1. 치원이 서쪽에서 당나라를 섬길 때부터 동으로 고국에 돌아와서까

---

32) 「謝賜詔書兩函表」는 진성여왕 때 지어진 것으로 요가 태자가 된 이후의 일을 담고 있으므로 896년이나 897년 6월 이전에,「讓位表」는 여왕의 양위가 있었던 897년 6월 이전에 작성된 것이며「起居表」는 정확한 일자는 잘 알 수 없으나 역시 이 무렵 작성된 것으로 보아도 좋을 것이다.

33) 이때 金茂先 楊穎 崔渙 崔匡裕 등 숙위학생의 귀국을 청하고 崔愼之(최언위) 등 18명을 당의 국자감에서 학습하도록 요청한 것은 이 무렵 도당유학생의 역할이 중시되고 있었음을 반영한다.

34) '阿湌崔致遠 有罪免'(안정복, 『東史綱目』 5, 下, 효공왕 2년 11월조).

지 모두 난세를 만나 행세하기가 자못 곤란하였고, 또 걸핏하면 곧 허물을 얻었으므로 스스로 때를 만나지 못함을 슬퍼하고 다시 벼슬에 나아갈 뜻이 없었다. (『三國史記』 권46, 최치원전)

B-2. 우리 태조가 일어났을 때, 신라의 최치원은 반드시 천명을 받을 것을 알고 글을 올렸는데 "鷄林은 누런 잎이요 鵠嶺은 푸른 소나무"라는 말이 있었다. 신라왕이 듣고는 미워하니 가족을 이끌고 가야산 해인사로 들어가 은거하며 세상을 마쳤다. (崔滋, 『補閑集』 권上, 성종 15년 8월)

B-1에서 최치원이 벼슬에 뜻을 잃은 까닭이 걸핏하면 허물을 얻었기 때문이라고 하였는데, B-2에서 최자는 보다 구체적으로 왕건에게 '鷄林黃葉 鵠嶺靑松'이라는 글을[35] 올린 것을 신라왕이 듣고는 미워하였기 때문이라고 하였다. 『삼국사기』의 최치원전에도 같은 문구에 대해 언급한 내용이 실려 있다. 고려 태조의 흥기를 최치원이 미리 알고 글을 보내 문안하였다는 것이다.[36] 이런 인식은 후대까지 전하여 고려의 현종은 "致遠密贊祖業"이라고 하기에 이르렀다.

B의 사료를 통해 최치원이 정치적으로 은퇴하게 된 사정을 짐작할 수 있다. 즉 효공왕 2년 그가 얻은 죄는 '鷄林黃葉 鵠嶺靑松'이라는 문구와 연관이 있었을 것이라는 점이다.[37] 이 글에 대한 후대의 해석은

---

35) 최자는 『東文選』 권2, 三都賦에서도 "앞서 최치원이 일찍이 말하기를 '성인의 기운이 산 남쪽에 서려있으니 곡령에는 솔이 푸르고 계림에는 잎이 누르다'라고 하여 자줏빛 구름이 일기도 전에 흥망을 예언하였다."라고 하여 같은 언급을 하고 있다.

36) "처음 우리 태조께서 흥기할 때에 최치원은 비상한 인물이 반드시 천명을 받아 나라를 세우리라는 것을 알았다. 그리하여 글을 보내어 문안하였는데 거기에 '鷄林黃葉 鵠嶺靑松'이라는 글귀가 있었다. 뒤에 그의 문인들로 국초에 내조하여 높은 벼슬에 이른 사람이 하나 둘이 아니었다."(『三國史記』 권46, 최치원전).

37) 이 글은 대개 후대의 가탁이나 조작일 것으로 인식되고 있다. 그러나 굳이

자의적인 면이 없지 않으나, 최치원의 글 중에 이런 문구가 있었다는 것만은 사실로 인정해도 좋겠다.

그러면 이 글은 언제 써진 것일까? 효공왕 2년(898) 당시 왕건은 궁예의 부하로 있었으며 아직 뚜렷한 활동을 보이기 이전이므로[38] 이때 최치원이 이런 글을 보낼 이유가 없다. 송악지역의 왕건 부자가 궁예의 진출로 인해 그 휘하로 들어간 것은 896년의 일이다.[39] 그러므로 최치원과 송악의 해상세력과의 조우가 있었다면 그 이전의 일이다.

여기에서 그가 893~894년 무렵 하정사로 당에 사행할 때에 서해안을 통한 뱃길을 이용하였던 점에 주목하고자 한다. 이 서해안의 뱃길은 왕건의 선대인 작제건 설화에서 보듯이 당나라로 가는 상선이 자주 왕래하고 있었다. 이때 최치원은 서해안 지역 상인들의 도움을 얻었을 것이며 당과의 무역을 통해 성장하고 있는 송악을 비롯한 지방세력의 활발한 기운과 진취성을 실감하였을 것이다.

최치원 일행의 사행은 성공적으로 이루어졌다. 당에서 새해를 맞은 최치원이 2월에는 신라 왕경에 있을 정도로 당과의 왕래는 신속하였다. 이때 18세 경의 젊은 왕건을 그가 직접 보았는지는 알 수 없으나 송악을 비롯하여 활기가 넘치는 서해안 해상세력의 잠재력을 알게 된 최치원이 그들의 노고를 칭송하며 기대가 담긴 글을 남겼던 것이 아닐까 한다.[40]

삼국사기의 기록을 부정할 필요는 없겠다. 이것이 최치원의 명성에 누가 되는 일은 아니며 오히려 그의 선견을 입증하는 일로 볼 수 있다. 단지 합리적으로 해석하면 될 일이다.

38) 왕건은 효공왕 2년(898) 송악에 도읍을 정한 궁예로부터 精騎大監의 직위를 받았다. 그가 궁예의 명으로 廣州 忠州 靑州 등 3개 주와 唐城 槐壤 등 군현을 정벌하고 阿飡의 벼슬을 받은 것은 900년의 일이다. 따라서 효공왕 2년 당시 왕건의 존재는 크게 주목받을만한 위치에 있지 않았다고 하겠다.

39) 『高麗史』 권1, 세가 1, 太祖조.

40) 최치원의 행적을 심도 있게 살핀 바 있는 최영성은 당시가 왕건이 아직 이름을 떨치지 못한 시기라고 하여 곡령을 궁예의 세력을 일컫는 것이라고

'鵠嶺靑松'이라는 글에서는 송악에 대한 기대가 드러난다. 최치원을 비롯한 6두품 지식인들은 여러 지방의 태수를 지내며 지방사회의 현상과 인심을 파악할 수 있었다. 당시 송악지역은 활발한 상업과 모험의 신흥하는 활기찬 지역이었으며,[41] 그 활기를 최치원 같이 식견 있는 지식인들이 간파한 것은 이상할 것이 없다. 패강진에 와 있었던 都護金八元이나 전국을 두루 다니며 각지의 지형을 살핀 道詵 또한 송악의 흥기를 예언하였다.[42] 이를 모두 가탁이나 조작으로만 치부할 필요는 없겠다.

'鷄林黃葉'에는 신라의 통치는 한계에 달하였다는 실망과 비탄이 담겨져 있다. 893년 사행을 떠나기까지 그는 중앙정부에서는 진성여왕 초의 실정과 권신들의 농단을 겪었으며 지방관으로 나와서는 반란의 참혹한 상황과 어려움을 절실히 체험하였다. 국왕을 대신하여 작성한 것이라고는 하나 그가 「양위표」와 「사사위표」에서 묘사한 신라의 상황은 지나치리만큼 처절하다. 최치원의 당시 신라에 대한 절망을 엿볼 수 있다. 계림황엽이라는 표현은 이때의 상황에 비하면 지나칠 것이 없다. 그가 이 사행에서 돌아와 곧 시무책을 올린 것도 이런 위기를 극복하려는 의지이며 희망을 담은 것이었다.

그러나 효공왕 2년에 이르러 그의 글귀가 문제가 되고 개혁을 주창한

보았다(최영성, 앞의 책, 2001, pp.47~48). 그러나 이 글이 작성된 시기가 꼭 효공왕 2년이라고 볼 이유는 없다. 전에 쓴 글이 이때 문제가 되었을 수도 있기 때문이다. 893년 사행 때 그들의 도움을 받았던 최치원이 그때 고마움을 표시하며 쓴 글에 있었던 문구가 효공왕 무렵 궁예의 위협을 받게 된 신라정부에 알려지면서 문제가 되었던 것으로 해석하는 것이 더 타당하리라고 본다.

41) 왕건 선대의 작제건 설화는 송악지역의 해상세력, 상인의 모험담을 담고 있는 설화로 읽혀진다. 거타지 설화도 비슷한 내용이라서 그 무렵 이런 종류의 이야기가 유행했던 것으로 보인다.

42) 『高麗史』, 高麗世系.

최치원의 면직과 은거를 가져왔다면 이는 정치적인 사건으로 보아도 좋을 것이다. 다라니의 벽서가 나붙자 왕거인의 소행이라고 하여 붙잡아 가둔 것에서도 엿볼 수 있듯이 이미 권력을 잡은 집권자들에게 6두품의 지나친 정치 개입은 위험한 것으로 인식되었다. 6두품의 정치적 진출은 한계가 있었던 것이다.

위기의 극복을 위해서 신라의 지배층에게 도당유학생 출신의 지식과 경험은 유용한 것이었으나 그들이 정치적 세력으로 부상하여 권력자의 위치를 위협하는 것은 용납될 수 없었다. 비록 경문왕과 헌강왕대에는 유학의 중시와 6두품의 진출이 활발히 이루어지고 있었다고 하지만, 그 목적은 왕권의 강화에 한정되고 있었다. 6두품에 대한 왕실의 태도는 그들의 문장과 행정 능력, 유용한 지식을 통해 통치행위를 원활히 하려는 도구적인 것에 머무르고 있었으며, 당에서 수학하고 돌아온 도당유학생에게는 대개 文翰職이거나 太守 小守 같은 지방관직이 주어졌다. 6두품 지식인들이 지방사회의 현실에서 부딪친 것은 수탈로 고통받는 지방민이었으나 그들은 수탈을 행하는 입장에 서지 않을 수 없었다.[43] 일부 비판적인 지식인은 王居仁의 경우에서 보듯이 용납되지 못하고 지방으로 내려가 은둔하였고 대표적인 6두품 출신 지식인인 최치원 또한 죄를 입고 면직되어 은거의 길을 걷게 되었다. 최치원을 비롯한 6두품 지식인의 이상이 실현되는 것은 다음 세계를 이끌어갈 고려에 이르러 비로소 가능하였다.

지금까지 신라말 정치사의 전개와 최치원의 행적을 살펴보았다. 최치원은 당에서 귀국한 885년 3월 이후 898년 11월 면직으로 은퇴할 때까지 12년간 신라의 정치사회에 몸담았다. 이 기간 동안 헌강왕이 죽고 정강

---

43) 全基雄, 「憲康王代의 정치사회와 '處容郎望海寺'條 설화」, 『新羅文化』 26집, 동국대 신라문화연구소, 2005.8, p.80.

왕, 진성여왕을 지나 효공왕의 즉위에 이르는 과정을 거치며 신라사회는 급격한 혼란과 붕괴를 겪었고 이를 극복하기 위한 개혁의 모색이 나타나기도 하였다. 이 과정에서 나말 도당유학생 출신의 6두품 지식인의 역할이 있었다. 최치원의 정치적 활동 또한 신라 정치사회의 전개과정에서 나타나는 6두품의 동향과 관련하여 이해되어야 할 것이다.

진성여왕 즉위 후 정치적 혼란과 지방사회의 이반으로 신라가 위기에 처하면서 왕경의 國人과 6두품 지식인의 저항과 불만이 표출되기에 이르렀다. 왕거인 사건은 이러한 사정을 알려주는 단서이다. 失志하여 은둔한 문인인 왕거인을 주모자로 옥에 가둔 것에서 알 수 있듯이 權臣들은 그들의 천권과 실정을 비판한 6두품에 대한 탄압과 견제를 행하고 있었다. 최치원이 890년 왕경을 떠나 외직인 태산군의 태수로 부임하게 된 것은 이러한 상황과 연결되고 있다.

진성여왕 후반에는 왕경 내부의 비난과 반발, 지방사회 분열이라는 위기의 상황에서 예겸세력의 부상이 있었다. 예겸은 효공왕과 신덕왕 두 사람과 모두 밀접한 관련을 맺고 있었던 인물로서 요가 여왕의 선위를 얻어 왕위에 오르거나 신덕왕 경휘가 헌강왕의 사위가 되어 효공왕을 이어 왕위를 계승한 것은 예겸세력의 작용으로 여겨진다. 예겸세력이 부상한 진성여왕의 후반기부터 신라사회는 전반적인 개혁의 방안이 모색되고 있었다. 6두품인 최치원이 시무책을 제시할 수 있었던 것은 당시 개혁의 움직임과 관련된다.

부성군 태수로 재직하던 최치원은 하정사로 당에 사행하고 돌아온 직후인 894년 2월에 시무 10조를 올렸다. 헌강왕에서 효공왕의 즉위에 이르는 동안의 급격한 왕경의 정치적 변화를 겪었고, 외직에 나가 있는 동안에는 지방사회의 참혹한 현장을 목도하였던 최치원의 정치적 경험은 시무책을 통해 제시되었다. 여기에는 사행과정에서의 경험과 소종년간의 당 사회에 대한 견문을 바탕으로, 당시 신라가 당면한 지방사회의 이반에 대한 방안이 포함되어 있었을 것으로 생각된다.

대체로 이 시무책은 시행에 옮겨지지 못하였을 것으로 여겨지고 있으나 여왕의 가납을 얻은 시무책이 모두 파기되었다고는 생각되지 않는다. 그후 효공왕대를 거치며 都督制를 대신하여 군사적 대응체제인 知州諸軍事제가 성립되었고, 5소경과 군현의 州, 府로의 전환과 골품제의 변화, 위계의 확산이 나타나는 등 나타나는 광범위한 지방 통치체제의 변화가 있었다. 이 지주제군사제는 당의 지주군주사를 모방한 것으로 나말의 개혁에는 최치원을 비롯한 도당유학생 출신 6두품 지식인의 작용이 있었음을 보여주는 것이다.

효공왕 2년 11월 최치원은 '鷄林黃葉 鵠嶺靑松'의 글귀가 문제가 되어 죄를 얻고 면직되었다. 이 글은 그가 893년 서해안 항로를 이용하여 당에 사행하면서 송악의 해상세력과 접하였을 때 남겼던 것이 궁예의 위협이 가해지던 이 시기에 이르러 문제가 된 것으로 생각된다. 文翰과 對唐外交, 中央官僚, 地方官으로 폭넓게 활동하였던 도당유학생 출신의 지식과 경험은 유용한 것이었으나 그들이 정치적 세력으로 부상하여 권력자의 위치를 위협하는 것은 용납될 수 없었다. 개혁의 방향을 제시했던 최치원의 면직은 6두품의 정치적 진출이 한계가 있었음을 보여준다. 그러나 그들이 뿌린 씨앗은 고려에 이르러 성취를 보게 된다.

IV. 孝恭王代의 정치사회 변동

진성여왕 3년 이후 신라는 분열과 몰락의 길로 접어들게 된다. 지방사회의 반란으로 신라의 지방통치체제는 제 기능을 상실하고 궁예와 견훤이 각기 국가를 칭하며 왕경을 압박하기에 이른다. 이전에 신라가 겪었던 분쟁은 지배층 내부의 대결로서 귀족들 사이에서 왕위를 노리거나 정치적 권력을 둘러싸고 일어났던 것이었음에 비하여 이 시기의 도전은 전국의 각지에서 봉기한 도적과 지방의 반란세력이 중앙귀족의 통치체제와 지배층 전체를 무력으로 위협하는 형태의 것이었다.

국가적 위기를 맞은 신라의 왕경에서는 급격하고도 흥미로운 변화들이 일어나고 있었다. 위기를 수습할 방법을 찾지 못한 진성여왕은 비판적 여론의 압박 속에서 지방사회의 반란과 실정에 대한 책임을 지고 스스로 퇴위하였고, 구 정치집단을 대신하여 예겸세력이 부상하는 정치세력간의 교체가 나타났다. 아울러 6두품 지식인의 정치적 역할이 증대되는 것과 함께 지방통치체제의 개혁이 추진되어 9주 5소경과 도독제는 파기되고 지주제군사, 성주의 군사적 대응체제가 성립하였다. 이런 변화는 진성여왕 후반부터 시작하여 효공왕대를 거치며 기본적인 형태가 갖추어진다.

나말여초 사회의 새로운 움직임은 지방사회뿐만 아니라 왕경의 지배층에게도 변화와 개혁을 요구하였다. 진성여왕에서 효공왕을 거치는 동안 신라의 정치사회에서 나타나는 현상과 전개과정을 살핌으로써 지배층의 대응 방식과 변화의 내용을 파악하는 것은 나말여초의 사회변동에 대한 이해에도 도움을 줄 것으로 생각한다.

1. 효공왕의 즉위와 정치세력의 동향

1) 효공왕의 즉위

孝恭王 嶢는 헌강왕의 庶子로 진성여왕의 선양을 받아 왕위에 올랐다. 서자 출신이 왕위를 계승한 것은 전례가 없으며, 더욱이 국왕이 생존 시에 禪位의 형식을 빌려 왕위를 물려주고 은퇴한 것도 유례가 없는 일이다. 서자로 태어난 요의 신분은 진골로 볼 수 없으므로 골품제에 입각한 왕위계승 원리에서 벗어난 것이라는 지적도 있었다.[1] 요의 갑작스런 등장과 태자 책봉, 선위로 이어지는 전개과정은 정상적인 왕위계승의 모습으로 보기 어렵다. 먼저 여러 문제들을 안고 있는 요의 출생과 왕위계승에 대해서 면밀히 검토할 필요가 있겠다.

A-1. 9년 10월에 헌강왕의 庶子 嶢를 太子로 삼았다. 일찍이 헌강왕이 사냥하러 가는 길가에서 자태가 아름다운 한 여인을 보고는 마음으로 사랑하여 後車에 태우도록 명하고 帷宮에 이르러 野合하였는데, 곧 임신하여 아들을 낳았다. 그 아이가 자라면서 신체와 용모가 크고 뛰어났으므로 이름을 嶢라고 하였다.

A-2. 眞聖王이 이를 듣고는 대궐로 불러들여 손으로 그의 등을 어루만지며 말하기를 "나의 형제자매의 骨法은 다른 사람들과 다르다. 이 아이는 등에 두 뼈가 솟아 있으니 참으로 헌강왕의 아들이다."하고 有司에 명하여 예를 갖추어 책봉하고 받들게 하였다. (『三國史記』 권11, 眞聖王 9년 10월조)

A-3. 11년 6월에 왕이 좌우의 신하들에게 이르기를 "근년 이래로 백성은 곤궁하고 도적들은 벌떼같이 일어나니, 이는 내가 덕이 없는 탓이다. 賢人에게 자리를 비켜 왕위를 넘겨주고자 함에 나의 뜻은 결정되

---

1) 李鍾恒, 「新羅의 下代에 있어서의 王種의 絶滅에 대하여」, 『法史學研究』 2집, 한국법사학회, 1975 ; 金昌謙, 「新羅 下代 孝恭王의 卽位와 非眞骨王의 王位繼承」, 『史學研究』 58·59합집, 韓國史學會, 1999.

었다."하고 태자 嶢에게 禪位하였다. (『三國史記』 권11, 眞聖王 11년
6월조)

A-1의 기록은 효공왕 嶢의 출생에 관한 내용을 전하고 있다. 요는
헌강왕의 庶子라고 하였듯이 정실왕비 소생이 아니다. 헌강왕은 사냥을
하러 가던 도중에 길가에서 아름다운 여인을 보고는 수레에 태우고
데려가서 帷宮2)에서 野合하였다. 야합이라 한 것에서 보듯이 정식으로
혼인의 과정을 거치지 않았음은 물론이다.3) 이 여인은 곧 임신하여
아들을 낳았는데 이가 효공왕 요라는 것이다. 헌강왕은 길거리에서
만난 이 여인을 궁중으로 데리고 돌아오지 않은 듯하다. 헌강왕과
왕비인 懿明夫人 사이에서는 두 명의 딸이 있었으나 아들은 없었다.
왕의 아들을 출산하였으므로 嬪御가 되었을 법도 하지만, 공식적인
절차를 통하여 지위를 보장할만한 조치가 있었던 것으로 보이지 않는
다. 헌강왕은 요가 태어난 지 채 돌이 지나지 않아 죽었고, 이 여인과
요는 민간에 남겨진 채로 왕실에서 잊혀졌던 것이다.

A-2는 요가 태자로 책봉되는 과정을 보여준다. 진성여왕은 이 사실을
듣고 요를 대궐로 불러들였다고 하였다. 요는 대궐이 아니라 민가에서
성장하였으며, 여왕은 이때까지 요의 존재를 알지 못하고 있었음을
알 수 있다. 그렇더라도 요의 존재를 여왕에게 알리고 궁중으로 불러들
이도록 하였던 사람들이 있었다면, 요의 탄생을 아무도 몰랐다고 할

---

2) 帷宮은 임시로 만든 行宮으로 장막을 둘러친 천막이다. 이때 사냥터에 설치했던
  헌강왕의 숙소일 것이다.

3) 野合을 문자 그대로 해석하면 '들에서 정을 통한다'는 뜻인데 '정식으로 결혼의
  절차를 밟지 않은 남녀가 부적절하게 정을 통하는 것'을 가리키는 말로 쓰인다.
  길거리에서 여인을 붙들어 수레에 태우고 데려가 사냥터의 천막에서 野合한
  것은 마치 약탈과 같아서 국왕의 행위로는 매우 거칠다. 이후라도 적합한
  예우가 따랐다면 굳이 야합이란 표현을 사용하지는 않았을 것이다.

수는 없다. 누군가는 그 사실을 알고 있었지만 그의 존재를 숨기고 있었으므로 여왕과 왕실이 파악하지 못했던 것이라 하겠다.

헌강왕의 아들인 그가 자신의 존재를 알리지 못하고 숨어서 지내야 했던 이유는 무엇일까. 널리 알려진 바와 같이 일찍이 왕의 庶子로 태어났던 궁예는 갓난아이 때에 살해의 위기를 겪고 도망하여 숨어 지내야 했다.[4] 왕위계승을 둘러싼 각축이 치열한 상황에서 비정상적 관계에서 태어난 서자의 존재는 경쟁자들에게 달갑지 않은 것이었다.[5] 유사한 출생과 성장과정을 겪었던 궁예의 예를 통하여 볼 때 요 또한 존재가 알려지는 것 자체가 위험한 것이었음을 짐작할 수 있다. 궁예는 끝까지 신라왕실의 일원으로 수용되지 못한 채 반란의 길을 걷게 되었지만, 요는 왕궁으로 돌아와 태자가 될 수 있었다.

요의 존재가 알려진 진성여왕 9년 무렵은 헌강왕의 두 딸과 각기 혼인한 효종과 경휘가 왕위계승자로서의 경쟁을 벌이던 시기였다. 두 사람 모두 헌강왕의 사위라는 자격으로 왕위를 노리던 상황에서 헌강왕의 아들인 요가 나타난 것은 왕위계승권을 가름하는 중대한 정치적 사건이었다. 이때 진성여왕은 그를 헌강왕의 아들로 인정하였다. 자신의 출생을 증명하지 않으면 안 되는 상황에서 불안했던 요의 운명은

---

4) "其婢告之日 子之生也 見棄於國 予不忍 竊養以至今日 而子之狂如此 必爲人所知 則予與子俱不免"(『三國史記』 권50, 궁예전). 갓난 궁예를 안고 도망쳐 숨어서 길렀던 이 婢는 궁예의 존재가 다른 사람들에게 알려지면 너와 나는 모두 죽음을 면치 못할 것이라고 하였다. 嶢의 경우도 사정은 이와 크게 다르지 않았을 것이다.

5) "日官奏日 此兒以重午日生, 生而有齒, 且光焰異常. 恐將來不利於國家, 宜勿養之. 王勅中使, 抵其家, 殺之"(『三國史記』 권50, 궁예전). 祥瑞와 함께 태어난 궁예가 장차 국가에 이롭지 못하니 기르지 말라는 日官의 말은 庶子의 존재가 장차 왕위계승의 혼란을 야기할 것이라는 의미로 해석된다. 이때 왕은 中使를 시켜 그를 살해하도록 하였다. 왕위계승을 노리는 자들이 국왕의 명을 가탁한 것일 가능성도 있으나, 이미 국왕이 인정한 왕자였다 하더라도 살해의 위협을 피할 수 없었음을 보여준다.

여왕의 인정 여하에 달려 있었다고 하겠다. 왕위의 계승을 노리는 경쟁자들이 지켜보는 가운데 여왕은 요의 등을 어루만지며 "나의 형제자매의 骨法은 다른 사람들과 다르다. 이 아이는 등에 두 뼈가 솟아 있으니 참으로 헌강왕의 아들이다."라고 공표하고는 예를 갖춰 태자로 책봉하고 받들 것을 명령하였다. 이로써 요는 왕자로서의 자격을 명확히 하고 왕위계승자의 지위를 획득할 수 있었다.

진성여왕이 요를 헌강왕의 아들이라고 인정하고 태자로 삼은 근거는 등에 솟은 두 개의 뼈이다. 남다른 骨法이 바로 경문왕가 왕실의 혈통임을 확인하는 증거로 작용하고 있는 것이다. 요의 신체적 특징에 대해서는 '背上兩骨隆起', '體貌魁傑'이라고 하여 그 형상이 특이했음을 알 수 있다. 진성여왕은 '骨法似丈夫'라 하여 마치 사내와도 같은 건장한 체구를 가지고 있었으며, 경문왕은 귀가 마치 당나귀의 귀처럼 컸다는 설화에서 보듯이[6] 경문왕가 왕실의 혈통은 특이한 신체적 특질을 가지고 있었다. 진성여왕의 장부 같은 골법은 정강왕의 유조에서 왕위계승의 당위성을 강조하는 것으로 쓰여지고 있었으며,[7] 요의 골법도 헌강왕의 아들로 인정받고 왕위를 계승하기에 이르는 근거가 되었다. 왕위의 계승이 걸린 중대한 결정의 근거가 왕가의 骨法이라는 신체적 표징이라는 것은 놀랍지만 경문왕가에서 골법이 차지하는 의미가 그만큼 중요한 것임을 알 수 있게 한다.[8]

A-3은 요가 태자로 책봉되고 2년이 지난 후 여왕의 禪位로 즉위하게

6) 『三國遺事』 권2, 四十八 景文大王.
7) 『三國史記』 권11, 定康王 2년 5월조. 정강왕은 유조에서 "孤之病革矣, 必不復起. 不幸無嗣子, 然妹曼, 天資明銳, 骨法似丈夫, 卿等宜倣, 善德眞德古事, 立之可也." 라고 하였다.
8) 이 경문왕가의 특이한 骨法은 동북아시아 샤먼의 巫的 능력과 연관되고 있으며, 경문왕가가 유난히 고유신앙적 요소와 결합되어 있는 것과도 관련된다.

되는 사정을 전하고 있다. 여왕은 국가의 위기를 대처하지 못한 자신의
부덕을 탓하며 賢人에게 왕위를 넘겨주고자 한다고 하였다. 최치원은
「讓位表」와 「謝嗣位表」에서 이때의 정황을 생생하게 기록하고 있다.

B-1. 愚臣이 계승하여 職을 지킴에 미쳐서는 모든 환란이 한꺼번에
　　밀어닥치어, 처음에는 黑水가 경계를 침범하여 毒液을 내뿜었고,
　　다음에는 綠林이 무리를 이루어 다투어 광분을 풍기니, 관할하는
　　九州와 百郡이 다 도적의 난리를 만나 劫灰를 보는 것 같았습니다.
　　더욱이 사람 죽이기를 칼로 삼대를 치듯이 하고, 땅위에 드러난
　　白骨은 잡초처럼 버려졌으며, 滄海의 橫流는 날로 심하고, 昆岡의
　　맹렬한 불꽃은 바람같이 거세어 어진 나라가 변해서 병든 나라가
　　되었습니다. 이는 모두 臣이 中道를 지키는 길을 잃고 아랫사람을
　　부리는 방법이 어긋난 까닭입니다.…… 그윽이 생각하니 신의 조카
　　嶢는 바로 신의 맏형 晸의 아들로서, 나이는 志學에 가깝고 才器는
　　宗統을 일으킬 만합니다.……뭇 사람들이 또한 어진 이를 생각하기
　　로, 밖에서 구함을 빌지 아니하고 이에 안에서 천거함에 따랐으니,
　　근자에 이미 藩邦의 직무를 맡겨 국가의 재난을 안정시키게 하였습
　　니다. (「讓位表」)

B-2. 臣의 숙모 坦은 사람을 세우는 뜻이 간절하고 자기를 책망하는
　　말씀이 깊어 말하기를, “……그러므로 三命의 공손함을 삼가 생각하
　　여, 한 번 사양하고 물러가기를 결심하였다.”고 하셨습니다. 본국의
　　백관과 왕족들이 모두 모여 울면서 청하여 아뢰기를, “天災가 행하
　　여지는 것은 地分으로도 면하기 어려운 것인데, 이를 자신의 허물로
　　여김은 마땅한 일이 아닙니다. 황제의 御命을 받을 때까지 기다려
　　王爵을 사양하여도 늦지 않을 것입니다.”라고 하였습니다. 그러나
　　또 讓位의 諭示가 열 번이 넘고, 禮가 三辭를 지난지라 숙모 탄이
　　울면서 신에게 말씀하시기를, “……지금은 郡邑이 모두 賊窟이 되었
　　고 산천이 모두 戰場이니, 어찌 하늘의 재앙이 우리 海曲에만 흘러드

는 것이랴. 모두 내가 몽매한 탓으로 이 도적들을 부른 것이니, 죄는 誅戮을 받을 만하고 이치에 따라 사직하는 것이 마땅한 일이다. 바라건대 一國에 사양지심을 일으킴은 오직 두 사람이 마음을 같이 하는데 있으니, 몸을 이끌어 왕위에 나아갈 것이오. 사양하여 받지 않음을 본받지 말라." 하였습니다.……숙모 坦은 私心이 없고 욕심이 적으며, 多病한 몸에 한가함을 좋아하고, 적당한 시기라야 말씀을 하여 그 뜻을 빼앗을 수가 없으니 만일 끝내 그 讓位의 청을 거절한다면 마침내 짚신을 벗어버리고 물러가실 것입니다. 신이 책봉됨도 그분의 공을 힘입었고, 문에 기대어 염려해 주시는 은혜를 받았습니다. (「謝嗣位表」)

이 表들은 최치원의 화려한 문장으로 번화하게 치장되어 있으며 국왕의 즉위를 인정받기 위하여 당의 환심을 사려는 언사들이 많은 외교적 문서라서 그대로 받아들이기는 저어하나, 당시의 정황을 짐작할 수는 있을 것이다. 여왕이 퇴위를 결심한 가장 큰 이유로 들고 있는 것은 "郡邑이 모두 賊窟이 되고 山川이 모두 戰場"이 되기에 이른 지방사회의 반란이며 이는 모두 자신의 잘못 때문이라는 것이다. 진성여왕은 어진 나라가 병든 나라가 된 것은 자신이 "中道를 지키는 길을 잃고 아랫사람을 부리는 방법이 틀린 까닭"이라고 하였으며 "모두 내가 몽매한 탓으로 이 도적들을 부른 것이니, 죄는 誅戮을 받아 마땅하다."라고 하여 국가의 환란을 자신의 탓으로 돌리며 왕위에서 물러나는 것이 이치에 합당한 것이라고 하였다. 이에 백관과 왕족들은 울며 말렸으나 퇴위의 뜻을 굽히지 않았으며 아울러 "讓位의 諭示가 열 번이 넘고, 禮가 三辭를 지났다."고 하여 유교적 선양의 형태를 갖추고 있음을 알 수 있다. 효공왕 또한 울며 당부하는 여왕의 뜻이 간절하여 양위의 청을 거절하지 못하고 마지못해 왕위를 물려받은 것으로 묘사되고

194

있다.

여왕의 퇴위가 禪讓이라는 형식을 취하고 있는 것은 매우 흥미롭다. 이 선양은 유교의 이상적인 왕위계승방식으로 이러한 형식을 택한 것은 유학자들의 영향이 있었기 때문일 것이다. 즉 최치원을 비롯한 도당유학생 출신 6두품 유학자들은 진성여왕의 퇴위에 선양이라는 유교적 형태의 방법을 제시하였고 진성여왕이 이에 따른 결과로 생각된다. 왕위계승의 명분과 방법을 제시할 정도로 6두품 지식인들의 정치적 영향력은 증대되어 있었다. 특히 최치원이 시무 10조를 올린 것은 실무적인 지위에 머물렀던 6두품이 시무책이라는 공식적인 형식을 통해 정치의 방향을 제시할 정도에 이르렀음을 보여준다.

그런데 이때 효공왕의 나이는 12세 경이었다. 어지러워진 국가를 수습할 책임을 넘기기에는 너무 어리다. 민간에서 성장하여 왕궁의 분위기를 익히기에도 힘겨웠을 어린 요가 정치적 수련이나 식견을 가질 여력이 있었을 리도 없다. 그런 요에게 위기에 처한 국가를 맡긴다는 것은 쉽게 이해가 되지 않는 일이다. 더구나 국왕이 생존 시에 왕위를 넘겨주고 은퇴한 것 또한 전례가 없는 일로, 정상적인 왕위계승의 형태에서 어긋나 있다. 여왕의 퇴위가 어떤 압력에 의해 강요된 것이라든가 정치세력과의 타협이 있었을 것이라는 추측이[9] 있는 것은 이런 까닭이다.

효공왕의 왕위계승이 순조롭게 이루어진 것은 진성여왕이 지방사회의 반란과 실정에 대해 스스로 책임을 지고 물러나려는 뜻이 확고하였다는 것과, 여기에는 국인과 6두품을 비롯하여 왕경 내부에서 비판적인 여론의 압박이 있었던 것, 그리고 정치세력간의 타협과 합의가 서로 작용한 결과로 볼 수 있을 것이다.

---

9) 金昌謙, 앞의 논문, 1999, pp.422~423.

한편 효공왕의 출생에 대한 기록에는 몇 가지 문제가 있어서 혼란이 야기되므로 세밀히 검토할 필요가 있다. 먼저 요의 출생 시기에 대해서는 서로 다른 내용이 전하고 있다.

C-1. 納旌節表에서는 "臣의 長兄 국왕 晸이 지난 光啓 3년 7월 5일에 갑자기 聖代를 버리므로 신의 姪男 嶢가 아직 돌이 되지 못하여 신의 仲兄 晃이 임시로 나라를 다스렸는데 또 1년을 넘지 못하여 멀리 세상을 떠났습니다."라고 하였다. (「納旌節表」, 『三國史記』 권11, 眞聖女王 즉위조)

C-2. 使臣을 당에 보내어 表로 奏하기를 "……신의 조카 嶢는 바로 신의 맏형 晸의 아들로서, 나이는 志學에 가깝고 才器는 宗統을 일으킬 만합니다."(「讓位表」, 『三國史記』 권11, 眞聖女王 11년 6월조)

『삼국사기』 권11, 진성여왕 즉위조에 細註로 수록된 최치원의 「納旌節表」[10]에는 '臣姪男嶢 生未周晬'라고 하여 헌강왕 사망 시에 그는 아직 돌이 되지 못하였다고 하였다(C-1). 그러므로 嶢의 출생은 헌강왕 11년(885) 7월~12년(886) 6월 사이의 일이 된다. 그런데 진성여왕 11년 6월조에 인용된 최치원의 「讓位表」에서는 당시 요의 나이가 '年將志學' 즉 15세에 가깝다고 표현되고 있다(C-2). 이에 따르면 헌강왕 9년(883)

---

10) 최치원의 「納旌節表」는 『삼국사기』에 인용된 이 일부만이 전한다. 『삼국사기』 진성왕 즉위조의 細註에 의하면 『崔致遠文集』 2권에 「謝追贈表」와 함께 수록되어 있었던 것이나 이 최치원문집은 전하지 않는다. 여기서 光啓 3년은 2년의 오류이다. 이 글에는 요가 등장하고 있고, 다른 표들이 모두 진성여왕 9년 이후 작성된 것으로 미루어 이 또한 여왕 9년에서 11년 사이에 작성되었을 것으로 생각된다. 납정절표라고 한 것에서 보면 당이 贈한 정절을 환납하는 표로 진성여왕을 대신하여 작성한 것이다. 旌節은 儀仗의 하나로 대나무 꼭대기에 旄牛의 꼬리 혹은 五彩의 羽毛로 장식한 깃발이다. 황제의 명령을 수행하는 使者가 먼길을 떠날 때 황제의 위엄을 드러내는 것으로 이 정절을 앞세우고 갔다.

무렵에 태어난 것이 되므로 B-1의 기록과 3년 정도의 차이가 생긴다. 두 기록 모두 최치원에 의해 비슷한 시기에 작성된 것이지만 서로 다른 정보를 제공하고 있어서 혼란스럽다.

그런데 「양위표」는 여왕의 퇴위에 따른 명분을 강조하고 당의 인정을 얻는데 목적이 있었으므로 실제로는 10여 세를 갓 넘긴 요의 나이를 志學에 가깝다고 표현한 것이 아닐까 한다. 효공왕이 왕비를 맞이한 것은 3년(899)의 일이었다. 즉위 후 바로 왕비를 맞이하는 것이 합당할 것이나 이때까지 혼인을 미룬 것은 그가 결혼연령에 해당하는 15세 경에 이르기를 기다렸기 때문일 것이다. 이 두 기록 가운데 어느 한 편을 택한다면 납정절표에 따르는 것이 옳겠다. 그러므로 요가 태어난 것은 885~886년 경으로, 야합한 후 곧 임신하였다고 하였으니 헌강왕과 여인이 만난 것은 884~885년 경으로 비정하여도 좋을 것이다. 요가 태자가 된 895년에 그의 나이는 9~10세 정도이며 897년 왕위에 올랐을 때는 11~12세의 연령에 해당한다.

다음으로, 효공왕의 生母에 대한 의문이다. 이 여인의 출신과 그후의 행적에 대해서는 기록이 없다가 요가 왕위에 오른 다음 해에 이르러 어머니 金氏를 義明王太后로 높였다는 기사가 나타난다. 이때의 기록은 의혹의 여지가 있어서 주의가 필요하다.

D-1. 孝恭王 立 諱嶢 憲康王之庶子 母金氏 (『三國史記』 권12, 孝恭王 즉위조)

D-2. 尊母金氏 爲義明王太后 (『三國史記』 권12, 孝恭王 2년 정월조)

D-3. 憲康王 立 景文王之太子 母文懿王后 妃懿明夫人 (『三國史記』 권11, 憲康王 즉위조)

D-4. 第五十二 孝恭王 金氏 名嶢 父憲康王 母文資王后 (『三國遺事』 권1, 왕력)

D-5. 第四十九 憲康王 金氏 名晸 父景文王 母文資皇后 一云 義明王后

(『三國遺事』 권1, 왕력)

D-6. 第四十八 景文王 金氏 名膺廉 父 啓明角干……母神虎王之女 光和夫
人 妃文資皇后 憲安王之女 (『三國遺事』 권1, 왕력)

D-1에서 효공왕의 어머니는 金氏임을 알 수 있다. 이 김씨는 효공왕이
즉위한 다음 해인 2년 정월에 義明王太后라는 尊號를 받았다(D-2). 왕태
후는 왕실의 여인들 가운데에서도 가장 영향력 있는 지위로서 새로
즉위한 국왕이 어렸을 경우에는 섭정도 가능하였다.[11] 당시 경문왕비인
文資皇后는 50대에 들어섰을 정도의 연배이며 헌강왕비 懿明夫人은
많아도 40대에 이르지 못한 나이로 추산되므로 그들은 이때 생존해
있었을 것이다.[12] 庶子 출신의 어린 효공왕이 왕실의 어른인 先王妃들의
존재에도 불구하고 자신의 生母를 왕태후로 높이는 일이 그리 간단하지
만은 않았겠다. 더욱이 이 義明이란 칭호는 D-5에서 보듯이 경문왕비인
文資皇后의 별칭으로 義明王后가 있어서 혼동을 일으키게 한다.[13] 효공
왕이 어머니에게 왕태후의 尊號을 올린 것은 그럴 수 있다고 하더라도,
이처럼 혼동하기 쉬운 칭호를 부여한 것은 쉽게 납득이 되지 않는다.
　나아가 『삼국유사』 王曆에 나타나는 기록들은 더욱 의심을 짙게
한다. D-4에서는 효공왕의 어머니를 文資王后라고 하였다. 이 문자왕후

---

11) 진흥왕이 즉위하였을 때 나이가 어리므로 왕태후가 섭정한 것이나(『三國史記』
　　권4, 眞興王 즉위조) 惠恭王이 8살의 어린 나이로 즉위하였을 때 어머니인
　　滿月夫人이 태후로써 섭정한 것은(『三國史記』 권9, 惠恭王 즉위조) 太后의
　　지위가 왕실에서 차지하는 위치를 짐작케 한다.
12) 왕과 왕비의 연령이 비슷하였을 것이라는 전제로 추산하면, 경문왕의 妃는
　　50대 초반 정도에 해당하고 헌강왕비는 30대 후반에 해당하는 연배가 된다.
　　따라서 이들이 생존해 있었을 가능성은 매우 높다.
13) D-5 사료는 역자에 따라 王曆의 혼동으로 보고 삼국사기 헌강왕 즉위조에
　　나와 있는 妃 懿明夫人을 삽입하여 '妃 懿明夫人을 일명 義明王后라고 한다'로
　　교정하여 해석하기도 한다.

는 헌강왕의 어머니이며 경문왕비인 文資皇后와 같다. 문자황후는 義明王后라고도 불리운다고 하였으므로(D-5, 6)[14] 효공왕이 義明王太后로 존호한 어머니 김씨가 과연 자신의 生母인지, 경문왕비인 義明王后(文資皇后)인지 조차 의심케 만든다. 만일 요의 생모가 이미 사망하였거나 왕실의 일원으로 수용되는 것이 용납되지 못한 상황이라면,[15] 서자 출신으로 왕실내의 기반이 취약한 요가 왕실의 최고 어른인 경문왕비를 王母로 모시는 것은 그의 위치를 강화하는 데 도움이 되었을 법도 하다. 그러나 이 또한 경문왕비가 효공왕의 祖母가 된다는 점을 생각하면 쉽게 수긍되지 않는 점이 있다.

한편 일부 역자들의 견해에 따라[16] 삼국사기의 기록(D-3)을 적용하여 王曆의 헌강왕대 기사 D-5에 '妃懿明夫人'을 삽입하여 수정하면 다음과 같다.

第四十九 憲康王 金氏 名晸 父景文王 母文資皇后 妃懿明夫人 一云 義明王

---

14) 『삼국사기』에서는 경문왕비를 寧花夫人이라고 하였으나(권11, 경문왕 즉위조), 헌강왕의 어머니는 文懿王后라고 하였다(권11, 헌강왕 즉위조). 이 文懿王后는 경문왕 6년에 夫人 김씨를 높인 명칭이므로 동일인이다. 한편 『삼국유사』의 왕력에서는 경문왕비를 文資皇后라고 하였으며, 헌강왕의 어머니에 대해서는 文資皇后, 혹은 義明王后라고도 부른다고 하였다. 경문왕비 寧花夫人은 文懿王后, 文資皇后, 義明王后의 다양한 칭호로 나타나고 있다. 경문왕비는 헌강왕, 정강왕, 진성여왕의 어머니이지만 그동안 왕태후로 봉해지지는 않았다.

15) 신라왕실의 尊號는 사후에 추증되는 諡號와는 달리 살아있을 때에도 주어진다. 이것만으로 생존 여부를 판단하기는 어렵다. 한편 민간의 한 여인이었을 뿐인 生母가 진골귀족 중심으로 이루어진 신라왕실의 일원으로 수용되는 일이 그리 단순하지는 않았겠다. 더욱이 당시에는 정강왕비와 헌강왕비, 경문왕비가 모두 생존해 있을 가능성도 있어서 先王妃와 같은 존호를 사용한 것도 잘 이해가 되지 않는다. 이 효공왕의 母 金氏가 生母를 의미하는 것이 아닐 가능성도 있다. 만일 그렇다면, 그녀는 이미 사망하였거나 생존해 있었다고 하더라도 자기 존재를 내세울 수 없는 처지였을 것이다.

16) 北譯本 및 이재호 역의 『삼국유사』는 왕력의 기사를 수정하여 번역하였다.

后

이에 따르면 헌강왕비인 懿明夫人이 곧 義明王后이므로, 그가 효공왕에 의해 왕태후로 봉해졌을 가능성이 커진다. 즉 요의 생모는 이미 사망하였거나 왕실의 일원으로 수용되지 못하였으며, 요는 생모를 대신하여 아버지 헌강왕의 정비인 의명왕후를 어머니로 모시고 즉위 후에 의명왕태후로 존호한 것으로 이해되는 것이다. 이 경우가 가장 타당성이 클 것으로 생각한다. 그러나 D-4에서 효공왕의 母를 文資王后라고 한 것은 여전히 의문으로 남는다.

이러한 의문들은 생모의 존재가 매우 모호하기 때문이다. 그녀의 출신과 세력기반이 튼튼하였다면 이런 의문을 남기지 않았을 것이다.[17]

---

17) 李文基는 최치원이 撰한 '王妃金氏奉爲先考及亡兄追福施穀願文'과 '王妃金氏爲亡弟追福施穀願文'에 나타나는 '王妃 金氏'를 효공왕 요의 生母로 추정하였는데 (李文基, 「崔致遠 撰 9세기 후반 佛國寺 關聯資料의 檢討」, 『新羅文化』 26집, 동국대 신라문화연구소, 2005, pp.248~250) 이에 따르면 효공왕의 생모는 이찬의 관등을 가진 진골귀족의 딸로써, 오라비와 재상가의 며느리가 된 여동생이 있었으며, 헌강왕과 혼인하여 요를 낳고 왕비로 불려졌으며, 왕이 죽자 출가하여 불국사에 많은 곡식을 시납하였으며, 요의 즉위 후에는 왕태후로 책봉된 것이 된다.

그러나 이 추정은 해결해야할 문제가 참 많아 보인다. 그는 9세기 후반에 생존하고 있었던, 진골 출신으로 왕과 死別한 김씨 왕비라는 조건에 맞춰 요의 생모를 거론하였으나, 경문왕과 헌강왕, 정강왕의 왕비들도 모두 진골 김씨이며 왕과 사별하였고 연령상 충분히 생존했을 가능성이 있으므로 생모만이 유일하게 부합되는 것은 아니다. 한편 '華嚴佛國寺毘盧遮那文殊普賢像讚幷序'에 나타나는 脩媛 權氏가 헌강왕의 비빈으로 본래 김씨인 것을 신라왕실 족내혼을 감추기 위해 권씨로 개서했을 가능성이 크다고 하였는데,(이문기, 위의 논문, 2005, p.246) 그렇다면 그가 왕비 김씨일 가능성도 있다. 수원 권씨는 왕비 김씨와도 행적이 일치한다. 이처럼 다양한 가능성의 존재는 왕비 김씨가 효공왕의 생모라고 주장할 근거가 충분치 않기 때문이다. 이 중에서도 왕비김씨가 효공왕의 생모일 가능성은 가장 적어 보인다. 삼국사기의 기록이 명백하기 때문이다. 진성여왕이 요의 등에 솟은 두 개의 뼈를 확인하고 나서야 헌강왕의 아들임을 인정한 것은 그의 존재를 왕실이 알지 못하고 있었다는 것을 의미한다. 野合하였다는 요의 생모가 당시 어떻게 요가 의지할 수 있는 외가세력은 존재하지 않았거나 극히 미약한 것이라 하겠다.

2) 정치세력의 동향

진성여왕의 퇴위는 寵臣들의 실정과 지방사회의 이반에 대한 책임을 지고 물러난 것이었다. 이에 대한 지배층의 위기의식은 매우 컸다고 하겠다. 왕경 내의 비난을 받은 여왕 초기의 총신들을 대신하여 위기를 수습할 수 있는 개혁의 방안과, 이 개혁을 수행할 능력을 가진 정치세력 집단이 요구되었다.

「讓位表」에 의하면 "근자에 이미 藩邦의 직무를 맡겨, 국가의 재난을 안정시키게 하고 있습니다."라고 하여 요의 태자 책봉 이후부터 여왕은 이미 정치의 일선에서 물러나 있고 요가 여왕을 대신하여 국정을 수행하였던 것으로 보인다. 그러나 당시 요의 나이는 9~10세 정도의 어린 나이였으므로 그가 위기에 처한 국가의 정무를 직접 처리하였다고 보기는 어렵다. 진성여왕 9년 무렵의 혼란한 정국을 수습하는 문제는 어린 요에게 맡겨졌다기보다는 요와 결합하였던 정치세력에게 주어진 것이라 하겠다. 이 정치세력으로 주목되는 인물은 乂謙이다.

예겸은 일찍이 헌강왕 즉위시 상대등 위홍과 함께 시중으로 임명되어[18] 헌강왕 전반기의 국정에 참여한 바 있었다. 그후 6년에 이르러 예겸은 侍中에서 물러나고 敏恭으로 교체되었는데[19] 그의 퇴진은 위홍

왕비를 칭하며 왕실과 가까운 불국사와 인연을 맺고 벼 4,000斛의 막대한 곡식을 기부할 수 있었는지 의문이다. 생모의 지위가 왕비로 불리울 만큼 확고하였다면 요를 일찍 태자로 삼았을 것이지 여왕 9년에 이르러 비로소 불러 책봉했을 리도 없다. 최치원이 남긴 글을 근거로 삼국사기의 기사를 부정하는 것도 내키지 않는다. 필자는 무리하게 요의 생모와 연결짓기보다 삼국사기의 내용을 신뢰하는 것이 더 바람직하다고 생각한다.

18) 『三國史記』 권11, 憲康王 즉위조.

세력과의 갈등에 기인한 것으로 생각된다.[20] 이후 정치적으로 밀려나 있었던 그는 魏弘이 사망한 후 중심을 잃은 채 표류하던 진성여왕대의 후반기에 이르러 정치사회에 복귀하고 국가의 위기를 대처하면서 정치적 장악력을 높여갔던 것으로 보인다. 이 무렵에는 경휘와 헌강왕녀의 혼인이 있었는데,[21] 예겸의 義子였다는 것 이외에는 뚜렷한 자기 기반을 찾을 수 없는 경휘가 헌강왕녀와 혼인이 가능하였던 것은 예겸의 영향력에 의한 것이라 하겠다. 경휘는 이 혼인으로 왕위계승의 기반을 마련하였다. 이미 예겸은 왕실과의 혼인을 성사시킬 수 있을 정도의 위치를 확보하고 있었음을 알 수 있다. 9년에 이르러 민간에 머물고 있었던 요를 궁중으로 데려와 태자의 책봉을 얻고 나아가 여왕의 선양을 받아 즉위케 한 것도 이미 정국을 장악한 예겸의 영향력이 작용한 것으로 생각된다.[22]

예겸은 효공왕 즉위 후의 정치사회를 실질적으로 이끌고 간 인물이다. 10여 세의 어린 나이에 왕위에 오른 효공왕에게 직접 국가를 운영할 수 있는 능력을 기대하기는 어렵다. 효공왕과 예겸의 관계는 자신의

---

19) 『三國史記』 권11, 憲康王 6년 2월조.
20) 全基雄, 「憲康王代의 정치사회와 '處容郞望海寺'條 설화」, 『新羅文化』 26집, 동국대 신라문화연구소, 2005.8, p.76.
21) 헌강왕의 長女인 桂娥太后와 孝宗의 혼인이 진성여왕 3년 이후 그리 멀지 않은 시기에 있었던 것으로 보이므로(全基雄, 「眞聖女王代의 花郞 孝宗과 孝女 知恩 說話」, 『韓國民族文化』 25집, 부산대 한국민족문화연구소, 2005, p.222). 次女인 義成王后와 경휘의 혼인은 그후 몇 년이 지나서라고 하겠다.
22) 요를 제거하고 싶어 하는 정치세력이 있었다면 그를 보호하고 이용하려는 세력 또한 있었을 것이다. 요가 태어났을 당시의 국정은 위홍에 의해 장악되어 있었다. 위홍은 진성여왕을 왕위에 올리는데 전력을 기울였던 인물이다. 위홍의 세력이 건재한 동안에는 요의 존재를 쉽게 드러낼 수 없었을 것이다. 그러나 위홍이 죽은 이후 정국이 예겸의 주도로 전개되면서 그의 존재가 알려질 수 있었다. 요를 진성여왕에게 알리고 불러오도록 한 사람은 예겸세력에 속하는 인물일 것이다.

딸을 納妃한 것을[23] 통해서 짐작할 수 있다. 효공왕대를 거치는 동안 광범위하게 나타나는 신라사회의 변화는 당시의 정치사회를 주도하였던 예겸세력에 의한 것이라고 해도 좋을 것이다.[24] 효공왕의 사후에 왕위를 계승한 것은 예겸의 義子인 신덕왕 경휘였다. 경휘를 후원하여 박씨왕가의 성립기반을 마련한 것 또한 예겸일 것으로 생각된다. 예겸은 효공왕 말년 무렵에 사망한 것으로 보이며 신덕왕에 의해 宣聖大王으로 추존되었다.[25]

헌강왕 6년에 정치적으로 실각하였던 예겸이 이때에 이르러 부상할 수 있었던 배경이 무엇인지 궁금하다. 위홍 사후에 진성여왕이 의지할 수 있었던 정치세력은 측근의 총신들과 화랑세력이었다. 경문왕에서 진성여왕에 이르는 기간 동안 왕실의 강력한 지지기반으로 존재하였던 화랑세력은 孝女知恩 사건으로 헌강왕의 장녀와 혼인한 孝宗이 왕위계승자로서의 지위를 확보하고 있었다. 왕실의 지지를 받고 있었던 화랑세력에 비하여 새로 대두한 예겸세력의 지지기반은 무엇이었는가를 살피기로 한다.

예겸세력을 지지하였던 집단으로는 왕경의 國人들과, 6두품 지식인 계층, 경휘와 연결된 박씨세력, 그리고 효공왕 요와 신덕왕 경휘를 비롯하여, 준홍 계강 등 예겸과 연결된 인물들이 이에 포함될 것으로 생각된다. 먼저 진성여왕과 왕실 측근을 비방하는 다라니의 隱語를 지어 유포한 자들이 국인이며, 경휘를 지지하여 즉위케 한 세력도 국인으로 나타나고 있음에 유의하고자 한다.

---

23) 『三國史記』 권12, 孝恭王 3년 3월조. 예겸의 女와 효공왕의 혼인은 3년에 와서야 이루어졌다. 효공왕의 즉위시 연령은 12세 정도였으므로 그가 혼인연령에 이르기를 기다려 혼인케 하였던 것이라 하겠다.
24) 全基雄, 앞의 논문, 2005.8, pp.21~25.
25) 『三國史記』 권12, 神德王 원년 5월조 및 『三國遺事』 권1, 王曆, 神德王.

E-1. 제51대 眞聖女王이 임금에 오른 지 몇 해만에 乳母 鳧好夫人과
　　그 남편인 魏弘角干 등 3,4 寵臣이 더불어 권세를 잡고 政事를 휘두르
　　니 도적이 벌떼와 같이 일어났다. 國人이 근심하여 다라니의 隱語를
　　지어 써서 路上에 던졌다. 王과 寵臣들이 얻어보고 말하기를 이것은
　　王居仁이 아니면 누가 이 글을 짓겠는가 하고 居仁을 잡아 옥에
　　가두었다.……다라니에는 "南無亡國 利尼那帝 判尼判尼蘇判尼 于于
　　三阿干 鳧伊娑婆訶"라고 하였다. (『三國遺事』 권2, 眞聖女大王 居陀知조)
E-2. 효공왕이 죽고 아들이 없으므로, 國人이 추대하여 卽位하였다.
　　(『三國史記』 권12, 神德王 즉위조)

　　E-1의 왕거인 사건에서[26] 보이듯이 진성여왕과 측근의 寵臣들에 대한
불만이 왕경내의 國人들에게 폭넓게 퍼져 있었다. 국인은 왕경의 중심계
층을 형성하였던 왕경인 집단이다.[27] 국인의 동향과 여론은 국왕의

---

26) 왕거인 사건에 대해서는 全基雄, 「新羅末期 政治社會의 動搖와 6頭品知識人」,
　　『新羅末 高麗初의 政治·社會變動』, 한국고대사연구회편, 신서원, 1994를 참고.
27) 國人의 실체에 대해서는 다양한 견해가 있다. 먼저 당시의 세력가나 고위
　　관직자를 추출하여 제시하기도 하였는데, 조범환은 신덕왕을 추대한 國人들로
　　계강과 예겸, 母系 등 경휘의 지지세력에 의해 조종된 귀족들을(曹凡煥, 앞의
　　논문, 1991, p.9.) 제시한 바 있으며, 음선혁은 국인을 효공왕 말년에 집권하였
　　던 정치세력으로 규정하고, 大臣 은영과 신덕왕대의 태자 승영과 상대등
　　계강, 경명왕대의 상대등 위응과 김성, 侍中 유렴과 언웅, 그리고 박씨왕에
　　의해 관리로 임명된 사람들을(음선혁, 「新羅 敬順王의 卽位와 高麗 歸附의
　　政治的 性格」, 『全南史學』 11집, 전남사학회, 1997, pp.111~120) 들었다.
　　한편 下代 國人의 용례를 검토하여 범위를 보다 넓게 설정한 연구로는 전기웅과
　　김창겸의 논고가 있다. 전기웅은 하대의 국인층은 "왕경의 중심집단을 형성하
　　는 일반 왕경인 계층으로서 왕위의 결정이나 국가의 중대사에 여론과 중의로써
　　정치적 영향력을 행사할 수 있었던 사람"들을 지칭하는 것이라고 하였으며(全
　　基雄, 앞의 논문, 1994, pp.99~103.), 김창겸은 국인과 群臣의 용례를 검토하여
　　"왕경에 생활하면서 왕위의 결정이나 국가의 중대사에 여론과 중의로써 정치
　　적 영향력을 행사할 수 있었던 일정한 범주의 정치집단으로, 군신을 포함한
　　표현"이라고 하였다(金昌謙, 앞의 책, 2003, pp.205~216).
　　下代 국인의 용례를 볼 때 권력을 장악한 몇몇 인물들로 규정하기보다는
　　왕경의 중심층을 형성하였던 보다 넓은 계층으로 보는 것이 타당할 것으로

즉위와 퇴위에 간여하는 등 국가의 중대한 일에 결정적인 영향력을 미치고 있었다. 이들은 다라니의 은어를 빌어 여왕의 실정을 비판하는 글을 짓고 길거리에 던짐으로써 자신들의 의사를 표출하였다.

경문왕의 당나귀 귀에 관한 설화는[28] 경문왕가 왕실이 왕경인들의 여론을 듣지 않고 진실을 억압하였다는 의미로 해석할 수 있는 여지가 많다. 정당한 방식과 경로를 통한 의사의 전달이 막혀 있는 가운데 국인의 불만은 거리에 글을 뿌리는 저항의 형태로 나타났던 것이다. 이때 다라니 은어의 利尼那帝는 여왕을 지칭하는 것이므로 왕실과 여왕 자신까지 비난의 대상이 되기에 이르렀음을 알 수 있다. 권신들은 비판적인 6두품 지식인인 대야주의 隱士 왕거인을 범인으로 지목하고 붙잡아 옥에 가두었다. 당시의 권신들이 국인들의 비판에 대해 억압적인 방법으로 탄압하고 있었음을 짐작케 하는 일이다.

진성여왕은 국인들의 불온한 동향과 비난에 대해 압박을 느꼈을 것이다. 구속하였던 왕거인을 풀어준 것은 왕경인의 반발을 의식한

생각한다. 國人의 '國'은 國都 즉 왕경을 의미한다. 국인은 본래 왕경에서 사는 사람들을 말한다. 그런데 하대의 왕경은 17만호의 거대한 규모로서 이들 모두를 국인의 개념에 포함할 수는 없을 것이다. 본래부터 왕경인이 아니었던 사람들이 지방에서 이주해 왔거나 어떤 이유에 의하여 왕경에 정착하게 된 경우도 다수 있었을 것이기 때문이다. 왕경인 가운데에서도 국가의 중대사에 참여하여 의사결정의 역할을 할 수 있었던 국인층은 이미 신라의 형성기부터 國都인 왕경에 거주하면서 頭品 이상의 신분을 소유할 수 있었던, 정치 사회 경제적으로 상류층을 이루며 왕경의 중심집단을 형성하였던 계층으로 생각된다. 이들 가운데에서는 국가의 직임을 부여받아 국왕의 신료가 되거나 정치세력으로 진출하는 사람들도 있었을 것이다. 국인은 이들을 포함하는 개념으로 생각한다. 최근에 최의광은 국인 관련 기사를 세밀하게 검토하였는데, 국인은 群臣과 동일한 대상은 아니며, 군신을 포함하는 보다 넓은 범주의 세력으로 보인다고 하였다(최의광, 「〈三國史記〉〈三國遺事〉에 보이는 新羅의 '國人' 記事 檢討」, 『新羅文化』 25집, 동국대 신라문화연구소, 2005, p.38).

28) 『三國遺事』 권2, 四十八 景文大王.

까닭일 것이며, 이 무렵 효녀 지은을 구휼한 화랑 효종의 미담을 듣고는 곡식을 더하여 내려주고 그 마을을 효양방으로 하였으며, 당에게까지 알리는 등 국내외로 널리 선전한 것은 왕경의 민심을 수습하기 위한 노력의 일환이었다. 이 일로 사람들의 칭송을 얻은 화랑 효종에게는 헌강왕의 장녀와 혼인케 함으로써 후계자의 자격을 부여하였다.[29]

이런 노력이 효과를 거두어 일시 민심이 회유되었다고 하더라도 근본적인 대책이 될 수는 없었다. 진성여왕 3년(889) 조세 독촉을 계기로 하여 시작된 지방반란은 수습되지 못하고 지방사회의 이반은 더욱 거세져 갔다. 이 해에 사벌주에서 元宗과 哀奴의 반란이 일어나니 여왕은 내마 숙令奇에게 명령하여 체포하게 하였으나 영기는 반도의 보루를 보고 두려워 진군하지 못하였다. 이에 영기를 참수하고 힘껏 싸우다가 전사한 촌주 祐連의 어린 아들로 아버지의 뒤를 잇게 하는 조치를 취했지만,[30] 관군이 도적을 두려워할 정도로 그들의 기세는 크고 사나웠던 것이다. 5년(891) 10월에는 5소경의 하나인 北原京이 이탈하여 독자적인 세력을 형성하였고, 북원을 장악한 양길은 궁예로 하여금 북원 동쪽 부락과 溟洲 관내 酒泉 등 10여 군현을 습격하게 하였다.[31] 그 다음 해인 892년에는 서남지역이 자립하여 完山州의 견훤이 후백제를 자칭하였으며 무주 동남쪽의 군현이 그에게 투항하였다.[32] 지방반란은 일개 도적무리의 단계를 벗어나 국가의 형태를 갖추기에 이르렀던 것이다. 왕경인은 10년(906) 모량리에 이른 赤袴賊의 약탈을 겪으며 왕경까지 위태로움에 노출되었음을 실감하였다.

---

29) 효녀 지은 사건에 대해서는 全基雄, 「眞聖女王代의 花郎 孝宗과 孝女知恩 說話」, 『韓國民族文化』 25집, 부산대 한국민족문화연구소, 2005를 참고.
30) 『三國史記』 권11, 眞聖王 3년조.
31) 『三國史記』 권11, 眞聖王 5년 10월조.
32) 『三國史記』 권11, 眞聖王 6년조.

　이전에 신라가 겪었던 분쟁은 귀족들 사이에서 왕위를 노리거나 정치적 권력을 둘러싸고 일어났던 것으로 지배층 내부의 대결이었음에 비하여 이 시기의 지방반란은 전국의 각지에서 봉기한 도적과 반란세력이 중앙귀족의 통치체제를 송두리째 뒤엎는 형태의 도전이었다. 이는 신라의 지배층 전체에게 심각한 위협으로 인식되었으며 여왕의 실정과 무능에 대한 불만은 보다 근본적인 개혁을 요구하기에 이르렀다. 진성여왕과 측근 총신들이 후퇴하고 예겸세력이 정치를 장악하여 개혁을 추진할 수 있었던 것과 나아가 경문왕가 김씨왕실의 몰락과 박씨왕실의 등장을 가져온 배경에는 국인들의 위기의식과 개혁에 대한 여망이 작용하였던 것이다.

　E-2에서 신덕왕을 추대한 국인은 E-1의 국인과 같은 맥락에서 연결된다. 경문왕가 왕실의 복고적인 형태와 진성여왕의 실정에 불만을 가진 국인은 경문왕가와 밀접하게 연결되어 있었던 효종의 화랑세력보다는 지방통치체제의 개혁을 추진하였던 예겸세력의 경휘를 추대하여 왕위를 차지하게 하였다. 국인은 진성여왕 이후 박씨왕실의 등장에 이르기까지 정치적 변화의 내부에 영향력을 미치고 있었다고 하겠다.

　경문왕가 왕실과 지배층에 대한 불만은 단지 지방민들의 것만은 아니었다. 지배층에 대한 저항은 지방에서는 도적의 봉기와 이탈로, 왕경에서는 왕실과 총신들을 비난하는 벽서가 나붙는 왕거인 사건으로 나타났다. 효녀 지은의 설화는 왕경인의 몰락상을, 왕거인 사건은 國人들이 왕실에 저항하기에 이르렀음을 보여주는 사례이다. 왕경의 내부에서도 불만과 저항은 폭넓게 나타나고 있었던 것이다. 지배층은 이들의 요구를 충족시킬 수 있는 새로운 모습을 보여주지 않으면 안 되었다. 예겸의 부상과 박씨왕가의 등장은 이러한 배경에서 가능하였다. 즉 변화는 일부 정치세력들 간에서 정치적 권력 쟁탈의 결과로 해석하기보

다는 왕경의 보다 넓은 국인 계층의 여망과 요구에 의한 것으로 파악되
어야 할 것이다.

다음으로 주목되는 집단은 도당유학생 출신 6두품 지식인 계층이다.
진성여왕 3년 무렵에 왕거인은 권신들에 의해 다라니의 벽서를 지은
자로 선뜻 지목될 정도로 비판적인 인물로 여겨지고 있었다. 그가
왕경을 떠나 대야주에 은거하고 있었던 이유는 권신들의 탄압을 피하기
위한 것으로 생각된다. 이처럼 일부 6두품 지식인들은 당시의 정치에
대해 비판적인 태도를 보이고 있었으며 이에 대한 탄압과 견제가 행해지
고 있었던 것이다. 이때 비록 왕거인은 풀려날 수 있었다고 하지만,[33]
6두품 지식인에 대한 의구심이 사라진 것은 아니었다. 도당유학생
출신 6두품 지식인을 대표하는 위치에 있었던 최치원이 "而衰季多疑忌
不能容"이라고[34] 하여 의심과 시기가 많아 용납되지 못하였다고 한
것이나 이 무렵 왕경을 떠나 外職인 태산군 태수로 부임하게 된 것은
그 또한 의혹과 견제의 대상이 되었기 때문일 것이다.

그가 다시 중앙의 정치사회로 복귀하여 정치적 활동을 펼치게 된
것은 진성여왕 8년(893) 사신으로 당에 파견된 이후의 일이다. 신라정부
는 당에 파견한 병부시랑 金處誨가 도중에 익사함으로써 사행에 실패하
자[35] 槥城郡 太守 金俊을 告奏使로, 부성군 태수 최치원을 賀正使로
삼아 다시 보냈다. 이들은 흉년과 도적들의 창궐로 길이 막히자 북쪽으
로 올라가 서해안의 뱃길을 이용하여 사행에 성공하였다.[36]

---

33) 왕거인이 풀려난 이유는 왕경인들의 여론과 동향에 권신들이 굴복하였기
   때문일 것으로 해석된다.
34) 『三國史記』 권46, 최치원전.
35) 『三國史記』 권11, 眞聖王 7년조. 김처회를 당에 파견한 목적은 旌節을 바치고자
   한 것으로 되어 있으나 실제로는 당시에 직면한 급박한 국내 사정을 알리고
   당의 도움을 요청하려는 의도가 있었을 것으로 생각된다.
36) 최치원의 사행은 이 해 바로 이루어진 것으로 보인다(崔英成, 『崔致遠의 哲學思

최치원은 당에서 돌아온 직후인 894년 2월 시무 10조를 올렸다. 이때는 예겸세력이 부상하여 지방반란의 위기에 대처하기 위한 구체적인 해결방안과 개혁을 모색하던 시기였다. 시무 10조가 여왕에게 가납된 것은 이런 분위기에 힘입었기 때문일 것이다. 여기에는 당시의 지방사회 이탈에 따른 극복의 모색이 있었을 것이며,[37] 최치원을 비롯한 도당유학생 출신들의 경험과 지식, 그가 겪었던 지방의 사정과 사행에서 얻어진 당에서의 견문이 반영되었을 것이다.[38] 이에 따라 당제를 모방한 지주제군사제를 비롯하여 지방통치제의 정비가 실시되었으며 아울러 5小京과 군현의 州, 府로의 전환과 골품제의 변화 위계의 확산 등의 광범위한 변화가 나타나고 있다.[39] 신라말 지방통치체제의 변혁은 최치원과 도당유학생의 역할을 보여주는 것이다.

시무책이 가납된 이후 최치원의 정치적 활동은 눈부신 바 있다. 진성여왕의 선위는 유교적인 의례를 따르는 것이라서 유학자들의 작용이 있었음을 알 수 있는데,[40] 유교적 선양이라는 명분은 庶子 출신으로 왕위계승에 문제의 소지를 가지고 있었던 효공왕의 즉위를 정당화하는 데 기여하였다. 아울러 당의 승인을 얻는 것은 왕권의 안정에 매우 중대한 일이었다. 이 무렵 신라가 당과의 외교에 진력한 것도 이런

想』, 아세아문화사, 2001, pp.358~359). 이들은 무주로 가는 남쪽 길이 막히자 견훤의 세력이 미치지 못하는 서해안의 항해로를 통해 당으로 갔을 것이다. 최치원과 김준이 태수로 있었던 부성군과 혜성군은 각기 지금의 충남 서산과 당진 지역이므로 서해안의 직항로를 이용한 사행이 용이하였다.

37) 全基雄, 「新羅末期 政治社會의 動搖와 6頭品知識人」, 『新羅末 高麗初의 政治 · 社會變動』, 한국고대사연구회편, 신서원, 1994, pp.105~108.

38) 崔英成, 앞의 책, 2001, pp.358~360.

39) 全基雄, 『羅末麗初의 政治社會와 文人知識層』, 혜안, 1996, pp.259~260.

40) 최치원, 「謝嗣位表」. "又以慈踰十起 禮過三辭"라고 하였다. 신라에서 국왕의 선위 자체가 전례 없는 일이었다. 왕위계승이 유교적 형식과 명분에 따라 진행되었다는 것은 유학자의 개입을 시사한다.

사정과 관련된다. 이때 최치원은 8개의 表를[41] 짓는 등 당과의 외교문
서를 독점하여 작성하다시피 하였으며 특히 진성여왕을 대신하여 「讓位
表」를, 효공왕이 즉위한 직후에는 다시 「謝嗣位表」를 짓는 등 여왕의
양위와 효공왕 즉위의 정당성을 당에 전하고 인정을 얻는데 진력하였다.
최치원이 효공왕의 왕위계승과 안정에 이바지한 공로는 결코 적지
않다고 하겠다.

6두품은 진골 왕족 중심의 신라 정치사회에서 차상위 계층에 해당한
다. 진골들이 令 將軍 都督 등 최고위의 職을 독점하여 정책의 결정과
명령권을 가진 데 비하여 그들은 卿 州助 太守 등 실무를 담당하는
관료의 직위를 차지하는 데 그쳤다. 그러나 당에 유학하여 선진문물을
습득하고 돌아왔던 도당유학생 출신의 6두품 지식인들은 유교적 교양
과 한문의 문장력을 바탕으로 경문왕가의 정치사회에 참여할 수 있었
다. 위홍 사후 權臣들은 이들의 진출에 견제와 탄압을 가하였으며,
이에 왕거인 같은 비판적 문인은 진성여왕대의 실정에 반발하여 저항하
였다.

진성여왕 8년 무렵 예겸세력의 개혁이 모색되는 시기에 6두품 지식인
을 대표하는 최치원은 시무책을 통하여 정치적 방향의 제시를 하였으며
여왕의 퇴위에는 선양이라는 왕위계승의 방식을, 이후 당과의 외교관계
에서 효공왕 즉위의 정당성을 확보하기 위한 노력과, 그후 신라의 지방
사회에서 나타나는 통치체제의 변화에 이르기까지 6두품의 정치적
활동은 활발히 전개되었다. 진성여왕대의 실정을 비판하였던 그들은
새로 등장한 예겸세력을 지지하였던 것으로 생각된다. 신라의 정치사회

---

41) 최치원이 代作한 8개의 表 가운데 「納旌節表」, 「起居表」, 「謝賜詔書兩函表」, 「讓
   位表」는 진성여왕 말년 경에, 「謝嗣位表」, 「新羅賀正表」, 「謝恩表」, 「謝不許北國
   居上表」는 효공왕 1년 무렵에 작성되었다.

가 예겸의 주도로 진행되는 동안 6두품의 정치적 역할이 확대되었던 것은 그들이 예겸세력의 개혁을 지지하고 동참하였음을 보여주는 것이다.

한편 효공왕 요는 헌강왕의 아들로서 신라 왕족의 일원이지만 민간에서 어린 시절을 보내야 했던 인물이다. 왕자의 신분을 감추고 민간에서 성장하였던 효공왕의 체험은 왕실의 진골귀족적인 성향보다는 일반 民과 가까운 의식을 갖게 하였을 것이다. 훗날 그가 정치와 왕궁의 생활에 염증을 느끼고 賤妾에 빠지게 된 것도 그러한 까닭이 아닐까 한다. 이런 점은 효공왕을 이전의 경문왕가 왕실의 국왕들과 구별되게 한다. 예겸도 시중을 역임한 진골귀족이지만 위홍과의 대립으로 정권의 핵심에서 밀려나 정치적으로 소외된 경험을 가졌던 인물이며, 예겸의 義子이며 효공왕을 이어 왕위에 오른 경휘는 김씨 진골귀족이 아니라 박씨 출신이었다. 경휘와 연결된 지지집단은 박씨세력일 것이다. 아달라왕의 遠孫이라는 그들은 김씨왕족 중심의 정치사회에서 하위귀족에 머물렀던 계층인 셈이다. 경휘의 父인 文元 伊干, 조부인 文官 海干 또한 정치권력의 중심에서 벗어나 있었던 사람들로 보인다. 이들 또한 김씨 진골귀족 중심의 권력구조에서 차상위 집단에 해당하였을 것이다.

다시 말하면, 예겸이 주도한 정치적 변화를 지지하였던 세력은 왕경의 國人들을 비롯하여 당시 진골귀족에 의해 정치적 진출이 제한된 6頭品과, 권력의 중심에서 한 걸음 벗어나 있었던 朴氏勢力과 같이, 권력층이 아니라 그 다음 계층에 해당하는, 정치적으로 소외되어 있었던 인물들이었다. 이처럼 경문왕가 김씨왕실에서 권력의 중심에서 벗어나 있었던 집단이 정치의 주도권을 장악하게 되는 과정이 진성여왕 후반부터 진행되고 있었던 것이다. 이는 위홍의 죽음과 지방사회의 분열, 왕경의 동요라는 위기상황에 진성여왕의 측근집단이 적절하게 대응하지 못하고 왕경인에게 비난의 대상이 되어 무기력해진 상황에서 가능하였다.

한편 이 시기의 정치적 변화가 하대 전반의 왕위계승전과 같이 무력을 동원한 왕위의 찬탈이나 정치세력 간에 살육을 가져오는 대결의 형태로 나타나지 않았다는 점은 주목되어도 좋을 것이다. 예겸세력의 대두는 진성여왕의 측근 權臣들을 숙청하고 무력으로 정권을 탈취하는 식의 격렬한 정변의 형태로 진행되지 않았다. 예겸은 여왕으로부터는 선양이라는 형태의 평화로운 퇴위를 이끌어냈고, 헌강왕의 혈육인 요를 즉위케 함으로써 경문왕가 혈통을 유지하려는 왕실의 입장을 충족시켰으며, 아울러 경휘와 효종 간의 왕위계승을 둘러싼 충돌을 피할 수 있게 하였다. 효공왕의 즉위 또한 태자로 책봉되어 2년이 지난 후에 禪位의 과정을 차분하게 밟았던 것이다. 김씨왕실과 진골귀족들의 반발은 시중 俊興과의 타협을 통해 무마할 수 있었던 것으로 생각된다. 예겸은 효공왕이 즉위한 후에도 일선에 나서지 않은 채 준흥에게 상대등을 양보하고 효공왕의 妃父이며 왕실의 후원자로서 배후에서 정국을 이끌었던 것으로 보인다. 이 점은 매우 흥미로우며 예겸의 정치적 능력과 성향을 짐작케 한다. 예겸은 자칫 대결로 치달을 수 있었던 정치적 상황을 평화적으로 순조롭게 수습하고 지방통치체제의 개편을 효율적으로 추진할 수 있게 하였다. 새로운 정치세력이 결코 적지 않은 개혁과 변화를 가져오면서도 기존의 정치세력과 격렬한 충돌은 일어나지 않았다. 진성여왕 이후 효공왕대를 거치는 동안 왕경에서는 한 번도 정치적 반란이나 모반 사건이 나타나지 않았다는 점을 지적해 둔다.[42]

---

42) 진성여왕 이후 왕경에서의 반란사건은 景明王 2년 2월에 一吉湌 玄昇이 반란을 일으켰다가 伏誅된 것이 유일하다.

2. 효공왕대 정치사회의 양상

1) 지방통치체제의 개혁

효공왕의 즉위는 그 자체가 신라 정치사회의 커다란 변혁을 의미하는 것이었다. 신라의 국왕이 생존 시에 失政에 대한 책임을 지고 선양을 통해 왕위에서 물러난 것은 유례가 없는 일이다. 진성여왕의 퇴위는 측근 정치세력의 후퇴를 동반한 것으로 정치세력의 교체라는 의미를 갖는다. 이는 왕경 내부의 비판과 압력에 기인한 바가 컸다. 왕경의 여론은 국왕을 퇴위시킬 만큼 영향력을 발휘하고 있었던 것이다. 서자 출신인 효공왕의 신분은 골품제 왕위계승의 원리를 거스른 것이었으며, 진성여왕의 퇴위와 함께 경문왕가 왕실을 유지해오던 신성한 혈통의식과 상대 복고적 정신의 가치와 기준은 퇴색하여 박씨왕실의 등장으로 이어지면서 자취를 감추게 된다.

새롭게 대두한 乂謙과 景暉, 繼康 등 신진세력은 왕경의 국인, 6두품 지식인 계층의 지지와 도움을 얻어 정국의 중심에 서게 되었다. 이 정치세력의 교체는 무력적인 충돌이 없이 이루어졌다. 여왕은 양위라는 유교적 왕위계승 방식을 통해 은퇴하였으며 왕실과 가까운 준홍과 효종은 이후에도 중요한 정치적 위상을 유지하였다. 효공왕대는 김씨왕실의 세력들과 신진세력이 공존하며 조화와 균형이 이루어진 채 진행되었다.

여왕의 측근들을 대신하여 정치사회를 장악한 예겸세력은 국가적 위기를 극복해야 한다는 과제를 가지고 출발하였다. 당시의 가장 중대한 당면문제는 지방사회의 반란에 대한 대응 방안의 수립과 실행이었다. 정치적으로 여왕과 측근을 구축한 이들은 지방반란으로 야기된 위기에 대처하기 위한 신라의 통치체제 개혁에 착수하였다. 최치원의 시무책이 제시된 이후 신라사회에서 나타나는 변화의 양상은 뚜렷하다.

최치원 대작의 「양위표」에는 "近已俾蕃寄 用靖國災"라고 하여 태자 요에게 이미 藩邦의 직무를 맡겨 국가의 재난을 진정케 하고 있다고 하였다. 진성여왕 11년 무렵에는 이미 지방세력의 이반에 대한 신라정 부의 대책이 실행에 옮겨지고 있었음을 알 수 있다.

그것은 종전의 9州 5小京과 都督 중심의 지방체제를 파기하고 군사적 대응체제인 知州諸軍事와 城主制로의 전환이라는 형태로 나타났다. 여기에는 최치원을 비롯한 도당유학생의 경험에 의존한바 컸다. 이 변화는 최치원의 시무 10조가 제시되고 요가 등장한 진성여왕 9년 무렵 이후 본격적으로 추진되기 시작하여 효공왕대를 거치며 정착되었 다.

신라 하대의 城主와 지주제군사는 이 시기부터 등장하고 있다. 신라 지방통치의 근간을 이루었던 9주 5소경은 州로 바뀌어 주요 지방에는 지주제군사가 설치되었으며 각 군현은 城을 단위로 城主가 통치의 중심을 담당하는 형태로 전환하였다.[43]

F-1. 北原賊帥梁吉忌弓裔貳己 與國原等十餘城主謨攻之 進軍於非惱城下 梁吉兵潰走 (『三國史記』 권12, 孝恭王 3년 7월조)

F-2. 草賊遍起 命諸州郡都督太守捕捉之 (『三國史記』 권10, 憲德王 11년 3월조)

F-3. 王聞疆場日削甚患 然力不能禦 命諸城主 愼勿出戰 堅壁固守 (『三國史 記』 권12, 孝恭王 9년 8월조)

중대 이후 사라졌던 성주의 칭호는 孝恭王 3년(899)의 기록에서 다시 나타나고 있다. 북원경 주변의 신라 북방지역에는 국원을 비롯한 10여 성의 城主가 양길에 의해 장악되고 있다(F-1). 이 성주는 종래의 태수나

---

43) 신라말의 지방사회와 知州諸軍事에 대해서는 全基雄, 「羅末麗初의 地方社會와 知州諸軍事」, 『慶南史學』 4집, 1987을 참고하기 바람.

현령 보다 군사적 역할이 강화된 형태의 지방관이다. 헌덕왕 11년에는
초적을 捕捉케 하는 명령을 州郡의 都督·太守에게 내리고 있음에 비하
여(F-2), 효공왕 9년(905)에 이르면 城主들에게 싸우지 말고 굳게 지킬
것을 命하고 있어서(F-3) 국왕의 명령을 수행하는 지방통치의 담당자가
종래의 都督制下의 도독·태수·현령 등이 아니라 城主라는 명칭을
가진 새로운 형태의 지방관이라는 점을 알 수 있다. 지방반란에 대처하
는 지방관들이 군사지휘관의 임무를 띠게 됨에 따른 변화라 하겠다.
성주는 지방반란이 확산됨에 따라 점차 종래의 태수 현령을 대치하면서
신라의 지방통치체제로 기능하게 되었다. 이 제도는 그후 계속 확산되
어 갔다. 태조 13년(930) 쯤의 경북지방에는 30여 개의 군현과 아울러
명주에서 흥례부에 이르는 지역에는 110개의 성이 있었던 것이다.[44]

知州諸軍事의 성립도 성주와 비슷한 시기에 이루어졌다. 天祐 2년(효
공왕 9년, 905)에는 왕지본이 武州의 知州, 즉 지주제군사로 나타나고
있다.[45] 이 무주에는 진성여왕 4년(890)경 金鎰이 도독으로 있었는데,[46]
6년(892)에 후백제를 세운 견훤에게 무주의 동남 군현이 투항하면서
신라의 무주 통치가 와해되자 그 뒤를 이어 군사력을 갖춘 지방세력인
왕지본이 등장한 것이라 하겠다. 효공왕 이후에는 武州의 王池本을
비롯하여 金海의 金仁匡·蘇忠子·蘇律熙, 基州의 康公萱, 牙州의 金行
濤, 溟州의 王順式, 康州의 王逢規, 大耶의 金億廉 등이 知州諸軍事로
활동하고 있었다. 이미 지방사회를 통제할 능력을 상실한 신라정부는
궁예와 견훤 같이 정부체제를 갖춘 대세력이 王을 칭하는 상황에서
유명무실해진 도독제를 파기하고 唐의 경우를 참고하여 知州諸軍事

---

44) 『高麗史』 권1, 太祖 13년 정월, 2월조.
45) 「無爲寺先覺大師遍光塔碑」, 『韓國金石全文』, p.348.
46) 「聖住寺朗慧和尙白月葆光塔碑」, 『韓國金石全文』, p.213.

체제를 성립한 것이다. 신라정부는 종래의 지방관, 새로이 州治를 장악하게 된 지방세력가, 지방관의 유고 등의 이유로 그 뒤를 이은 자 등 軍權을 장악한 지역의 실력자에게 그 지위를 인정하고 지주제군사, 성주, 장군 등의 관직을 부여하였으며, 蘇判 王池本, 匝干 蘇忠子, 韓粲 金行濤 등 지방세력가로서 지주제군사가 되었던 인물들에게 진골에 해당하는 위계를 수여하는 등 회유와 타협에 나섰다.[47] 이런 변화는 지방의 호족들을 독립세력으로 자립하게 만드는 결과를 가져왔다. 5소경과 각 주는 호족으로 불릴 수 있는 독립 기반을 확보하였던 것이다. 나말 호족의 대두는 신라정부가 의도하였던 아니던 간에 이로부터 출발하였다고 하여도 좋을 것이다.

한편 9州와 5小京이 州·府로 개편되었을 뿐 아니라 일부 군현도 州로 승격되었다. 즉 金海小京은 金州 또는 金海府로, 中原京은 忠州로, 西原京은 淸州로 변하였으며, 沙伐州·竹州·完山州 등 지방반란의 근거지와 王逢規의 泉州, 康公萱의 基州 및 知事類의 칭호를 가진 諸州들이 나타나고 있다. 지방세력이 소유한 位階도 승격을 가져와 종래 4·5두품에 해당하는 대우를 받았던 村主들이 大奈麻·及干·沙干·三重沙干 등 6두품 위계를 소유하는 경우가 증가하였다. 지방 통치체제의 변화는 전반적이며 광범위하게 진행되고 있었다.[48] 이러한 노력은 신라의 권위와 영향이 미치는 범위 내에서 어느 정도 효과를 거둔 것으로 보인다. 그러나 920년 이후 격렬해진 후백제와 고려의 신라 쟁탈전 과정에서 지주제군사와 성주들이 차례로 넘어가면서 신라는 몰락하였

---

47) 知州諸軍事 및 城主에 대한 기본적 방침은 이미 그들이 획득한 경제적·군사적 독립성과 지역민에 대한 지배권의 일부를 인정하고 國家에 대한 忠誠과 왕실의 보호를 보장받는 것이었다. 이는 眞聖女王 3년의 租稅 독촉과 같은 강압책과 비교할 때 현저한 변화라 하겠다.

48) 全基雄, 앞의 논문, 1987, p.21.

던 것이다.

2) 정치사회의 전개

효공왕 요의 갑작스런 등장과 여왕의 禪位는 정치사회의 중대한
변화와 충격을 안겨준 것이었다. 이미 진성여왕대에는 헌강왕녀와 혼인
하여 왕위계승자로서의 자격을 갖춘 孝宗과 景暉가 있었다. 효종은
진성여왕대의 화랑으로 효녀 知恩을 구휼한 사건을 통해 왕경인의
신망을 얻고 헌강왕의 장녀와 혼인하여 왕위계승자로서 우월한 지위를
얻었으며, 경문왕가의 세력기반이었던 화랑을 대표하는 인물이기도
하다.

이 두 사람 가운데 왕위계승 경쟁에서 보다 유리한 쪽은 효종이었다.
효종이 효녀 지은을 구휼한 일은 사람들의 칭송을 얻고 여왕은 그를
'나이는 어리나 老成한 덕이 있다'고 하며 헌강왕녀와 혼인케 하였다.
이는 다음 왕위계승자로서의 인정을 얻은 것이었다.49) 그는 경문왕가의
왕실의 지지를 얻고 있었으며 수천 명에 이르는 왕경의 郎徒들을 거느리
고 있었다. 그의 가계는 문성왕의 후손으로 아버지인 三宰相 舒發翰
仁慶은 당시의 실력자로 여겨지며 조부인 敏恭은 헌강왕대의 시중으로
위홍과 함께 헌강왕 후반의 정국을 담당하였던 인물이다. 그럼에도
불구하고 효종은 왕위에 오르지 못하였다. 헌강왕의 아들인 요가 나타
남에 따라 경문왕가의 직접 혈통이 아닌 효종은 왕위계승에서 밀려났던
것이다. 경문왕가 왕실은 헌강왕이 죽은 후 동생인 정강왕, 여동생인
진성여왕으로 이어가면서 경문왕가의 혈통을 유지하고자 고심하였다.
요가 비록 서자였다고 하더라도 父系의 경문왕가 혈통을 이었다는

---

49) 全基雄, 「眞聖女王代의 花郎 孝宗과 孝女知恩 說話」, 『韓國民族文化』 25집,
   부산대 한국민족문화연구소, 2005.

점이 먼저 고려되었다. 헌강왕녀와 혼인한 효종과 경휘가 있었다고 하지만 경문왕가의 혈통을 이어야한다는 왕실의 입장은 요를 환영하였고 효종의 왕위계승은 좌절되었다.

景暉 역시 왕위에 오르지 못한 것은 마찬가지였다. 그러나 요가 등장하지 않았더라도 그는 효종에게 왕위를 넘겨줘야 하는 처지에 있었다. 그는 예겸의 친아들이 아니라 義子에 지나지 않았으며, 본래의 출신은 박씨이므로 김씨 진골귀족보다 신분에 있어서 약점을 갖고 있었다. 헌강왕의 사위라는 사실은 그에게 왕위계승의 조건을 갖춰주었지만, 보다 우월한 지위는 장녀와 결혼하였던 효종에게 있었다. 따라서 그는 왕위계승의 서열상 효종에게 밀려났을 것으로 생각된다.

그렇다면 요의 등장은 효종의 왕위계승을 저지한 결과를 가져온 것이라 하겠다. 즉 경문왕가를 지탱해오던 가장 믿을만한 측근세력이었던 화랑세력의 대두를 가로막은 것이다. 요의 등장이 정치적으로 중대한 사건이며 어떤 책략이 작용하고 있었다는 의심이 드는 것은 이러한 내면의 사정이 있는 까닭이다.

한편 요의 등장은 경휘의 입장에서는 일단 또 한 번의 기회를 기약할 수 있는 것이기도 하였다. 화랑세력의 왕위계승을 막고 싶어 했던 사람들에게 요의 등장은 환영할만한 일이었다. 그러므로 요의 왕위계승은 경문왕가의 혈통으로 왕위를 이어가야 한다는 입장과 화랑세력의 즉위를 막아야 한다는 입장의 두 가지 바램을 모두 충족시킬 수 있는 것이었다. 이들 사이에 정치적인 타협이 가능하였던 것은 이런 까닭이다.

효공왕은 즉위 후 大赦와 함께 文武百官의 官爵을 1급씩 올려주었다. 신왕의 즉위에 따른 시혜인 셈이다. 2년 정월에는 舒弗邯 俊興을 상대등으로, 阿湌 繼康을 시중으로 삼았고 다음 해인 3년 3월에는 伊湌 乂謙의

딸을 왕비로 맞이하였다. 이 3인은 효공왕 초기의 정국에서 가장 중요한
위치에 있었던 인물로 생각된다.

이때 상대등이 된 俊興은 일찍이 정강왕대에 시중을 역임하였던
인물이다. 정강왕이 즉위한 지 한 달 만인 8월에 시중이 되었는데
이때 그는 이찬의 고위 관등을 가지고 있었다.[50] 다음 해 5월 병이
깊은 정강왕은 특히 준흥에게 유조를 내려 曼을 왕위에 오르도록 당부하
였다.[51] 그는 위홍과 함께 진성여왕의 즉위에 힘썼을 것이다. 진성여왕
대에는 시중의 임면 기사가 나타나지 않아서 준흥이 시중직을 계속
유지하였던 것으로 보이므로 위홍 사후의 정국에서도 그의 정치적
비중은 가볍지 않았을 것이다. 그는 효공왕대에도 영향력 있는 위치에
있었다. 효공왕 2년 정월에 시중 계강과 함께 상대등이 되어[52] 10년(906)
정월에 파진찬 金成이 상대등으로 임명될 때까지 8년간 재임하였다.
준흥이 시중과 상대등으로 있었던 기간은 정강왕 즉위년(886)에서 효공
왕 10년(906)에 이르기까지 모두 20년간이나 된다. 이는 당시가 정치적
상황이 급변하던 시기임을 감안할 때 매우 길다고 하겠다. 준흥이
정강왕대에 시중이 되고 위홍과 함께 진성여왕의 즉위에 중요한 역할을
담당하였으며 여왕대의 정국을 이끌었다는 점은 그가 경문왕가 왕실과
매우 밀접한 관계에 있었던 인물임을 짐작케 한다. 효공왕의 즉위
후 바로 상대등의 위치에 오른 것을 보면 요의 즉위에 대해서도 찬성하
는 입장이었을 것이다. 그는 경문왕가 혈통을 유지해야 한다는 왕실의
입장에서 요의 즉위에 동조하였던 인물로 생각된다. 준흥이 예겸세력의
대두에도 불구하고 지위가 흔들리지 않고 오히려 승진한 것은 그와

---

50) 『三國史記』 권11, 定康王 즉위년 8월조.
51) 『三國史記』 권11, 定康王 2년 5월조.
52) 『三國史記』 권11, 孝恭王 2년 정월조. 이때 그는 제1관등인 舒弗邯으로 나타나고
    있어서 2위인 伊飡에서 승급되어 있다.

예겸 사이에 정치적 타협 또는 개혁에 대한 공감대가 있었기 때문이 아닐까 한다. 요의 즉위는 두 사람의 협력에 의해 가능하였을 것이다.

　繼康은 효공왕 2년 상대등으로 자리를 옮긴 준흥의 뒤를 이어 시중이 되었다. 4년 후인 6년(902) 2월에는 서리가 내렸다는 기사에 이어 효종이 시중으로 임명되고 있어서 천재지변의 책임을 지고 물러난 것으로 보인다. 그러나 이 무렵의 天災는 거의 해마다 나타나고 있으며 이때는 2월에 서리가 내렸다는 정도라서 시중이 면책될 정도의 심각한 것이었는지 의심스럽다. 그는 6년 무렵 정치적으로 부상한 효종세력의 대두로 인하여 교체된 것으로 보인다. 그러나 계강은 신덕왕의 즉위 후 곧 상대등으로 다시 정계에 복귀하고 있어서 경휘와 가까운 인물로서 국인의 지지를 이끌어내어 신덕왕이 왕위에 오르는 데 공헌한 것은 아닐까 한다. 계강은 예겸세력과 연결된 인물일 것이며 효종세력과는 경쟁적인 입장에 있었던 것을 짐작케 한다. 그는 경명왕 원년 8월에 이르러 王弟인 魏膺에게 상대등의 직위를 넘겨주었다.

　효공왕 초기의 정국은 김씨왕실과 밀접하였던 준흥이 상대등을, 예겸세력에 해당하는 계강이 시중을 담당하며 양 세력이 조화와 견제를 이룬 가운데 진행될 수 있었다. 준흥은 김씨왕실의 귀족세력들을 무마하고 협조를 이끌어내는 역할을 하였고 개혁의 추진은 계강의 주도하에 이루어졌을 것이다. 그러나 그 배후에 작용하고 있었던 것은 乂謙의 힘이었다고 하겠다. 예겸은 시중과 상대등이라는 지위는 갖지 않았다고 하더라도 효공왕의 妃父이며 국왕이 가장 의지할 수 있었던 지지세력으로 정국을 주도하는 위치에 있었다.

　초기의 정국은 6년에 이르러 계강이 물러나고 화랑 출신의 효종이 시중으로 임명되는 변화가 나타난다. 이때 효종세력의 대두는 대야성의 전투에서 후백제 견훤의 공격을 막아낸 것과 무관하지 않을 것이다.

견훤은 5년(901) 8월에 대야성을 공격하였다. 대야성은 왕경으로 향하는 중요한 군사적 요충지로서 이 성의 함락은 신라에게 심각한 위협을 가져올 수 있는 것이었다. 위기에 처한 왕경의 관심은 이 대야성 전투에 집중되었을 것이다. 이때 대야성을 수비하였던 신라의 장수는 知大耶郡事 金億廉으로 보인다.[53] 그는 효종의 형이며 경순왕의 伯父로 훗날 고려 태조의 妃父가 되었던 인물이다. 그의 아버지는 舒發翰 仁慶이며 조부는 헌강왕대의 시중이었던 敏恭으로[54] 이 일족은 신라 진골귀족의 핵심에 자리하고 있었다. 대야성을 방어한 新羅軍 중에는 김억렴 일가의 私的인 군사력이 포함되어 있었을 것이며, 효종이 이끌던 화랑세력도 이 전투에 참여하여 함께 싸웠을 것이다. 이들의 저항은 지방의 성주들과는 달리 왕경의 군사력이 동원된 강력한 것이었다. 견훤은 마침내 성을 함락시키지 못하고 금성 아래 연변 부락들을 약탈하고는 돌아갔

---

53) 조범환은 金億廉의 기사가 경순왕 말년의 것이라는 점을 들어 효공왕 때에도 대야성의 책임자로 있었는지 의문이라고 하였다(曺凡煥, 「新羅末 花郞勢力과 王位繼承」, 『史學研究』 57집, 韓國史學會, 1999, p.34, 註14.) 그는 김억렴을 '대야성의 성주'로 부르고 있어서 의아한데, 김억렴의 직명은 城主가 아니라 知大耶郡事이며, 이는 知州諸軍事의 관직에 해당한다. 지주제군사제는 진성여왕 말기에서 효공왕 초에 이르는 시기에 성립되었으므로(전기웅, 앞의 논문, 1987, p.19) 김억렴의 경우도 이 무렵 지대야군사가 되었던 것으로 보는 것이 좋겠다. 지주제군사는 독자적으로 군사력을 운용할 수 있는 인물들로서 신라는 그들이 장악한 지역의 독립성과 지배권의 일부를 인정하고 국가에 대한 충성과 왕실의 보호를 보장받는 것이 기본적인 관계였다(p.33). 왕경으로 향하는 중요한 군사적 요충지인 대야성의 보유는 매우 중요한 것이었다. 견훤의 위협이 거세지던 시기에 김억렴 일가와 같이 강력한 군사력을 가진 귀족이 대야성의 방어를 담당한 것은 이상한 일이 아니다. 화랑 효종의 형인 그는 화랑세력이 보유한 군사력의 도움을 받거나 운용도 가능하였을 것이다. 김억렴은 920년 견훤의 공격으로 대야성이 함락될 때까지 그곳에 웅거하였을 것이다. 경순왕이 태조에게 김억렴을 소개하며 지대야군사의 호칭을 사용한 것은 당시의 공적을 기리려는 것이거나 그의 가장 대표적인 직함이었기 때문일 것이다.

54) 全基雄, 「憲康王代의 정치사회와 '處容郞望海寺'條 설화」, 『新羅文化』 26집, 동국대 신라문화연구소, 2005.8, p.77.

다.

신라가 거둔 大耶城의 승리는 매우 중요한 의미를 갖는다. 이 901년 대야성을 둘러싼 공방전은 신라와 후백제의 양국이 정면으로 대결한 첫 번째의 대규모 전투였으며 이 승리는 신라가 외부의 적과 싸워 거둔 최초의 것이었다. 견훤이 직접 이끌었던 후백제군과 싸워 거둔 승리는 지금까지 속수무책으로 밀리기만 했던 신라의 왕경인들에게 안도와 자신감을 주었을 것이다. 김억렴은 916년에 또 한 차례의 공격을 막아냈고, 920년 대야성이 함락될 때까지 견훤의 진출을 저지하였다. 김억렴과 효종 일가의 전공은 효종세력의 힘을 과시하는 것이었고 이때의 승리로 왕경인의 신망을 얻은 효종은 시중의 지위에 오를 수 있었던 것이라 하겠다. 정치적으로 약화되었던 화랑세력은 이로 인하여 여전히 신라말의 정치사회에 중요한 정치세력으로 남을 수 있었다.

효공왕 10년에는 波珍飡 金成이 준흥의 뒤를 이어 상대등이 되었다. 그는 신덕왕의 즉위와 함께 계강으로 교체되고 있어서 경휘의 지지세력으로 보기는 어렵겠다. 그렇다면 준흥과 같이 김씨왕실과 가까운 성향의 인물로 보아도 좋겠다. 아마도 연로한 준흥이 사망하였거나 은퇴하면서 후임을 맡은 것은 아닐까 한다. 그는 시중 효종과 함께 효공왕대 후반의 정국을 이끌었을 것이다. 그후 김성은 경명왕 3년에 상대등으로 다시 나타나고 있는데, 이는 전년에 있었던 玄昇의 반란 진압과 관계가 있을 것으로 여겨진다.[55] 이후 효공왕대의 정치사회의 진행과정에 대한 기록은 무척 소략하다. 10년 3월의 당에서 급제한 金文蔚의 귀국 기사 외에는 궁예와 견훤의 왕성한 활동만이 나타날 뿐이다.

효공왕대의 신라는 궁예와 견훤에 의해 양면에서 침공을 받아 위협이

55) 曹凡煥,「新羅末 朴氏王의 登場과 그 政治的 性格」,『歷史學報』129집, 역사학회, 1991, pp.13~14.

가시화 되는 시기였다. 궁예는 급속히 성장하기 시작하여 효공왕 2년 (898) 7월에는 浿西道와 漢山州 관내의 30여 성을 취하고 송악에 도읍을 정하였다. 이해 11월에는 최치원이 죄를 입고 면직되었는데 그것은 "鷄林黃葉 鵠嶺靑松"이라는 글귀가 문제가 된 까닭이었다. 궁예의 급속 한 대두와 896년 송악지역 해상세력의 이반은 신라에게 충격을 주었던 것으로 보인다. 이때에 이르러 최치원의 이 글귀가 문제가 된 것은 궁예가 송악지역을 장악한 것과 관련이 있을 것이다. 이 일로 최치원은 은거하여 다시 정치에 복귀하지 않았다. 6두품의 정치적 진출은 한계가 있었던 것이다.

다음 해인 3년(899) 7월에 궁예는 國原 등 10여 城主와 함께 공격해 온 북원 양길의 군대를 非惱城에서 무찔렀고, 4년 10월에는 국원과 菁州 槐壤의 賊帥 淸吉 莘萱 등이 성을 들어 궁예에게 투항하였다. 이로써 신라의 북쪽 지역 대부분이 궁예에 의해 장악되었고 5년(901)에 는 왕을 칭하기에 이르렀다. 한편 후백제의 견훤도 신라에 대한 공격을 시작하였다. 901년의 대야성 공격은 그 시작이었다. 신라의 대야성 방어로 견훤의 진출은 주춤하였다가 907년에는 一善郡 이남의 10여 성을 빼앗고, 916년 다시 대야성을 공격하였으나 역시 이기지 못하였다.

대야성에 가로막힌 견훤이 주춤하는 동안 이미 강성해진 궁예는 신라를 압박하였다. 8년(904) 궁예는 백관을 설치하고 국호를 摩震 연호를 武泰라고 하였으며 이때 패서도의 10여 주현이 궁예에 투항하였 다. 도읍을 철원으로 옮긴 弓裔는 9년(905) 8월에 신라를 공격하여 竹嶺의 동북쪽에 이르렀다. 13년(909) 6월에는 兵船으로 珍島郡과 皐夷 島城을 깨트렸다. 다음 해에는 羅州를 둘러싸고 후백제와 쟁탈전을 벌이기에 이르렀다. 이처럼 압박해 오는 양국의 공세에 신라는 대처할 방법이 없이 다만 성주들에게 나아가 싸우지 말고 굳게 지키라고 할

뿐이며,56) 각지의 지주제군사와 성주는 차례로 양국의 세력으로 넘어가
고 있었다.

　도적의 봉기와 지방민의 이반, 궁예와 견훤의 공격에 시달리던 신라
는 기후의 불순마저 겹쳐지면서 더욱 곤경에 빠지게 되었다. 효공왕대
후반의 왕경은 계속되는 이상 기후와 천재지변으로 활력을 상실하고
있었다. 진성여왕 이후 『삼국사기』에 나타나는 기후 이변과 재해의
기록을 보면, 진성여왕 즉위년 겨울에는 눈이 내리지 않았고 다음 해인
2년 5월에 가뭄이 들었으며 4년 정월에는 햇무리가 다섯 겹으로 나타났
다. 그후 기후 이변의 기사는 뜸하다가 효공왕, 신덕왕 무렵에 집중적으
로 나타나고 있다. 특히 효공왕 9년 이후 천재지변과 기상의 이변이
거의 해마다 발생하고 있다. 9년(905) 3월에는 星隕이 비처럼 쏟아졌고,
4월에는 서리가 내렸으며, 10년(906) 4월부터 5월까지 비가 오지 않았고,
11년(907)에도 봄과 여름에 비가 오지 않았으며, 12년(908) 2월에는
동쪽에 혜성이 나타나고, 3월에는 서리가, 4월에는 雨雹이 쏟아졌다.
15년(911) 1월에도 日食이 나타나는 등 해마다 기후 이변이 잇따르고
있었던 것이다.57) 기후의 불순은 신덕왕 때까지 계속되고 있다. 신덕왕
2년 4월에는 서리와 지진이, 3년 3월에도 서리가, 4년 4월에는 槧浦의
물과 동해의 물이 3일간 서로 싸웠다고 하였으며, 5년 10월에 지진이,
6년 정월에는 태백성이 달을 침범하는 등 신덕왕대(912.4~917.7)에도
거의 해마다 기후의 부조화와 이변이 일어나고 있었다.58) 이런 기사는

---

56) 『三國史記』 권12, 효공왕 9년 8월조.
57) 효공왕대의 천재와 기상이변에 대한 기사는 다음과 같다.
　　(902) 六年 春二月 降霜 ; (905) 九年 春三月 星隕如雨, 夏四月 降霜 ; (906) 十年
　　自夏四月至五月 不雨 ; (907) 十一年 春夏無雨 ; (908) 十二年 春二月 星孛于東,
　　三月 隕霜, 夏四月 雨雹 ; (911) 十五年 春正月丙戌朔 日有食之.
58) 신덕왕대의 천재 이변의 기사는 아래와 같다.
　　(913) 二年 夏四月 隕霜, 地震 ; (914) 三年 春三月 隕霜 ; (915) 四年 夏四月

224

주로 왕경과 그 주변의 현상을 기록한 것이라 하겠는데 계속되는 천재지
변으로 왕경의 경제는 어려움에 처하고 민심이 흉흉하였을 것임을
쉽게 짐작할 수 있다.

　이러한 상황에 효공왕은 적절한 대응을 하지 못하고 있었던 것으로
보인다. 왕의 무기력에 대한 불만은 당시의 지배층 내부에서도 심각하
게 문제가 되었던 듯하다. 이 무렵에는 예겸이 사망한 것으로 생각되
며[59] 아마도 준흥도 고령으로 은퇴하였거나 사망하였던 것으로 보인
다.[60] 효종 또한 이후 어떠한 활동도 찾을 수 없어서 생존 여부에
의문이 있다. 효공왕을 보호하고 정국을 이끌던 원로 重臣들의 죽음과
은퇴는 정치의 공백을 초래하고 효공왕의 통치에도 타격을 주었을
것이다. 효공왕 15년(911) 大臣 殷影의 천첩 살해 사건은 당시의 상황을
보여주는 상징적인 사건으로 이해된다.

　　王嬖於賤妾 不恤政事 大臣殷影諫 不從 影執其妾 殺之 (『三國史記』 권12,
　　孝恭王 15년조)

　효공왕은 정사를 돌보지 않고 賤妾에 빠져 있었다. 천첩이라 한 것은
그 신분이 낮았기 때문일 것이다. 자신을 보호하고 지지해주던 예겸의

　　蚊浦水與東海水相擊, 浪高二十丈許, 三日而止 ; (916) 五年 冬十月 地震, 聲如雷 ;
　　(917) 六年 春正月 太白犯月.
59)　신덕왕은 즉위한 다음 달인 乂謙을 宣聖大王으로 추존하였다(『三國史記』 권12,
　　神德王 원년 5월조). 追尊이라고 한 것에서 예겸은 효공왕 대에 이미 사망한
　　것을 알 수 있다. 효공왕이 정사에 뜻을 잃은 것과 예겸의 죽음이 관련 있어
　　보이므로 15년 이전의 멀지 않은 시기에 사망한 것으로 생각된다.
60)　준흥은 정강왕 즉위년(885)에 시중이 되었는데 당시의 관등은 伊湌이었다.
　　당시에도 2위의 관등인 이찬에 이른 그의 연령이 적지는 않았을 것이며,
　　그후 20년 동안 시중과 상대등을 역임하였다. 효공왕 2년에는 최고의 관등인
　　서불감으로 상대등이 되었는데 그가 물러난 효공왕 10년(906) 즈음에는 이미
　　상당한 고령으로 보아도 좋을 것이다.

죽음으로 효공왕의 권위가 무력해진 것이 아닐까 한다. 연이은 천재지변과 궁예와 견훤의 압박, 잇따른 원로 중신들의 유고로 정치적 혼란과 위기에 처한 시기에 政事에 뜻을 잃고 천첩에 빠진 채 무기력한 모습을 보이는 국왕에 대한 大臣의 안타까움과 분노가 이해되지 않는 것은 아니다. 그러나 왕이 천첩에 빠져 정사에 소홀하였다 하더라도, 자신의 諫言을 듣지 않는다고 제멋대로 왕이 총애하는 첩을 잡아 죽인 것은 효공왕의 왕권이 이미 추락하였음을 보여주는 일이다. 은영의 행위는 불손하며 자신의 애첩조차 보호하지 못하는 국왕의 처지는 딱하다. 大臣 殷影은 예겸 사망 이후의 정국을 이끌었던 인물일 것으로 생각되지만 그에 대해서는 다른 기록이 없어 어떤 사람인지 자세히 알 수는 없다. 그가 천첩을 죽인 행위에 대한 해석은 조심스럽지만,[61] 효공왕의 권위가 이미 회복되기 어려운 지경에 처해진 것만은 분명하다.

효공왕 말기의 신라정부는 다시 무기력한 양상을 드러내고 있다. 효공왕이 정치에서 도피하려 한 것은 자신의 무력감 때문에 절망한 까닭일 것이다. 國王의 애첩을 잡아 죽인 은영의 행위 또한 스스로 난국을 해쳐나가지 못하는 大臣의 무기력함이 분노로 표출한 셈이다. 신라는 다시 새로운 활력을 불어넣어 줄 지도자를 필요로 하였다. 효공왕은 그 다음 해 4월에 죽었다. 왕의 후사가 없으므로 國人은 경휘를 추대하여 즉위케 하니 그가 신덕왕으로, 이후 경명왕, 경애왕까지 3대에

---

61) 이에 대해 조범환은 효공왕이 천첩의 세력을 이용하여 왕권을 강화하려하자 그 관계를 단절하기 위해 죽인 것이라고 하였다(曹凡煥, 「新羅末 花郎勢力과 王位繼承」, 『史學硏究』 57집, 한국사학회, 1999, pp.38~39). 그러나 賤妾이라고 한 것을 보면 왕권을 강화하는데 이용할 만큼 강력한 세력의 배경이 있었는지 의심스러우며, 왕권을 강화하겠다는 왕이 정사를 돌보지 않았다는 것도 이해하기 어렵다. 한편 음선혁은 효공왕의 정사 소홀에 불만을 가진, 현실을 바로 잡아줄 것을 기대한 당시의 집권세력과의 갈등으로 해석하고 있다(음선혁, 「新羅 敬順王의 卽位와 高麗 歸附의 政治的 性格」, 『全南史學』 11집, 전남사학회, 1997, pp.111~113).

이르는 박씨왕가가 열리게 된다. 국인들은 김씨왕실의 혈통보다 현실적
인 능력을 가진 인물을 선택하였던 것이다.

4장 新羅의 멸망과 新羅人의 동향

Ⅰ. 신라의 멸망과 朴氏王家

　　신라말 왕경 지배층의 정치사회 변화 중에서 가장 두드러진 것은 박씨왕가의 등장이다. 신라는 4세기 후반 내물왕 이후 김씨가 왕위를 독점하였으나 10세기에 들어서면서 912년부터 927년까지 15년 동안 3명의 박씨왕이 나타난다. 신덕왕과 경명왕 경애왕이 그들이다. 박씨왕이 다시 등장하는 10세기 전반은 지방사회의 분열과 이반으로 신라는 분열과 멸망의 길로 접어드는 시기에 해당한다. 견훤과 궁예가 각기 국가를 건설하여 후삼국시대가 열리고 신라는 양국의 각축전에서 쟁탈의 대상이 되는 처지로 전락하였다. 이러한 시기에 새로운 왕실이 등장하였다는 것은 매우 흥미로운 일이다.

　　신라는 朴氏王家期를 지나며 돌이킬 수 없는 멸망의 길로 들어섰으며 경애왕의 살해는 실질적인 신라의 멸망이라고 하여도 좋을 것이다. 신라가 몰락한 배경과 이유에 대한 해명을 위해서는 먼저 직접적인 멸망의 계기가 된 박씨왕가기의 역사상에 대한 적절한 이해가 요구된다. 박씨왕실은 어떤 왕조이며, 그들이 이끌었던 신라말 정치사회의 전개양상은 어떠하였는가. 그들이 후백제와 고려의 위협이라는 국가적 위기를 맞아 취했던 조치들과 대응 형태는 무엇인가. 필자는 10세기

초 박씨왕가기의 지배층과 정치사회에서 나타나는 현상들을 분석하고 정치사의 전개과정을 정리하고자 하며, 이를 바탕으로 박씨왕실의 몰락과 신라 멸망을 초래한 요인들을 찾아보고자 한다.

1. 박씨왕가의 성립과 신덕왕

내물왕 이래로 김씨왕으로 이어져 오던 신라왕실에서 박씨왕의 등장은 매우 이례적인 일이다. 종래 골품제의 원리에 입각한 왕위계승의 원리를 존중하는 입장에 따른다면 박씨왕의 존재는 원칙에 어긋나는 일이며, 갑작스런 박씨왕의 등장은 해석하기 어려운 난제임에 틀림없다. 일찍이 신라 하대의 연구가 충분하지 못하였던 상황에서 박씨왕실은 그 존재 자체가 의심받기도 하여 논란이 있었다. 신라 하대의 박씨왕가에 대한 검토는 먼저 골품제와 관련하여 이루어졌다. 井上秀雄은 신덕왕이 본래 김씨이며, 당의 동성불혼제도를 받아들인 신라가 왕비나 왕모의 성씨를 조작하는 경우가 많았고, 신덕왕의 자매가 효공왕의 왕비가 된 것과 관련이 있을 것이라 하고, 또 후삼국의 항쟁기에 탈피를 꾀하여 박씨로 개명한 것이라고 주장하였다.[1] 이에 대해서 李鐘恒은 "神德의 성이 朴이 아니라는 적극적인 반증은 어디에도 없다."라고 하며 박씨왕의 존재를 긍정하는 입장에서 井上秀雄의 논지에 반대하였다.[2] 이 두 가지 입장의 차이는 그후로도 지속적으로 유지되었다.

골품제와 왕위계승에 관련하여 박씨왕에 대한 논의는 池內宏, 前間恭作, 末松保和 등 일본 학자들과 李光奎, 金毅圭, 崔在錫, 李鍾旭 등에 의하여 다양하게 이루어져 왔는데,[3] 文暻鉉은 골품제에 대해 검토하면

1) 井上秀雄,「新羅朴氏王系의 成立－骨品制의 再檢討」,『朝鮮學報』47, 1968.
2) 李鍾恒,「新羅의 下代에 있어서의 王種의 絶滅에 대하여」,『法史學硏究』2, 한국법사학회, 1975.

서 박씨왕이 허구라는 입장에서 김씨왕족만이 진골왕족이며 이들은
족내혼을 하였기 때문에 박씨왕비나 하대 박씨왕은 김씨라고 주장하였
으며,[4] 최근 권덕영은 하대 박씨세력의 존재양태를 제시하고 박씨왕에
대한 인식의 변천을 살핀 후 박씨왕들은 고려에 이르러 왕조개창의
명분과 정당성을 내세우기 위해 변조된 것이라는 추정을 내놓고 있어
서[5] 여전히 박씨왕에 대한 의구심은 사라지지 않았음을 볼 수 있다.

  그러나 1980년대 이후 신라 하대의 정치사의 전개과정을 다룬 연구들
은 대체로 박씨왕의 존재를 별다른 의심 없이 받아들이고 있다. 역사
이론이나 사회학적 이론의 적용에서 벗어나 하대 정치사회의 구체적인
사건들을 치밀하게 짚어나가는 일련의 연구들이 이기동, 이배용, 전기
웅, 신호철, 김창겸 등에 의해 진행되었다.[6] 이기동은 다양한 사료들을
치밀하게 분석함으로써 정치사의 전개과정이 구체적인 모습으로 나타
나게 하였으며, 이배용은 왕위계승 문제를 통하여 진성여왕대의 정치사
회를, 전기웅은 경문왕가의 성격을 살피면서 박씨왕 등장의 정치적
배경을 제시하였다. 김창겸은 하대 왕실의 계보와 왕위계승의 형태를
다루면서 이미 골품제의 구속이 사라졌다는 점을 지적하였다. 신호철은
견훤과의 관계에서 경애왕의 살해와 경순왕의 귀부에 대한 해석을

---

 3) 前間恭作, 「新羅王の世次と其名について」, 『東洋學報』 15, 1925 ; 池内宏, 「新
    羅の骨品制と王統」, 『東洋學報』 28, 1941 ; 末松保和, 「新羅三代考」, 『新羅史
    の諸問題』, 1954 ; 李光奎, 『韓國家族의 史的研究』, 1977 ; 金毅圭, 「韓國母系
    制 社會說에 대한 檢討」, 『韓國史研究』 23, 1979 ; 崔在錫, 「新羅王室의 王位繼
    承」, 『歷史學報』 98, 1983 ; 李鍾旭, 「新羅時代의 眞骨」, 『東亞研究』 6, 1985.
 4) 文暻鉉, 「新羅 朴氏의 骨品에 대하여」, 『歷史敎育論集』 13 · 14합집, 1990.
 5) 권덕영, 「신라하대 박씨세력의 동향」, 『한국고대사연구』 49, 2008.
 6) 李基東, 「新羅下代의 王位繼承과 政治過程」, 『歷史學報』 85, 1980 ; 李培鎔, 「新羅
    下代 王位繼承과 眞聖女王」, 『千寬宇先生還曆紀念 韓國史學論叢』, 정음문화사,
    1985 ; 全基雄, 「新羅 下代末의 政治社會와 景文王家」, 『釜山史學』 16, 부산사학
    회, 1989 ; 申虎澈, 「新羅의 滅亡과 甄萱」, 『忠北史學』 2, 충북사학회, 1989 ; 金昌
    謙, 『新羅 下代 王位繼承 研究』, 경인문화사, 2003.

내놓았고, 이를 이어 박氏왕을 표제로 내세운 조범환의 논문이 나오게 되었다.[7] 박氏왕의 혈통문제를 직접 주제로 삼지는 않았다 하더라도 하대말의 정치사 흐름과 신라의 멸망을 다루는 과정에서 신덕왕의 즉위 배경과 박氏왕 시대의 전개과정에 대한 세밀한 분석과 다양한 접근이 있었다.[8] 근래에는 역시 박氏왕대를 표제로 내세워 성립에서 몰락까지 전반적으로 폭넓게 다룬 이명식의 연구가 나왔다.[9] 그 밖에도 박氏왕가와 간접적으로 연관된 많은 정치사 관련 논문들은 일일이 언급하지 못할 만큼 풍부하다. 그동안 축적된 신라 하대 정치사회상에 대한 연구성과들은 박氏왕의 등장 배경과 과정을 설명할 수 있는 단계에 와 있다고 하겠다.

1) 박氏왕실의 구성원에 대한 검토

박氏왕실은 어떠한 왕가인가? 그들은 누구이며 박씨 출신의 인물들이 어떻게 신라의 왕이 될 수 있었을까. 먼저 박씨 출신으로 가장 먼저 왕위에 오른 신덕왕 경휘와 그 아들인 경명왕 승영, 경애왕 위응을 비롯하여 박씨왕가를 구성하였던 인물들에 대해 살피기로 한다.[10]

---

7) 曹凡煥,「新羅末 朴氏王의 登場과 그 政治的 性格」,『歷史學報』129집, 역사학회, 1991.

8) 陰善赫,「新羅 敬順王의 卽位와 高麗 歸附의 政治的 性格」,『全南史學』11, 전남사학회, 1997 ; 全基雄,「신라말 효공왕대의 정치사회 변동」,『新羅文化』27, 동국대 신라문화연구소, 2006 ; 李基東,「후삼국시대의 전개와 新羅의 終焉」, 동국대 신라문화연구소, 2006 ; 權英五,『新羅下代 政治變動 硏究』, 부산대 박사학위논문, 2007.

9) 李明植,「新羅末 朴氏王代의 展開와 沒落」,『대구사학』83, 대구사학회, 2006.

10) 하대 전반의 왕실 구성원 계보에 대한 분석과 기존 연구동향에 대해서는 金昌謙, 앞의 책, 2003의 2장,「王室系譜의 再構成」에서 상세히 다루었으므로 참고하기 바란다.

A-1. 神德王立 姓朴氏 諱景暉 阿達羅王遠孫 父乂兼(一云銳謙) 事定康大王
　　爲大阿湌 母貞和夫人 妃金氏 憲康大王之女 (『三國史記』 권12, 神德王
　　즉위조)

A-2. 追尊考爲宣聖大王 母爲貞和太后 妃爲義成王后 立子昇英爲王太子
　　(『三國史記』 권12, 神德王 원년 5월조)

　　사료 A-1과 A-2는 『삼국사기』에 수록되어 있는 신덕왕에 대한 기록이
다. A-1에 의하면 신덕왕은 朴氏로 이름은 景暉이며 아달라왕의 遠孫이
라고 하였는데, 이는 혼돈의 여지가 있다. 즉 『三國史記』 권2, 벌휴이사
금 즉위조에는 "阿達羅薨 無子 國人立之"라고 하여 아달라왕은 아들이
없었다는 것이다. 벌휴왕은 석씨이다. 여기에서의 無子와 國人의 추대
는 왕성 교체의 조건이 된 셈이다. 그런데 아달라왕이 왕위를 계승할만
한 아들이 없었다고 하더라도, 아달라왕이 속하였던 왕실 가족이 모두
절멸되었다고 볼 수는 없다. 즉 아달라왕의 원손이라는 표현은 아달라
왕이 속하였던 박씨왕실 가족의 후손이라는 의미로 해석해도 좋을
것이다.[11] 다음으로 경휘의 아버지는 예겸이라고 하였다. 그가 대아찬
으로 나타나는 시기는 정강왕대가 아니라 헌강왕대임이 명확하다.[12]
이 부분은 정강과 헌강이 혼동되어 일어난 오류라고 하겠다. 어머니는
貞和夫人이다. 정화부인의 계보에 대해서는 언급이 없다. 왕비 김씨는
헌강왕의 딸이라고 하였다. 헌강왕에게는 딸이 둘 있었는데, 장녀는
이미 효종과 혼인하였으므로 경휘는 차녀와 혼인한 것이다.[13]

---

11) 아달라왕의 '無子'는 박씨왕실의 존재를 부정하는 근거가 되기도 하였으나
　　遠孫의 해석을 달리하면 해결될 일이다. 한편 모든 박씨들이 다 아달라왕의
　　후손을 칭하였다고 생각되지는 않는다. 박씨 가운데에서도 왕실과 밀접한
　　관계를 맺었거나 왕손을 칭할 수 있었던 일족이 있었으며, 경휘는 그 일족에
　　속하였던 것이라 하겠다.
12) 『三國史記』 권12, 憲康王 즉위조.

A-2는 신덕왕 즉위 후 왕실가족에 존호를 내린 기사이다. 아버지 예겸을 선성대왕으로 추존하고, 어머니 정화부인을 정화태후로, 부인 인 헌강왕녀 김씨를 의성왕후로 봉하고, 아들 승영을 왕태자로 삼았다. 예겸은 考, 追尊이라고 하였음을 보아 경휘의 즉위 이전에 이미 사망하였음을 알 수 있다.

『삼국사기』의 기록만으로 보면 신덕왕의 계보는 간략하게 정돈이 되어 있어서 별다른 무리가 없어 보인다. 단지 경휘가 박씨 출신이라는 점만이 의심스러울 뿐이다. 그런데『삼국유사』에서는『삼국사기』와는 또 다른 사실을 전하고 있어서 몇 가지 사항을 보완할 수 있다.

> A-3. a. 第五十三 神德王. 朴氏 名景徽 本名秀宗 b. 母貞和夫人 夫人之父順
> 弘角干 追諡成虎大王 祖元弘角干 乃阿達羅王之遠孫 c. 父文元伊干
> 追封興廉大王 祖文官海干 d. 義父銳謙角干 追封宜成大王 e. 妃資成王
> 后 一云懿成 又孝資 (『三國遺事』권1, 王曆)

사료 A-3은『삼국유사』왕력에 기재되어 있는 내용이다. a에서 신덕왕은 朴氏로 이름은 경휘이며 본명은 秀宗이라고 하였다. 수종은 흥덕왕의 본래 이름과 같아서[14]『삼국유사』찬자의 착오로 보기도 한다.[15] 그러나 같은 이름을 사용하지 못할 이유도 없으며 동일인이 다른 이름으로 나타나는 경우도 자주 나타나고 있어서, 명백한 오류가 아니라면 기사의 내용을 굳이 부정할 까닭도 없을 것이다. 기록에 따라 신덕왕은 원래 朴秀宗이었으며, 어떤 이유로 인해 경휘라는 이름으로 개명하였다

---

13) 全基雄,「眞聖女王代의 花郎 孝宗과 孝女知恩 說話」,『한국민족문화』25, 부산대 한국민족문화연구소, 2005, pp.23~24.
14)『三國史記』권10, 興德王 즉위조.
15) 文暻鉉, 앞의 논문, 1990, p.213.

고 보는 것이 좋겠다.[16)]

b에서는 『삼국사기』의 기록에서는 없었던 신덕왕의 모계가 상세히
소개되어 있다. 신덕왕 경휘의 어머니인 정화부인은 順弘角干의 딸이며
조부는 元弘角干인데 그가 아달라왕의 원손이라고 하였으므로 경휘의
모계는 박씨가 된다. 즉 정화부인 또한 아달라왕의 후손을 칭하였던
박씨 일족인 것이다. 이 기록만으로는 정화부인이 義父 예겸의 부인인지
親父 문원의 부인인지 명확하게 구별되지 않는다. 따라서 경휘의 義母인
지 生母인지도 논란의 여지가 있다.[17)] 그러나 『삼국사기』의 기록에
예겸과 정화부인이 나란히 나타나고 있는 것으로 보아 일단 예겸과의
부부관계는 의심할 필요가 없겠다.

신덕왕 경휘는 자신의 친부인 문원을 흥렴대왕으로, 의부인 예겸을
선성대왕으로 각기 추봉하였으며, 나아가 정화부인의 아버지인 順弘角
干에게도 成虎大王을 추시하였다. 외조부에게까지 대왕의 존호를 추시
한 것은 이례적이라서 흥미롭다. 문원과 순홍은 박씨집단에 속하는
인물들이다. 신덕왕은 이들에게 베푼 예우는 매우 각별한 것이라 하겠
다.

c에서 아버지는 文元伊干이며 조부는 文官海干이라고 하여 경휘의
부계가 나타나 있다. 아버지 문원이 興廉大王으로 추봉되고 있는 것으로
보아 이들의 부자관계는 인정해도 좋겠다. 이는 『삼국사기』에서 예겸을

---

16) 경휘로의 개명은 예겸의 義子가 된 것과 관련이 있을 것이다.
17) 김창겸은 정화부인이 본래 문원의 처로 경휘를 낳은 후 예겸에게 改嫁하였으며
    이에 예겸이 경휘의 繼父가 되었을 것으로 파악한 바 있다(金昌謙, 『新羅
    下代 王位繼承 硏究』, 경인문화사, p.79.). 그렇다면 정화부인은 경휘의 생모가
    된다. 이는 매우 개연성이 있는 추정으로 생각된다. 그러나 개가와 義父子
    관계 성립의 상관성이 아직 명확히 알려진 바 없는데다가, 개가라는 설정이
    좀 어색한 듯하여 일단 동의를 유보한다. 어느 쪽이건 경휘를 의자로 맞이하는
    일에 정화부인의 역할이 있었을 것이라는 추측은 가능하다.

아버지라고 했던 것과 다르다. 그러나 d에서 예겸은 경휘의 의부라는 것을 알 수 있어 이 문제는 해결이 가능하다. 즉 경휘의 親父는 문원이며 예겸은 義父인 것이다. 여기에서 경휘 친부계의 성씨는 명기되어 있지 않지만, 경휘가 박씨이며 아달라왕의 원손이라고 하였으므로 이들 친부계의 인물들 또한 당연히 박씨이다. 그러므로 정화부인과 경휘의 친부계인 문원, 문관 등은 같은 아달라왕의 원손인 박씨 일족에 해당한다. 이들이 서로 밀접한 관계에 있었음을 짐작할 수 있다. 경휘가 예겸의 의자가 될 수 있었던 것에는 정화부인과 경휘가 같은 박씨 일족이라는 관계가 작용하였을 것이다.

e에서 헌강왕의 딸인 의성왕후는 資成, 懿成, 孝資 등 다양한 호칭으로 불렸음을 알 수 있는데 이처럼 복잡한 여러 가지 이름을 칭하게 된 까닭이 무엇인지는 잘 알 수 없다. 왕비의 칭호가 복수로 나타나는 것은 이뿐만이 아니라서 흥미로운데 간혹 혼동을 주기도 한다. 의성왕후는 효공왕 요의 이복누이이며, 효종의 부인으로 경순왕 김부의 어머니인 계아태후의 동생이다. 경명왕 승영과 경애왕 위응 형제를 낳았다.

B-1. 景明王立 諱昇英 神德王之太子 母義成王后 (『三國史記』 권12, 景明王 즉위조)

B-2. 景明王 朴氏 名昇英 父神德 母資成 妃長沙宅 大尊角干 追封聖僖大王 之子 大尊卽水宗伊干之子 (『三國遺事』 권1, 王曆)

B-3. 景哀王立 諱魏膺 景明王同母弟也 (『三國史記』 권12, 景哀王 즉위조)

경명왕 승영은 신덕왕의 즉위와 함께 왕태자로 책봉되어 순조롭게 왕위를 이어받았다. 『삼국유사』 왕력에는 경명왕의 왕비 長沙宅에 대한 계보가 나와 있다(B-2). 장사댁은 35금입택의 하나이며 유력한 귀족가

문에 해당한다. 장사댁의 아버지인 大尊角干은 聖僖大王으로 추봉되었
으며, 조부인 水宗伊干은 헌안왕과도 가까운 인물로 武州 長沙縣의
副官을 지낸바 있다. 宅號의 유래는 여기에서 비롯된 것으로 보이며
그들의 세력의 기반 또한 장사 지역에 있었을 것이다.[18] 경명왕 승영이
장사댁과 혼인한 시기는 효공왕 말년 경으로 추정되는데,[19] 신덕왕은
아들인 승영과 유력한 귀족가인 장사댁과 혼인관계를 맺음으로써 그들
과 결합하고 왕위계승에 대한 김씨귀족들의 지지를 얻어내고자 하였겠
다. 그런데 경명왕비는 그저 長沙宅이라고만 하여 왕비 혹은 부인의
尊號를 사용하지 않고 宅號만 기재된 것이 특이하다. 왕비로 추봉되지
못하였거나, 혹은 존호를 사용할 수 없었던 까닭이 있었을 듯하다.[20]
경명왕의 즉위시(917년) 연령은 23세 정도이며, 924년까지 7년간 재위
하였으므로 30세 무렵에 사망하였다.

경애왕 위응은 경명왕의 즉위와 함께 이찬의 위계로 상대등으로
임명되고 있어서 일찍부터 정치에 깊이 간여했음을 알 수 있다. 그러나
3년에는 金成이 상대등으로 임명되고 있어서 2년 2월 一吉湌 玄昇의
모반사건의 여파로 물러난 것으로 보인다. 그렇다하더라도 왕제인 그의
정치적 영향력은 컸을 것이다. 경명왕대 활발한 외교의 전개에는 그의
역할이 있었던 것은 아닐까 한다. 친고려 반후백제의 외교정책은 경애
왕의 즉위 후에 더 강화되었다. 재위시 연령은 20대 후반에 해당하는

---

18) 李基東, 「新羅金入宅考」, 『震檀學報』 45, 1978.
19) 경휘와 헌강왕녀와의 혼인이 진성여왕 7년경에 이루어지고 다음 해(894)
　　승영이 태어났다고 한다면 그가 혼인연령인 15세경에 이르는 시기는 효공왕
　　13년(909)이 된다. 2~3년의 오차를 상정한다고 하여도 효공왕 말년 경에는
　　혼인이 성사되었을 것이다.
20) 혹 견훤의 왕경 침입 때에 해를 입은 탓으로 왕비의 존호를 쓰지 않은 것인지도
　　모르겠다. 경애왕의 경우 분명히 왕비가 있었음에도 불구하고 기록이 모두
　　빠져 있다. 견훤의 침입으로 욕을 당한 것이 그 원인일 것이다. 장사댁이
　　왕비를 칭하지 못한 것도 비슷한 이유가 아니었을까 한다.

연배이다. 왕비에 대한 기록은 보이지 않으며, 포석정에서 견훤에 의해 강제로 욕을 당했다는 것 외에는 알려진 것이 없다. 이외에 妃妾들이 여럿이 있었으나 마찬가지로 알 수 없다.

2) 신덕왕의 즉위 배경

신덕왕 경휘가 효공왕의 뒤를 이어 왕위를 계승할 수 있었던 가장 큰 이유는 헌강왕녀와 혼인함으로써 경문왕가 왕실의 일원이라는 조건을 갖추었기 때문이며, 헌강왕녀와 혼인이 가능했던 것은 바로 예겸의 의자였기 때문이라 하겠다. 경휘는 독자적인 자기 세력기반이나 뚜렷이 드러나는 탁월한 업적도 갖지 못하였다. 경휘의 친부인 문원이나 박씨 일족이 강력한 정치세력을 형성한 흔적도 찾을 수 없다. 유력한 진골귀족 출신인 화랑 효종이 효녀 지은을 구휼한 일로 왕경인의 신망과 진성여왕의 기대를 받으며 헌강왕녀와 혼인할 수 있었던 것에[21] 비하여 경휘는 왕경인의 신망을 얻을 만큼 특별히 주목할 만한 공적으로 내세울 수 있는 것이 없다. 경휘의 혼인은 스스로의 능력과 실력에 의한 것이라기보다는 당시 정권을 장악한 예겸세력을 배경으로 하여 예겸의 정치적 의도에 따라 이루어진 것으로 보아야할 것이다.

경휘의 혼인은 진성여왕 후반기에 이루어졌을 것으로 생각된다. 효종의 혼인이 여왕 3~5년경에 있었으므로 그보다 2, 3년 지난 시기라면 대략 6~7년 무렵으로 추정하는 것이 가능하다. 이는 예겸이 정권을 장악한 시기와 일치한다. 이미 화랑 출신의 효종이 헌강왕의 장녀와 혼인하여 왕위계승의 유리한 위치를 차지하고 있었던 상황에서 예겸이 왕실을 장악하기 위하여 기대할 수 있는 유일한 방법은 헌강왕의 차녀와

---

21) 全基雄, 앞의 논문, 2005.

혼인관계를 맺는 것이었다. 이는 화랑세력과 경쟁하고 있었던 당시의 예겸으로서는 매우 절실한 문제였다.[22] 혼인을 시킬만한 親子가 없었던 예겸은 의자인 경휘를 내세워 혼인을 성사시켰다. 예겸이 자신의 친아들이 있었다면 굳이 의자로 혼인케 할 까닭은 없었을 것이다.[23] 어쩌면 이러한 필요에 의하여 경휘를 의자로 삼았을 가능성도 배제할 수 없다. 즉, 본래 박씨 일족으로 문원의 아들이었던 경휘는, 예겸과 혼인한 정화부인 박씨와의 관계를 매개로 예겸의 의자가 되었으며, 왕실을 장악하려는 예겸세력에 의하여 헌강왕의 차녀와 혼인하기에 이른 것이다. 그후 왕위에 오를 때까지 경휘의 활동에 대해서는 아무런 단서가 없다. 오직 그의 의부인 예겸의 동향과 진성여왕 이후의 정치적 상황의 추이를 통하여 짐작이 가능할 뿐이다.

예겸은 헌강왕 즉위 시에 시중으로 임명되어 상대등 위홍과 함께 헌강왕 전반기의 국정을 이끌다가[24] 6년에 敏恭으로 교체되어 시중에서 물러났는데[25] 그의 퇴진은 위홍세력과의 갈등에 기인한 것으로 생각된다.[26] 정치적으로 밀려나 있었던 그는 魏弘이 사망한 후 중심을 잃은 채 표류하던 진성여왕 3년 이후 다시 정치사회에 복귀하고 국가의 위기에 대처하면서 정치적 장악력을 높여갔다. 여왕 3년의 전국적 반란과 왕거인 사건으로 표출된 여왕과 총신들에 대한 왕경인의 불만 등

---

22) 신라하대의 화랑세력에 대해서는 全基雄, 「新羅 下代의 花郎勢力」, 『新羅文化』 10 · 11합집, 동국대 신라문화연구소, 1994 및 曹凡煥, 「新羅末 花郎勢力과 王位繼承」, 『史學硏究』 57집, 韓國史學會, 1999를 참고.
23) 당시 예겸에게는 훗날 효공왕비가 되는 딸이 있었는데 이 무렵에는 10살이 채 안 되는 연배에 해당한다.
24) 『三國史記』 권11, 憲康王 즉위조.
25) 『三國史記』 권11, 憲康王 6년 2월조.
26) 헌강왕대의 정치세력에 대해서는 全基雄, 「憲康王代의 정치사회와 '處容郎望海寺'條 설화」, 『新羅文化』 26집, 동국대 신라문화연구소, 2005.8을 참고하기 바람.

왕경 내외의 정치적 위기는 예겸의 등장을 가져오는 배경이 되었다. 예겸은 여왕 7년경에는 이미 경휘의 혼인을 성사시킬 수 있을 정도의 위치를 확보하고 있었다. 이 무렵 최치원이 외직에서 돌아와 당에 사행하고 있는 것 또한 예겸세력의 정치적 부상과 관련이 있는 것으로 보인다.[27] 이후 성주, 지주제군사제와 같은 지방통치의 군사적 대응체제로의 변혁과 활발한 대당 외교의 전개, 진성여왕의 퇴위에서 효공왕을 거쳐 박씨왕실의 성립으로 이어지는 왕경내의 정치적 변화와 개혁은 예겸세력의 주도에 의해 진행된 것이었다.

경휘가 예겸의 지원으로 왕위계승의 후보자의 자격을 얻게 됨으로써 진성여왕 이후의 왕위계승은 효종과 경휘의 경쟁으로 압축되었다. 그러나 이 경쟁은 경휘에게 불리한 것이었다. 보다 우월한 지위는 장녀와 결혼하였던 효종에게 있었으며, 유력한 진골귀족으로 화랑 출신인 효종에 비해 차녀와 혼인한 경휘는 서열상으로나 공적으로나 모든 면에서 효종에게 밀리는 입장이었다. 이런 상황에서 헌강왕의 서자인 嶢가 등장하여 왕위에 오르게 된다. 민간에 머물고 있었던 요가 궁중으로 와서 태자의 책봉을 얻고 나아가 여왕의 선양을 받아 즉위한 것은 예겸세력의 영향력이 작용한 것이었다.[28] 이로 인하여 효종의 왕위계승과 화랑세력의 대두는 저지되었다. 경휘 역시 왕위에 오르지 못한 것은 마찬가지다. 그러나 경휘로서는 일단 다시 한 번의 기회를 기약할 수 있는 것이기도 하였다. 경쟁상대를 물리친 예겸은 요를 자신의

---

27) 왕거인이 투옥되고 최치원이 외직으로 밀려가는 등 진성여왕 3년경에는 탄압과 견제를 당하였던 도당유학생 출신의 6두품 지식인은 이 무렵에 이르러 다시 정치적 활동이 활발해지고 있다. 최치원이 중앙정치로 복귀하여 대당 외교에 활약하며 시무 10조를 올릴 수 있었던 것은 이러한 배경에서 가능하였다.
28) 이문기는 효공왕의 태자 책봉과 즉위를 추진한 주체로 진성여왕을 들고 있다(李文基,「新羅 孝恭王(嶢)의 太子冊封과 王位繼承」,『역사교육논집』39집. 2007.8).

딸과 혼인케 하고 효공왕대의 정국을 주도하였다. 효공왕의 치세 동안 경휘의 행적에 대해서는 아무런 기록이 없다. 그러나 그가 예겸세력의 구심점에 있었을 것임은 쉽게 짐작할 수 있을 것이다. 그의 정치적 성장은 예겸세력과 함께 하는 것이었다.[29)]

효공왕 요와 신덕왕 경휘는 같은 예겸세력에 포함될 수 있다. 효공왕은 예겸의 사위이며, 경휘는 예겸의 의자이다. 두 사람은 모두 예겸의 보호와 지원으로 왕위에 올랐으며, 서로 대결할만한 뚜렷한 이유도 없다. 효공왕대의 예겸세력으로 생각되는 계강이나 김성은 박씨왕실에서도 중요한 위치에 있었다. 예겸과 그 정치세력 집단은 진성여왕 이후 박씨왕가에 이르기까지 정치를 이끌어 간 것이다. 그런데 효공왕대의 가장 중요한 인물인 예겸은 효공왕 말년에 이르러 사망하고 말았다. 이 무렵에는 준흥과 국가의 중요한 중신들이 대개 사망하였거나 은퇴하였다.[30)] 효종 또한 이후 어떠한 기록도 나타나지 않아서 사망했을 가능성이 크다. 그렇다면 경휘는 경문왕가 왕실의 왕위계승 자격을 가진 유일한 인물로 남게 된다. 신덕왕 경휘의 즉위에 대해 김씨왕족이나 왕경인에게 아무런 저항이나 거부를 발견할 수 없는 것은 이와 관련하여 이해될 수 있겠다. 경휘는 효공왕이 죽고 후사가 없는 가운데 국인의 추대로 왕위를 계승하였다.

孝恭王薨 無子 爲國人推戴 卽位 (『三國史記』 권12, 神德王 즉위조)

---

29) 예겸과 효공왕대의 정치적 상황에 대한 서술은 전기웅, 「신라말 효공왕대의 정치사회 변동」, 『신라문화』 27, 2006을 참고하기 바람.

30) 특히 효공왕 12년에는 2월에 星孛于東, 3월의 降霜, 4월의 雨雹 등 재난이 집중되고 있다. 이 무렵의 왕경은 극심한 궁핍에 시달리고 있었는데, 원로 중신들의 유고는 이 천재지변과도 관련이 있지 않을까 한다.

경휘를 추대하여 즉위케 한 세력은 바로 國人이었다. 일찍이 진성여왕과 왕실 측근을 비방하는 다라니의 隱語를 지어 유포하였던 자들도 국인이었다. 이 다라니 벽서사건은 이어 왕거인 사건으로 이어지며 왕경인과 6두품의 반발을 가져오고 예겸세력의 대두를 가져와 진성여왕대의 정치변화를 가져오는 기폭제가 되었다. 왕경의 국인들은 당시 진골귀족에 의해 정치적 진출이 제한된 6두품 지식인 계층, 권력의 중심에서 한 걸음 벗어나 있었던 朴氏勢力, 그리고 효공왕 요와 신덕왕 경휘를 비롯하여, 俊興 繼康 등의 인물들과 함께 예겸의 정치적 지지기반에 해당하는 집단이다.

경휘가 예겸세력에 의지하여 왕위를 계승한 것이라고 한다면, 스스로의 실력과 역량으로 새로운 왕실을 개창한 것이라고 하기는 어렵다. 다시 말하면, 박씨왕가의 성립은 새로운 왕조를 개설하는 창업과 같은 대변혁의 결과가 아니라, 예겸의 구도로 진행되어간 권력의 이행 과정에 참여하여 왕위를 얻게 된 것에 지나지 않는다. 이는 신덕왕에게 부담으로 작용하였던 것 같다. 그는 경문왕가 왕실의 틀과 예겸세력이라는 정치적 구속을 벗어나 스스로 독립된 왕권을 영위하고자 하였을 것이다.

박씨왕실의 표방은 이와 관련 있어 보인다. 경휘가 예겸의 의자가 되었으면 그의 성씨 또한 예겸을 따라 김씨를 칭하는 것이 자연스러워 보인다. 왕건의 賜姓에서 보듯이, 義父子 관계의 성립은 같은 가족집단의 구성원으로 결합하는 것이므로 성씨를 같이 하는 것이 정상적이기 때문이다. 또 그 편이 경휘의 정치적 활동이나 왕실과의 혼인, 왕위계승과 외교관계에 더 유리하였을 것이다.[31] 그럼에도 불구하고 경휘와

---

31) 『舊五代史』『五代會要』『冊府元龜』 등 중국의 역사서에는 "新羅王 金朴英 遣使方物"이라고 하여 경명왕의 성명이 金朴英으로 기재되어 있어서 혼란을 주고

박씨왕들에 대한 『삼국사기』와 『삼국유사』의 기록은 예외 없이 박씨로
기재하고 있으며 그 인식은 후대까지 이어져 왔다. 이는 그들 스스로가
박씨 출신임을 강조하였기 때문일 것이다. 즉 새로 등장한 왕실은
종래의 경문왕가 김씨왕실과 차별되는 새로운 왕통임을 표방하고자
하였던 것으로 생각된다.[32]

이는 7세기 고구려와 백제의 공격으로 국가적 위기에 처해 있었던
신라에서 진덕여왕을 이어 즉위한 김춘추가 성골에서 진골로의 왕통의
변화라는 점을 강조하였던 것과 유사하다. 무열왕의 진골왕실이 국가의
위기를 극복하고 삼국의 통일을 이루었던 역사적 경험을 바탕으로
박씨왕들은 김씨에서 박씨로의 이행이라는 왕통의 변화를 표방함으로
써 위기의 극복을 기대한 것은 아니었을까 한다.[33] 즉 박씨왕실은
후삼국의 분열이라는 국가적 위기를 맞아 종교적 권위에 치우쳤던

있다. 朴昇英에서 이름을 외자로 하여 英만 취하고 박씨성 앞에 김씨성을
덧붙인 형태이다. 이는 신라가 당과의 외교문서에 박씨성을 사용함으로써
야기되는 오해와 혼란을 피하기 위하여 김씨성을 덧붙여 사용한 까닭으로
보는 편이 좋겠다. 당과의 외교문서에서 왕명이 국내와 달리 쓰인 것은 흔히
발견되며, 종종 왕비의 성씨를 타성으로 기재한 것도 불필요한 오해를 피하려
고 한 것이었다고 한다. 당과의 외교문서가 전하는 내용 가운데에는 외교적
목적이 사실보다 앞선 사례가 자주 보이는 일이기도 하다. 한편으로 이는
경휘가 김씨로 활동하는 편이 더 유리했으리라는 것을 짐작케 한다. 그럼에도
박씨를 유지하고 내세웠다면 어떤 의도가 개입된 것이라고 볼 수 있을 것이다.

32) 예겸세력은 경문왕가의 한계성을 극복하려는 개혁을 추구하였으므로 그 차별
성을 강조하려는 의도와 더불어, 예겸의 지원에 의해 왕위에 오른 신덕왕이
즉위 후 자신의 독자적 왕권을 확보하려는 욕구, 고려와 후백제의 위협이라는
국가적 위기 상황을 극복하기 위해서는 새로운 국면의 전환에 대한 필요성
등이 작용된 까닭이라고 하겠다.

33) 그렇다면 박씨 출신이라는 점이 강조된 것은 신덕왕의 즉위시라기보다는
그후의 일, 아마도 다음 대인 경명왕의 즉위 무렵의 시기에 시작된 것으로
보는 것이 좋겠다. 신라왕실이 적극적인 국난 극복의 의지를 나타내기 시작한
것은 경명왕 이후로 보이기 때문이다. 현승의 모반도 이런 동향에 대한 반발일
것이다.

경문왕가 왕실의 한계성을 벗어나 현실적이고 합리적인 새로운 지배층의 등장임을 내세우며 위기를 극복하고자 하였다. 그러나 박씨왕들은 진골왕처럼 국가적 위기 극복을 위한 구심점이 되지 못하였고, 7세기 신라의 성공은 다시 재현되지 않았다.

한편 신라의 왕경인들은 신덕왕이 본디 박씨 출신이라는 것에 대해서 그다지 큰 관심이 없었던 것은 아닌가 한다. 박씨왕실의 등장이란 사실에 대해 김씨 귀족들이나 왕경인은 거부나 반감도 보이지 않았으며 그렇다고 특별한 환영의 징조도 없다. 경애왕 사후 다시 김씨인 경순왕이 즉위하였을 때도 왕경인의 태도는 역시 그러하였다. 경명왕이나 경애왕과 마찬가지로 헌강왕의 외손이었던 경순왕의 즉위는 왕위계승권을 가진 자의 즉위 순서에 어긋나지 않았다. 견훤에 의해 왕위에 올랐음에도 불구하고 왕경인들이 배척하거나 반발하지 않은 것은 이런 까닭이 아닐까. 신덕왕이 경문왕가 왕실의 일원이었다는 것이 박씨 출신이라는 것보다 중요한 것으로 받아들였던 것과 마찬가지이다. 왕경인들은 서자인 효공왕 요, 박씨인 신덕왕 경휘의 즉위, 견훤이 세운 경순왕 김부 등 신왕을 맞는데 적서자의 구별이나 성씨의 차이보다는 그들이 신라왕실집단의 일원이었던 것만으로 용납될 수 있었다. 이는 골품제의 왕위계승 원칙이 이 시기에 와서는 더 이상 결정적인 규범으로 작용하지 않았다는 의미로 해석해도 좋을 것이다.

2. 박씨왕가기 정치사회의 양상

효공왕의 재위 말년에는 왕권이 추락하고 권위가 상실되어 있었다. 효공왕은 정사에 뜻을 잃고 있었고, 大臣 殷影은 왕이 자신의 충간을 듣지 않는다고 왕의 애첩을 마음대로 잡아 죽이는 실정이었다.[34] 신덕

왕의 즉위 후에도 취약해진 왕권의 유지를 위해서는 김씨왕실 계열
인물들의 협조가 요구되었으며 박씨왕가 세력과 김씨 귀족세력이 정치
사회에서 나란히 공존하는 양상이 나타난다.

박씨왕가기에 정치의 구심점에 있었던 인물들은 먼저 상대등으로
신덕왕대의 계강, 경명왕대의 왕제 위응과 金成이 있으며, 시중으로는
경명왕대의 김유렴과 언옹을 찾을 수 있다.

C-1. 立子昇英爲王太子 拜伊飡繼康爲上大等 (『三國史記』권12, 神德王 원년
　　5월)

C-2. 拜王弟伊飡魏膺爲上大等 大阿飡裕廉爲侍中 (『三國史記』권12, 景明王
　　원년 8월)

C-3. 四天王寺塑像所執弓弦自絶 壁畫狗子有聲 若吠者 以上大等金成爲角
　　飡 侍中彦邕爲沙飡 我太祖移都松岳郡 (『三國史記』권12, 景明王 3년)

상대등 계강은 신덕왕 1년부터 경명왕 1년까지 6년간 재임하여 신덕
왕대의 전 기간에 걸쳐 국정을 이끌었다. 경명왕의 즉위와 함께 후에
경애왕이 되는 王弟 위응이 계강의 뒤를 이어 3년까지 2년간 재임하였는
데, 현승의 모반 사건과 사천왕사의 변고를 겪고난 후에 金成으로 교체
되었다. C-3에서의 임명기사는 문맥에 오류가 있어서 바로잡을 필요가
있다. 즉 "以上大等金成爲角飡 侍中彦邕爲沙飡"은 "以角飡金成爲上大等
沙飡彦邕爲侍中"이 되어야 마땅하다.[35] 김성은 효공왕 10년 파진찬의
위계로 준흥의 뒤를 이어 상대등이 되었다가 신덕왕의 즉위와 함께
물러난 인물이다. 김씨왕실 계열의 인물로 보이는 그가 왕제 위응을
대신하여 상대등으로 임명된 것은 현승의 모반과 계속되는 변고를

34) 『三國史記』권12, 孝恭王 15년조.
35) 『삼국사기』의 관직 임명기사는 예외 없이 후자의 형태를 취하고 있다.

겪으며 왕경내 구세력들의 협조가 필요했기 때문이라고 하겠다. 김성을 마지막으로 상대등 임명 기사는 사라진다. 그 대신 國相이나 宰相과 같은 칭호가 보이는데 약화된 상대등체제를 보완하는 기능을 하였을 것이다.

한편 侍中은 경명왕대에 김부의 堂弟인 유렴이 2년간 재위하였고 3년에 언옹으로 교체되었다. 이들의 관등은 각기 대아찬, 사찬으로 시중으로는 비교적 하위에 속한다. 상대등에 비하면 격차가 매우 커서 시중의 위상은 크게 약화된 것을 알 수 있다. 박씨왕가기의 상대등과 시중은 계강과 위응이 박씨왕실 계열의 세력이라고 한다면 김성과 김유렴은 김씨왕실 계열의 세력에 해당한다. 언옹은 다른 기록이 없어서 잘 알 수 없지만, 정국의 중심에는 양 세력이 공존하고 있음을 알 수 있다.

이 밖에 중요한 인물로는 왕건을 왕경으로 불러들이려 하였다는 國相 金雄廉과, 견훤에 의해 후백제로 납치된 王弟 孝廉과 宰相 英景이 있다.[36] 여기서 효렴은 王弟라고만 하여 경애왕의 동생인지 경순왕의 동생인지 혼동이 되는데, 견훤이 신라왕실을 견제하기 위해 인질로 데려간 인물이라면 신왕인 경순왕의 아우로 보는 것이 좋겠다. 재상 영경이 끌려간 것은 김웅렴과 마찬가지로 친고려 외교에 적극적으로 나섰던 까닭일 것이다. 경순왕 김부의 당제인 유렴, 아우인 효렴, 그리고 김웅렴은 김부 일가, 적어도 김씨왕실과 관련이 있는 인물이다. 그런데 김웅렴은 왕건을 왕경으로 초대하려 하였고, 유렴은 후에 왕경을 방문한 왕건을 맞이하고 고려로 가서 양국의 통합을 준비하였으며, 김부의 아우인 효렴은 후백제에 납치되어 인질로 끌려간 인물이다. 이들은 후백제와 대립적인 입장에서 친고려정책을 수행한 사람들인 것이다.

---

36) 『三國史記』 권50, 甄萱傳.

김씨왕실 계열의 인물들은 여전히 국정을 이끄는 중심에서 벗어나지 않았으며 박씨왕가기의 외교에 적극적으로 참여하여 활동하고 있었다. 한편 경순왕의 부인인 竹房夫人은 朴氏로 3남 1녀를 낳았다고 전해지고 있다.[37] 그렇다면 김부 일가와 박씨왕실은 혼인을 통하여 연결되어 있다.

후당과의 외교에서 사신으로 활동하였던 倉部侍郎 金樂, 錄事叅軍 金幼卿, 兵部侍郎 張芬, 兵部郎中 朴術洪, 倉部員外郎 李忠式 등은 직위로 보아 6두품 출신으로 생각되는데 도당유학생 출신 육두품은 최치원 이래로 신라의 대당 외교와 사행을 담당하고 있음을 알 수 있다.

다음으로 박씨왕가기 정치사회의 전개과정에 대해 살피기로 한다. 신덕왕은 왕위에 오른 후 왕실가족의 존호를 올리고 승영을 왕태자로 삼아 왕실의 지위를 확고히 하고 아울러 伊湌 繼康을 상대등으로 삼았다. 계강은 효공왕 2년부터 4년간 시중을 지낸 바 있으며 경명왕의 즉위 후 위응에게 상대등을 넘겨줄 때까지 신덕왕대의 정치를 이끌었다.[38] 그런데 흥미로운 것은 이외에는 신덕왕의 재위기간 동안 어떠한 정치적 행위도 나타나지 않는다는 점이다. 오직 기상의 이변과 궁예 견훤의 동향만을 간략히 전하고 있을 뿐이다. 『삼국사기』권12, 신덕왕조의 기록을 제시하면 다음과 같다.

---

37) 「新羅敬順王殿碑」.

38) 繼康은 효공왕 2년 상대등으로 자리를 옮긴 준흥의 뒤를 이어 시중이 되었는데, 4년 후인 6년 무렵 대야성 전투를 승리로 이끈 효종세력의 대두로 교체되었다. 계강은 예겸세력과 연결된 인물로 효종세력과는 경쟁적인 입장에 있었던 것을 짐작케 한다. 계강은 신덕왕 즉위 후 곧 상대등이 된 것으로 보아 신덕왕을 도와 국인의 지지를 이끌어내어 왕위에 오르는데 공헌한 것은 아닐까 한다. 신덕왕대의 정국을 이끈 그는 경명왕 원년 8월에 이르러 王弟 魏膺에게 상대등의 직위를 넘겨주었다.

2년 4월에 서리가 오고 지진이 있었다.

3년 3월에 서리가 왔다. 泰封主 弓裔가 水德萬歲를 고쳐 政開 원년이라 하였다.

4년 4월에 槧浦의 물이 東海의 물과 서로 부딪쳐 물결의 높이가 20길 가량이나 되더니 3일 만에 그쳤다.

5년 8월에 後百濟主 甄萱이 大耶城을 치다가 이기지 못하였다. 10월에 지진이 있었는데, 그 소리가 우레와 같았다.

6년 정월에 太白星이 달을 범하였다. 7월에 왕이 돌아가니 시호를 神德이라 하고 竹城에 장사하였다.

기후의 이변은 2년과 3년의 서리, 4년에는 서리와[39] 해일이, 2년과 5년에는 지진이, 6년에는 太白犯月까지 한해도 빠지지 않고 해마다 발생하였다. 천재지변은 이미 진성여왕부터 꾸준하게 신라를 괴롭혀온 문제였다. 효녀 지은의 설화에서 왕경인의 경제적인 궁핍과 몰락을 짐작할 수 있으며 효공왕대 또한 극심한 재난에 시달렸다.[40] 연이은 기후 이변과 궁핍으로 혹독한 시련을 겪어야 했던 왕경은 국난의 위기를 극복할만한 활력을 상실하고 있었다. 이런 가운데 신덕왕은 왕경내 정치세력들을 하나로 묶어낼 수 있는 역량을 보여주지 못하였다.

光化 15년 임신에 奉聖寺 바깥문의 동서 21간에 까치가 깃들었다. 또 신덕왕 즉위 4년 을해에 靈廟寺 내 행랑에 까치집이 34개, 까마귀집이 40개가 있었다. 또 3월에 두 번 서리가 왔으며, 6월에 斬浦의 물이 바닷 물결과 3일 동안 서로 싸웠다. (『三國遺事』 권2, 孝恭王)

---

39) 『三國遺事』 권2, 孝恭王조에서는 3월에 두 번 서리가 왔다고 하여 3년 동안 매해 봄마다 서리가 왔음을 알 수 있다.

40) 효공왕대의 재난은, 6년 2월에 降霜, 9년 3월의 星隕, 10년 4~5월의 不雨, 11년의 春夏無雨, 12년 2월 星孛于東, 3월의 降霜, 4월의 雨雹, 15년 정월의 日蝕. 등 후반에 이르면 거의 해마다 천재지변이 일어나고 있었다.

『삼국유사』효공왕조를 통하여 신덕왕대의 분열된 왕경의 상황을 짐작할 수 있다. 효공왕대의 봉성사 외문 21간에 깃든 까치와, 신덕왕 4년 영묘사 행랑에 깃든 까치집 34개, 까마귀집 40개는 각기 정치세력을 암시하고 있는 것으로 이해된다. 이는 3월의 서리, 6월에 참포와 바닷물이 서로 싸웠다는 기사와 연결되고 있어서 세력집단 간의 대립으로 해석할 여지를 두고 있다. 까치와 까마귀가 각기 구체적으로 어떤 집단을 의미하는지는 단정하기는 어려우나 새로 부상하는 박씨왕실 계열과 그와 경쟁하였던 구 귀족세력을 상정해 볼 수도 있겠다. 그런데 까치와 까마귀는 같은 종류에 속하는 새이며 34개와 40개의 까치와 까마귀 집은 큰 차이를 보이지 않는다. 양 세력이 서로 비슷한 크기로 겨루고 있었던 상황을 암시하고 있는 것은 아닐까 한다.

박씨왕가의 독자적인 출발은 경명왕대에 이르러서 가시화 된다. 박씨왕의 표방도 이 무렵에 이루어진 것이 아닐까 한다. 경명왕이 즉위한 다음 해 일길찬 玄昇의 모반 복주 사건이 일어나는데,[41] 경명왕이 즉위한 후 바로 王弟 魏膺을 상대등으로 임명한 것은[42] 박씨왕가의 왕통과 권력을 강화하려는 의도로 보이며, 현승의 모반은 그후 6개월 만에 일어난 것이라서 경명왕 승영의 즉위에 따른 반발과 박씨왕가의 왕권강화 의도에 대한 불만에 기인한 것으로 보아도 좋겠다. 현승의 모반은 실패로 돌아가고 그들은 죽임을 당하였다. 현승처럼 박씨왕실에 불만을 가지고 있었던 사람들은 숙청되었거나 왕경을 떠났을 것이다. 경명왕은 물러나 있었던 김성을 불러들여 다시 상대등으로 임명하였다. 왕제인 위응을 대신하여 김성을 등용함으로써 김씨왕실 계열의 협조를 얻은 경명왕은 국내의 안정을 찾게 되었고 이를 바탕으로 외교정책에 주력하

---

41) 『三國史記』 권12, 景明王 2년 2월조.
42) 『三國史記』 권12, 景明王 원년 8월조.

게 된다. 그 방향은 친고려 반후백제로 결정되었고, 국가적 위기의 극복이라는 문제에 대하여서는 양 세력이 협조하였다.

갈수록 강성해지는 궁예와 견훤은 신라 왕경의 외곽지역을 차지하고 압박을 가하고 있었다. 신덕왕이 즉위할 무렵 궁예의 영토는 溟洲 朔州 漢州 浿江道를 차지하고 후백제와는 熊州 運州 任存 牙州를, 신라와는 尙州를 차지하고 일선을 경계로 삼게 되었다. 신라의 영역은 경상도 일대로 축소되었고 대야성과 고울부까지 위협을 당하는 처지에 놓여있었다. 한편 견훤은 신덕왕 5년(916)에 두 번째로 대야성 공략에 나섰으나 역시 함락시키지 못하고 돌아갔다. 김부의 백부이며 효종의 형인 지대야군사 김억렴은 견훤의 공세를 다시 막아내는 데 성공하였다. 견훤은 대야성의 방어에 신라로의 진출이 가로막힌 채 왕건과 금성을 둘러싼 공방전을 벌이고 있었다.

양국의 잠식에 대해 속수무책으로 밀리고 있던 신라는 경명왕이 즉위하면서 국제적 관계의 변화를 틈타 새로운 돌파구를 찾고자 하였다. 경명왕대의 가장 커다란 사건은 궁예의 몰락과 고려의 건국이었다. 신라는 경명왕 4년(920) 정월 사신을 파견하여 고려와 수교하였는데,[43] 이는 궁예의 정권을 빼앗은 왕건의 왕위를 인정하였을 뿐 아니라 고려를 일개 반란세력에서 독립된 국가의 지위로 격상시키는 것이었다. 왕건은 신라의 접근을 크게 환영하였다. 이때 양국은 군사적 동맹관계를 맺은 듯하다. 양국의 관계의 급속한 진전에 자극을 받은 견훤은 그해 10월 친히 1만의 대군을 이끌고 마침내 대야성을 함락시키고 구사를 점령한 후 진례성에 이르렀다. 그동안 견훤의 위협을 지켜내던 대야성의 함락으로 견훤의 군사적 위협에 직면하게 된 신라는 아찬 김율을 고려에 보내 구원을 요청하였고 왕건은 즉시 응하여 군사를 파견하였다. 다음

---

43) 『三國史記』 권12, 景明王 4년 정월조.

해 2월 달고적의 침입을 삭주의 고려 장군 견권으로 물리치게 한 것도[44] 이러한 동맹관계의 확인이었다.

왕건이 신라에 대해 우호적 태도를 보이고 신라왕실이 고려를 覇者로 인정하며 의존하기 시작하면서 신라 변방의 지방세력들이 고려로 귀부하는 양상이 나타났다. 경명왕 4년(920) 강주의 閏雄, 6년에는 하지성의 元逢, 명주의 順式, 진보성의 洪述, 7년에는 명지성의 城達, 경산부의 良文 등이 차례로 고려로 넘어갔던 것이다. 경명왕의 친고려 외교정책은 위기에 처한 신라로서는 불가피한 결정이었을 것이나, 한편으로 신라 외곽의 지방세력가들을 고려로 넘어가게 하는 계기가 되었던 것이다.

경명왕의 친고려 외교는 고려의 보호를 얻어냄으로써 잠시나마 견훤의 위협으로부터 벗어나 안정을 되찾게 되었으며, 이러한 성과는 더욱 적극적인 외교를 추구하게 되었고 전통적 우호관계인 후당에 사신의 파견이 재개되었다. 7년에는 倉部侍郎 金樂과 錄事參軍 金幼卿을 後唐에 보내어 方物을 전하였다. 김락의 사행이 성공적으로 이루어진데 고무된 신라정부는 다음 해인 8년 정월에 사신을 보내고, 연이어 6월에도 金岳을 다시 후당에 파견하였다.[45] 한편 강주의 王逢規도 후당에 사신을 보내어 方物을 전하였는데, 이때 후당과의 왕래는 왕봉규의 도움을 얻어서 가능하였던 것으로 생각된다. 왕봉규는 泉州節度使를 칭하고 있어서 독자적인 지방세력으로 보이는데, 신라는 후당 외교에 협력한 그에게 權知康州事의 지위를 부여하였다.[46]

---

44) 『三國史記』 권12, 景明王 5년 2월조.

45) 7년에 사행한 倉部侍郎 金樂과 8년 6월에 사행한 朝散大夫倉部侍郎 金岳은 동일한 인물이다. 朝散大夫의 직함이 추가된 것은 당으로부터 수여받은 것으로 보인다.

46) 경애왕 4년(927) 당 명종은 權知康州事 王逢規에게 회화대장군을 수여하였다. 이때 권지강주사는 신라정부로부터 얻은 직함이다. 그해 4월에는 지강주사로서 林彦을 후당 사신으로 파견하고 있다. 고려는 927년 강주 지역으로 진출하여

250

고려에 이은 후당과의 외교가 성공적으로 진행되던 8년 8월 경명왕이
죽고, 왕의 동모제인 경애왕 위응이 즉위하였다. 경애왕은 즉위하자마
자 곧 고려에 사신을 보내어 경명왕의 죽음을 알렸으며, 왕건은 예를
갖추어 왕의 명복을 빌고 사신을 보내어 弔祭하였고[47] 경애왕은 다음
달인 9월 고려에 사신을 보내어 답례하였다. 경명왕 사후에도 양국의
우의는 변함이 없다는 점이 확인된 것이다. 고려와 연합하여 후백제에
대항한다는 신라의 외교정책은 경애왕대에 이르러 더욱 심화되었다.
경애왕은 고려의 보호에서 한걸음 더 나아가 고려와 후백제가 서로
싸우기를 바라고 있었다. 다음 해에는 조물성 전투 이후 수세에 몰려
견훤에게 화해를 요청하였던 왕건에게 사신을 보내어 "견훤은 이랬다저
랬다 하여 거짓이 많으니 화친하여서는 안 됩니다."라고 하였고,[48]
3년 4월에는 인질 진호의 사망으로 견훤이 웅진을 공격하였을 때 왕건은
싸움을 꺼려 성을 지키고 군사를 내지 않으니 왕은 사신을 보내어
"견훤이 맹세를 어기고 擧兵하니 하늘이 반드시 돕지 아니할 것이다.
만일 대왕이 一鼓의 위세를 떨치면 견훤은 반드시 스스로 무너질 것이
다."라고 하며 견훤과 싸울 것을 종용하였다.[49] 4년 정월 왕건이 백제의
龍州를 공격할 때에는 군사를 내어 도왔다. 3국간의 안정과 평화의
유지를 바라기보다는 양국의 싸움을 부추기는 듯한 경애왕의 태도는
마치 以夷制夷의 책략을 연상케 한다. 양국의 교전이 이루어지자 자신감

4월에 英昌과 能式이 轉伊山 등 4鄕을 항복시켰고, 8월에는 태조가 강주를
순행하였다. 왕봉규는 이로 인하여 몰락하였던 것으로 보이며 이때 항복하였
던 임언은 그후 고려의 사신으로 후당에 파견된다.
47) "9월에 신라 왕 昇英이 죽고 그 아우 魏膺이 왕위에 올랐다. 신라에서 국상을
알려왔으므로 왕이 애도하는 의례를 거행하고 齊를 베풀어 명복을 빌었으며
사절을 파견하여 그를 조문하였다."(『高麗史』 권1, 太祖 7년 9월조).
48) 『三國史記』 권12, 景哀王 2년 11월조.
49) 『三國史記』 권12, 景哀王 3년 4월조.

을 얻은 경애왕은 4년 2월에 兵部侍郎 張芬과 副使 朴術洪, 判官 李忠式 등을 後唐에 보내는 등[50) 중국과의 외교에도 힘을 쏟았다. 경애왕의 활발한 외교정책은 경명왕을 이어받은 것이었다.

신라와의 우호를 기반으로 삼아 고려의 남진은 급격히 이루어졌다. 특히 경애왕 4년(927)에는 신라 외곽의 후백제 지역에 대한 고려의 공격이 격화되어 정월에는 태조가 친히 신라의 도움을 얻어 龍州를 공략하였고, 3월에는 運州에서 긍준을 격파하고, 近品城을 공격하여 함락시켰다. 4월에는 해군장군 英昌, 能式 등이 수군으로 康州를 공격하였다. 이때 강주의 지주제군사였던 왕봉규가 몰락하였던 것으로 보인다. 이들은 轉伊山, 老浦平, 西山, 突山 등 4개 鄕을 함락시켰다. 7월에 원보 在忠, 金樂 등이 대야성을 격파하고 장군 鄒許祖 등 30여 명을 포로로 하였다. 대야성은 후백제가 여러 차례 공격하여 겨우 얻었던 신라 공격의 요충지였으나 고려의 공격에 허망하게 넘겨주고 만 것이다. 8월에 태조는 康州를 순행하였다. 高思葛伊城 성주 興達은 왕이 자기 성을 지나는 기회를 타서 귀순하여 왔다. 이에 백제 여러 성의 성주들이 전부 투항하였다고 한다. 신라의 외곽지역은 상주, 합천, 진주, 남해에 이르기까지 고려의 수중으로 들어가게 되었다. 신라를 둘러싼 쟁탈전에서 고려는 외교적이나 군사적이나 후백제를 압도하기에 이른 것이다.[51)

이러한 상황의 전개는 견훤을 크게 자극하였다. 9월에 이르러 후백제의 반격이 시작되었다. 견훤은 친히 군사를 거느리고 공격에 나서 고려에게 빼앗겼던 상주지역의 근품성을 공격하여 소각하고 나아가

---

50) 『三國史記』 권12, 景哀王 4년 2월조.
51) 고려와 후백제의 신라 쟁탈과 전개과정에 대해서는 李明植, 「新羅末 朴氏王代의 展開와 沒落」, 『대구사학』 83, 대구사학회, 2006, pp.52~61에 정리되어 있으므로 이를 참고하기 바란다.

신라의 高鬱府를 습격하고 왕경을 향해 육박하였다. 스스로 방어할 능력이 없었던 경애왕은 連式을 고려에 보내 구원을 청하였다. 왕건은 시중 公萱, 대상 孫幸, 정조 聯珠 등에게 군사 1만 명을 거느리고 가서 구원하게 하였다. 그러나 견훤은 이들이 채 도착하기 전에 왕경을 급습하였다.

　　신라왕은 왕비, 궁녀, 종실들과 함께 鮑石亭에 나가 연회를 차려 즐겁게 놀고 있었는데 갑자기 적병이 왔다는 소식을 듣고 창졸간에 어찌할 바를 몰랐다. 왕은 부인과 함께 달아나서 성 남쪽 별궁에 숨어 있었다. 시종한 신하들과 악공들과 궁녀들은 다 붙들렸다. 견훤은 군사들을 놓아서 약탈을 마음대로 하게 하고 자신은 왕궁에 들어앉아서 측근들로 하여금 왕을 찾아서 군사들 가운데서 협박하여 자살하게 하였으며 자기는 왕비를 강간하고 그 부하들을 시켜서 궁녀들을 간음하게 하였다. 그리고 신라왕의 외종제 金傅를 왕으로 세우고 왕의 아우 孝廉과 재상 英景 등을 포로로 잡아 자녀들과 각종 장인들과 병기, 보배들을 모조리 약취하여 가지고 돌아갔다. (『高麗史』 권1, 太祖 10년 9월조)

이 사건은 어렵게 지탱해 오던 신라의 지위에 결정적인 타격을 입혔다. 견훤에 의해 국왕이 살해되고, 비빈들은 능욕을 당하는 등 폭력에 의해 전통적인 신라왕실의 권위는 실추되었다. 경애왕의 살해로 박씨왕실은 단절되었고 견훤이 효종의 아들인 金傅를 왕으로 세움으로써 신라왕실은 유지되었지만, 이후 신라는 尊王의 대상에서 小國을 칭하는 처지로 전락하였다.

견훤의 신라 왕경 진입은 이미 예고된 것이었다고 해도 좋을 것이다. 920년 대야성을 상실한 이후 신라 정부는 견훤의 직접적인 위협에 직면하고 있었다. 견훤이 마음만 먹으면 언제든 왕경을 유린할 수 있는 위치에 있었던 것이다. 이때 견훤이 공격한 직접적인 이유는 신라 國相 金雄廉이 왕건을 불러들이려 했다는 것,[52] 즉 신라가 고려와 동맹을 맺고 후백제를 견제하는 데 대한 응징이라는 것이다. 견훤의 왕경 진입은 대단히 포악한 형태로 진행되었다. 그가 자행한 국왕의 살해, 妃嬪에 대한 강간과 왕경의 약탈 행위는 매우 감정적이며 분노에 찬 행위로 보인다. 신라왕실에 대한 원한이 매우 깊었음을 짐작할 수 있다. 신라의 견훤에 대한 인식은 지극히 부정적이었다. 신라는 고려를 국가로 인정하고 사신을 교류하며 패자로 예우하면서 동맹관계를 맺는 등 친밀한 관계를 맺으면서도 후백제에게는 한 번의 사신도 보내지 않았다. 견훤을 국왕으로 인정하지 않았음을 의미한다. 특히 경애왕은 견훤을 폄하하며 거짓이 많은 사람이라거나 하늘이 돕지 않는다든가 하면서 적대감을 표출하였다.

왕경에 진입한 견훤은 신라를 병합하여 스스로 왕이 되지 않고 김부를 왕으로 세우고 급히 물러났다.[53] 그 이유에 대해서는 의견이 분분하지만, 현실적으로 그러할 형편이 못되었기 때문일 것이다. 고려의 구원군이 육박해 오고 있었으며, 전통적 권위의 신라왕실을 짓밟고 난 후의 후유증이 염려되었을 것이다. 견훤이 왕건에게 서찰을 보내 자신의 행위를 극구 변명하였던 것도[54] 지방세력들의 따가운 분노를 의식한

---

52) "지난날 신라 國相 金雄廉 등이 그대를 서울로 불러들이려 하였으니, 이것은 마치 자라가 큰 자라의 소리에 응하며 종달새가 새매의 날개를 부축하려는 것과 같아서 반드시 백성들을 도탄에 빠뜨리고 종사를 폐허로 만드는 일인 것이다. 그러므로 나는 먼저 祖鞭을 잡고 韓鉞을 휘둘러……"(『三國史記』 권50, 견훤전).

53) 견훤이 경애왕을 죽이고 김부를 왕으로 세운 사실에 근거하여 김부세력과 박씨왕의 대립, 나아가 친후백제세력과 친고려세력의 존재를 상정하기도 한다 (신호철, 조범환, 이명식의 앞의 논문 참고).

54) "그러나 뜻밖에도 奸臣은 달아나고 國君이 죽는 변을 당하였으므로 경명왕의

탓이다. 이 왕경 진입은 견훤의 가장 커다란 실책이었다. 이는 각지에서 전세를 관망하던 호족들이 고려에 귀부하게 되는 결정적인 계기를 제공한 것이었다. 견훤이 고창 전투의 패배로 주춤해지자 왕경 외곽의 지방세력은 일제히 고려로 귀부하였으며, 신라왕실 또한 고려에 귀부를 요청하였다. 가혹한 폭력에 노출되었던 왕경의 지배층은 멸망의 위기를 실감하고 스스로 살아남을 방법을 모색하지 않을 수 없었던 것이다.

3. 박씨왕가와 신라의 멸망

927년 견훤의 왕경 진입으로 경애왕이 살해당하고 敬順王 金傳가 즉위함으로써 신덕왕에서 경명왕, 경애왕까지 삼대에 걸쳐 15년간을 이어온 박씨왕실은 불행한 최후를 맞고 말았다. 경문왕가 왕실의 한계성을 극복하고 새로운 왕통을 표방하며 적극적인 외교활동을 통해 위기를 모면하고자 했던 노력에도 불구하고 결국 외부의 적에 의하여 국왕은 살해당하고 왕실이 짓밟히고 왕경은 약탈당하였으며 박씨왕가는 무너지고 말았다. 이로써 신라는 다시 회복할 수 없는 지경으로 추락하였다. 신라의 몰락이 진성여왕 3년의 전국적인 도적봉기에서부터 시작되었다고 한다면 신라 멸망의 결정적인 사건은 경애왕의 살해와 박씨왕실의 단절이라고 하겠다. 그러면 박씨왕가가 몰락한 이유는 무엇일까. 박씨왕들이 실패한 까닭에 대한 고찰은 신라 멸망의 원인을 찾는 데에도 도움이 될 것이다.[55]

表弟이며 헌강왕의 外孫을 받들어 왕위에 오르도록 권하여 위태로운 나라를 붙들었으니, 임금을 잃었으나 새 임금이 선 것이다."(『三國史記』 권50, 견훤전).
55) 신라의 멸망 이유에 대한 모색은 각 분야의 다양한 각도에서 행해져야 할 것이다. 여기에서는 정치사적 관점에서 박씨왕실과 신라 지배층에 대한 부분만을 다루고 총체적인 접근은 후고로 미루고자 한다.

1) 신라왕실의 권위와 왕권의 추락

신라말의 정치사회에서 나타나는 몰락의 징조 가운데 가장 먼저 지적되어야 할 것은 왕실 권위의 추락과 왕권의 상실이다. 경문왕과 헌강왕이 애써 추구하였던 왕권강화와 왕실의 권위는 진성여왕과 효공왕을 거치며 급격히 추락하였다. 魏弘에게 의지하여 왕위에 오른 여왕은 위홍이 죽자 몇몇 측근 총신들에게 국정을 위임하였고, 이들이 비난을 받게 되자 예겸에게 권력을 맡기는 등 스스로 정치를 이끌어가는 모습을 보여주지 못하였다. 국왕이 제 역할을 하지 못하는 동안 국정은 일부 정치세력에 의해 장악되었다. 새로 부상한 예겸세력은 여왕에게 어린 嶢를 불러들여 태자로 삼고 선양으로 왕위를 물려주게 하는 등 왕위의 계승에 이르기까지 영향력을 행사하였다.[56] 효공왕 요의 왕권 또한 예겸세력에 의지하여 유지되었으며, 예겸의 죽음은 효공왕에게 큰 타격을 주었고 정치사회의 공백을 초래하였다.

신덕왕에게 가장 시급한 일은 실추된 왕권의 회복과 왕실의 권위를 다시 되찾는 것이었다. 이때 박씨왕들은 경문왕가 왕실와 구별되는 새로운 왕실임을 표방하고자 하였던 것으로 생각되지만, 왕경인은 박씨 왕실에 대한 특별한 기대나 신뢰를 갖지 않은 듯하다. 오히려 새로운 왕실의 등장은 기존의 왕실 귀족세력들의 이탈을 가져오는 원인이 되었다. 왕경의 귀족들은 뿔뿔이 흩어져 자신의 연고지인 지방으로 내려가 버렸고, 박씨왕실은 신라민 전체를 아우르는 것이 아니라 왕경 내 일부 정치집단이 되고 말았다. 왕경인을 규합하고 위기 극복의 구심점이 되었어야 할 국왕과 왕실이 외면당하고 제 역할을 할 수 없었던 것은 신라의 저항마저 불가능하게 하였다.

그러나 비록 쇠약해진 왕실이라고 하여도 지방사회에서 신라왕실의

---

56) 全基雄, 「신라말 효공왕대의 정치사회 변동」, 『신라문화』 27, 2006.

전통적 권위는 무시할 수 없는 것이었다. 그동안 각 지방에서 자립한 수많은 지방세력가들 가운데에서 국가의 체제를 갖추고 국왕을 칭할 수 있었던 것은 견훤의 후백제와 궁예의 후고구려뿐이었다. 그 밖의 지방세력은 삼국 가운데 자신들의 위치를 유지하고 지위를 강화하는 데 가장 유리한 편을 따르는 것이 필요하였다.

　각 지방에서는 그 지역을 장악하기 위한 세력간의 경쟁이 있었고 새로 부상한 지방세력이 왕실의 인정과 신라의 지위를 수여받는 것은 그 지방을 장악할 수 있는 권위를 얻는데 매우 유용한 것이었다. 신라의 체제와 전통은 아직도 지방사회에서 영향력을 유지하고 있었으며 지방 민들이 신라에 대한 충성을 완전히 잊은 것은 아니었다. 지방세력가에 게 신라왕실의 인정과 지위가 필요한 것은 이런 까닭이었다. 城主, 知州諸軍事 등의 지방사회 개혁은 이러한 전통적 권위의 기반 위에서 가능하였던 것으로 보인다. 그러나 강력해진 궁예와 견훤이 국가를 세우고 왕을 칭함으로써 새로운 국가의 권위가 신라의 전통적 권위를 대신할 수 있게 되었다. 이제 어느 쪽의 권위를 택하는지는 지방세력들 의 선택에 맡겨졌으며, 그들은 세태와 세력의 흐름을 관망하며 자신의 입지를 결정하게 되었다.

　경명왕은 이제까지 적도로 규정하였던 고려를 하나의 독립된 국가로, 왕건을 또 하나의 국왕으로 인정하였고 나아가 신라왕실을 수호하고 지원하는 覇者로서의 역할을 기대하였다. 이는 신라왕실의 전통적 권위 를 왕건의 새 국가에게 양도하는 것이었다. 이제 신라의 각 지방세력은 아무 거리낌 없이 고려에 귀부할 수 있게 되었다. 그 결과 신라를 지지하였던 지방의 성주와 지주제군사들은 차례로 신라를 등지고 고려 로 넘어갔다.

2) 외교정책의 한계

고려의 후원과 보호를 얻게 된 왕경은 일시적이나마 평온과 안정을 회복할 수 있었다. 그러나 고려와의 밀착으로 일견 평온해 보이는 정세에도 불구하고 『삼국유사』가 전하는 경명왕대의 사회상은 음울하다.

貞明 5년 무인에 四天王寺 벽화의 개가 울므로 3일간 불경을 설하여 풀이하였는데 반나절이 지나지 않아 다시 울었다. 7년 경진 2월에는 皇龍寺塔의 그림자가 今毛 舍知의 집 뜰에서 一朔이나 거꾸로 서있었다. 또 10월에 四天王寺 五方神의 활줄이 모두 끊어지고 벽화의 개가 뜰로 달려 나왔다가 다시 벽으로 들어갔다. (『三國遺事』 권2, 景明王)

사천왕사와 황룡사구층탑은 모두 호국의 상징이다. 사천왕사 벽화의 개가 계속해서 울고 그림 밖으로 뛰쳐나온다던가, 오방신의 활줄이 모두 끊어진다는 것은 국가의 위기를 경고하는 것으로 해석된다. 호국의 영탑인 황룡사구층탑의 그림자가 거꾸로 서있었다는 것 또한 그렇다. 당시 왕경인들의 여론은 경명왕의 외교정책에 대해 비판적인 것은 아니었는가 하는 의심이 든다.

신라왕실의 지나친 고려 편향은 삼국간 세력균형의 구도를 무너뜨린 것이었다. 경명왕이 추구한 친고려 반후백제의 외교정책은 고려를 이용하여 후백제를 견제하려는 전략으로 해석할 수도 있겠지만, 그렇다 하더라도 이는 엄연한 한계와 위험을 안고 있었다. 삼국의 정립이 유지되기 위해서는 고려와 신라, 후백제가 서로 견제하고 대결하면서 균형과 조화를 만들어가는 것이 마땅한 일이다. 신라의 고려 의존은 지나친 감이 없지 않았다. 비록 불가피한 것이었다고 하더라도, 고려

의존적 외교정책은 경명왕의 가장 커다란 실책으로 평가하여도 좋을 것이다.

신라말에 이르러 국왕이 앞장서서 군사력을 모으고 왕경인들과 지방의 친신라 세력들을 적극적으로 규합하여 전투를 수행하는 모습을 찾을 수 없다는 것은 의아하다. 왕경은 헌강왕대에 이미 17만호에 이르는 거대한 집단이었다. 이들이 결속하여 대응하였다면 신라의 멸망이 그리 쉽지는 않았을 것이다. 그러나 박씨왕들은 신라의 귀족들과 왕경인을 정신적으로 결속시키고 그들을 조직하여 호국의 전장으로 이끌 수 없었다. 비단 왕실뿐만이 아니라 왕경의 귀족들도 마찬가지이다. 지난날 국가적 위기가 닥쳤을 때마다 앞장서 호국의 대열에 나섰던 불교의 지도자들은 지방 산문에 머물며 지방세력가의 비호에 만족하고 있었다. 귀족들은 신라의 왕경을 벗어나 자신의 연고지로 이주하였으며, 왕경인들은 국왕을 중심으로 결속하지 못하였다.

경애왕이 포석정에서 유흥을 즐긴 것이 아니라 護國神에게 제의를 올린 것이라고 하더라도 또한 그가 군사를 이끌고 전장의 일선에 서있었던 것도 아니다. 견훤의 위협이 눈앞에 있는데 맞서 싸우려는 자세는 보이지 않고 諸神의 가호를 빌어 국가를 보호하려고 들었다면, 현실적인 판단이 부족하였거나 다른 아무 것도 할 수 없었던 무기력한 상태였기 때문일 것이다. 아마도 당시 신라 왕경의 상황은 후자에 가까웠을 것이다. 이미 신라는 왕경을 지킬 군사력마저 갖지 못하였다. 왕경을 지킬 수 있는 군사력을 보유하였던 김억렴은 대야성에서 견훤군을 막아냈지만, 대야성이 함락당하면서 군사력 또한 상실되었다. 박씨왕들은 왕경과 국내에서 적군과 대결할 수 있는 역량을 결집시키지 못한 채 외교적 책략을 통한 외부의 도움만을 기대하고 있었던 것이다.

3) 천재지변과 왕경의 쇠퇴

이처럼 신라 왕경이 무기력하게 된 경제적인 원인으로는 먼저 진성여왕 이래로 거듭된 자연 재해가 이 무렵에는 거의 매해 일어날 정도 극심하였다는 점을 들 수 있다. 이미 진성여왕 무렵의 왕경은 효녀 지은의 예에서 보듯이 왕경의 하층민이 노비로 전락하는 생활의 어려움을 겪고 있었다. 왕경의 경제적 궁핍은 연이은 재난으로 더욱 심해졌다. 효공왕 후반에 이르면 6년 2월의 降霜, 9년 3월의 星隕, 10년 4~5월의 不雨, 11년의 春夏無雨, 12년 2월 星孛宇東, 3월의 降霜, 4월의 雨雹, 15년 정월의 日蝕 등 거의 해마다 천재지변이 일어나고 있으며, 신덕왕대는 더욱 극심하여 2년부터 4년까지 3년 동안 매해 봄마다 서리가 내렸고, 4년에는 해일이, 2년과 5년에는 지진이, 6년에는 금성이 달을 침범하는 이변을 비롯하여 재난은 한해도 빠지지 않고 연이어 발생하였다.

경제적인 손실을 줄 수 있는 3, 4월 봄철의 서리나 가뭄, 우박은 특히 효공왕 후반에서 신덕왕대에 빈번하여 왕경은 이 시기에 결정적인 타격을 입었을 것임을 짐작케 한다. 이 재난은 왕경을 중심으로 한 지역에서 발생한 것이다. 당시는 중국과 발해를 비롯하여 동아시아 전체가 기온의 저하와 가뭄 등 기후의 변화로 인한 자연적 재해에 시달리고 있었던 시기이기도 하다. 더욱이 신라의 왕경은 17만여 호라는 거대한 규모의 대도시였음에 비하여 독자적인 생산 활동은 크게 미흡하였다. 지방에서의 물자 유입이 차단된 상황에서 자연재해의 타격은 극심하고 직접적이었다. 진성여왕 이후로 잦은 재해를 겪으며 누적되어온 왕경의 경제적 궁핍은 위기에 적극 대응할 수 있는 역량을 소진시켰던 것이다.

〈표 6〉 진성여왕 이후 신라말의 기상이변

서기	년도	내용	전거	참고
888	진성왕 2년 3월 戊戌朔	日有食之	삼국사기 권12, 당해년조	
888	진성왕 2년 5월	旱	상동	
890	진성왕 4년 정월	日暈五重	상동	
902	효공왕 6년 2월	降霜	상동	
905	효공왕 9년 3월	星隕	상동	
906	효공왕 10년 4~5월	不雨	상동	
907	효공왕 11년 春夏	無雨	상동	
908	효공왕 12년 2월	星孛于東	상동	
908	효공왕 12년 3월	降霜	상동	
908	효공왕 12년 4월	雨雹	상동	
911	효공왕 15년 정월	日蝕	상동	
913	신덕왕 2년 4월	隕霜 地震	상동	
914	신덕왕 3년 3월	隕霜	상동	
915	신덕왕 4년 3월	再降霜	삼국유사 권2, 효공왕	
915	신덕왕 4년 4월	槧浦水與東海水相擊 浪高二十丈許 三日而止	삼국사기 권12, 당해년조	유사에는 6월
916	신덕왕 5년 10월	地震 聲如雷	상동	
917	신덕왕 6년 정월	太白犯月	상동	
921	경명왕 5년 4월	京都大風拔樹	상동	
921	경명왕 5년 8월	蝗旱	상동	

　　매해 되풀이 되던 기상이변은 경명왕대에 들어서면서 한결 잦아들었다. 5년만에 닥친 大風과 蝗蟲의 피해를 제외하면 더 이상의 재난은 나타나지 않았다. 경명왕 이후의 왕경은 경제석 위협에서 벗어나 잠시 숨통이 트였을 것이다. 이 무렵에 이르러 경명왕 7년과 8년에 연이어 후당에 사신을 보내어 방물과 조공을 바친 것이나, 경애왕이 백좌강회를 열고 禪僧 3백 명에게 밥을 먹인다던가, 왕실 가족들과 함께 포석정에

서 연회를 베풀 수 있을 만큼의 여유를 갖게 하였다. 그러나 그렇다 하더라도 오랫동안 극심한 경제적 어려움을 겪고 난 왕경인들은 생기를 잃었고 이미 왕경은 피폐하여 스스로 난국을 헤쳐 나갈 수 있는 기력을 상실하고 있었다.

4) 종교적 의존의 심화

고려와 수교를 맺은 경명왕 4년, 10월 대야성을 함락시키고 진례로 육박해 온 견훤군의 위협에 왕건에게 구원을 요청하였는데 이때 왕건은 사신으로 온 아찬 金律에게 "신라 三寶는 丈六尊像과 九層塔, 聖帶라고 하는데, 불상과 탑은 있는 줄 알겠으나, 성대는 지금도 있느냐"고 물었다. 김율은 대답하지 못하고 돌아와 이 말을 전하니 왕이 群臣들에게 물었으나 역시 알지 못하였다.[57] 흥미로운 것은 신라의 국왕과 신하들이 신라 삼보의 하나라는 聖帶의 존재에 대해 전혀 알지 못하고 있었다는 점이다. 나이 구십이 넘은 황룡사 노승의 도움으로 진평대왕이 착용하던 것으로 南庫에 전하여 온다는 사실을 알고 창고를 열었으나 찾지 못하였으므로 다시 날짜를 택하여 제사를 지낸 후에야 볼 수 있었다고 한다. 장육존상은 호국불교의 상징이며, 황룡사구층탑 또한 호국의 영탑이다. 특히 진평왕의 성대는 신라 성골왕의 종교적 권위를 상징하는 보물이다. 三寶란 7세기 신라가 삼국을 통일하는데 정신적 구심점을 마련해준 神物인 셈이다. 변방의 왕건이 알고 있으리만큼 널리 알려져 있는 사실임에도 불구하고 신라왕실의 사람들이 알지 못하고 있다는 것이 흥미롭다. 왕실의 종교적 권위를 강조하는 데 전력을 기울였던 경문왕가 왕실이 삼보의 존재를 알았다면 이에 대한 관심을 갖지 않았을

---

57) 『三國史記』 권12, 景明王 5년 정월조.

리 없다. 그러나 오직 황룡사의 노승만이 성대에 대한 사실을 기억하고 있었다면 이미 신라왕실에서는 잊혀진 유물이 된 것이라 하겠다. 어떤 이유인지 알 수는 없으나 성대의 존재가 은밀히 감추어졌기 때문이 아닐까 한다.[58]

경명왕은 삼보와 성대의 존재를 알고 이를 얻기 위해서 애쓰고 있다. 다시 찾은 성대를 왕건에게 보냈다는 기록이 없으므로 신라왕실이 보유하였을 것이다. 이후로 고려와의 관계가 호전되고 천재지변과 재난이 잦아드는 등 왕경이 안정을 되찾게 된 것을 신라왕실은 삼보와 호국신의 가호라고 믿었음직하다. 박씨왕실에서 다시 종교적 관심이 크게 증가한 것은 이와 관련이 있을 것으로 생각되는 것이다.

경애왕대에 이르면 경문왕가 왕실에서 보이던 종교적 의존이 다시 부활하고 있음을 볼 수 있다. 경애왕은 즉위한 다음 달인 10월에 神宮에 나아가 친히 제사를 지내고 죄수들을 크게 사면하였다.[59] 왕이 신궁에 친사한 것은 그가 종교적인 권위와 신의 보호를 기대하고 있었음을 보여준다. 그가 즉위한 바로 그해에 황룡사에 백좌강회를 설치하고 선승 300명을 먹이고 行香과 불공을 한 것이나[60] 927년 포석정에서 종교적인 의례로 짐작되는 연회를 베푼 것[61] 등의 행사는 모두 경애왕의 종교적 성향을 짐작케 하는 기록들이다. 일찍이 경문왕가 왕실이 추구

---

58) 설화적 성격의 일화라 해석은 조심스럽지만, 아마도 중대왕실이 들어서면서 성골왕실의 종교적 권위의 상징이라 할 수 있는 진평왕의 성대를 남고에 깊이 감추어 두었고, 이 사실은 오직 황룡사에서만 전해지고 있었던 것이 아닐까 추측해 본다.

59) 『三國史記』 권12, 景哀王 원년 10월조.

60) 『三國遺事』 권2, 景哀王. 여기에서는 백좌강회가 경애왕이 즉위하던 동광 2년(924) 갑신 2월 19일에 열린 것으로 되어 있으나 삼국사기에 따르면 경애왕의 즉위는 경명왕 8년(924) 8월이라서 차이가 있다. 『고려사』의 기록도 『삼국사기』와 같아서 『삼국유사』의 착오로 보인다.

61) 姜敦求, 「鮑石亭의 종교사적 이해」, 『韓國思想史學』 4 · 5합집, 1993.

하였다가 신라의 몰락을 가져온 종교적 권위에 대한 의존이 다시 되살아
난 것이다.[62] 이를 극복하기 위하여 예겸이 애써 추진하였던 개혁은
경애왕대에 이르러 상실되었다. 외교에서 드러나는 경애왕의 무모한
자신감은 바로 이러한 神들의 도움을 믿었던 까닭은 아니었을까. 그가
견훤의 위협에 직면하였으면서도 방어에 필요한 대책과 군사적인 대응
을 모색하는 대신에 포석정에서 신들의 가호를 비는 행사를 하고 있었다
는 것은 현실을 바로 보지 못한 경애왕의 실책이라 하겠다. 결국 경애왕
은 비참한 최후를 맞았고 신라는 더 이상 버티지 못한 채 스스로 살
길을 찾기에 급급하게 되었다.

지금까지 신라가 몰락하는 과정을 박씨왕가와 관련하여 살펴보았다.
신라의 멸망이란 궁극적으로는 쇠약해진 신라가 강성해진 고려에게
병합된 것이다. 그럼에도 멸망의 원인을 다시 새겨보는 것은 위기에
처한 국가의 몰락과정에서 그 시대의 국가와 사회를 이끌어갔던 지배층
이 어떻게 대응하였으며 어떠한 노력을 기울였는가, 또 그것은 얼마나
가치 있는 것이었는가를 알고자 하는 것이라 하겠다. 종래 이 시기
신라의 지배층은 흔히 무능과 실정으로 멸망을 초래한 부도덕하고
무기력한 집단으로 여겨져 비난과 오해를 받기도 하였으며, 몰락해가는
국가의 운명에 대해 대응하는 신라인의 주체적인 모습은 간과된 점이
많았다. 그러나 나말여초의 분열과 통일의 과정은 역사와 사회의 큰
흐름 속에서 이해하는 것이 바람직하며, 신라의 몰락 과정에서 보다
주목해야 할 부분은 무너져가는 국가의 운명 속에서 신라인들이 보여줬
던 모색과 대응의 양상일 것이다.

---

62) 이기동은 "그들이 종교적 의례에 집착한 것도 이전의 김씨 왕들과 닮은 점이었
    다."라고 지적하였다(李基東, 「후삼국시대의 전개와 新羅의 終焉」, 『新羅文化』
    27, 2006, pp.17~18.).

신덕왕 경휘는 진성여왕 이후 강력한 정치세력으로 부상한 예겸의 의자가 되어 헌강왕녀와 혼인하고 예겸세력의 도움으로 왕위에 올랐다. 이는 자신의 역량으로 왕위를 얻은 것이 아니라는 왕권의 한계성을 갖고 있었으며 이를 극복하기 위한 노력은 전왕실과 구별되는 박씨왕실임을 표방하는 것으로 나타났다.

박씨왕실은 경문왕가의 한계성을 극복하기 위해 노력하였음에도 몰락의 위기를 맞았다. 진성여왕이 위홍에게 의존함으로써 약화되기 시작한 국왕의 권위는 이후 예겸에게 의존한 효공왕대에 더욱 약화되고 새로운 국가체제를 성립한 고려와 후백제의 성장으로 지방사회에서의 전통적 권위마저 상실하였다. 이를 극복하고자 박씨왕실이 취한 것은 친고려 반후백제의 외교정책이었으나 고려에의 지나친 의존은 삼국의 정립을 깨트리고 후백제의 침공을 불러들임으로써 경애왕이 살해되는 결과를 낳고 말았다. 신라가 스스로 자신의 역량에 의한 국난의 극복을 포기한 것은 신라 멸망의 가장 커다란 원인으로 작용하였다.

왕경의 쇠퇴는 연이어 발생한 천재지변으로 인하여 자기 생산기반이 취약하였던 왕경이 쉽게 경제적 궁핍에 노출되었기 때문이다. 효공왕과 신덕왕대에는 특히 기후의 이변이 해마다 계속되어 왕경인들은 극심한 타격을 받았다. 생기를 상실한 왕경인들은 호국신과 신물의 가호를 바라는 종교적 의존에 젖어들게 되었으며 경애왕은 神宮 친사와 백좌강회 등 종교적 행사에 몰두하였다. 그러나 이는 현실적인 판단과 대응을 방해하고 무모한 외교정책에 나서게 함으로써 견훤의 진입을 불러오는 원인이 되기도 하였다. 경애왕의 살해는 박씨왕실의 종말인 동시에 신라의 실질적인 멸망이었다. 견훤의 가혹한 폭력에 노출된 왕경인들은 자구의 방책을 모색하였고 마침내 고려에 귀부함으로써 살아남을 수 있었다.

Ⅱ. 고려초기의 新羅系 세력과 그 동향

주지하다시피 신라는 935년 敬順王이 고려 태조에게 투항함으로써 국가가 사라지고 만, 곧 멸망당한 나라이다. 멸망당한 국가의 왕족이나 지배층은 대부분 비참한 최후를 맞거나 도태되는 것이 일반적인 경우라고 할 수 있을 것이다.[1] 그럼에도 불구하고 망국의 遺民이라 할 수 있는 신라 출신의 인물들은 고려 정치사회에 진출하여 정치세력으로써 왕실의 일원으로 자리를 잡거나, 유교의 정치이념을 제시하고 실천에 옮긴 주체로 나타나고 있다. 즉 신라계의 지식층은 광종·경종년간을 지나면서 관료체제의 정비와 왕권강화에 따라 고려의 정치사회에 부상하였고, 成宗代에 이르면 정치사회의 주도세력으로 대두하여 崔承老의 시무 28조로 대표되는 정치이념을 제시함으로써 그 실현을 이루게 되는 것으로 파악된다.[2] 더욱이 신라 귀족사회의 전통은 건국과 통일의 주역인 西北地域出身 정치세력의 성향과 함께 고려전기의 정치사회를 이끄는 두 개의 축으로 작용하였던 것이다. 즉 성종대의 정치사회는 신라 6두품 출신과 近畿地域出身,[3] 혹은 華風과 土風으로 구분될 수 있는[4] 두 개의 세력집단과 경향이 존재하고 있었으며, 顯宗의 즉위를

---

1) 후삼국의 다른 한 국가였던 후백제의 경우 그 지배층은 고려의 정치사회에서 도태되고 있다. 투항한 견훤이나 朴英規의 경우도 결국 예외는 아니었으며, 이들이 정치 주도세력으로 부상할 수는 없었다.

2) 최승로와 그의 시무 28조에 관한 주요논문은 다음과 같다.
金哲埈, 「崔承老의 時務 28條」, 『趙明基 記念論叢』, 1965/『韓國古代社會硏究』, 1975 재수록 ; 李基白, 「新羅骨品制下의 儒敎的 政治理念」, 『大東文化硏究』6·7 합집, 1970/『新羅思想史硏究』, 1986 재수록 ; 河炫綱, 「高麗初期 崔承老의 政治 思想硏究」, 『梨大史苑』12, 1975 ; 金晧東, 「崔殷含-承老 家門에 관한 硏究」, 『嶠南史學』2, 1986.

3) 李基白, 「高麗 貴族社會의 形成」, 『한국사』4, 1974/『高麗貴族社會의 形成』, 一潮閣, 1990 재수록.

4) 具山祐, 「高麗 成宗代 對外關係의 展開와 그 政治的 性格」, 『韓國史硏究』78,

둘러싼 金致陽의 난과[5] 康兆의 정변, 그후 李資謙, 妙淸의 난으로[6] 이어지는 정치사의 흐름에서 양 세력집단의 갈등을 읽을 수 있다. 그러나 그 중요성에 비하여 신라계 정치세력의 존재와 그들이 부상할 수 있었던 배경에 대해서는 아직 관심이 모아지지 않고 있다.[7] 일찍이 왕건과 함께 궁예를 축출하고 건국을 주도하였으며 통일과정의 전쟁터에서 피흘려 싸우고 승리를 거두었던 地方勢力, 武將功臣들과 경쟁하며 신라계가 대두할 수 있었던 이유는 무엇일까.

여기에서는 다음의 몇 가지 점에 유의하면서 신라 출신 인물들의 수용과정, 신라계 세력의 존재양태와 그 활동에 대해 살핌으로써 그들이 정치세력으로 대두할 수 있었던 배경과 그 과정에 대하여 검토할 것이다.[8]

첫째, 신라의 歸附에 대한 이해의 문제이다. 종래 고려의 후삼국 통일이라는 관점에서 태조의 통일정책을 강조하는 가운데[9] 신라는 힘이 다하여 고려에 투항하였다는 정도의 이해에 머물고 있다.[10] 그러

1992.

5) 李泰鎭, 「金致陽亂의 性格」, 『韓國史硏究』17, 1977.

6) 申采浩, 「朝鮮歷史上 一千年來 第一大事件」, 『朝鮮史硏究草』, 1929.

7) 고려의 정치세력으로써 新羅系勢力에 착목한 논고로는 丸龜金作, 「高麗朝の新羅系勢力」, 『朝鮮學報』48, 1968이 있다. 그러나 짧은 글 속에 고려초부터 李資謙, 李義旼 등에 이르기까지 고려시대 전반을 개괄적으로 다룬데다 내용도 소략하다.

8) 본고에서 다루는 新羅系勢力은 경순왕을 따라 開京에 이주해온, 자신들의 출자를 신라로 인식하고 신라인으로서의 동질성을 유지하였던 歸附 新羅人을 중심으로 하여 신라의 귀부에서 成宗代에 이르는 기간을 주로 다루고자 하였다. 이는 필자의 편의에 따른 것이기도 하지만, 한편으로 고려에서 배어나 성장한 인물들은 고려사회의 구조 속에서 다루어져야 할 것으로 믿기 때문이다.

9) 文暻鉉, 『高麗太祖의 後三國統一硏究』, 螢雪出版社, 1987.

10) 신라의 멸망에 대한 구조적 분석과 원인의 구명에 대한 종합적인 검토는 李基東, 「新羅衰亡史觀의 槪要」, 『한우근정년기념논총』, 1981 외에는 이렇다 할 연구가 진행되고 있지 않다.

나 신라의 지배층이 양국의 통합에 적극적으로 나서고 있으며, 귀부 후에는 고려 내부에서 자신의 위치를 확보하고 정치세력으로 부상하였음이 지적되어야 할 것이다. 따라서 신라인의 입장에서 신라의 귀부과정과 그 성격에 대한 접근과 검토가 필요하다 하겠다.

둘째, 신라 歸附人이 고려의 정치세력으로 등장할 수 있었던 원인과 배경으로써 신라 6두품 출신 지식인들의 역할과 활동에 대한 검토이다. 성종대의 崔承老는 물론 광종·경종년간에 활동하였던 문신관료 가운데에서도 신라계의 인물들이 나타나고 있다. 이들은 유교적 정치이념의 제시와 정부체제의 강화, 文人政治의 추구 등을 통하여 고려 정치사회의 방향을 제시하였지만 이는 곧 신라계 지식층이 정치세력으로 부상하는 길이기도 하였던 것이다.

셋째, 고려의 건국세력들이 이끌어가던 고려초기의 권력구조 속에서 신라 왕족들의 동향은 어떠하였는가 하는 문제이다. 신라의 外孫으로서 왕위에 오른 현종의 출생과 성장에 관한 흥미로운 일화들은 지위의 상승과 안정을 추구하는 신라왕족 출신들의 동향을 짐작케 하는 자료가 될 수 있을 것이다.

1. 신라인의 귀부와 그 수용

후삼국기의 항쟁에서 몰락의 위기에 처하였던 신라 왕경 지배층이 스스로 살아남았을 뿐 아니라 오히려 승리자인 고려 지배층의 일원으로 수용될 수 있었던 것은 매우 흥미로운 일이라 하겠다. 어떻게 가능하였을까? 먼저 신라의 귀부양상과 과정에 대한 검토를 통하여 접근하고자 한다.

신라의 歸附는 고구려나 백제, 후백제 등 다른 국가의 멸망 경우와는 달리 몇 가지 독특한 양상을 보이고 있다는 점이 주목된다.

첫째, 신라는 고려와의 전쟁과 대결의 결과 힘이 다하여 멸망한 것이 아니라 오랫동안의 모색과 접근 끝에 지배층의 의견을 규합하여 조정의 群臣會議에서 투항을 결의한 것이라는 점이다. 이는 몰락의 위기에 처하였던 신라 지배층의 적극적 자구책이라는 의미를 갖는 것이다.

둘째, 신라의 왕경에 고려군이 진주한 것이 아니라 신라왕이 白僚를 이끌고 스스로 고려의 개경을 찾아가 귀부하고 있다는 점이다. 따라서 신라가 고려에게 점령된 것이 아니라 신라 정부관료와 지배층이 고려의 王都로 진출하는 결과를 가져온 것이다.

셋째, 신라 경순왕의 귀부는 단순한 왕실만의 투항이 아니라 중앙정부의 귀족관료인 百僚와 그 가족 및 왕경인 士庶들이 고려의 왕도인 개경에 대규모 집단이주를 행하였고, 이들은 태조에게 후한 대우를 받으며 고려 관인사회의 일원으로 수용될 수 있었다는 점이다. 이는 신라 지배층의 지위가 고려에서도 일부나마 유지될 수 있었다는 것을 의미한다.

신라 귀부의 이러한 양상은 고려 지배체제 내에 신라계가 발붙일 수 있는 기반이 되었던 것이다. 그러면 신라의 귀부과정에 대하여 보다 상세하게 살펴보기로 한다.

신라에게 적대적 태도를 보이던 궁예가 피살되고 친신라정책을 표방하는 왕건정부가 들어서면서 양국 간에는 사신이 왕래하고 교빙이 시작되었으며, 군사적 원조와 동맹관계의 성립을 보게 되었다. 『고려사』에서 보이는 양국 간의 교섭관계를 담은 사료를 제시하면 다음과 같다.

A. (920. 景明王 4년) 新羅 始遣使來聘 (『高麗史』 권1, 太祖 3년 정월조)

B. (920. 景明王 4년) 甄萱侵新羅 取大良·仇史二郡 至于眞禮郡 新羅
遣阿粲金律 來求援 王遣兵求之 萱聞之 引退 始與我有隙 (同 3년 10월조)

C. (921. 景明王 5년) 達姑狄 百七十一人 侵新羅 道由登州 將軍堅權 邀擊大
敗之 匹馬無還者 命賜有功者 穀人五十石 新羅王 聞之喜 遣使來謝
(同 4년 2월 壬申조)

D. (924. 景哀王 원년) 新羅王昇英薨 其弟魏膺立 來告喪 設齊追福 遣使弔
之 (同 7년 9월조)

E. (925. 景哀王 2년) 王自將 及甄萱 戰于曹物郡……交質 以萱十年之長
稱爲尙父 新羅王 聞之 遣使曰 萱反復多詐 不可和親 王然之 (同 8년
10월 乙亥조)

F. (926. 景哀王 3년) 新羅王 遣使曰 甄萱違盟擧兵 天必不祐 若大王 奮一鼓
之威 萱必自敗 王謂使者曰 吾非畏萱 俟惡盈而自僵耳 (同 9년 4월 庚辰조)

G. (927. 景哀王 4년) 親伐百濟龍州 降之……新羅王 出兵助之 (同 10년
정월 乙卯조)

H. (927. 景哀王 4년) 甄萱攻燒近品城 進襲新羅高鬱府 逼至郊畿 新羅王遣
連式 告急 王謂侍中公萱·大相孫幸·正朝聯珠等曰 新羅與我同好已
久 今有急 不可不求 遣公萱等 以兵一萬 赴至 未至 萱猝入新羅都城……
(同 10년 9월조)

I. (927) 作者 新羅國相 金雄廉等 將召足下入京…… (同 10년 12월조 甄萱의
서한 중)

위의 사료들은 朴氏王家期의 신라와 고려의 관계를 보여주고 있다.
박씨왕가기의 신라정부가 직면한 당면과제는 내적으로 지배층의 분열,
특히 김씨왕족의 이탈과 도전을 수습하는 것과 외부로는 태봉, 후백제
를 비롯한 지방세력들의 위협에 대한 대처의 문제였다고 하겠다. 그러
나 지배층의 대립과 분열은 수습되지 못한 채 난국을 빚고 있었고[11]

---

11) 이 시기 신라의 정치상황에 대해서는 다음 논문이 참고된다.
　全基雄,「新羅 下代末의 政治社會와 景文王家」,『釜山史學』16, 1989 ; 曺凡煥,

궁예의 위협적인 반신라적 태도로[12] 말미암아 내외의 압박은 박씨왕실을 더욱 극심한 위기상태로 몰아가고 있었다. 이러한 상황에서 고려에서 일어난 궁예의 축출과 친신라적인 왕건정부의 성립이라는 사태의 변화는 신라정부에 하나의 돌파구로서의 희망을 주는 것이 아닐 수 없었던 것이다.

景明王 2년 6월에 지금까지 신라에 대해 적대적 태도를 보이던 궁예가 축출되고 왕건의 고려정부가 성립되면서 양국은 급속히 접근하게 된다. 경명왕은 4년 정월에 고려의 태조에게 使臣을 보내어 교빙을 시작하였다(A). 후삼국의 외교관계에서 흥미로운 점은 고려와 신라는 서로 사신을 교환하며 교빙하였으나 신라와 후백제는 서로 공식적인 사신의 교환이 전혀 없었다는 점이다.[13] 이는 신라가 후백제를 끝까지 하나의

「新羅末 朴氏王의 登場과 그 政治的 性格」, 『歷史學報』 129, 1991 ; 申虎澈, 「甄萱政權의 對外政策」, 『後百濟 甄萱政權 硏究』, 一潮閣, 1993.

12) 『三國史記』 권50, 弓裔傳에 일찍이 弓裔는 浮石寺의 벽에 그린 新羅王의 像을 칼로 쳤다고 하며, 天祐 元年條에는 신라를 병탄할 생각을 가지고 國人으로 하여금 신라를 滅都라고 부르고 신라로부터 오는 사람을 다 죽였다고 하는 기사가 보인다. 王建政府가 들어서기까지 신라는 甄萱과 弓裔의 양쪽에서 압박을 당하고 있었다.

13) 신라가 고려와는 교빙을 하면서도 후백제에는 끝까지 사신을 보내지 않았던 것은 후백제를 하나의 국가로 인정하지 않는 동시에 견훤 또한 王으로 대우하지 않으려는 의도라고 하겠다. 신라는 친고려, 반후백제의 태도로 일관하였으며, 견훤은 경애왕을 살해하기까지 하였으면서도 신라에 尊王을 표방하는 입장에서 벗어나지 못하였다.
한편 曹凡煥氏와 申虎澈氏는 견훤이 金傅를 왕으로 세운 것에 주목하여 견훤과 金傅勢力이 밀착하였으며 경애왕의 살해가 김부세력의 묵인 내지 내응에 의한 것으로 보고, 경순왕 즉위 후의 신라정부는 견훤의 괴뢰정부로서 견훤의 영향력이 신라에 미쳤으며(曹凡煥, 「新羅末 朴氏王의 登場과 그 政治的 性格」, 『歷史學報』 129, 1991), 신라의 귀부에도 견훤이 일정한 역할을 담당한 것으로 보고 있다(申虎澈, 「甄萱政權의 對外政策」, 『後百濟 甄萱政權硏究』, 一潮閣, 1993, p.118, p.122, p.125). 그러나 이러한 추론들은 긍정적으로 수용할만한 근거가 미약하며 지나치다는 느낌마저 든다. 경순왕의 즉위는 신라인에게 별다른 반발없이 수용되었으며, 고려측에서나 당시의 지식인이나 지방호족의

국가로 인정하려 들지 않았음을 의미한다. 이에 비하여 고려에 대한
사신의 파견과 교빙의 시작은 신라가 고려를 하나의 국가, 나아가 覇者
로서 인정하겠다는 의미를 갖는 것이라 하겠으며, 이때 고려는 尊王의
표방과 함께 군사적 원조와 보호를 약속한 것으로 보인다.[14] 이후
양국의 군사적 협조관계가 나타나고 후백제에 대하여 공동으로 대처하
는 양상을 보이고 있다.

즉 같은 해 10월에 견훤이 步騎 一萬으로 대야성을 공격하여 함락시키
고 眞禮城으로 진격하니 신라는 阿粲 金律을 보내어 태조에게 원조를

어느 편에서도 김씨왕실과 견훤과의 관계나 국왕의 弑害에 대한 아무런 비난이
나 추궁도 발견할 수 없다. 또한 경순왕 이후의 신라정부에서는 친견훤적인
어떠한 동태도 드러나지 않는다. 오히려 견훤이 古昌戰鬪에 패배하자 곧
고려와의 사신 교환이 재개되고 귀부할 의향을 밝히는 등 친고려 반견훤의
성격은 변하지 않았던 것이다. 일찍이 신라 내부에 孝宗과 景暉勢力의 경쟁이
있었다고는 하나 양자간에 피를 흘리거나 무력으로 대립하지는 않았다. 즉
신라왕실의 틀 내부에서의 왕위계승 경쟁이었을 뿐 外部의 적대세력, 더욱이
신라인이 기피하였던 견훤을 끌어들여 국왕을 살해할 정도의 극악한 대결이었
다고 생각되지는 않는 것이다.

14) 견훤은 태조에게 보낸 서한에서 "나는 尊王의 義를 두터이 하고 事大의 情을
깊이 하였다."라고 하였으며, 고려는 견훤의 서한에 대한 답서에서 경애왕의
시해를 비난하며 "畿甸을 가로막고 金城을 窘迫하여 黃屋을 놀라게 한단 말인
가. 義에 의하여 周室을 尊尙함이 누가 桓文의 覇業과 같을 것이며 틈을 타서
漢을 도모함은 오직 王莽과 董卓의 奸計를 나타냈을 따름이다. 지존하신 임금으
로 하여금 足下에게 굽혀 아들이라 칭하게 하니 尊卑가 차례를 잃고 上下가
함께 근심하였다. 생각건대 元輔의 忠純함이 아니면 어찌 다시 社稷을 편안하게
하겠는가. 나는 마음에 악한 것을 숨겨둠이 없고 뜻은 尊王에 간절하므로
장차 朝廷을 도와서 나라의 위태함을 붙들고자 한다."라고 하였다. 이러한
문구를 단순한 명분론이나 외교적 수사로만 보기는 어렵다. 비록 표면적인
것이라 하더라도 後三國 초기의 신라와 고려, 후백제, 여타 호족세력들과의
관계는 존왕의 표방이 기본적으로 전제되고 있었던 것으로 생각되는 것이다.
이 점은 이 시대 연구자들의 넓은 공감을 얻고 있다. 특히 고려는 신라와
사신을 교환하고 신라왕의 인정을 획득함으로써 패자와 비견되는 지위를
얻은 것으로 보이며, 신라를 보호하고 돕는다는 명분에 충실하고 있어서
다른 호족집단이나 후백제 보다 명분상 대외적으로 우월한 위치에 있었던
것으로 생각된다.

구하였고, 이때 태조는 신라의 요청에 응하여 군사를 보내 구원케 하였으므로 견훤은 이를 듣고 물러갔다(B). 이러한 양국의 밀착관계와 군사동맹의 양상은 그후에도 계속 변함없이 유지되고 있다. 다음 해 達姑狄의 무리 171인이 신라를 침입하려는 것을 고려의 將軍 堅權이 격멸시킨 것에 대해 경명왕이 사신을 보내어 사례하고 있는 것도(C) 이러한 관계의 확인으로 보이는 것이다.

경명왕이 죽자 태조는 사신을 보내어 弔祭하였고 景哀王은 즉위하자 곧 고려에 사신을 파견하여 답례하였다(D). 경애왕의 고려에 대한 경사는 지나친 감이 없지 않았다. 신라의 國相 金雄廉이 태조를 신라의 왕경으로 초빙하려는 시도가 있었던 것도 이 무렵의 일이 아닐까 한다 (I). 신라는 후백제를 배척하는 한편 고려를 이용하여 후백제를 견제하려는 태도를 보이고 있어서, 고려와 후백제가 서로 볼모를 교환하는 등 제휴의 분위기가 보이자 2년 11월에 고려에 사신을 보내어 견훤과의 화친이 불가함을 주장하였으며(E), 3년 4월에는 후백제의 볼모인 眞虎의 갑작스런 죽음으로 견훤이 고려를 공격하는 사태가 일어나자 경애왕은 다시 사신을 보내어 견훤을 칠 것을 종용하고 있다(F). 다음 해 정월 태조는 후백제를 공격하여 龍州(醴泉郡 龍宮面)의 항복을 받았는데 이때 경애왕은 군사를 동원하여 고려군을 도왔으며(G), 9월에 견훤이 高鬱府(永川)를 공격하고 왕경 가까이 육박해 오므로 王은 連式을 보내어 태조에게 구원을 요청하였고, 태조는 侍中 康公萱과 大相 孫幸, 正朝 聯珠 등에게 精兵 一萬을 거느리고 가서 구원케 하였으나(H) 이들이 아직 당도하기 전에 견훤은 왕경을 급습하여 경애왕을 죽이고 경순왕을 즉위케 한 후 물러갔다.[15]

---

15) 『三國史記』 권12, 景哀王 4년 11월조. 그런데 보다 상세한 기록을 전하는 『고려사』에서는 이것이 9월의 일로 되어 있어 『삼국사기』의 착오가 아닐까

이 사건은 어렵게나마 지탱해 오던 신라의 지위에 결정적인 타격을 입힌 것으로 생각된다. 견훤에 의한 왕궁의 유린, 신라왕의 살해와 왕비의 능욕, 약탈과 포로 등 사건의 전개는 신라왕실의 전통적 권위와 위엄을 크게 실추시켰고, 이후의 신라는 尊王의 대상에서 벗어나 오히려 小國을 칭하는 열세를 면치 못하였으며, 가혹한 폭력에 노출되었던 신라 지배층은 멸망과 몰락의 위기를 실감하여 자구의 방법을 구하게 하는 계기로 작용하였던 것이다.

견훤에 의해 왕위에 오르게 된 경순왕의 위치는 매우 불안했을 것으로 생각된다. 그러나 견훤의 퇴각 후에도 신라 왕경에서 그를 배척하거나 반대하는 움직임은 보이지 않았다. 즉 경순왕의 왕위계승은 신라 지배층에게 무리 없이 용납되었던 것이다. 견훤의 침입과 경애왕의 시해를 혹독하게 겪었던 왕경 지배층에게 내부의 갈등이나 권력의 쟁탈 같은 것은 이미 문제가 될 수 없었다. 그들은 이제 자신들이 살아남을 방법을 모색하지 않을 수 없었던 것이다. 경순왕 즉위초 신라정부의 동향을 보여주는 기록은 전혀 보이지 않지만, 아마도 견훤과 고려의 세력을 저울질하며 사태의 추이를 관망하고 있었던 것은 아닐까 한다.

한편 왕경의 함락을 듣고 급히 달려온 태조는 公山戰鬪에서 견훤과 대결하여 申崇謙과 金樂이 전사하고 단신으로 겨우 달아나는 대패를 당하였다.[16] 이후 고려는 계속하여 수세에 몰리게 되었으나[17] 930년

한다.

16) 『高麗史』 권1, 太祖 10년 9월조.

17) 태조 10년 公山戰鬪의 패배 이후 10월 견훤은 大木郡, 碧珍郡에 진출하여 正朝 索湘이 전사하였고, 11년 정월에는 康州 침공을 구하려다가 草八城主 興宗에게 패하여 元尹 金相이 전사하였고, 5월에는 康州의 元甫 珍景이 패하고 將軍 有文이 투항하였으며, 11월에는 烏於谷城이 함락되어 將軍 楊志 등 6인이 항복하니 왕건은 이들의 妻子를 棄市하였다. 12년 7월에는 義城府의 城主 將軍 洪術이 전사하고 順州의 將軍 元奉은 도망하고 있다. 이러한 계속되는 패전과 장수들의 항복으로 수세에 몰리던 高麗軍은 동년 12월 마침내 태조가

古昌戰鬪에서 인근 지방세력들의 도움을 받아 견훤군을 크게 물리치면
서[18] 우위를 점할 수 있게 되었고 이에 전세를 관망하던 인근의 친신라
적 세력들이 고려에 무더기로 귀부하는 양상이 나타난다.[19]

고려군이 고창전투를 승리로 이끌고 신라의 왕경에 육박하면서 신라
의 지배층은 고려와의 관계를 재개하였다. 즉 경순왕 4년 2월 태조가
사신을 보내어 고창의 승리를 알리니 경순왕은 교빙의 예를 답하는
동시에 글을 보내어 서로 만나보기를 청하였는데,[20] 이때 이미 양국의
통합이 거론되었을 것으로 생각된다. 즉 신라는 다음 해 2월에 太守
謙用을 파견하여 귀순의 뜻을 알리고 다시 태조와 만날 것을 요청하였
고,[21] 이에 태조의 왕경 방문이 이루어지게 되었다. 태조와 경순왕이
상면하는 모습을 『고려사』에서는 다음과 같이 묘사하고 있다.

王이 신라에 행차할 때 50여 기를 거느리고 畿內에 이르러 먼저
將軍 善弼을 보내어 起居를 문안드리니 羅王이 百官에게 명하여 교외에
서 맞이하게 하고 堂弟인 相國 金裕廉 등은 성문 밖에서 맞이하게
하였으며 羅王은 應門 밖에 나와서 迎拜하니 王이 이에 답배하고 羅王은
왼편으로 王은 바른 편으로 相見의 예를 취하며 殿上에 올라 扈從의
諸臣에게 명하여 羅王에게 절하게 하니 情禮가 다 극진하였다.
臨海殿에서 잔치를 하였는데 술이 한참 돌 무렵에 羅王이 말하기를

스스로 古昌郡에 나아가 견훤과의 결전을 벌이게 되는 것이다.
18) 태조가 내려오니 載巖城 將軍 善弼이 내투하였는데 그는 일찍이 고려와 신라의
   통교에 공헌한 바가 있었으며, 태조는 그의 귀부를 크게 기뻐하여 尙父라고
   부르며 후한 예로 대접하다(『高麗史節要』 권1, 太祖 13년 정월조). 또한
   古昌郡 城主 金宣平은 大匡, 權行과 張吉은 大相으로 삼았는데 이들 역시 고려에
   협력하여 고창전투를 승리로 이끄는 데 공헌한 지방세력들이다.
19) 고창전투의 승리 이후 永安(永川) 河曲(河陽) 直明(安東) 松生(靑松) 등 30여
   郡縣과 신라 동부의 溟州에서 興禮府에 이르는 110여 城이 고려에 항복하였다.
20) 『高麗史』 권1, 太祖 13년 2월 乙未조.
21) 『高麗史節要』 권1, 太祖 14년 2월 丁酉조.

"小國이 하늘의 버림을 받아 견훤에게 유린당한 바가 되었으니 통분하
기 그지없습니다."고 하며 현연히 눈물지으니 좌우의 신하들도 목메어
울지 않는 사람이 없었으며, 왕도 눈물을 흘리며 그를 慰藉하였다.
(『高麗史』 권2, 太祖 14년 2월 辛亥조)

여기에서 이미 양국의 왕은 尊王을 칭하던 관계를 벗어나 동등한
입장의 禮를 나누고 있으며,22) 오히려 신라왕이 스스로를 小國이라
부르며 눈물 짖고 이를 태조가 위로하는 양상이 나타나고 있다. 태조의
방문은 이미 신라의 귀부를 전제로 한 것이었으며, 扈從諸臣과 불과
50여 명의 군사만을 이끌고 신라 왕경을 찾은 것으로 태조의 자신감을
엿볼 수 있다. 태조는 2월 23일부터 5월 26일까지 무려 93일간에 이르는
기간을 왕경에 머물렀다. 이 동안 태조와 경순왕 사이에는 양국의
통합에 대한 구체적 협약이 있었을 것으로 생각된다.23) 여기에는 신라
지배층의 개경 이주와 이주 후의 대우, 신라 왕경인의 안전과 지위에
대한 보장 등이 거론되었을 것이다.

양국의 협상은 양쪽 모두에게 만족스럽게 이루어진 것으로 보인다.
태조는 귀환을 앞둔 5월 20일에 경순왕과 太后 竹房夫人, 相國 金裕廉,
匝干 禮文, 波珍餐 策宮 尹儒와 韓粲 策直 昕直 義卿 讓餘 寬封 含宜
熙吉 등에게 물품을 선사하고 있는데,24) 이들은 양국의 협상에 공헌한
인물들일 것이다. 태조가 돌아올 때는 경순왕이 穴城까지 배송하고

---

22) 文暻鉉, 『高麗太祖의 後三國統一 研究』, 1987, pp.144~146.
23) 왕건이 신라의 왕경에 3개월여를 넘는 기간을 머문 것은 단순한 방문으로는
   너무 길다. 방문의 궁극적인 목적은 보다 중요한 문제, 즉 어떠한 과정을
   밟고 있든 간에, 양국의 통합이라는 목표의 타결을 위한 것으로 생각되는
   것이다. 태조의 순조로운 귀환과 이후 고려에서의 당당한 자세는 이때의
   목적이 달성되었음을 짐작케 한다.
24) 『高麗史』 권2, 太祖 14년 5월 丁丑조.

金裕廉을 인질로 삼아 함께 보냈다.[25] 이때 왕경인들은 감격하여 울며
서로 치하하기를 "옛적에 견훤이 왔을 때는 늑대나 호랑이를 만난
것 같더니 지금 王公이 온 것은 마치 부모를 보는 것과 같다."고 하였다.
이는 이미 왕경인들에게 왕건은 자신들의 안전과 이익을 보장하는
보호자의 모습으로 인식되고 있었음을 보여주는 것이다.

태조는 8월에 다시 甫尹 善規 등을 보내어 경순왕과 백관에게는
물론 軍民과 승려에 이르기까지 蠻頭·茶와 茶香 등의 물건을 선사하였
다.[26] 물품의 하사가 百官에 머무르는 것이 아니라 왕경의 軍民, 승려에
게까지 그 폭이 확대되고 있어 주목된다. 여기에는 양국의 통합에
대비하여 왕경인들의 환심을 사기 위한 의도가 있었을 것으로 생각된
다.

신라는 이러한 접근과정을 밟아가며 조심스럽게 고려와의 합병의
길을 밟아가고 있었다. 그후 수년간 사태를 관망하던 신라는 태조
18년 6월에 후백제에 내분이 일어나고 견훤이 고려에 귀부하는 사태로
진전되자 더 이상 망설이지 않고 귀부를 결정하게 되는 것이다. 동년
10월에 경순왕은 侍郎 金封休를 보내어 입조하기를 청했고, 태조는
攝侍中 王鐵과 侍郎 韓憲邕 등을 보내어 회보하였으며[27] 11월에는 드디
어 신라 지배층의 개경이주가 이루어지게 되었다.

---

25) 이때 태조와 함께 고려에 간 金裕廉은 경순왕의 堂弟이며 신라의 相國이었다.
景明王 3년의 上大等 金成, 侍中 彦邕의 기사를 마지막으로 上大等과 侍中은
사라지고 경애왕 이후에는 國相, 相國으로 불리우는 宰相이 국정의 책임자로
나타나고 있다. 김유렴은 경순왕대 국정의 책임자로서 태조의 방문 때에
성문 밖에 나가 태조를 맞이하고 있으며, 5월에는 태조로부터 물품을 선사받기
도 하였다. 양국간의 관계에 크게 활동하였던 그가 고려에 간 것은 비록
인질이라고 표현되고 있으나 실제로는 양국 통합의 준비작업을 수행하는데
더 큰 목적이 있었을 것으로 생각된다.
26) 『高麗史』 권2, 太祖 14년 8월 癸丑조.
27) 『高麗史』 권2, 太祖 18년 10월 壬戌조.

신라의 귀부는 최종적으로 신라정부의 群臣會議에서 결정되었다. 경순왕 9년 10월에 王은 군신과 회의를 열어 이 문제를 논의하였다. 『삼국사기』에는 이 모습이 다음과 같이 기록되고 있다.

群臣의 議論은 혹은 可하다고 하고 혹은 불가하다고 하였다. 왕자가 말하기를 "나라의 존망에는 반드시 天命이 있으니, 오직 마땅히 忠臣, 義士와 더불어 민심을 수합하여 스스로 굳게 지키다가 힘이 다한 후에 말 것이니, 어찌 一千年 社稷을 하루아침에 쉽사리 남에게 내어주겠습니까." 하였다. 왕은 "외롭고 위태함이 이와 같아 형세는 능히 온전히 할 수 없으니 기왕 强하지도 못하고 또 弱하지도 못하여 무죄한 백성들로 하여금 참혹히 죽게 하는 것은 내가 차마 할 수 없다." 하고, 이에 侍郎 金封休로 하여금 國書를 가지고 가서 태조에게 귀부를 청하게 하였다. 王子는 통곡하며 辭別하고 곧 皆骨山으로 들어가 바위에 의지하여 집을 짓고 麻衣와 草食으로 일생을 마쳤다. (『三國史記』 권12, 敬順王 9년 10월조)

경순왕의 주재로 열린 이 군신회의에서는 찬반이 엇갈리며 왕자의 불가론이 주장되기도 하였지만 결과는 현실적인 自救의 방법을 택하는 것으로 결정되었다. 이 결정은 신라정부와 지배층의 의견이 최종적으로 수합된 것이었다. 그들은 고려에 대항하여 끝까지 저항하는 길을 택하지 않았다. 무너져가는 신라의 구체제에 연연하기 보다는 오히려 고려라는 신선하고 활기찬 새 사회에 희망과 동경을 품고 있었던 것은 아닐까.

고려에의 귀부를 반대하였던 일부 지식층과 왕족은 은거하거나 왕경에 머물렀다.[28] 그리고 다음 달인 11월, 친고려적 성향의 인물들은

---

28) 투항을 반대한 경순왕의 太子는 개골산으로 들어가 麻依를 입고 草食을

개경을 향해 가족과 함께 재물을 수레에 싣고 출발하였다.

신라의 귀부양상을 이해하는 데 다음의 사료는 매우 주목되는 것이다.

> J. 羅王 率百僚 發王都 士庶皆從之 香車寶馬 連亘三十餘里 道路塡咽 觀者如堵 沿路州縣 供億甚盛 (『高麗史』 권2, 太祖 18년 11월 甲午조)
>
> K. 拜金傅爲政丞 位太子上 世給祿千碩 創神鸞宮賜之 其從者竝收錄 優賜田祿 除新羅爲慶州 仍賜爲食邑 (同 12월 壬申조)

사료 J는 경순왕 김부가 고려에 귀부하기 위하여 왕도를 떠나 개경으로 오는 모습을 묘사하고 있다. 여기에서 경순왕은 百僚를 거느리고 왕도를 출발하였으며, 士庶가 모두 이를 따랐다고 한다. 이들의 행렬은 삼십여 리에 이르렀고 도로를 꽉 메웠다고 표현되리만큼 대규모의 집단을 이루었다. 이는 실로 신라 왕경의 지배층이 대부분 옮겨오는 거대한 집단이동이라고 할 수 있을 것이다. 지배층뿐 아니라 士庶로 불린 왕경인들도 상당수가 이를 따라 개경으로 유입해 들어왔던 것이다.[29)]

하며 일생을 마쳤고, 季子는 梵空이란 이름의 화엄승려가 되어 佛門에 몸을 담았다(『三國遺事』 권2, 金傅大王조). 한편 成宗 15년 성종과 함께 東京을 방문한 王融에게 감개무량한 내용의 시를 바친 舊新羅의 노인은(崔滋, 『補閑集』 上), 개경 이주와 출사를 거부하였던 신라 지식인의 하나로 생각된다. 역시 왕경에 머물렀던 진골귀족으로는 무열왕의 후손으로 경주의 州長이 되었던 金魏英이 있다. 그의 후손은 후에 上京從事하였는데 김부식 때에 이르러 극성하였다가 무신의 정변으로 몰락하였다.

29) 30여 리의 도로를 꽉 메웠다는 수레와 人馬의 행렬이 구체적으로 얼마나 되는 수의 집단인지는 말하기 어려우나 적어도 수만을 헤아리는 수효일 것이다. 이것은 궁예가 철원에 도읍을 정하고 옮겨온 淸州의 人戶가 一千戶에 머물렀던 것에 비교하면 현격한 차이가 있다. 신라 王京의 이주민은 당시 개경 民戶의 상당수를 차지할 만큼의 규모라고 하겠다. 신라의 지배층에 속하는 고급 인력들이 개경에 자리 잡았을 때 그들의 세력은 결코 무시할

신라인들이 어떤 의도로 개경에 집단이주를 하였는지 구체적으로
알 수는 없다. 그러나 귀부의 과정을 볼 때 이는 태조의 일방적인
강요에 의한 것이라기보다는 그들 자신의 필요와 욕구가 작용한 것은
아닐까 한다. 국왕과 신료들이 무리를 지어 가족을 이끌고 재물을
수레에 실은 채 가는 곳마다 공대를 받아가며 개경으로 행진하는 모습에
서 亡國의 流民으로서의 비애와 절망을 찾기는 어렵다. 오히려 마치
새로운 생활에 대한 기대와 희망, 새 국가를 지향하는 의지와 도전의
모습으로 비춰지고 있는 것이다.[30] 이러한 점은 신라인의 귀부가 곧
자기 구원의 적극적 실현이었음을 시사하는 것이라 하겠다.

특히 경순왕과 함께 신라의 백료가 개경으로 이주해 온 것은 매우
주목되는 사실이다. 百僚로 표현된 이들은 신라 중앙정부를 구성하였던
대부분의 귀족관료들을 의미하는 것이며, 이들은 개경에 이주하여 옴으
로써 고려로 흡수되었던 것이다.

사료 K에서 보듯이 경순왕의 귀부를 받아들인 태조는 그를 政丞으로
삼고 태자보다 높은 지위에 두었으며 神鸞宮을 지어주고 해마다 千碩의
祿을 주는 등 최고의 예우를 아끼지 않았다. 한편 그를 따라온 從者들도
또한 收錄하여 田祿을 후하게 주었다고 하였다. 여기에서의 從者들이란
단순히 金傅의 侍從이기보다는 그를 따라 개경에 옮겨온 신라의 귀족관
료들을 의미하는 것으로 생각된다.[31] 이들이 收錄되어 田祿을 받았다는
것은 곧 고려 官人社會의 일원으로 수용되었음을 의미하는 것이다.

신라 지배층의 집단이주가 자발적으로 결의되고 이들의 수용이 가능
했던 것은 이미 신라 고려 양국 간의 일정한 협상과 타협이 있었기

수 없는 힘을 발휘할 수 있을 것으로 생각된다.
30) 이는 태조와 신라 지배층 사이에 이미 충분한 협약이 있었고, 여기에서 신라
    歸附人의 지위와 미래에 대한 보장이 약속되었을 것임을 짐작케 한다.
31) 『三國遺事』 권2, 金傅大王조에서는 '侍從員將 皆錄用之'로 기술하고 있다.

때문일 것이며, 한편으로는 고려에 대한 신라 지배층의 적극적인 접근과 오랫동안 모색되어 온 자구의 노력이 결실을 맺은 결과인 것이다.

2. 신라 歸附人의 존재 양태

고려에 이주한 신라 歸附人들은 비록 국가는 소멸되었다고는 하지만 고려의 왕도인 개경내의 주민으로서 일정한 위치를 확보할 수 있었다. 나아가 신라의 지배층 출신은 고려왕실과 혼인을 통하여 외척이 되거나 전통의 신분적 우위를 이용하여 고려의 지배층으로 부상하였다.[32] 한편 6두품 지식인을 중심으로 한 귀족관료 출신들은 보다 우수한 학문과 문장력, 중앙관료로서의 경험과 자질을 바탕으로 고려정부의 구성원으로 편입될 수 있었다. 이들은 전란기의 혼란이 안정되고 왕권의 강화와 정부조직의 정비가 이루어지는 光宗年間 이후 고려의 정치세력으로 부상하기에 이르는 것이다.

그런데 경순왕을 따라 고려의 왕도로 이주하고 개경 내에서 신라계 세력을 형성할 수 있는 기반으로 작용하였던 신라 귀부인의 실체는 어떤 인물들일까. 다음으로 개경내의 신라 귀부인으로써 존재를 확인할 수 있는 인물들을 제시하고 그들의 활동에 대하여 살피기로 한다.

1) 왕실과 진골귀족

경순왕 金傅는 신라 귀부인을 대표하는 인물이다. 그에 대한 대우는 병합된 신라 지배층의 지위를 상징하는 것이라 하겠다.

---

32) 먼저 신라 출신으로 고려왕실과 혼인관계를 맺은 인물로는 신라왕족으로 敬順王 金傅와 그의 백부인 金億廉이 있으며, 6두품 출신으로는 林彦, 崔行言이, 그리고 출신은 상세하지 않으나, 王京의 士庶에 해당하는 것으로 보이는 平俊, 連乂가 있다.

11월 3일 갑오에 왕경을 출발한 신라 왕경인들은 沿路 州縣의 성대한
供待를 받으며 12일 계묘일에 개경에 들어왔는데 太祖는 儀仗을 갖추고
교외에 나와 맞아 위로하고 東宮과 여러 宰臣들에게 명하여 호위하고
들어와 柳花宮에 머물게 하였다. 22일 계축에 태조는 자신의 장녀인
樂浪公主를 경순왕에게 출가케 하였는데 이는 正殿에서 백관을 모아놓
고 예를 갖추어 거행한 공식행사로서 치렀음이 주목된다.[33] 이와 함께
태조는 신라왕실과의 혼인을 요청하였던 것으로 보인다. 즉 태조의
요청을 받은 경순왕은 자신의 백부인 知大耶郡事 金億廉의 딸을 "德과
容貌가 함께 아름다우므로 이가 아니면 內庭事를 정비키 어려울 것이
다."라고 하며 태조와 혼인토록 하였다. 이처럼 양국의 왕실이 서로
혼인을 주고받음으로써 혈연으로 결합한 것은 그 자체가 양국 통합의
상징이며 동시에 신라의 귀부가 일방적인 굴복으로만 인식될 수 없음을
보여준다고 하겠다.[34]

김부에 대한 예우는 극진한 것이었다. 태조는 그에게 觀光順化衛國功
臣上柱國樂浪王政丞食邑八千戶를 제수하고 태자의 지위보다 상위에 두
었고 歲祿 千碩을 급여토록 하였으며 神鸞宮을 지어 거처로 삼게 하였다.
또한 왕경을 경주로 하여 식읍으로 주었으며 경주의 事審官으로 삼아
부호장 이하의 관직 등의 일을 주관하게 하였다.[35] 한편 태조는 樂浪公
主 외에도 聖茂夫人 朴氏와의 소생을 김부와 혼인케 하였다.[36] 태조의

---

33) 『高麗史』권2, 太祖 18년 11월 甲午 · 癸卯 · 癸丑조.

34) 이 혼인의 의도에 대해서는 태조가 신라왕실과 결합함으로써 자신의 신분적
취약성을 보완코자 했다는 점이 강조되었다. 그러나 또한 신라 歸附人들의
회유라는 일면이 작용되었을 것임을 간과할 수 없을 것이다. 한편 鄭容淑氏는
이 혼인으로 고려의 國統意識이 고구려 계승에서 신라후계라는 형태로 전환하
는 전기를 맞게 되었다고 하였다(鄭容淑, 『高麗王室族內婚硏究』, 새문사, 1988,
pp.72~73).

35) 『高麗史』권75, 選擧志3 事審官조.

36) 『高麗史』권91, 公主傳 太祖조.

공주 9人 중에 2명을 김부와 혼인케 함으로써 그를 고려왕실의 일원으로 흡수하고자 하였던 것이다.[37] 경순왕은 모두 8남 3녀를 낳았는데 後妃인 樂浪公主와의 사이에서는 5남 2녀를 두었다.[38] 경종의 제1妃 獻肅王后 金氏는 바로 김부의 女였다. 경종은 그를 尙父슈으로 봉하면서 3王后族을 제쳐두고 그의 딸을 제1비로 맞이하였는데, 이는 경종초 신라계 세력의 영향력을 의미하는 것으로 이해된다.[39]

경순왕의 백부이며 효종의 형인 잡간 金億廉은 신라의 知大耶郡事로서 견훤으로부터 大耶城을 방어하는데 공을 세웠던 인물로서 태조의 통혼 요청에 의해 제5비 神成王太后 金氏를 납비하였다. 그후 김씨는 태조와의 사이에서 安宗 郁을 낳았다. 양 왕실 사이에서 태어난 유일한 왕자인 安宗은 신라 출신의 기대와 촉망을 모으는 존재였을 것이나 자신은 왕위계승에서 탈락하고 景宗妃 獻貞王后와 사통하여 낳은 아들인 大良君이 현종으로 즉위하였던 것이다.

이 밖에도 신라 진골귀족으로써 고려초에 활동한 인물로는 金鎰과 金仁允, 金裕廉이 있다.

金鎰은 일찍이 경문왕 12년의 황룡사구층탑의 중수에 松岳郡太守 大奈麻의 지위를 가지고 참여하고 있어서[40] 경문왕의 왕권강화 시책과 관련이 있었던 것으로 보인다. 그는 헌강왕 7년(881) 왕경을 방문하였던 朗慧和尙을 청하여 만났는데 몇 차례 말을 주고받은 낭혜화상은

---

37) 나머지 7인의 공주는 모두 태조의 왕자와 혼인하였다. 공주의 혼인은 同姓婚이 원칙이나 김부의 경우는 예외였다(鄭容淑,「公主의 婚姻關係를 통해 본 王室婚의 實狀」,『高麗王室族內婚硏究』, 새문사, 1988). 이는 태조가 金億廉의 딸을 왕비로 맞은 것과 같은 맥락에서 신라왕실의 김부를 고려왕실의 일원으로 수용하려는 의도로 생각된다.

38) 金蓮玉,「高麗時代 慶州金氏의 家系」,『淑大史論』11·12 합집, 1982.

39) 全基雄,「高麗 景宗代의 政治構造와 始定田柴科의 성립기반」,『震檀學報』59, 1985, pp.33~35.

40)「皇龍寺九層木塔利柱本記」,『韓國金石全文』古代, p.196.

김일을 公才와 公望을 아울러 갖춘 인물로 평가하고 "이 나라는 잘
되어 나갈 것이니, 마땅히 덕을 좋아하시오."하는 기대와 당부를 하고
있다.[41] 한편 정강왕 1년(886) 헌강왕의 명복을 빌기 위하여 賢俊이
건의한 華嚴經 寫經에 참여한 인물 중 國戚 重臣인 蘇判 金一은 곧
金鎰과 동일인일 것이다.[42] 그후 890년에는 蘇判으로 武州의 도독이
되어 있었다.[43] 김일은 신라가 귀부할 때에 경순왕과 함께 개경으로
옮겨와 활동하였다. 그는 신라왕족 가운데에서도 촉망을 받으며 중요한
위치에 있었던 것으로 보이는데 고려에 와서도 그의 위치는 결코 가볍지
않은 듯하다. 혜종 원년에 건립된 「興寧寺澄曉大師碑」에는 堯(定宗),
昭(光宗) 및 王景, 兢達, 王規, 權說, 王廉 등 당시 일급의 인물들과
함께 檀越로 나타나고 있는 것이다.[44]

원성왕의 후예인 金禮와 金仁允 부자의 가문도 주목된다. 三韓功臣이
며 三重大匡의 관계를 가지고 나타나는 김인윤은 삼국의 통합에 공을
세우고 태조를 따라 개경에 들어갔다고 하였다.[45] 태조를 섬겨 공신이
되었다는 그는 父인 大匡 金禮와 함께 고려와 신라의 통합에 적극 협조하
였던 인물일 것이며 그의 후손은 金因渭에 이르러 고려의 명문을 이루었
다.[46]

金裕廉은 경순왕의 堂弟이며 신라의 相國으로서 태조의 왕경 방문
시에 성문 밖에 나와 영접하였고,[47] 태조가 귀환할 때에는 인질이 되어

41) 「聖住寺朗慧和尙白月保光塔碑」, 『韓國金石全文』, p.220.
42) 「崔致遠所撰奉爲憲康大王結華嚴經社願文」, 『智異山華嚴寺事蹟』. 여기에는 上宰
    舒發韓 金林甫, 國戚 重臣 蘇判 順憲·金一의 인명이 보인다.
43) 「聖住寺朗慧和尙白月保光塔碑」, 『韓國金石全文』, p.213.
44) 「興寧寺澄曉大師寶印塔碑」, 『韓國金石全文』, p.344.
45) 「金之祐墓誌銘」, 『韓國金石文追補』, pp.131~132.
46) 金蓮玉, 「高麗時代 慶州金氏의 家系」, 『淑大史論』 11·12 합집, 1982, pp.237~241.
47) 『高麗史』 권2, 太祖 14년 2월 辛亥조.

태조와 함께 개경으로 갔다.[48] 그는 개경에 머물면서 양국 통합의
준비 작업을 담당하였을 것이다. 睿宗代에 활약한 金漢忠의 高祖이며,
태조에게 귀부하여 공신이 되었다는 金庾廉은[49] 바로 金裕廉과 동일인
일 것이다.

2) 百僚와 士庶

먼저 신라 6두품 출신으로 고려왕실과 통혼한 인물로는 林彦과 崔行言
이 있다.

제11妃 天安府院夫人 林氏의 妃父인 太守 林彦은[50] 6두품 출신으로서
王逢規와 결합하여 왕봉규의 사신으로 後唐에 파견되었다가[51] 고려로
넘어와 태조 10년에 다시 遣唐使로 사행하는[52] 등 중국과의 외교에서
활약하였다. 그는 이미 태조 10년에 고려에 넘어왔으므로 김부와 함께
귀부한 인물은 아니다. 그러나 天安府院夫人 林氏의 아들인 天安府院郞
君이 景宗初에 執政 王詵에 의해 교살 당한 사건은 왕선의 퇴임을 불러일
으키는 직접적인 원인이 되었다.[53] 이는 신라계 세력이 부상하면서
구세력을 구축하는 과정에서 일어난 것으로 신라계 세력의 일원으로서
의 임언의 위치를 보여주는 것이라 하겠다.[54]

한편 비록 후대이기는 하지만 성종의 제3비 延昌宮夫人을 납비한
崔行言은 慶州崔氏로서 최언위의 아들인 行歸, 行宗과 형제간일 것으로

48)『高麗史』권2, 太祖 14년 5월 癸未조.
49)『高麗史』권95, 金漢忠傳.
50)『高麗史』권88, 后妃1, 天安府院夫人조.
51)『三國史記』권12, 景哀王 4년조.
52)『高麗史』권1, 太祖 10년조.
53)『高麗史』권2, 景宗 원년 11월조.
54) 全基雄,「高麗 景宗代의 政治構造와 始定田柴科의 성립기반」,『震檀學報』59,
    1985, pp.37~40.

추정되고 있다.[55] 그는 성종 2년 5월 王融이 知貢擧가 되어 시행한 과거에 급제하고 있어[56] 학문을 바탕으로 출사한 인물임을 알 수 있다. 최행언의 납비는 자신들의 학문을 바탕으로 경종대 이후에는 정치 주도세력으로 부상하였던 신라계 6두품 출신 지식층의 대두와 관련지어 이해될 수 있을 것이다.

한편 태조와 통혼한 平俊과 혜종과 통혼한 連乂는 진골 출신은 아니며, 뚜렷한 관직을 갖고 있지도 않아서 귀족관료로 보기도 어렵다. 그들은 6두품 이하의 신분 출신이라고 하겠는데 김부와 함께 개경으로 이주한 왕경의 士庶에 해당하는 인물들일 것이다.

태조의 제7妃 獻穆大夫人 平氏의 妃父인 平俊은 경주인으로서 佐尹의 官階를 갖고 있었다.[57] 平氏의 성이 착오가 아니라면 그는 왕족 또는 진골귀족이라고는 볼 수 없다. 평씨와의 혼인은 태조 14년 왕건이 신라 왕경을 방문하였을 때 侍寢의 형식으로 맺어졌을 가능성도 있으며,[58] 혹은 신라의 귀부 후에 신라 귀부인들의 포섭과정에서 이루어진 것으로도 볼 수 있다. 어느 쪽이건 평준은 왕건과 밀착한 친고려적 성향의 인물로서 金傅와 함께 개경에 이주한 왕경의 士庶에 해당된다고 하겠다. 신라의 귀족이 아닌 그가 佐尹의 관계를 얻고 태조의 비부가 되었던 것은 흥미롭다.

惠宗의 제4비인 宮人 哀伊主의 父인 連乂는 慶州人 大干으로 나타나고

---

55) 李樹健,「高麗前期 支配勢力과 土姓」,『大邱史學』14, 1978/『韓國中世社會史硏究』, 1984, p.201 재수록.

56)『高麗列朝登科錄』, 成宗朝 癸未조.

57)『高麗史』권88, 后妃1, 獻穆大夫人조.

58) 鄭容淑氏는 이 혼인을 태조의 즉위 후부터 후삼국의 통일에 이르는 제2기의 혼인유형에 포함시키고 있다. 이는 태조 14년의 신라 방문 시에 맺어진 혼인으로 보는 까닭일 것이다(鄭容淑,「高麗初期 婚姻政策의 추이와 王室族內婚의 成立」,『韓國學報』37, 1984/『高麗王室族內婚硏究』, 1988, p.69 재수록).

있는데 그 역시 개경에 이주한 왕경인으로서 진골귀족 신분은 아니었던 것으로 생각된다.[59] 궁인 애이주는 太子 濟와 明惠夫人의 두 명의 자녀를 두었다. 궁인이라는 신분으로 보아 정략결혼의 형태는 아닐 것이며 처음에 왕궁의 궁녀로 들어와 있다가 혜종의 눈에 들어 성립된 관계로 생각된다.[60] 平俊과 連乂는 왕경 귀족관료가 아님에도 불구하고 왕실과 혼인을 맺고 있다는 점은 귀부한 왕경인 士庶들의 진출이 무시될 수 없는 것임을 보여준다.

한편 6두품으로 생각되는 太守 李金書는 경순왕을 따라와 三韓功臣이 되었으며 경순왕과 樂浪公主 사이에서 낳은 女와 혼인하여 경순왕의 사위가 되었다.[61] 그리고 비록 활동상이 나타나지는 않으나 태조의 왕경 방문시 물품을 선사 받았던 匝干 禮文, 波珍餐 策宮 尹儒, 韓餐 策直 昕直 義卿 讓餘 寬封 舍宜 熙吉 등과 고려에 사신으로 파견되었던 阿粲 金律, 連式, 太守 謙用, 侍郞 金封休 등은 고려와의 통합에 적극적이었던 인물들로서 역시 경순왕과 함께 개경에 이주하여 활동하였을 것이다.

지금까지 살핀 바와 같이 고려에 집단 이주한 신라 왕경의 지배층은 田祿을 받고 수록되어 개경의 주요 구성원을 형성하였으며, 경순왕을 비롯하여 통합에 공헌한 인물들은 일정한 지위를 유지하며 고려의 지배층에 편입되었다. 이들이 고려 개경에 거주하며 지배층의 일부를 구성하고 있었던 것은 그후 안정된 고려사회에서 신라계의 세력이

---

59) 連乂는 姓을 갖고 있지 않으며, 그 딸인 哀伊主가 1남 1녀의 소생을 두었음에도 불구하고 정식 왕비가 된 것이 아니라 宮人으로 머물고 있는 것으로 보아 신분이나 세력이 미약한 인물일 것이다. 그를 大干으로 표현하고 있지만 이는 신라의 官等이 아니며, 따라서 일반적인 존칭의 의미로 해석해야 할 것이다. 즉 連乂는 왕경의 士庶에 해당하는 인물이라고 하겠다.
60) 鄭容淑, 앞의 논문, p.79.
61) 『東文選』 126, 李齊賢墓誌銘.

대두할 수 있는 기반으로 작용하였던 것이다.

3) 지식인계층

한편 신라 출신 지식인들이 고려정부에 진출하여 관직을 가지고 관료로서 활동을 할 수 있었던 것은 통일로 확장된 고려정부의 다망한 국사에 유용한 능력을 가진 때문이었던 것이다. 궁예정부 출신의 문신 관료층은 대부분 유학 수업의 기회가 제한되어 있었던 데다가 소규모에 지나지 않는 일개 지방관부의 경험을 바탕으로 진출하고 있었으므로, 천년 전통을 지닌 신라 중앙정부의 고위 관리로 활약하였던 인물들이나 당에서 수학하고 빈공과에 합격하여 文名을 떨쳤던 도당유학생 출신 6두품 지식인들의 유학에 대한 이해와 문장력, 화려한 명성, 관료로서의 경험과 능력에 비해 열세를 면하지 못하였던 것이다. 따라서 보다 우수한 능력과 학문을 바탕으로 고려정부에 진출하였던 신라 지식인은 고려의 관인사회에 흡수되어 정부조직에 참여하면서 차츰 자신의 능력을 바탕으로 문신관료층의 주요 구성원으로 자리잡게 된다.

> L. 及太祖開國 挈家而來 命爲太子師傅 委以文翰之任 宮院額號 皆所撰定 一時貴遊 皆歸事之 官至大相元鳳大學士翰林院令平章事 (『高麗史』 권 92, 崔彦撝傳)
>
> M. 年十二 太祖 召見 使讀論語 甚嘉之 賜鹽盆 命隷元鳳省學生 賜鞍馬 例食二十碩 自是 委以文柄 (『高麗史』 권93, 崔承老傳)

위의 사료 L에서 최언위는 고려로 이주하여 太子師傅가 되었고 관직이 大相元鳳大學士翰林院令平章事에 이르렀다. 그는 가족을 이끌고 경순왕과 함께 개경에 이주한[62] 도당유학생 출신 신라 6두품의 대표적인 지식인이었다. 최언위는 도당유학시에 빈공과에 수석 급제하여 발해와 빈공과를 둘러싼 숙원을 풀어줌으로써[63] 신라 문인들의 촉망과 기대를 모았던 인물로서 그의 명망은 崔致遠, 崔承祐와 함께 3崔로 불렸고,[64] 빈공과 급제의 화려한 문장력으로 나말 禪師들의 비문을 독점하였다. 또한 일찍이 최응이 담당하고 있었던 전통의 문한기구인 원봉성의 大學士로, 고려초 최고의 문인 학자들의 집단인 翰林院의 장관인 令으로 국초의 文柄을 장악하였던 것이다. 최언위의 가문은 아들인 崔光胤이 賓貢進士로 晉에 유학하였고, 崔行歸는 吳越에 유학하고 돌아와 광종의 倖臣이 되었으며, 崔光遠은 광종대에 秘書少監을 지냈는데 광원의 아들인 崔沆은 성종대에 급제하여 平章事를 지내는 등[65] 文翰을 통하여 고려의 名門家로 성장하였다.

한편 아버지 崔殷含을[66] 따라 개경에 이주하였던 崔承老는 12세에 지나지 않는 어린 나이에 論語를 줄줄 읽어 태조의 경탄을 사고 경제적

---

62) 菅野銀八, 「新羅興寧寺澄曉大師塔碑の撰者について」, 『東洋學報』 13-2, 1923. 최언위의 귀부에 대해서는 '及太祖開國'이라고 하여 918년의 일로 보이지만 菅野銀八氏의 고증에 따라 그후 935년 경순왕의 歸附時에 함께 따라온 것으로 보는 것이 좋겠다. 한편 최언위의 開京 이주를 918년으로 보고 6두품 지식인이 반신라적 동향을 보이며 신라를 떠나는 대표적인 사례로 이해하는 경향이 있다. 즉 소위 3崔 가운데 崔承祐는 백제로, 최언위는 고려로, 崔致遠은 신라에 하는 식이다. 그러나 최언위를 친고려적 성향의 인물로 볼 수는 있겠으나, 그가 신라의 체제를 부정하고 신라를 떠난 인물로 보기는 어렵다. 오히려 그는 당의 빈공과에 수석 급제하여 빈공과를 둘러싼 발해와의 숙원을 풀어줌으로써 신라 文人들의 촉망 속에 최치원의 명망을 이어받고 執事侍郎에 이른 신라 貴族官僚의 대표적 인물인 것이다. 따라서 그는 신라 지배층과 함께 끝까지 신라의 위기를 극복하는데 힘쓰다가 경순왕과 함께 가족을 이끌고 고려로 이주한 '百僚'에 포함되는 인물로 보는 것이 타당하다고 본다.

63) 『高麗史』 권92, 崔彦撝傳.

64) 「太子寺朗空大師白月栖雲塔碑 陰記」, 『韓國金石全文』, p.364.

65) 『高麗史』 권92, 崔彦撝傳.

66) 崔殷含에 대해서는 金晧東, 「崔殷含-承老 家門에 관한 硏究」, 『嶠南史學』 2, 1986이 참고된다.

지원과 함께 원봉성의 학생이 되었다(M). 당시의 원봉성은 최언위가 장관으로 있었던 것이니 최승로는 최언위의 가르침과 보살핌을 받으며 성장하였던 것이다. 崔殷含(元甫)에서 崔承老(成宗朝 侍中), 崔肅(侍中), 崔齊顔(文宗朝 侍中)으로 이어지는[67] 가문의 영달 역시 6두품 출신 지식인의 문장과 학문, 유학의 이해에 바탕을 둔 정치적 진출에 기인한 것이었다.

어린 최승로뿐 아니라 당시의 문장과 학문에 능한 신라의 문인, 관료들은 통일 후의 다망한 고려정부에 출사하여 활동하였을 것이다. 최언위와 함께 선사비문의 작성에 참가하여 글씨를 쓴 인물들 역시 신라 출신의 문인들로 생각된다.

N-1. 臣 李奐相□□□書幷篆額 (937. 廣照寺眞澈大師寶月乘空塔碑)

N-2. 門人 正朝上柱國賜丹金魚袋 臣 李桓樞 (939. 菩提寺大鏡大事玄機塔碑)

N-3. □□□□兵部大監上柱國賜丹金魚袋 臣 李桓樞 奉敎書幷篆額 (939. 田毘田盧庵眞空大師普法塔碑)

N-4. 沙粲檢校興文監卿元鳳省待詔 臣 仇足達 奉敎書 (940, 地藏禪院朗圓大事悟眞塔碑)

N-5. 沙粲前守興文監卿謝緋銀魚袋 臣 具足達 奉敎書 (943, 淨土寺法鏡大師慈燈塔碑)

N-6. 崔潤 奉敎書幷篆□ (944, 興寧寺澄曉大師寶印塔碑)

N-7. 正朝□□評侍郎柱國賜丹金魚袋 柳勳律 奉敎書 (946, 無爲寺先覺大師遍光塔碑)

N-8. 臣 崔光胤 奉敎集太宗文皇 (940, 興法寺眞空大師塔碑)

N-9. 太相前守禮賓令元鳳令兼知制誥上柱國賜紫金魚袋 臣 孫紹 奉敎撰 (950, 大安寺廣慈大師碑)

---

67) 『高麗史』 권93, 崔承老傳 및 崔承老 附 齊顔傳.

N-1에서 7까지의 禪師碑文은 모두 최언위가 奉敎撰한 것이다. 신라말 왕명을 받들어 제작되는 비문의 찬은 당대 제일의 문장가에 의해 작성되는 것이 통례로서 최치원이 四山碑銘을 작성하였고, 최치원의 뒤를 이어 빈공과의 급제로 최치원의 명성을 이어받고 나말의 文柄을 장악하였던 최언위가 대부분의 선사비문의 찬을 담당하였는데, 고려에 귀부한 이후에도 이 전통은 그대로 유지되었다. 그런데 최언위가 찬한 비문은 역시 왕명을 받은 書者들이 글씨를 쓰고 있다. 이 서자들은 최언위와 깊은 관계를 맺고 있는 문사들인 것으로 보아 함께 신라에서 귀부한 최언위의 동료, 門人 출신의 문사들일 것으로 생각된다. 이 중에서 李奐相과 崔潤은 비문의 마멸로 관직을 알 수 없으나 李桓樞는 正朝의 官階와 兵部大監의 관직, 上柱國의 勳爵, 그리고 丹金魚袋를 하사받은[68] 고려의 관원임을 알 수 있다. 또한 具足達은 沙粲의 新羅位階를 가지고 興文監卿, 元鳳省待詔의 관직과 緋銀魚袋를 받고 있으며 柳勳律은 正朝 廣評侍郎 柱國으로 丹金魚袋를 받고 있어서 신라 출신의 문사들이 고려의 관인사회로 진출하고 있음을 볼 수 있다.

N-8의 「興法寺眞空大師塔碑」는 태조가 직접 찬한 유일한 비문으로 唐太宗의 글씨를 집자하여 새기었는데, 이 비문을 집자한 崔光胤은 바로 최언위의 아들이다. 그는 賓貢進士로서 晋에 유학하였다가 契丹에 포로가 되었는데 거란의 침입을 알려와 光軍 30만을 조직케 하였던 인물이다.[69]

최언위의 사후 문한을 장악하였던 인물은 역시 신라 6두품 출신으로 생각되는 孫紹였다(N-9). 禮賓令 元鳳令 知制誥를 겸임하였던 그는 광종

---

68) 魚袋와 公服에 대해서는 黃善英, 「高麗初期 公服制의 成立」, 『釜山史學』 12, 1987이 참고된다.

69) 『高麗史』 권92, 崔彦撝傳.

초에 이르기까지 원로문인으로 신라 출신의 문신관료를 이끌었을 것이다.[70]

이와 같이 신라 출신의 문인들은 자신의 학문과 능력으로 원봉성이나 한림원 등 문한기구에 진출할 수 있었다. 그후 광종초에 숭문정치와 과거의 시행 등 유교적 정치이념을 실행에 옮기려는 개혁에 學士들의 역할이 지대하였고 이와 함께 신라계 세력이 부상하기 시작하는 것은 주목되는 사실이다.

고려와 충돌을 피한 채 지배층이 온존한 상태로 개경에 이주하였던 신라의 귀부는 신라계 지식층이 고려의 지배층으로 편입될 수 있는 배경이 되었다. 그들은 자신들의 학문과 지식으로 고려정부의 관료로 정착하고 서북지역 출신의 문사들과 함께 문신관료층의 주축을 형성하였다. 이렇게 태조대를 거치며 형성된 문신관료층은 혜종, 정종대를 거쳐 광종초의 개혁주도층과 연결되는 것이다.

3. 고려초 신라계 세력의 동향

신라 귀부인 가운데 학문과 문장에 뛰어난 6두품 출신의 유학자 지식인들은 고려의 정부조직에 몸담고 광종 이후의 국가체제 정립에 참여하여 성종대에 이르면 정치주도세력으로 성장하고 고려사회의 이념을 제공함으로써 새 사회의 건설에 앞장서게 된다. 신라에서 이룰 수 없었던 이들의 유교적 통치이념의 실현은 신분과 구체제의 틀을 벗은 고려사회 속에서 꽃 피울 수 있었다. 한편 고려왕실과의 혼인을 맺은 신라의 왕족들은 통혼을 통하여 구축한 지위를 이용하여 고려의 왕위계승을 꿈꾸고 있었다. 국초의 혼란과 세력 간의 갈등을 무사히

---

70)　全基雄, 「高麗光宗代의　文臣官僚層과　後生讒賊」, 『釜大史學』 9, 1985, pp.143~144.

넘긴 그들은 신라계 세력이 부상하는 경종, 성종대를 맞아 신라계로 고려왕실을 잇기 위한 노력을 하고 있었던 것이다. 顯宗의 탄생과 즉위 과정의 분석을 통하여 그들의 동향을 엿볼 수 있을 것이다.

1) 신라계 지식인의 성장

광종의 개혁은 크게 호족세력의 숙청과 왕권의 강화라는 측면과 함께 정치제도와 관료체제의 정비를 통한 국가체제의 정립이라는 면이 두드러진다. 유교적 정치이념이 실행에 옮겨지고 유학과 한문의 문장력을 시험하여 관인으로 등용케 하는 科擧가 실시된 것도 광종대의 일이었다. 이러한 개혁을 주도하였던 계층으로는 한림학사를 비롯한 文臣官僚層이 주목되는데,[71] 신라 출신의 지식인 역시 문신관료층의 일원으로서 광종대의 개혁에 힘입어 정치사회로 진출할 수 있었다.

光宗初에 활동한 신라 6두품 출신의 문신관료로는 大相守禮賓令元鳳令兼知制誥上柱國인 孫紹와 광종의 詔를 받들어 윤제를 선포한 翰林學士大相守兵部令 金岳,[72] 正匡翰林學士 崔承老, 광종의 倖臣이었던 翰林學士內議承旨知制誥 崔行歸[73] 등이 있으며, 과거출신자로는 성종의 師友가 되었던 崔亮[74] 등을 대표적인 인물로 들 수 있을 것이다. 이들은 광종의 개혁에 부응하여 당시의 한림학사들과 王融, 雙冀, 趙翼 등 지공거를 지낸 인물들을 비롯한 문신관료들과 함께 정부체제의 정비와 왕권의 강화에 기여하였을 것이다.

그러나 광종대는 아직까지 호족공신세력들의 정쟁이 끝나지 않았고

---

71) 李基東,「羅末麗初의 近侍機構와 文翰機構의 擴張」,『歷史學報』77, 1978 ; 全基雄,「高麗 光宗代의 文臣官僚層과 '後生讒賊'」,『釜大史學』9, 1985.
72)「鳳巖寺靜眞大師圓悟塔碑」,『朝鮮金石總覽』上, p.203.
73)「大華嚴首座圓通兩重大師均如傳」.
74)『高麗史』권93, 崔亮傳.

모반과 숙청으로 왕족들까지 연루되어 죽임을 당하는 상황에서 뚜렷한
정치세력으로 성장하기는 어려운 일이었다. 광종의 개혁은 7년의 노비
안검법을 시작으로 하여 9년 과거의 실시와 11년의 군부개편과 四色公服
制의 실시, 皇都 西都의 명칭 사용 등으로 이어지며 기운차게 추진되었으
나 11년 權信의 모함사건 이후 치열한 정쟁을 가져와 15년 平州勢力의
몰락을 가져왔고 말년에는 측근 문신관료 세력이 숙청됨으로써 개혁은
방향성을 상실하고 말았던 것이다.

　특히 최언위의 아들로서 신라계 문신관료의 대표적인 존재라고 할
수 있는 최행귀는 광종의 총애를 받으며 측근에서 활동하였으나 開寶년
간(968~975)에 이르면 죄에 연루되어 죽임을 당하였던 것이다.[75] 이는
최지몽이 被酒失禮라는 죄목으로 외걸현으로 폄출 당하고[76] 균여가
異情修行이라는 구실로 모함 당하여 광종과 소원하게 되었던 일련의
사건과 연관된 것으로 생각된다.[77] 광종의 측근에서 개혁을 추진하던
문신관료들이 숙청되었던 이 사건은 문신관료층에게 지나친 왕권에의
의존이 초래하는 결과에 대한 경계심을 갖게 하였을 것이다. 특히
최행귀의 坐死는 신라 출신들에게 큰 타격을 주었을 것이며, 최행귀와
함께 신라계의 촉망을 받았던 최승로가 광종의 지나친 공신숙청과
전제왕권 강화를 극렬히 비난하고 있는 것도 이 사건과 무관하지 않을
것으로 생각된다. 이무렵 신라 출신의 상징적 존재이며 구심점의 역할

---

75) 최행귀는 균여의 「普賢十願王歌」를 漢譯하였는데 그 序文이 「大華嚴首座圓通兩
　　重大師均如傳」의 譯歌現德分條에 실려 있다. 그가 서문을 쓴 일자가 宋曆
　　8년 즉 967년이므로 그의 坐死는 그 이후이다.
76) 『高麗史』 권92, 崔知夢傳. 그는 경종 5년 폄출된 지 11년 만에 소환되었는데
　　이를 역으로 산출하면 광종 21년이 된다. 최행귀의 坐死나 開寶年間인 均如의
　　被訴事件도 역시 비슷한 시기에 발생한 사건일 것이다.
77)　全基雄, 「高麗光宗代의 文臣官僚層과 後生讒賊」, 『釜大史學』 9, 1985,
　　pp.165~167.

을 하였던 김부는 충남 보령의 聖住寺에 은거하고 있었다.[78] 그가 정치에 간여하지 않고 정치권을 피하여 은둔한 것은 혜종 이후 정종·광종대의 정쟁과 공신숙청의 위협을 피하려는 의도와 함께 자신의 행동이 신라 출신에 대한 정치적 분규의 단서가 되는 것을 의식한 까닭이 아닐까 한다.

신라계 세력이 정치사회의 표면으로 부상하는 것은 광종이 죽고 경종이 즉위한 이후이다. 광종 사후 광종대의 개혁주도층이 舊功臣들의 도전으로 위협을 받게 된 상황에서 광종대의 문신관료층과 신라계의 제휴가 이루어지고 김부를 비롯한 신라계 세력의 진출이 두드러지게 나타나고 있다.[79]

O-1. 太祖之孫景宗伯 聘政承公之女爲妃 是爲憲承皇后 仍封政承爲尙父
(『三國遺事』권2, 金傳大王條)

O-2. 冬十月甲子 加政丞公金傳爲尙父 (『高麗史』권2, 景宗 卽位年條)

즉 지금까지 은둔하여 정치의 표면에 나타나지 않았던 김부가 경종의 즉위와 함께 女를 경종의 제1비로 납비하는 한편 尙父都省令으로 책봉되고 있는 것이다. 그런데 경순왕 김부의 尙父冊封을 주관한 인물은 광종 개혁의 주도적인 인물이며 雙冀, 趙翼 이래 知貢擧로서 과거를 독점하여 관장하였던 王融이었다.[80] 왕융과 최승로는 '閩川拂衣者' '崔子'로 호칭

---

78)「崇巖山聖住寺事蹟記」.

79) 경종년간의 신라계세력과 문신관료층의 동향에 대해서는 다음 논문을 참고할 것.
全基雄,「高麗 景宗代의 政治構造와 始定田柴科의 成立基盤」,『震檀學報』59, 1985.

80) 『三國遺事』권2, 金傳大王條. 여기에는 金傳의 冊尙父告가 전재되어 있는데, 이때 大匡內義令兼摠翰林 王融이 宣奉行 하고 있음을 볼 수 있다. 이때 金傳는 尙父都省令의 號를 더하고 推忠愼義崇德守節功臣의 號를 받았고 食邑은 一萬戶

하며 眞觀禪師碑文의 찬을 양보하는 등 서로 추앙하는 돈독한 관계를 보이고 있으며[81] 성종이 東京에 행차했을 때 경순왕을 따라 이주치 않았던 구신라의 老人이 특히 왕융에게 회고의 감이 어린 시를 주는 등[82] 광종 사후부터 신라계와 밀접한 관계를 보이고 있다. 이는 왕융으로 대표되는 광종 개혁세력과 신라계의 결합으로 생각되는 것이다. 이들은 원년 11월 執政 王詵을 축출하는 데 성공함으로써 구세력의 위협에서 벗어날 수 있었다. 그후 경종 5년에 11년간 유배되어 있던 최지몽이 돌아오고 이어 王承의 모반사건으로 아직 남아있던 舊豪族功臣勢力마저 퇴조하자 문신관료층은 정치주도세력으로서의 굳은 위치를 확보하게 되었다.

성종초에 이르러 6두품 출신의 최승로가 시무 28조를 올린 것은 이와 같이 정치적으로 유학자 문신관료층의 우위가 확립된 가운데 그들을 대표하는 위치에서 정치이념과 정책의 방향을 제시한 것이었다. 신라계 문신관료들은 서북지역 출신의 官僚群과 함께 성종대의 국가제도의 정비와 유교정치를 이끌어갔던 것이다.

2) 신라왕실세력의 동향

다음으로 경순왕을 비롯한 구신라왕실 집단들은 어떠한 동향을 보이고 있었는가에 대해 살피고자 한다. 6두품 출신 지식인들이 고려의 정부조직과 관료체제를 중심으로 성장하여 정치주도세력으로 대두하는 가운데 왕실 주변에서는 왕위계승을 둘러싼 신라계의 움직임이 은밀히 진행되고 있었던 것으로 생각된다. 다음의 사료는 이와 관련하

가 되었다.

81) 「智谷寺眞觀禪師碑」,『釋苑詞林』; 許興植 編 『韓國中世社會史資料集』 1976, p.79.
82) 崔滋,『補閑集』上.

여 매우 흥미롭다.

P-1. 獻貞王后 皇甫氏 또한 戴宗의 딸이다. 景宗이 죽자 王輪寺 남쪽에 있는 私弟에 나와서 살고 있었는데, 일찍이 꿈에 鵠嶺에 올라가서 소변을 보았더니 흘러 國中에 가득차서 모두 銀海가 되었다. 이 꿈을 점쳐보니 "아들을 낳으면 一國의 王이 될 것입니다."라고 하므로 王后가 말하기를 "내가 이미 과부가 되었는데 어떻게 아들을 낳겠는가." 하였다. 이때에 安宗의 집이 왕후의 집과 가까이 있었던 까닭으로 서로 왕래하다가 간통하여 임신하였으나 만삭이 되도록 사람들이 감히 말하지 못하였다.

P-2. 成宗 11년 7월, 王后가 安宗의 집에서 자고 있을 때 家人이 땔감 나무를 뜰에 쌓아놓고 불을 질렀다. 불길이 바야흐로 크게 일어나므로 百官이 달려가 불을 끄고 성종도 역시 급히 가서 보니 家人이 드디어 사실을 고하였다. 이에 安宗을 유배하였다. 王后는 부끄러워 울다가 집으로 돌아오는데 겨우 문에 이르자 胎動이 있어 문 앞에 있는 버드나무 가지를 부여잡고 아들을 낳고는 그만 왕후는 죽고 말았다. 성종이 명하여 保姆를 택하여 그 아이를 기르게 하였는데 이 아이가 顯宗이 되었다. (『高麗史』 권88, 后妃1, 獻貞王后 皇甫氏傳)

P-3. 아이가 두 살이 되었을 때부터 保姆는 항상 "아버지"라는 말을 가르쳤다. 어느날 성종이 불러보았더니 姆에게 안기어 들어간 아이가 성종을 우러러 보면서 "아버지"라고 부르고 무릎 위로 올라가 옷깃을 만지면서 또 다시 "아버지" 하고 불렀다. 성종이 불쌍히 여겨 눈물을 흘리면서 말하기를 "이 아이가 아버지를 매우 그리워하는구나." 하고 드디어 泗水에 보내어 郁에게 돌려주니 이 아이가 현종이 되었다.

P-4. 郁은 文辭를 잘하고 또 地理에 정통하였는데 일찍이 비밀히 금한 주머니를 현종에게 주면서 말하기를 "내가 죽거든 이 金을 術士에게 주고 나를 우리 縣 성황당 남쪽 歸龍洞에 장사하되 반드시 엎어서

묻게 하라."고 하였다. 성종 15년에 郁이 貶所에서 죽으니 현종이
그 말과 같이 하여 매장하려 할 때 伏埋하기를 청하니 술사가 말하기
를 "어찌 그리 급한가."라고 하였다. 이듬해 2月에 현종이 서울로
돌아왔다. (『高麗史』 권90, 宗室1, 安宗 郁傳)

P-5. 獻哀王太后가 金致陽으로 더불어 간통하여 아들을 낳고 그 아들로
써 왕위를 이으려 하였다. 이때에 현종은 大良院君으로 있었는데
태후가 이를 미워하여 억지로 승려로 만들어 三角山 神穴寺에 寓居
토록 하였으므로 사람들이 神穴小君이라고 불렀다. 태후는 여러
번 사람을 보내어 살해하려고 하였는데 하루는 內人을 시켜 술과
떡을 보내면서 모두 독약을 넣었다. 內人이 절에 가서 소군을 만나
친히 음식을 권하여 먹이려 하였으나 절의 어떤 중이 문득 소군을
땅굴에 숨겨놓고 거짓으로 말하기를 "小君이 산중에 놀러 나갔으니
어찌 간곳을 알겠는가."라고 하였다. 內人이 돌아간 뒤에 음식을
뜰에 흩어 버리니 烏雀이 먹고는 곧 죽었다. (『高麗史』 권88, 后妃1,
獻哀王太后 皇甫氏 傳)

위의 사료 P-1~5는 安宗 郁과 獻貞王后 사이에서 태어난 현종의 출생
과 성장에 관한 몇 가지 일화들을 전하고 있다. 이 내용을 살핌으로써
신라계 세력의 동향에 대해 접근하고자 한다.

현종의 父인 安宗 郁은 경순왕의 백부 金億廉의 女인 태조 제5비
神聖王后 金氏의 소생이다.[83] 즉 신라왕족과 고려 태조 사이에 태어난
유일한 왕자인 것이다. 양 왕실간 결합의 상징이며 태조의 왕후 소생
왕자로서 왕위계승이 유력했던[84] 그는 신라왕족들의 기대와 희망을

---

83) 『高麗史』 권88, 神成王太后 金氏傳.
84) 太祖의 后妃 가운데 王后는 6人뿐으로 1비는 貞州柳氏, 2비는 羅州吳氏, 3비는
忠州劉氏, 4비는 黃州皇甫氏, 5妃는 新羅王室 金氏, 6妃는 貞州柳氏 출신이다.
惠宗은 2妃인 羅州吳氏 所生이며, 定宗과 光宗은 3妃인 忠州劉氏, 景宗은 光宗과
黃州皇甫氏출신의 大穆王后, 成宗은 太祖 子 戴宗과 黃州皇甫氏 출신의 宣義王

한 몸에 모으는 존재가 아닐 수 없다. 安宗 郁 또한 다른 왕자들과
마찬가지로 외가, 즉 모후인 神成王后와 妃父 金億廉 및 그 주변 신라계
인물들의 영향과 보호 속에서 성장하였을 것으로 생각된다. 안종은
건국세력과 무장공신 등 통일전에서 활약하던 인물들이 세력을 떨치던
고려초의 상황에서 태조 사후 비부세력의 경쟁과 혜종·정종대의 혼란,
공신뿐 아니라 왕족 인척들도 죽임을 당하였던 광종대의 숙청에도
피해를 입지 않았다. 이는 국초의 혼란기에 신라계 세력이 정치의 표면
에 나타나지 않고 은인자중하는 태도를 취하였기 때문일 것으로 생각된
다.[85] 그러나 광종대를 지나며 위협적인 武將功臣과 경쟁적인 다른
왕자들이 이미 대부분 도태되었고,[86] 경종의 즉위와 함께 김부가 제1왕
비 獻肅王后 金氏를 납비하고 尙父冊封을 받는 등 신라왕족 출신의
지위가 상승하며, 성종대에 이르면 최승로를 비롯한 신라계 지식인
출신이 정치를 주도하기에 이른다. 이러한 상황의 전개는 지금까지
은둔하여 기회를 엿보고 있었던 신라계 왕실세력에게 왕위계승에 대한
기대와 희망을 갖게 하는 징조가 아닐 수 없었다. 사료 P의 일화들은

后, 穆宗은 景宗과 黃州皇甫氏 출신의 獻哀王后, 顯宗은 太祖 子 安宗과 黃州皇甫
氏 출신 獻貞王后 사이의 所生이다. 顯宗代까지 역대의 王은 王后所生의 王子,
또는 왕후 소생 子女 사이의 혼인에 의하여 낳은 王子들이 왕위를 계승하였다.
이와 같은 왕위계승의 양상에 비추어볼 때 제 5王后 소생의 安宗은 王位에
오를 수 있는 자격을 갖춘 유력한 후보자라 하겠다.
高麗初期의 王室婚에 대해서는 鄭容淑, 『高麗王室族內婚研究』, 새문사, 1988
및 『高麗時代의 后妃』, 民音社, 1992가 참고된다.

85) 신라계의 구심점이며 상징적 존재라고 할 수 있는 경순왕 김부는 일찍이
保寧의 聖住寺에 은거하고 있었다. 즉 「崇巖寺聖住寺事蹟記」에는 '……率宮奴來
居之 王太祖以公主處之 賜爵土田 奉饋三道食邑 金傅大王終身于滋'라고 하여
그가 정치권의 핵심에서 벗어나려 하였음을 알 수 있다. 이러한 김부의 동정을
통하여 신라계 인물들의 동향을 짐작할 수 있을 것이다.

86) 太祖死後 치열한 왕위계승전을 겪는 동안 혜·정종대에 王規勢力의 廣州院君이,
광종대에 惠宗의 子인 興化君, 定宗의 子인 慶春院君과 平州勢力의 孝隱太子
등이, 경종초에 鎭州郎君 天安郎君 등이 각기 죽임을 당하였다.

바로 이 무렵 신라계의 왕위계승에 대한 노력과 동태를 보여주는 것이라
고 생각된다.

현종의 母인 獻貞王后 皇甫氏는 태조 제4비 神靜王太后 皇甫氏 소생인
戴宗 旭과 제6妃 貞德王后 柳氏 소생의 宣義王后 柳氏 사이에 태어나
언니인 獻哀王后와 함께 경종의 제4비가 되었으며, 성종의 친누이이기
도 하다.[87] 그러나 경종과의 사이에서 자식을 얻지 못한 채 사저에
홀로 나와 살고 있었다. 부계와 모계가 모두 3왕후족에 해당하며 광종
이후로 가장 유력한 외척으로 세력을 유지해온 황주황보씨 가문 출생인
헌정왕후는 당시 왕위계승자를 생산할 수 있는 가장 유력한 존재였다고
하겠다.[88] 마침내 헌정왕후는 신라계의 숙부인 安宗 郁과의 사통관계에
서 대량군 즉 현종을 낳게 되는 것이다. 사료 P-1과 2는 이 사정을
이해하는데 중요한 단서를 주고 있다.

P-1에서 소변이 넘쳐 國中에 가득 찼다는 꿈은 득남하면 국왕이 된다
는 해몽과 더불어 헌정왕후 소생이 국왕이 될 것이라는 암시를 주고
있다. 이 꿈이 사실인지 후대에 부화된 설화인지 단정할 수는 없으나,
그 내용이 김유신의 누이동생인 문희와 김춘추 사이의 혼인과 문무왕의
출생에 관한 일화를[89] 연상케 한다는 점이 주목된다.[90] 주지하다시피

---

87) 『高麗史』권88, 景宗 獻貞王后 皇甫氏傳 및 『高麗史』권90, 戴宗 旭傳.
88) 이때 獻哀王后는 경종과의 사이에서 穆宗 誦을 낳았으며, 現王인 成宗은 아직
   자식을 얻지 못하고 있었으나 출산의 가능성은 있었다. 따라서 헌정왕후가
   아들을 출산한다고 해도 바로 왕위계승자가 될 수 있는 것은 아니었다. 그러나
   헌정왕후의 소생자가 왕위계승의 유력한 조건을 갖추게 되는 것은 틀림이
   없다. 이러한 점은 뒤에 헌애왕후가 고려의 왕족도 아닌 김치양과의 사이에서
   태어난 아이가 왕위에 오를 수 있으리라고 생각하였던 것에서도 짐작할 수
   있다. 더욱이 헌정왕후의 상대가 태조의 왕자이며 왕후 소생인 安宗이며,
   신라계가 정국을 주도하고 있는 성종대의 상황일 경우 왕위에의 도전은 더욱
   현실적인 것이 될 수 있었다. 헌정왕후의 꿈에 관한 설화는 이러한 배경에서
   나올 수 있었을 것이다.
89) 『三國史記』권6, 文武王 上 및 『三國遺事』권1, 太宗春秋公條.

신라에게 멸망당한 가야왕족 출신의 김유신가는 신라 지배층 내에서
자신들의 위치를 확고히 구축하기 위해 부단히 노력하였으며[91] 그
결과 신라왕족의 일원으로서 최고의 지위를 차지할 수 있게 되었다.
보희·문희의 꿈에 얽힌 설화 또한 이 과정에서 진골왕족 김춘추가와의
결합을 배경으로 성립된 것으로 생각된다. 한편 현종의 탄생설화 역시
멸망당한 나라의 왕족이 새 지배층의 일원으로 부상하여 마침내 왕위를
차지하는 내용을 모델로 하고 있다는 점과, 그것이 신라의 역사 속에서
발생하였던 신라왕실의 역사적 경험을 빌리고 있다는 점을 주목하게
된다. P-2의 사료에서 獻貞王后와 安宗과의 관계와 임신의 사실을 왕과
백관 앞에 공개함으로써 公認을 얻으려 하였고, 이것이 불, 發火를
통하여 이루어지고 있다는 점 역시 文姬의 故事와 극히 유사하여 같은
맥락에서 이해된다.[92] 이것은 즉 헌정왕후와 안종의 결합, 현종 탄생의
과정이 자신들의 생존과 지위상승을 위해 의도적으로 추구된 신라계

90) 이와 같은 모티브의 설화는 왕건의 선대설화에서도 두 번이나 등장하고
   있다. 그러나 그 원형은 역시 文姬와 金春秋의 결합, 文武王 法敏의 탄생설화에
   서 찾을 수 있을 것이다.
91) 몰락한 고구려나 백제의 왕족과는 달리 가야왕족 출신이 신라의 진골의
   지위를 누리며 활동할 수 있었던 것은 仇衡王의 평화적 투항, 管山城에서
   聖王을 전사시킨 新州 軍主 金武力의 전공, 金舒玄이 肅訖宗의 女를 아내로
   맞음으로써 얻어진 신라 진골왕족과의 혼인관계, 화랑 김유신의 활동과 통일
   전에서의 기여, 특히 김유신의 누이인 문희가 김춘추와 결합하고 그 아들이
   文武王으로 즉위하였던 것 등 일련의 과정을 거친 결과인 것이다. 물론 여기에
   金庾信一家의 부단한 노력, 치밀한 술수와 책략이 작용되었음은 물론이다.
92) 김유신은 김춘추와 관계를 맺은 文姬가 임신한 것을 알고 불륜한 누이를
   태워 죽인다고 말을 퍼트린 뒤 선덕여왕이 남산에 오르는 날을 기다려 마당
   가운데 나무를 쌓고 불을 질렀다. 이 연기를 본 女王이 그 사정을 물어 알고는
   마침내 김춘추로 하여금 구원, 즉 혼인할 것을 명하였다(『三國遺事』 권1,
   太宗春秋公條). 安宗家의 방화사건과 이 고사의 유사성은 쉽게 짐작된다.
   그러나 문희의 혼사가 무난히 이루어졌음에 비하여 이 경우는 헌정왕후가
   죽고 안종은 귀양을 가며 아이는 죽음의 위기를 넘기는 등 우여곡절을 겪게
   된다.

세력의 계책에 의한 것이라는 추측을 가능케 한다.

신라계와 안종의 계략은 P-3과 4에서 더욱 구체적으로 드러나고 있다. 어린 현종은 갓난아이 때 保姆에게 '아버지'라는 말만을 배웠는데 이는 성종을 만나는 기회에 동정심을 자아내 안종과 함께 살 수 있도록 하는 술책이었다(P-3). 그리하여 현종과 함께 살게 된 안종은 임종 시에 王이 태어날 수 있는 명당에 伏埋할 것을 術士에게 요구케 하고 이는 무사히 실현에 옮겨진다(P-4). 결국 성종이 無子로 죽고 목종 역시 출산이 없는 상황에서 대량원군은 다음 왕위계승자로 부각되기에 이르렀으나, 다른 한편에서는 역시 마찬가지의 사통관계를 통하여 얻은 獻哀王后 소생의 아들을 내세워 왕위를 차지하려는 또 다른 시도가 전개되었고,[93] 대량원군은 생명의 위협을 받으며 주위의 보호 속에 성장하는 것이다(P-5).

한편 이 과정에서 안종과 대량원군을 돕고 위기에서 보호해 주는 일단의 인물들이 있음을 주목하게 된다. 즉 사료 P-1의 占術士, P-2의 家人, P-3의 保姆, P-4의 地理術士, P-5의 神穴寺 僧侶가 곧 그들이다.

P-1의 占術士는 獻貞王后의 꿈을 해몽하면서 국왕의 탄생을 암시하였다. 이 해몽은 안종과 왕후가 관계를 맺는데 크게 작용한 것으로 생각된다. 즉 꿈의 해몽과 안종의 접근은 신라계의 의도에 의한 산물이 아니었을까 하는 것이다. 현종의 출생을 예견하였던 이 꿈은 조작 혹은 왜곡하여 유포되었을 가능성도 상정할 수 있겠다. 어쨌건 그 유포는 占術士의 의도적인 행위일 것이다.

P-2의 家人은 곧 安宗 私邸의 家人이다. 그는 헌정왕후가 만삭이 다 되어 곧 출산할 시기에 이르자 안종의 사저에서 안종과 왕후가

---

93) 서경세력과 김치양의 난에 대한 주목되는 연구로는 李泰鎭, 「金致陽亂의 性格」, 『韓國史硏究』 17, 1977이 있다.

함께 잠들어 있을 때를 택하여 마당에 나무를 쌓고 불을 지름으로써 성종과 백관들을 불러 모으고 그들에게 이 사실을 알리는 역할을 담당하였던 인물이다. 지금까지 극구 비밀에 부쳐왔던 양자의 관계가 이렇게 하여 들어나고 임신의 사실이 성종과 백관 모두에게 밝혀짐으로써 현종의 출생은 안종과 헌정왕후의 아들로서 공인을 얻게 되었던 것이다. 이 家人은 방화의 죄로 극형을 받았을 것으로 짐작이 되지만, 죽음을 무릅쓴 그의 행위를 통하여 그가 안종, 혹은 신라계에 충성을 다하는 인물이었을 것임을 짐작할 수 있을 것이다.

P-3의 保姆는 어린 현종의 양육을 담당하였고 아기에게 '아버지'라는 말만을 가르침으로써 入宮時에 성종의 마음을 움직여 父子가 함께 있을 수 있도록 하였던 인물이다.[94] 어린 현종은 보모를 비롯하여 주변의 사람들에 의해 보호와 양육을 받고 있었던 것이다. 이 보모 또한 안종 私邸의 신라계 인물이었을 것이다.

P-4의 術士는 地理와 風水에 능통한 인물로서 안종의 시신을 泗水縣 성황당 남쪽의 歸龍洞에 伏埋하도록 한 인물이다. 당시 현종의 나이는 4살에 지나지 않으므로 어린 그가 매장을 주관할 수는 없었을 것이다. 술사는 복매의 서두름을 지적하여 현종의 즉위가 빠르기는 하지만 풍파를 동반할 것이라는 암시를 하고 있다. 안종은 文辭를 잘하고 地理에 정통하였다고 하여 술사들과 가까운 관계에 있었을 것임을 짐작케 하는데, 풍파를 무릅쓰고 명당지에 伏埋를 행한 이 술사 역시 안종과 친밀한 신라계의 인물일 것이다.[95]

---

94) 王位繼承의 가능성이 큰 顯宗의 출생이 공개되었으므로 정치세력간의 갈등이 상존하는 開京내에서는 생명의 위협 가능성을 예상할 수 있을 것이다. 그러므로 위험한 개경을 벗어나 泗水縣에서 아버지인 安宗이 직접 보호 교육하는 한편 적대세력의 관심에서 벗어날 수있는 기회를 얻는 것이 필요하였을 것이다.

P-5의 神穴寺 승려는 獻哀王太后가 대량원군을 죽이기 위해 內人을
보내어 독이 든 음식을 먹이려 하니 이를 미리 알고 대량원군을 굴
속에 숨기고 거짓으로 속여 목숨을 구하였다. 태후의 살해 기도는
여러 번 있었다고 하여 번번이 실패하였음을 알 수 있다. 신혈사의
승려를 비롯하여 현종을 보호하는 무리들이 있었음을 짐작할 수 있다.
이들 역시 앞의 경우와 같이 안종과 신라계의 인물들로 추정하여 틀림이
없을 것이다.

지금까지 살핀 바와 같이 안종과 현종의 주위에는 그들을 보호하고
계략을 세우고 실천에 옮기는 일단의 무리들이 존재하고 있었다. 비록
역사상에 이름은 드러나지 않지만 그들은 위협적인 경쟁자들로 둘러싸
인 채 자신들의 생존과 지위의 확보를 위하여 투쟁해야 했던 신라
귀부인들일 것이다. 유학자 지식인들이 새 정부의 관료로 진출할 수
있었음에 비하여 유학의 지식과 문장력을 갖추지 못하였던 신라의
一般士庶와 진골귀족들은 비록 귀부 때에 태조의 환대와 보호를 받았다
고는 하지만, 고려의 수도인 개경 내에 거주하면서 태조 사후 정치세력
들의 상쟁과 치열한 세력 쟁탈전 속에서 생명의 위협을 느끼며 살아야
했을 것이다. 신라 출신들이 자신을 보호하고 지위를 확보하게 할
수 있는 장치는 바로 신라계 인물을 고려의 국왕으로 왕위를 계승케
하는 것이었다. 신라계로서 유일한 태조의 왕자인 안종은 이들의 희망
으로 기대를 모았으며 그의 아들인 현종이 왕위에 오르게 되는 과정에서

---

95) 安宗의 外家인 金億廉은 花郞 孝宗의 형이며, 敬順王 金傅는 孝宗의 아들이다.
   景文王家의 金氏王室은 화랑세력과 밀접히 관련되고 있었는데, 花郞들은 국토
   를 순례하며 地勢를 익히고 地神 山神 등 護國神과의 교감을 갖으며 심신을
   수련하는 과정을 거친다. 安宗 郁이 地理와 文辭에 능하였다고 하는 것은
   신라왕실과 화랑을 통하여 축적된 지식을 흡수할 수 있었음을 의미하는 것은
   아닐까 한다. 安宗과 術士의 風水地理에 대한 안목이 서로 일치하는 것은
   서로가 같은 계통의 학문에 뿌리를 두고 있었음을 반영하는 것이라 하겠다.

나타나는 일화들에는 신라 歸附人들의 이러한 모색이 담겨 있었을 것으로 생각한다.

신라계 세력이 추구했던 왕위계승은 현종이 즉위함으로써 마침내 성취되었다. 경순왕의 귀부로부터 지식층이 정치주도세력으로 부상하고 신라의 외손인 현종이 고려왕으로 즉위하기까지의 과정은 신라 귀부인들의 생존과 상승을 위한 집념어린 노력과 의지를 보여주는 것이라 하겠다. 훗날 金富軾이 『삼국사기』의 史論에서 경순왕의 귀부와 현종의 즉위를 연결지어 자랑스레 기술한 것은[96] 신라 귀부인이 보여준 의지와 그들이 이룩한 성취에 대한 禮讚인 것이다.

---

96) 『三國史記』 권12, 新羅本紀 敬順王條 말미의 史論에서 金富軾은 "若敬順之歸命太 祖 雖非獲己 亦可嘉矣……我太祖妃嬪衆多 其子孫亦繁衍 而顯宗自新羅外孫 卽寶 位 此後繼統者 皆其子孫 豈非陰德之報者歟"라고 하여 경순왕의 귀부를 극구 칭송한 후 현종의 즉위로 인하여 고려 왕통이 신라계로 이어진 것은 그 陰德의 보답이라고 하였다.

5장 結論

이 책에서는 크게 세 가지 문제를 추구하였다. 그것은 첫째, 신라 몰락기의 지배층이었던 경문왕가에 나타나는 종교적 현상들을 어떻게 이해할 것인가, 둘째, 신라인들은 국가적 위기를 맞아 어떻게 대응하였으며 그 변화를 이끌어간 주체는 어떤 사람들이었는가, 셋째, 신라는 왜 멸망하였으며 그후 그들은 어떻게 되었는가 하는 점이다. 필자는 각기 경문왕가와 화랑의 밀접한 관계를 통해서 실마리를 찾으려 하였으며, 진성여왕 후반부터 정국을 이끌어간 예겸세력의 존재에 대해 주목하였고, 신라인들이 평화로운 귀부로 살아남아 고려에서 자리를 잡아가는 모습을 드러내려 하였다. 각 장에서 다루었던 내용들을 간략하게 정리함으로써 결론을 대신하고자 한다.

2장 景文王家와 화랑세력

신라말의 정치사회를 이끌어간 경문왕가와 관련된 여러 현상들 가운데에서 많은 부분이 화랑과 연결되어 있다는 점은 매우 흥미로운 사실이다. 하대의 왕위계승을 둘러싼 귀족들의 쟁패전 과정에서 독립적인 군사력을 운용하기에 이른 화랑과 그 낭도들은 경문왕가기에 이르면 강력한 정치세력으로 부상할 수 있었다. 경문왕 자신이 유일하게 화랑으로서 왕위에 오른 인물이었다는 점과 함께, 당시에 4명의 화랑이 금란에 모여 왕을 위해 국정을 도울 것을 맹세하였다던가, 헌강왕의 出遊와 호국신과의 조우 같은 행적이 화랑의 특성과 일치하고 있으며, 진성여왕의 측근에서 권력을 행사하였던 미장부들의 존재, 진성여왕 이후의 왕위계승을 둘러싸고 정치적으로 부상하였던 화랑 효종과 그 형인 지대야군사 김억렴, 아들인 경순왕 김부를 비롯한 효종일가의 활동 등 신라말의 정치사회 곳곳에서 화랑과 관련된 모습을 쉽게 찾을 수 있다.

경문왕가 왕실과 화랑의 밀접한 관계는 이 시기 지배층의 성격과 특성을 이해하는 데 매우 중요한 단서를 제공하는 것이다. 화랑 출신인 경문왕 응렴이 즉위한 이후 화랑세력은 정치사회에 가장 큰 영향을 미친 집단의 하나가 되었다. 경문왕과 그 자녀들이 하대 왕실을 장악하면서 화랑과 그 무리는 왕실의 세력기반이 되어 국왕의 측근에서 정치에 간여하기에 이르렀다. 경문왕가 왕실에서 나타나는 정신적 종교적 경향과 그와 결부된 정치적 사건들, 즉 경문왕과 관련된 신이한 설화들, 황룡사의 부상과 看燈 백좌강회의 성행, 헌강왕은 歌舞를 통하여 龍, 山神, 地神, 處容 등 여러 신들과 소통하는 샤먼의 양태를 보이고 있으며, 골법의 강조, 『삼대목』의 편찬과 여왕의 즉위는 중고기 성골왕실에서 추구하였던 종교적 권위와 신성한 혈통 인식을 연상케 한다. 이러한 현상의 기저에는 화랑과 관련된 고유신앙이 자리 잡고 있다. 당시의 설화에서 살펴지는 왕실과 지배층은 上代末로 復古하는 듯한 퇴행적이고 비현실적인 모습을 보이고 있었다.

2장의 Ⅰ.「신라 하대의 花郎勢力」과 Ⅱ.「화랑 孝宗과 孝女知恩 설화」는 하대에 이르러 화랑이 정치세력으로 성장하게 되는 과정과 경문왕가 왕실과의 관련성에 대하여 살핀 것이다. 憲德王代의 화랑인 明基와 安樂은 金憲昌의 난이 일어나자 자신의 郎徒무리를 이끌고 진압군의 일원으로 참여하는 군사적 활동을 보이고 있다. 왕위쟁탈을 둘러싼 귀족간의 분쟁에 화랑들이 스스로 출전할 것을 자원하였던 것은 군사력을 보유한 화랑집단이 권력쟁탈에 개입하고 정치활동에 참여하기 시작하는 단서로 이해된다. 憲安王代의 화랑인 膺廉은 侍中 啓明의 子로서 헌안왕의 사위가 되었다가 遺詔에 따라 그 뒤를 이어 왕위를 계승하였다. 이 과정에서 응렴이 흥륜사 승려이며 낭도 중의 上首인 範敎師의 충고에 따라 장녀와 혼인한 것을 통해서 화랑세력이 응렴의 지지기반으로 작용하고 있었음을 알 수 있다. 경문왕대에는 國仙인 邀元郎 · 譽昕郎 · 桂元 · 叔宗郎 등 화랑도의 지도자 4인이 모여 경문왕을 지지하는 결의를 하였다. 金蘭에 모인 이들은 은근히 왕을 도와 나라를 다스리려는 뜻이 있어 노래 세 수를 짓고 大矩和尙으로 하여금 曲을 만들게 하였으며 경문왕은 크게 기뻐하여 稱賞하였다는 것이다. 경문왕의 즉위를 전후한 시기의 화랑세력은 응렴의 왕위계승에 도움을 주었고, 국왕을 보필하여 정치에 참여하려는 뜻을 가지고 경문왕을 지지하는 집회를 갖는 등 이미 화랑집단은 정치세력으로서의 활동양상이 뚜렷이 드러나고 있다. 헌강왕 이후 진성여왕 초까지 정치를 장악하고 정국을 이끌었던 위홍세력과, 여왕의 측근에서 권력을 남용하여 논란이 되었던 소년 미장부들도 화랑과 관련이 있어 보인다. 경문왕가 왕실과 가장 밀접한 관계를 유지하고 있었던 집단은 화랑세력이었다.

　진성여왕대의 화랑으로 가장 대표적인 인물은 효종이다. 효종과 화랑세력이 정치적으로 크게 부상하는 계기로 작용하였던 효녀 지은의 설화는 몸을 팔아 눈먼 어머니를 봉양한 여인의 효도에 대한 이야기로 알려져 왔지만, 그 배경에는 신라사의 중요한 정치적 사건들과 연결되어 있었다. 진성여왕대의 궁핍한 왕경의 생활상을 배경으로 하여 당대의 화랑인 효종이 설화의 주요 인물로 나오고 있으며, 花郎徒의 포석정

出遊 사실과, 효종의 낭도와 진성여왕까지 가담하여 지은을 구휼하고 이 사실을 국내외로 널리 선전한 것, 효종과 헌강왕녀와 혼인 등은 효녀지은 설화가 전하는 중요한 역사적 사실이다.

지은의 구휼은 효종의 개인적인 시혜에 머문 것이 아니었다. 효종과 함께 하였던 그의 수천 낭도들이 빠짐없이 함께 참가하였는데, 이는 왕경의 수천 명 청년이 참여한 거대한 사회운동에 필적하는 규모이다. 효종의 낭도들이 보여준 단합과 단결된 힘은 이 시기 화랑세력이 결코 무시할 수 없는 위력을 발휘할 수 있는 집단임을 여실히 증명하는 것이다. 孝宗은 효녀 지은을 구휼한 일로 왕경인의 칭송과 진성여왕의 총애를 얻어 헌강왕의 女와 혼인하게 되었다. 후에 경순왕이 된 金傅는 그의 아들이다. 신라말 정치사의 전개과정에 효종과 그 일가가 차지하는 비중은 결코 적지 않다. 그리고 그 세력이 정치사의 중심에 서게 된 계기가 된 사건이 바로 孝女知恩의 일인 것이다.

3장 景文王家期 정치사회의 전개

『삼국유사』 기이편에 수록된 설화들은 그 시기의 정치와 사회상에 대한 해석이 담겨 있는 것들이 많다. 특히 신라의 몰락이 시작되는 진성여왕을 전후한 시기의 설화들은 당시 왕경과 지배층의 모습을 상징적으로 반영하고 있다. 경문왕가기에 해당하는 시기의 기사로는 第四十八 景文大王, 處容郞望海寺, 眞聖女大王居陁知, 孝恭王의 4개의 편이 있다. 이 설화들의 분석을 통해 일연의 시각에 의해 해석된 신라 멸망의 원인과 의미를 찾을 수 있을 것이다.

3장의 I.「憲康王代의 정치사회와 '處容郞望海寺'條 설화」에서는 『삼국유사』에 수록된 '처용랑망해사'조 설화를 분석하고 이를 바탕으로 헌강왕대의 사회상과 신라 몰락의 원인들을 살피고자 하였다. 설화 속의 헌강왕은 마치 샤먼과 같이 신들과 교통하는 특이한 능력을 가지고 있었다. 이 능력을 통해 동해용에게는 망해사를, 처용에게는 급간의 지위와 혼인을 통해, 地神에게는 급간의 지위를 부여함으로써 諸神들의 감복과 봉사를 이끌어내고 왕정을 보좌케 하였다. 헌강왕의 잦은 출유 가무와 호국신과의 교류 등의 행위는 화랑의 활동과 연결되며, 헌강왕 대의 왕경에서 辟邪 逐鬼와 기복을 행하던 처용과 같은 무리들 또한 화랑 활동의 일부로 생각된다.

헌강왕이 왕경의 번영과 호화로움을 자찬하면서, 호국신들과 교류하며 고유신앙에 깊이 빠져있는 동안 지방사회의 각지에서는 변화와 성장의 움직임이 가속화되고 있었다. 불교에서는 선종의 도입으로 지방사회의 유력자와 선승의 결합이 일어나고 한 단계 진전한 정신과 종교의 변혁을 추구하며 새로운 경지를 넓혀가고 있었으며, 당나라의 선진 문물과 제도를 익히고 돌아온 유학자들은 현실적이고 합리적인 정신으로 정치와 사회의 변화를 요구하였다. 왕경의 문화가 이식된 소경을 중심으로 성숙한 지역문화가 성장하고 있었으며 장보고 이후 활발한 해상활동과 무역으로 진취적이고 모험적인 정신을 가진 해상세력들이 부와 무력을 축적하고 각지에서 대두하였다. 경문왕가의 왕실과 지배층은 이런 지방사회의 전반적인 변화와 성장하는 힘에 대해 적절하게 대응하지 못하였다. 오히려 헌강왕은 연이은 풍년에 흡족하여 화랑의 풍류도적 행태에 취해 있었으며, 위홍은 왕실의 종교적 권위를 높이는 일에 전념하였다. 그러나 신라사회가 직면한 문제들은 호국신에 의지하는 것만으로 해결될 수 있는 일이 아니었다.

헌강왕대의 정치사회는 魏弘과 乂謙, 敏恭에 의해 움직여가고 있었는데, 위홍은 종교적 권위를 통한 왕권의 강화와 유지를, 예겸은 현실적으로 신라사회의 변혁을 추구하는 서로 대조적인 입장에 있었다. 진성여왕의 즉위 초까지는 위홍이, 이후 박씨왕실의 등장까지는 예겸이 지향하는 바에 의해 하대의 정치사회는 진행된다.

魏弘은 경문왕가기의 정치사회에서 가장 커다란 영향을 미친 인물이었다. 경문왕 이후 진성여왕의 즉위 초에 이르기까지 왕실과 정치의 핵심인물로 가장 중요한 역할을 수행한 실질적인 주도자였다. 그는 경문왕가의 왕권강화와 관련된 일에 빠짐없이 간여하였다. 경문왕대에는 崇福寺의 중창을 통하여 원성왕계 귀족세력들을 회유하고 융화하는 데 노력하였으며, 황룡사의 위치를 높여 成典의 설치와 看燈 百座講會를 재현하고 호국의 영탑인 황룡사구층탑을 재건하는 등 종교적 국가의식의 강화를 위한 조치들을 실행에 옮기는 일을 주도하였다, 경문왕대의 잦은 수조역사와 사원의 건축, 佛事로 왕실의 권위를 과시하고, 문한기구와 근시기구의 강화를 통한 측근정치의 지향, 균정계의 반발과 반란에 대한 강력한 진압, 禪僧을 초치하고 지원하여 지방사회를 통제하려는 노력 등 왕권강화책이 다양하고도 강력하게 추진되고 있었다. 그 곳곳마다 위홍이 간여하고 있었던 것이다.

왕실의 권위를 높이려는 노력은 고유신앙과 관련된 종교적 권위에 바탕을 둔 왕실혈통의 신성성을 강조하게 되었으며 이는 상대복고적인 보수적 정신기반에 힘입고 있었다. 화랑세력이 부상하여 활발한 정치적 활동을 보이고 왕실의 주변에서 영향력을 행사할 수 있었던 것도 고유신앙적 정신기반과 관련된 것이다. 그것은 일시적이나마 신라사회를 안정케 하였고 헌강왕대의 번영을 가져올 수 있었다. 그러나 이미 성장하고 있었던 지방사회와 도당유학생 출신의 6두품, 불교의 새로운 변화를 가져온 선종승려들을 이끌고 나아갈 수 있는 것은 아니었다. 왕실이 현실적이고 합리적인 정신에 입각한 통치이념을 제시하지 못하고 종교적 권위와 왕실혈통의 신성화에 의지하게 된 것은 당시 경문왕가 지배층의 한계이기도 하였다.

고유신앙에 경도되어 있었던 왕실은 선종승려와 6두품 유학자에 대한 관심을 보이기도 하였으나 선종과 유학은 통치를 위한 도구라는 인식에서 벗어나지 못하였다. 따라서 승려들은 왕경을 떠나 지방에 정착하고 유학자들은 불만을 품고 변화를 바라게 되었다. 헌강왕대 왕경의 번영은 자신의 생산기반이 없이 지방사회의 수탈에 근거하고 있었으며 지방민의 저항은 이미 이때부터 내재되어 있었던 것이다. 위홍과 지배층은 집적되고 있었던 문제들에 대해 현실적이고 합리적인 해결방안을 시행하지 못하고 왕통을 유지하고 여왕의 즉위를 합리화하기에 급급하였다. 결국 위홍의 죽음과 함께 경문왕가 왕실의 권위는 급격히 붕괴하고 예겸이 추구한 개혁에도 불구하고 신라는 몰락의 길을 걷게 되었다.

乂謙은 위홍과 함께 신라 말의 정치사에서 가장 많은 영향을 미친 인물이다. 그는 헌강왕대의 시중을 거친 인물로 효공왕의 妃父이며 신덕왕의 義父이다. 그밖에 특별히 중요한 행적을 담은 기록은 없다. 그러나 효공왕을 사위로 삼고 신덕왕을 아들로 삼았다는 이 두 가지 사건의 내면을 들춰보면 간단한 넘어갈 일이 아님을 알게 된다.

헌강왕은 즉위와 함께 이찬 위홍을 상대등으로, 대아찬 예겸을 시중으로 삼았다. 그는 일찍부터 위홍과 함께 헌강왕대의 정치 일선에 있었던 것이다. 그러나 헌강왕 6년에 시중직에서 물러났는데, 예겸의 퇴진은 위홍의 위세에 의해 밀려난 것으로 보인다. 그후 동향을 알 수 없다가 위홍이 죽고 진성여왕대의 정치가 혼란에 빠지게 되자 다시 정계에 복귀하였다. 예겸세력은 왕경 내부의 비난과 반발, 지방사회 분열이라는 위기에 대처해가면서 진성여왕 후반에 이르면 정국을 주도하기에 이른다.

예겸은 효공왕과 신덕왕 두 사람과 모두 밀접한 관련을 맺고 있었던 인물로서 嶢가 여왕의 선위를 얻어 왕위에 오르거나 신덕왕 경휘가 헌강왕의 사위가 되어 효공왕을 이어 왕위를 계승한 것은 예겸세력의 작용으로 여겨진다. 예겸은 여왕 7년 경에는 이미 자신의 義子인 경휘와 헌강왕녀의 혼인을 성사시킬 수 있을 정도의 위치를 확보하고 있었다. 이후 신라사회에서는 전반적인 개혁의 방안이 모색되었다. 신라는 혼란을 수습하며 내부 정비와 지방통치체제의 개편에 나서게 된다. 중앙정부에서는 화랑세력이 약화되고 정치세력이 교체되면서 6두품의 진출과 함께 최치원의 시무 10조가 제시되고 중국식 관호와 관직명, 문산계가 채용되었다. 지방에서는 도독제를 대신하여 군사적 대응체제인 성주장군과 知州諸軍事 제도가 성립되었고, 5소경과 군현의 주, 부로의 전환과 골품제의 변화, 중앙 위계의 지방 확산 등이 나타나고 있었다. 이러한 변화를 초래한 정치사회의 배후에는 예겸이 있었던 것이다.

이 무렵 최치원이 외직에서 돌아와 당에 사행하고 있는 것 또한 예겸세력의 정치적 부상과 관련이 있는 것으로 보인다. Ⅲ.「신라말의 개혁과 최치원」은 나말여초 지식인으로 주목되었던 최치원의 활동을 정치사적 전개과정과 연결하여 살핀 것이다. 최치원은 당에서 귀국한 885년 3월 이후 898년 11월 면직으로 은퇴할 때까지 12년간 신라의 정치사회에 몸담았다. 이 기간 동안 신라사회는 급격한 혼란과 붕괴를 겪었고 이를 극복하기 위한 개혁의 모색이 나타나기도 하였다. 여기에는 나말 도당유학생 출신의 6두품 지식인의 역할이 있었다. 최치원의 정치적 활동 또한 신라 정치사회의 전개과정에서 나타나는 6두품의 동향과 관련하여 이해되어야 할 것이다.

진성여왕 즉위 후 6두품 지식인인 왕거인을 벽서사건의 주모자로 옥에 가둔 것에서 알 수 있듯이 權臣들은 그들의 실정을 비판하는

6두품에 대한 탄압과 견제를 행하고 있었다. 최치원이 890년 왕경을 떠나 외직인 태산군의 태수로 부임하게 된 것은 이러한 상황과 연결되고 있다. 예겸세력이 부상하여 개혁을 추진하는 무렵인 893년에 최치원은 하정사로 당에 사행하였고 귀국한 직후인 894년 2월에 시무 10조를 올렸다.

최치원이 진성여왕 8년에 시무 10조를 제시한 것은 6두품의 역할을 보여주는 중요한 사례이다. 6두품은 원칙적으로 국가의 정책방향을 제시하거나 결정할 수 있는 존재는 아니었다. 그러나 최치원의 '시무 10조'는 공식적으로 제기된 국가정책의 건의였다. 이제 6두품이 정책을 제안하고 실행에 옮겨지는 상황이 전개되고 있는 것이다. 왕거인이 투옥되었던 진성여왕 초의 상황에 비하여 현격한 차이를 보여준다. 신라정부는 직면한 현실의 문제들을 해결하기 위해서는 도당유학생 출신 6두품 지식층의 지식과 경험을 필요로 하였다. 최치원의 사행 과정에서의 경험과 당에서 고변의 종사관을 지내며 겪었던 지방반란의 체험은 당시 신라가 당면한 지방사회의 이반에 대한 대처방안의 모색에 매우 유용한 것이었다. 급격한 왕경의 정치적 변화를 겪고 지방사회의 참혹한 현장을 목도하였던 최치원의 경험은 시무책을 통해 제시되었다.

예겸세력이 집권한 이후로 중앙정부에서는 도당유학생의 선진 경험 이 수용되고 지방은 반란세력에 대응하는 군사적 체제로의 전환이 신속하게 이루어졌다. 효공왕대를 거치며 都督制는 군사적 대응체제인 知州諸軍事와 城主 체제로 전환하였다. 지주제군사는 당의 지주군주사 를 모방한 것으로 무주의 왕지본을 비롯하여 김해의 김인광·소충자·소율희, 기주의 강공훤, 아주의 김행도, 명주의 왕순식, 강주의 왕봉규, 대야의 김억렴 등이 지주제군사로 활동하고 있었다. 이와 함께 5소경과 군현의 州, 府로의 전환 등 광범위한 지방 통치체제의 변화가 나타난다.

이러한 개혁은 매우 효과적인 조치였다. 지금까지의 경문왕가에서 보이던 종교적 권위나 신성한 혈통의 왕실 같은 것에 의존하는 것이 아니고 현실적이며 합리적인 조치가 효율적으로 이루어지고 있음을 볼 수 있다. 이는 위홍에게서 찾아볼 수 있었던 종교적 성향과는 확연히 다르다. 나말의 정치사회의 진행과정에서 예겸은 치밀하고도 뛰어난 정략을 구사할 줄 아는 노련한 정치가의 모습을 보여준다.

『삼국유사』 기이편에 수록된 진성여왕대의 설화는 '진성여대왕거타지'조의 왕거인 사건과 거타지 설화의 두 가지이다. 하나는 왕경에서 일어난 정치적 사건으로 당시 지배층에 대한 비난과 갈등을 보여주고 있으며, 다른 하나는 지방에서 흥기하는 해상세력의 모험과 성공을 희망적으로 제시하고 있다. 왕경과 지방이라는 양자의 대비를 통해 당시의 사회상을 상징적으로 나타내고 있는데, II. 「진성여왕대의 '眞聖女大王居陁知'조 설화」는 이 두 가지 설화를 분석하여 당시의 사회상을 살핀 것이다.

왕거인 사건은 6두품 지식인과 왕경의 중심계층인 국인들이 여왕과 왕실 측근의 세력집단에 대한 불만을 다라니의 은어를 통해 표출한 것이었다. 헌강왕대의 풍요와 번영에 길들여져 있었던 왕경인들은 진성여왕 즉위 후 지방에서의 조세 거부와 도적들의 봉기로 물자의 유입이 막히게 되자 극심한 경제적 타격을 입고 있었다. 국인과 지식인들은 왕경의 위기를 초래한 지배층에 대한 비난의 글을 써서 불만을 터트리고 있는데 왕실과 측근들은 당황하여 적절하게 대처하지 못하는 모습을 보여준다. 왕경 내부에서의 분열상은 이미 신라가 몰락의 단계에 이르렀음을 보여준다. 왕거인 사건은 진성여왕대 왕경의 사회상과 암울한 분위기를 선명하게 드러내고 있다.

거타지 설화는 강주의 거타지가 신라 사신을 수행하여 당으로 가는 과정에서 용왕의 어려움을 도와주고 그 보호를 얻어 무사히 사행을 마치고 돌아올 수 있었다는 이야기이다. 이 설화의 테마는 송악의 작제건 설화에도 동일하게 나타난다. 바다로 나가 모험을 겪고 보물을 얻어 귀환한다는 이야기는 당시에 널리 퍼져 있던 해상 상인들의 모험담이었다.

두 설화는 신라말의 중요한 사건들과 밀접하게 관련되어 있다. 왕거인 사건을 시작으로 하여 왕경에는 새로운 정치세력이 대두하여 개혁과 정치적 변화를 시작하였다. 예겸과 효종, 효공왕 요와 신덕왕 경휘로 이어지는 정치사의 전개는 왕거인 사건에 그 출발점을 두고 있는 것이다. 거타지 설화와 작제건 설화는 강주에서의 왕봉규와 송악에서의 왕건이라는 강력한 해상세력의 등장으로 이어진다. 거타지의 활동을 이어간 왕봉규는 신라의 대당외교에 협조하며 성장하였으나, 신라를 벗어나 독립된 국가 조직을 갖춘 송악의 왕건에 의해 몰락하고 만다.

Ⅳ. 「孝恭王代의 정치사회 변동」은 효공왕의 등장 배경과 정치세력의 동향을 중심으로 진성여왕의 퇴위에서 효공왕대에 이르는 기간의 정치사적 흐름에 대해 설명하고자 하였다. 진성여왕 말기에 이르면 신라의 정치사회에서는 급격하고 역동적인 변화가 나타났다. 민간에서 숨어서 살던 庶子 출신인 嶢는 여왕 9년에 이르러 궁전으로 불려와 태자의 책봉을 받고 여왕의 선위로 왕위에 올랐다. 그가 곧 효공왕이다. 서자인 효공왕의 왕위계승 과정은 그 자체가 신라 정치사회의 커다란 변혁을 의미하는 것이었다. 왕경인의 비판적인 여론이 국왕을 퇴위로 몰아갈 만큼 영향력을 발휘할 수 있었다는 점도 변화의 일면을 보여주는 것이다.

진성여왕은 스스로 왕위에서 물러났으며, 이와 함께 정치 담당세력의 교체가 이루어졌다. 진성여왕의 퇴위가 순조롭게 이루어진 것은 그가 지방사회의 반란과 실정에 스스로 책임을 지고 물러나려는 뜻이 확고하였다는 것과 요의 왕위계승을 두고 정치세력간의 타협과 합의가 서로 작용한 결과로 볼 수 있을 것이다. 구세력의 후퇴와 함께 경문왕가 왕실을 유지해오던 신성한 혈통의식과 상대 복고적 정신의 가치와 기준은 퇴색하였고 새로운 정치세력은 위기를 극복하기 위한 현실적인 방안을 모색하고 개혁의 길로 들어서게 된다. 예겸과 경휘 계강 등의 신진세력은 왕경의 國人, 6두품 지식인 계층의 지지와 도움을 얻어 개혁정국의 중심에 서게 되었다. 여왕 측근 정치세력의 후퇴와 예겸세력의 부상이라는 정치세력의 교체는 무력적인 충돌이 없이 서서히 평화적으로 이루어졌다. 효공왕의 즉위는 양위라는 유교적 왕위계승 방식을 통해 순조롭게 이루어졌으며 김씨왕실과 가까운 준흥과 화랑 출신의 효종은 이후에도 중요한 정치적 위상을 유지하였다. 효공왕대의 정치사회는 김씨왕실의 구세력들과 개혁적인 신진세력이 공존하며 협력하는 가운데 진행될 수 있었다.

새로운 정치세력은 왕경의 혼란을 수습하고 지방반란에 대해 대처해야 하는 과제를 가지고 있었다. 이때 도당유학생 출신의 6두품은 최치원의 시무 10조를 통해 개혁의 방안을 제시하였고 예겸은 지방통치체제의 개편에 착수하였다. 이 개편은 신속하면서 효율적으로 이루어졌다. 효공왕 초에 종래의 9주 5소경과 도독제를 대치하며 나타나는 성주와 지주제군사제는 군사적 대응체제로 전환한 것이며 지방사회의 현실을 인정하고 지방세력과 타협한 결과였다. 신라가 936년까지 명맥을 이을 수 있었던 것은 이 체제에 힘입은 바 컸다.

효공왕대의 정치사회는 경문왕가 왕실과 가까웠던 준흥 효종과 예겸세력의 경휘 계강이 상대등과 시중을 맡아가며 정국을 이끌어갔다. 효종의 형인 김억렴은 대야성에 웅거하면서 견훤의 신라 침입을 저지하였다. 효종이 시중이 되고 화랑세력이 정치적 위치를 유지한 것은 이러한 공로에 기인한 바가 컸다. 그러나 기후의 이변은 해마다 계속되었고, 강성해진 궁예와 견훤의 압박은 점차 거세어지는 가운데 준흥과 예겸의 사망으로 重臣들이 사라진 효공왕 말년의 왕경은 다시 혼란과 무기력한 상태에 처하게 된다. 정사에 뜻을 잃고 천첩에 빠져 도피하려던 효공왕은 大臣 은영이 왕의 애첩을 잡아 죽이는 불온한 분위기 속에서 죽고, 뒤를 이어 국인의 추대를 얻은 신덕왕 경휘의 박씨왕실이 등장하는 것이다.

4장 新羅의 멸망과 新羅人의 동향

신라는 朴氏王家期를 지나며 돌이킬 수 없는 멸망의 길로 들어섰으며 경애왕의 살해는 실질적인 신라의 멸망이라고 하여도 좋을 것이다. 신라가 몰락한 배경과 이유에 대한 해명을 위해서는 먼저 직접적인 멸망의 계기가 된 박씨왕가기의 역사상에 대한 적절한 이해가 요구된다. Ⅰ.「신라의 멸망과 朴氏王家」에서는 박씨왕실은 어떤 왕조이며, 그들이 이끌었던 신라말 정치사회의 전개양상은 어떠하였는가. 그들이 후백제와 고려의 위협이라는 국가적 위기를 맞아 취했던 조치들과 대응형태는 무엇인가. 그들의 한계와 몰락의 이유는 무엇이었는가. 라는 문제에 대해 살펴보았다.

신덕왕 경휘는 진성여왕 이후 강력한 정치세력으로 부상한 예겸의 의자가 되어 헌강왕녀와 혼인하고 예겸세력의 도움으로 왕위에 올랐다. 신덕왕의 왕권은 자신의 능력과 역량으로 왕위를 얻은 것이 아니라는 한계성을 갖고 있었다. 박씨왕실의 표방은 이전의 왕실과 차별화함으로써 이를 극복하기 위한 노력의 소산이었다.

박씨왕가의 독자적인 출발은 경명왕대에 이르러서 가시화 된다. 박씨성의 표방도 이 무렵에 이루어진 것이 아닐까 한다. 경명왕이 즉위한 다음 해 일길찬 玄昇의 모반 복주 사건이 일어나는데, 경명왕의 즉위에 따른 반발과 박씨왕가의 왕권강화 의도에 대한 불만에 기인한 것으로 보인다. 현승처럼 박씨왕가에 불만을 가지고 있었던 사람들은 숙청되었거나 왕경을 떠났을 것이다. 김씨왕실 계열의 협조를 얻은 경명왕은 국내의 안정을 찾게 되었고 이를 바탕으로 외교정책에 주력하게 된다. 경명왕대의 가장 커다란 사건은 궁예의 몰락과 고려의 건국이었다. 신라는 경명왕 4년(920) 정월 사신을 파견하여 고려와 수교하였는데, 이는 궁예의 정권을 빼앗은 왕건의 왕위를 인정하였을 뿐 아니라 고려를 일개 반란세력에서 독립된 국가의 지위로 격상시키고 나아가 신라왕실의 전통적 권위를 왕건의 새 국가에게 일부나마 양도하는 것이었다. 그 결과 신라의 권위에 의지하던 지방의 성주와 지방세력들은 차례로 신라를 등지고 고려로 귀부하였다. 경명왕의 친고려 외교정책은 위기에 처한 신라로서는 불가피한 결정이었을 것이나, 한편으로 신라 외곽의 지방세력가들을 고려로 넘어가게 하는 계기가 되었던 것이다.

진성여왕 이후 약화되기 시작한 신라왕실과 국왕의 권위는 국가체제를 갖춘 고려와 후백제의 성립으로 지방사회에서의 전통적 권위마저 상실하였다. 위기에 몰린 상황을 극복하고자 박씨왕실이 취한 것은 친고려 반후백제의 외교정책이었으나 고려에의 지나친 의존은 삼국의 정립을 깨트리고 후백제의 침공을 불러들임으로써 경애왕이 살해되는 결과를 낳고 말았다. 견훤이 효종의 아들인 金傅를 왕으로 세움으로써 신라왕실은 유지되었지만, 가혹한 폭력에 의해 왕경은 유린되고 왕실의 권위는 추락하였다. 이후 신라는 尊王의 대상에서 小國을 칭하는 처지로 전락하였다. 신라가 스스로 자신의 역량에 의한 국난의 극복을 포기한 것은 신라 멸망의 가장 커다란 원인으로 작용하였다.

진성여왕 이래로 거듭된 자연 재해가 이 무렵에 이르러 거의 매해 일어날 정도 극심하였던 것 또한 왕경이 무기력하게 된 이유이다. 효공왕과 신덕왕대에는 특히 기후의 이변이 해마다 계속되어 극심한 타격을 받았다. 자기 생산기반이 취약하였던 왕경은 연이은 재해로 인하여 경제적 궁핍에 시달렸으며 생기를 상실한 왕경인들은 호국신과 신물의 가호를 바라는 종교적 의존에 젖어들게 되었다. 경애왕은 즉위한 다음 달인 10월에 神宮에 나아가 친히 제사를 지내고 죄수들을 크게 사면하였다. 그가 황룡사에 백좌강회를 설치하고, 선승 300명을 먹이고 行香과 불공을 한 것이나, 927년 포석정에서 종교적인 의례로 짐작되는 연회를 베푼 것 등의 행사는 모두 경애왕의 종교적 성향을 짐작케 하는 기록들이다. 일찍이 경문왕가 왕실이 추구하였다가 신라의 몰락을 가져온 종교적 권위에 대한 의존이 다시 되살아났으며, 이를 극복하기 위하여 예겸이 애써 추진하였던 개혁은 경애왕대에 이르러 상실되었던 것이다. 신이함에 의존하는 것은 현실적인 판단과 대응을 방해하고 결국 무모한 외교정책에 나서게 하여 견훤의 왕경 진입을 불러오는 원인이 되기도 하였다. 경애왕의 살해는 박씨왕실의 종말인 동시에 신라의 실질적인 멸망이었다. 견훤의 가혹한 폭력에 노출된 왕경인들은 자구의 방책을 모색하게 되었다.

　Ⅱ. 「고려초기의 新羅系 세력과 그 동향」에서는 신라 귀부인의 존재와 동향에 대해 살핌으로써 고려의 정치사회를 주도하기에 이른 신라계 세력에 대한 이해를 갖고자 하였다. 특히 그들이 신라가 멸망한 뒤에도 고려의 정치사회에서 살아남을 수 있었고 나아가 정치세력으로 부상할 수 있었던 배경과 요인에 대해 주목하였다.

　신라의 歸附는 다른 국가의 멸망 경우와는 달리 몇 가지 독특한 양상을 보이고 있다. 신라는 고려와의 전쟁과 대결의 결과 힘이 다하여 멸망한 것이 아니라 群臣會議에서 지배층의 의견을 규합하여 스스로 투항을 결의하고 신라왕이 왕경의 지배층을 이끌고 고려의 개경을 찾아가 귀부하였던 것이다.

경순왕은 백료를 거느리고 왕도를 출발하였으며, 士庶가 모두 이를 따랐다고 한다. 이들의 행렬은 삼십여 리에 이르렀고 도로를 꽉 메웠다고 표현되리만큼 대규모 집단이었다. 실로 신라 왕경의 지배층이 대부분 옮겨오는 거대한 집단이동이라고 할 수 있을 것이다. 지배층뿐 아니라 사서로 불린 왕경인들도 상당수가 고려의 王都인 개경으로 유입해 들어왔다. 그 결과 중앙정부의 귀족관료인 百僚와 그 가족 및 왕경인 士庶들의 대규모 집단이주가 이루어졌으며, 이들은 태조에게 후한 대우를 받을 수 있었다.

이들 중 경순왕 金傅와 金億廉, 그리고 金鎰, 金仁允, 金裕廉 등의 진골 출신의 인물들과 百僚 士庶로서 妃父가 되었던 林彦, 崔行言, 平俊, 連乂, 李金書는 고려왕실과의 통혼을 통하여 外戚으로서의 지위를 얻었으며, 양국의 협상에 기여하였거나 使臣으로 파견되었던 인물들, 특히 신라 지식인계층으로 최언위, 崔承老와 함께 孫紹 및 李桓樞, 具足達, 柳勳律과 같은 禪師 碑文의 書者 등 6두품 지식인을 중심으로 한 귀족관료 출신들은 학문과 문장, 관료로서의 우월한 능력과 경험을 바탕으로 정부관료로 진출함으로써 고려의 관인사회에 수용되었다. 이는 신라 지배층의 지위가 고려에서도 일부나마 유지될 수 있었다는 것을 의미한다. 신라의 귀부는 위기의 상황에 처해있던 신라 지배층이 스스로 살아남기 위한 적극적인 自救策의 의미를 갖고 있었다.

지방문인 출신인 고려정부의 관료층은 천년 전통을 지닌 신라 중앙정부의 고위 관리로 활약하였거나 당에서 수학하고 빈공과에 합격하여 文名을 떨쳤던 도당유학생 출신 6두품 지식인들에 비해 열세를 면하지 못하였다. 따라서 보다 우수한 경험과 학문을 바탕으로 고려정부에 진출하였던 신라 지식인은 고려의 정부조직에 참여하면서 차츰 자신의 능력을 바탕으로 문신관료층의 주요 구성원으로 자리 잡게 된다. 이들은 전란기의 혼란이 안정되고 왕권의 강화와 정부조직의 정비가 이루어지는 光宗年間 이후 고려의 정치세력으로 부상하기에 이른다.

진골 출신은 고려왕실과의 혼인으로 얻어진 지위를 기반으로 왕위계승을 위하여 진력하였다. 신라 출신들이 자신을 보호하고 지위를 확보하게 할 수 있는 장치는 바로 신라계 인물을 고려의 국왕으로 왕위를 계승케 하는 것이었다. 신라계로서 유일한 태조의 왕자인 안종은 이들의 희망으로 기대를 모았으며 그의 아들인 현종이 왕위에 오르게 되는 과정에서 나타나는 일화들에는 신라 귀부인들의 이러한 모색이 담겨 있었다. 현종의 출생과 성장에 관한 일화를 통하여 왕위계승을 둘러싸고 벌인 신라계 세력의 노력과 동태를 엿볼 수 있다.

신라인들이 고려 속에서 살아남을 수 있었던 원인은 신라의 우수한 유학자 문장가들이 고려정부에 자리 잡았고, 신라계의 왕위계승이 가능하였다든가 하는 등의 외부적 조건들 속에서 찾을 수 있을 것이다. 그러나 필자의 보다 주된 관심은 그 속에 흐르는 신라인의 끈질긴 생명력과 집념어린 도전의 의지를 발견하는 것이었다.

신라말에 나타나는 여러 가지 정치적 현상들은 마치 7세기 삼국통일기의 양상들과 유사하여 흥미롭다. 왕실의 종교적 권위 지향과 신성한 혈통의식, 여왕의 등장, 그 뒤를 이은 진골왕실과 박씨왕실의 등장으로 이어지는 과정은 역사가 되풀이 된다는 것을 새삼 느끼게 한다. 그러나 7세기 신라는 삼국을 통일하여 번영을 이끌어 내었음에 비하여 10세기의 신라는 후삼국의 쟁패전에서 국가가 멸망하였다. 이 차이는 어디에서 오는 것일까.

참고문헌

1. 자료집

『桂苑筆耕』	『高麗圖經』	『高麗史』
『高麗史節要』	『舊唐書』	『舊五代史』
『唐會要』	『東文選』	『東史綱目』
『梅溪集』	『史記』	『三國史記』
『三國史節要』	『三國遺事』	『續高僧傳』
『續日本記』	『續日本後紀』	『宋史』
『新唐書』	『新五代史』	『新增東國輿地勝覽』
『五代會要』	『入唐求法巡禮行記』	『冊府元龜』
『崔文昌侯全集』	『海東高僧傳』	『海東金石苑』

국사편찬위원회, 『중국정사 조선전 역주』 2·3, 국사편찬위원회, 1990.

김기섭 외, 『일본 고중세 문헌 속의 한일관계사료집성』, 혜안, 2005.

金煐泰, 『三國新羅時代佛教金石文考證』, 民族社, 1992.

盧明鎬 외, 『韓國古代中世古文書研究』上·下, 서울대출판부, 2000.

李蘭暎, 『韓國金石文追補』, 중앙대출판부, 1968.

李智冠, 『校勘譯註 歷代高僧碑文』-新羅篇-, 伽山文庫, 1993.

李智冠, 『校勘譯註 歷代高僧碑文』-高麗篇-, 伽山文庫, 1994.

장동익, 『日本古中世高麗資料研究』, 서울대출판부, 2004.

장동익, 『高麗時代 對外關係史 綜合年表』, 동북아역사재단, 2009.

趙東元, 『韓國金石文大系』 1~7권, 1973~1993.

崔根泳 외 편역, 『日本 六國史 韓國關係記事』 原文·譯註, 가락국사적개발연구
　　　원, 1994.

崔英成, 『註解 四山碑銘』, 亞細亞文化社, 1987.

崔英成, 『譯註 崔致遠全集』 1, 四山碑銘, 亞細亞文化社, 1998.

崔英成, 『譯註 崔致遠全集』 2, 孤雲文集, 亞細亞文化社, 1999.

한국역사연구회 편, 『譯註 韓國古代金石文』 III, 가락국사적개발연구원. 1992.

한국역사연구회 편, 『譯註 羅末麗初金石文』 上·下, 혜안, 1996.

許興植, 『韓國中世社會史資料集』, 亞細亞文化社, 1976.

許興植, 『韓國金石全文』, 亞細亞文化社, 1984.

黃壽永, 『韓國金石遺文』, 一志社, 1985.

2. 저서

郭丞勳, 『통일신라시대의 정치변동과 불교』, 국학자료원, 2002.

權悳永, 『古代韓中外交史－遺唐使研究－』, 一潮閣, 1997.

金昌謙, 『新羅 下代 王位繼承 研究』, 景仁文化社, 2003.

金杜珍, 『新羅下代禪宗思想史研究』, 一潮閣, 2007.

金福順, 『新羅華嚴宗研究』, 民族社, 1990.

金福順, 『韓國古代佛教史研究』, 民族社, 2002.

金相鉉, 『新羅華嚴思想史研究』, 民族社, 1991.

김상현, 『신라의 사상과 문화』, 一志社, 1999.

金成俊, 『韓國中世政治法制史研究』, 一潮閣, 1985.

金壽泰, 『新羅中代政治史研究』, 一潮閣, 1996.

金英美, 『新羅佛教思想史研究』, 民族社, 1994.

金哲埈, 『韓國古代社會研究』, 知識産業社, 1975.

金哲埈, 『韓國古代史研究』, 서울대출판부, 1990.

김호동, 『한국 고·중세 불교와 유교의 역할』, 景仁文化社, 2007.

文暻鉉, 『高麗太祖의 後三國統一研究』, 螢雪出版社, 1987.

朴南守, 『新羅手工業史研究』, 신서원, 1996.

邊太燮, 『高麗政治制度史研究』, 一潮閣, 1993.

서영대·송화섭 엮음, 『용, 그 신화와 문화』 한국편, 민속원, 2002.

申瀅植, 『三國史記研究』, 一潮閣, 1977.

申瀅植, 『統一新羅史研究』, 三知院, 1990.

申虎澈, 『後百濟 甄萱政權研究』, 一潮閣, 1983.

李基東, 『新羅骨品制社會와 花郎徒』, 一潮閣, 1984.

李基東, 『新羅社會史研究』, 一潮閣, 1997.

李基白, 『新羅政治社會史研究』, 一潮閣, 1974.

李基白, 『新羅時代의 國家佛教와 儒教』, 한국연구원, 1978.

李基白 편, 『高麗光宗研究』, 一潮閣, 1981.

李基白, 『新羅思想史研究』, 一潮閣, 1986.

李基白 외, 『崔承老上書文研究』, 一潮閣, 1993.

이동철, 『한국 용설화의 역사적 전개』, 민속원, 2005.

李明植, 『新羅政治史研究』, 螢雪出版社, 1992.

李文基, 『新羅兵制史研究』, 一潮閣, 1997.

李樹健, 『韓國中世社會史研究』, 一潮閣, 1985.

李在云, 『崔致遠 研究』, 백산자료원, 1999.

李佑成, 『新羅四山碑銘』, 亞細亞文化社, 1995.

李仁哲, 『新羅政治制度史研究』, 一志社, 1993.

李仁哲, 『新羅村落社會史研究』, 一志社, 1996.

李鍾旭, 『新羅骨品制研究』, 一潮閣, 1999.

장일규, 『최치원의 사회사상 연구』, 신서원, 2008.

全基雄, 『羅末麗初의 政治社會와 文人知識層』, 혜안, 1996.

鄭容淑, 『高麗時代의 后妃』, 民音社, 1992.

鄭容淑, 『高麗王室族內婚研究』, 새문사, 1988.

鄭淸柱, 『新羅末高麗初 豪族研究』, 一潮閣, 1996.

曹凡煥, 『新羅禪宗研究』, 一潮閣, 2001.

趙仁成, 『태봉의 궁예정권 연구』, 푸른역사, 2007.

崔根泳, 『統一新羅時代의 地方勢力研究』, 신서원, 1990.

崔英成, 『崔致遠의 思想研究』, 亞細亞文化社, 1990.

崔英成, 『崔致遠의 哲學思想』, 亞細亞文化社, 2001.

崔在錫, 『韓國古代社會史研究』, 一志社, 1987.

추만호, 『나말여초 선종사상사 연구』, 이론과 실천, 1992.

河炫綱, 『韓國中世史研究』, 一潮閣, 1988.

한국고대사연구회 편, 『新羅末 高麗初의 政治·社會變動』, 신서원, 1994.

한규철, 『渤海의 對外關係史』, 신서원, 1994.

黃善英, 『나말여초 정치제도사 연구』, 국학자료원, 2002

326

黃善英, 『高麗初期王權研究』, 동아대출판부, 1988.

3. 논문

Vladimir Tikhonov, 「景文王의 儒·佛·仙 融化政策」, 『아시아문화』 12호, 아시아
　　　문화연구소, 1996.

姜敎求, 「鮑石亭의 종교사적 이해」, 『韓國思想史學』 4·5 합집, 한국사상사학회,
　　　1993.

具山祐, 「高麗 成宗代 對外關係의 展開와 그 政治的 性格」, 『韓國史研究』 78집,
　　　한국사연구회, 1992.

具山祐, 「나말여초의 울산지방과 朴允雄」, 『韓國文化研究』 5집, 1992.

권덕영, 「신라 하대 朴氏勢力의 동향과 '朴氏 王家'」, 『韓國古代史研究』 49집,
　　　2008.

권영오, 「신라하대 왕위계승과 상대등」, 『지역과 역사』 10집, 부경역사연구소,
　　　2002.6.

權英五, 「김위홍과 진성왕대 초기 정국 운영」, 『大丘史學』 76집, 대구사학회,
　　　2004.8.

權英五, 「新羅史 時期區分과 『三代目』」, 『韓國古代史研究』 45집, 한국고대사학
　　　회, 2007.3.

權英五, 「진성여왕대 농민봉기와 신라의 붕괴」, 『新羅史學報』 11집, 신라사학회,
　　　2007.12.

김갑동, 「신라의 멸망과 경주세력의 동향」, 『新羅文化』 10·11합집, 동국대
　　　신라문화연구소, 1994.

金基興, 「桃花女·鼻荊郎 설화의 역사적 진실」, 『韓國史論』 41·42 합집, 1999.

金基興, 「신라 處容說話의 역사적 진실」, 『歷史敎育』 80집, 역사교육연구회,
　　　2001.

金杜珍, 「新羅 眞平王代 初期의 政治改革」, 『震檀學報』 69집, 진단학회, 1990.

金杜珍, 「新羅下代 禪師들의 中央王室 및 地方豪族과의 관계」, 『韓國學論叢』
　　　20집, 1998.

金相鉉, 「皇龍寺九層塔考」, 『중재장충식박사화갑기념논총』 논총간행위원회,
　　　1992.

김상현, 「九世紀 후반의 海印寺와 新羅 王室의 후원」, 『新羅文化』 28집, 동국대

신라문화연구소, 2006.8.

金壽泰, 「高麗 本貫制度의 成立」, 『震檀學報』 52집, 震檀學會, 1981.

金壽泰, 「新羅 宣德王·元聖王의 王位繼承-元聖王系의 성립과 관련하여」, 『東亞研究』 6집, 서강대 동아연구소, 1985.

金蓮玉, 「高麗時代 慶州金氏의 家系」, 『淑大史論』 11·12 합집, 1982.

金英美, 「新羅 下代 儒佛一致論과 그 의의」, 『白山學報』 52호, 白山學會, 1999.

金煐泰, 「新羅佛敎에 있어서의 龍神思想-三國遺事를 中心으로-」, 『佛敎學報』 11집, 동국대 불교문화연구원, 1974.

金毅圭, 「韓國母系制 社會說에 대한 檢討」, 『韓國史研究』 23집, 한국사연구회, 1979.

金志眼, 「新羅 景文王의 王權强化政策」, 『慶州史學』 21집, 慶州史學會, 2002.

金昌謙, 「新羅 景文王代 '修造役事'의 政治史的 考察」, 『閔丙河敎授停年紀念論叢』, 1988.

金昌謙, 「新羅 下代 孝恭王의 卽位와 非眞骨王의 王位繼承」, 『史學硏究』 58·59합집, 한국사학회, 1999.

金昌謙, 「新羅 下代의 王位繼承과 遺詔」, 『白山學報』 56집, 백산학회, 2000.

金昌謙, 「新羅 下代 王位繼承의 性格」, 『慶州文化研究』 4집, 2001.

金哲埈, 「崔承老의 時務 28條」, 『趙明基 記念論叢』, 1965/ 『韓國古代社會研究』 1975.

金晧東, 「崔殷含-承老 家門에 관한 研究」, 『嶠南史學』 2집, 영남대학교, 1986.

文暻鉉, 「新羅 朴氏의 骨品에 대하여」, 『歷史敎育論集』 13·14합집, 1990.

朴慶植, 「9世紀 新羅 石造美術의 造成背景-景文王系의 改革政治를 中心으로」, 『중재장충식박사화갑기념논총』, 간행위원회, 1992.

박미선, 「「崇福寺碑文」을 통해본 憲康王과 崔致遠의 정치적 성격」, 『湖南文化研究』 34집, 전남대 호남문화연구소, 2004.

朴承範, 「9~10世紀 東아시아 地域의 交易-新羅末·高麗初 韓半島를 中心으로-」, 『中國史研究』 29집, 2004.4.

朴漢卨, 「王建世系의 貿易活動에 대하여-그들의 出身究明을 中心으로-」, 『史叢』 10집, 고려대학교 사학회, 1965.

朴漢卨, 「高麗 王室의 起源-高麗의 高句麗 繼承理念과 關聯하여-」, 『史叢』 21·22합집, 고려대학교 사학회, 1977.

朴漢卨, 「羅末麗初의 西海岸交涉史 研究」, 『國史館論叢』 제7집, 국사편찬위원회,

328

1989.12.

서의식, 「新羅 下代 六頭品 村主와 沙湌重位制의 施行」, 『歷史敎育』 제111집, 역사교육연구회, 2009.

송봉호, 「전통신앙과 불교의 대립에 관한 연구—구룡관련 창사설화를 중심으로 —」, 『한국무속학』 7집, 한국무속학회, 2003.

송은일, 「新羅下代 景文王系의 成立」, 『전남사학』 22집, 전남사학회, 2004.

宋銀日, 「신라하대 憲康王의 친정체제 구축과 魏弘」, 『新羅史學報』 5집, 신라사학회, 2005.

송은일, 「眞聖王代 『三代目』의 修撰」, 『歷史學硏究』 제27집, 호남사학회, 2006.7.

송은일, 「최치원의 「鸞郞碑序」의 찬술과 그 의도」, 『歷史學硏究』 34집, 2008.

申東益, 「居陀知 說話 小考—龍救出譚의 比較를 中心으로—」, 『陸士論文集』 26집, 육군사관학교, 1984.6.

申蓮雨, 「『三國遺事』居陁知 說話의 神話的 屬性」, 『論文集』 48집, 서울産業大學校, 1998.12.

申瀅植, 「羅末麗初 渡唐留學生硏究」, 『古代韓中關係史의 硏究』, 三知院, 1987.

申瀅植, 「羅末麗初의 宿衛學生」, 『韓國古代史의 新硏究』, 一潮閣, 1984.

申虎澈, 「新羅의 滅亡과 甄萱」, 『忠北史學』 2집, 충북사학회, 1989.

申虎澈, 「甄萱政權의 對外政策」, 『後百濟 甄萱政權 硏究』, 一潮閣, 1993.

신호철, 「후백제 견훤 왕의 역사적 평가와 그 의미」, 『후백제와 견훤』, 백제연구소, 2000.

신호철, 「신라의 멸망원인」, 『韓國古代史硏究』 50집, 한국고대사학회, 2008.6.

陰善赫, 「新羅 敬順王의 卽位와 高麗 歸附의 政治的 性格」, 『全南史學』 11집, 전남사학회, 1997.

李基東, 「羅末麗初 文翰機構와 近侍機構의 擴張」, 『歷史學報』 77집, 역사학회, 1978.

李基東, 「新羅金入宅考」, 『震檀學報』 45집, 진단학회, 1978.

李基東, 「新羅 下代의 王位繼承과 政治過程」, 『歷史學報』 85집, 역사학회, 1980.

李基東, 「9세기 신라사 이해의 기본과제」, 『新羅文化』 26집, 동국대 신라문화연구소, 2005.

李基東, 「후삼국시대의 전개와 新羅의 終焉」, 『新羅文化』 27집, 동국대 신라문화연구소, 2006.

李基白, 「新羅私兵考」, 『歷史學報』 9집, 역사학회, 1957.

李基白, 「新羅骨品制下의 儒敎的 政治理念」, 『大東文化硏究』 6 · 7합집, 1970.

李基白, 「高麗 貴族社會의 形成」, 『한국사』 4, 1974/ 『高麗貴族社會의 形成』, 一潮閣, 1990.

李基白, 「三國遺事 紀異篇의 考察」, 『新羅文化』 1집, 동국대학교 신라문화연구소, 1984.

李明植, 「新羅末 朴氏王代의 展開와 沒落」, 『大邱史學』 83집, 대구사학회, 2006.

李文基, 「崔致遠 撰 9세기 후반 佛國寺 關聯資料의 檢討」, 『新羅文化』 26집, 동국대 신라문화연구소, 2005.

李文基, 「新羅 孝恭王(嶢)의 太子冊封과 王位繼承」, 『歷史敎育論集』 39집, 역사교육학회, 2007.8.

李文基, 「新羅 孝恭王(嶢)의 출생과 王室의 認知 時期에 대하여」, 『新羅文化』 30집, 동국대 신라문화연구소, 2007.

李培鎔, 「新羅下代 王位繼承과 眞聖女王」, 『千寬宇先生還曆紀念 韓國史學論叢』, 正音文化社, 1985.

李龍範, 「處容說話의 一考察」, 『震檀學報』 32집, 진단학회, 1969.

李佑成, 「三國遺事所載 處容說話의 一分析」, 『金載元博士回甲紀念論叢』, 乙酉文化社, 1969.

李在云, 「崔致遠의 生涯 硏究」, 『全州史學』 3집, 1995.

李鍾旭, 「新羅時代의 眞骨」, 『東亞硏究』 6집, 서강대 동아연구소, 1985.

李鍾旭, 「新羅下代의 骨品制와 王京人의 住居」, 『新羅文化』 제7집, 동국대 신라문화연구소, 1990.

李鍾恒, 「新羅의 下代에 있어서의 王種의 絶滅에 대하여」, 『法史學硏究』 2집, 한국법사학회, 1975.

李泰鎭, 「金致陽亂의 性格」, 『韓國史硏究』 17집, 한국사연구회, 1977.

李賢淑, 「羅末麗初 崔彦撝의 政治的 活動과 位相」, 『梨花史學硏究』 22집, 1995.

張日圭, 「新羅末 慶州崔氏 儒學者와 그 活動」, 『史學硏究』 45집, 한국사학회, 1992.

張日圭, 「최치원의 귀국후 활동과 은둔」, 『史學硏究』 76집, 한국사학회, 2004.

張日圭, 「숭복사비명과 경문왕계 왕실」, 『歷史學報』 192집, 역사학회, 2006.12.

全基雄, 「羅末麗初의 地方社會와 知州諸軍事」, 『慶南史學』 4집, 경남사학회, 1987.

全基雄, 「新羅 下代末의 政治社會와 景文王家」, 『釜山史學』 16집, 부산사학회,

330

1989.

全基雄, 「高麗初期의 新羅系勢力과 그 動向」, 『釜大史學』 17집, 부대사학회, 1993.

全基雄, 「新羅 下代의 花郎勢力」, 『新羅文化』 10 · 11합집, 동국대 신라문화연구소, 1994.

全基雄, 「新羅末期 政治社會의 動搖와 6頭品知識人」, 『新羅末 · 高麗初의 政治社會變動』, 신서원, 1994.

全基雄, 「나말여초의 대일관계사 연구」, 『韓國民族文化硏究』 9집, 부산대 한국민족문화연구소, 1997.

全基雄, 「眞聖女王代의 花郎 孝宗과 孝女知恩 說話」, 『韓國民族文化』 25집, 부산대 한국민족문화연구소, 2005.

全基雄, 「憲康王代의 정치사회와 '處容郎望海寺'條 설화」, 『新羅文化』 26집, 동국대 신라문화연구소, 2005.

全基雄, 「신라말의 개혁과 최치원」, 『新羅史學報』 5집, 신라사학회, 2005.

全基雄, 「신라말 효공왕대의 정치사회 변동」, 『新羅文化』 27집, 동국대 신라문화연구소, 2006.2.

全基雄, 「신라의 멸망과 朴氏王家」, 『韓國民族文化』 31집, 부산대 한국민족문화연구소, 2008.4.

全基雄, 「『삼국유사』 소재 '眞聖女大王居陁知'조 설화의 검토」, 『한국민족문화』 38집, 부산대 한국민족문화연구소, 2010.11.

田美姬, 「新羅 景文王 · 憲康王代의 「能官人」登用政策과 國學」, 『東亞硏究』 17집, 서강대 동아연구소, 1989.

정선용, 「高麗太祖의 對新羅同盟 체결과 그 운영－新羅 景明王 · 景哀王과의 交涉을 중심으로」, 『韓國古代史探究』 3집, 한국고대사탐구학회, 2009.12.

鄭容淑, 「高麗初期 婚姻政策의 추이와 王室族內婚의 成立」, 『韓國學報』 37집, 1984/『高麗王室族內婚硏究』, 1988.

鄭容淑, 「公主의 婚姻關係를 통해 본 王室婚의 實狀」, 『高麗王室族內婚硏究』, 새문사, 1988.

丁元卿, 「新羅景文王代의 願塔建立」, 『박물관연구논집』 1호, 부산시립박물관, 1992.

丁仲煥, 「眞聖女王陵考」, 『考古美術』 105호, 한국미술사학회, 1970.

曺凡煥, 「新羅末 朴氏王의 登場과 그 政治的 性格」, 『歷史學報』 129집, 역사학회, 1991.

曺凡煥, 「新羅末 敬順王의 高麗 歸附」, 『李基白先生古稀紀念 韓國史學論叢』 上, 1994.

曺凡煥, 「羅末 聖住山門과 新羅王室」, 『國史館論叢』 82집, 국사편찬위원회, 1998.

曺凡煥, 「新羅末 花郎勢力과 王位繼承」, 『史學研究』 57집, 한국사학회, 1999.

曺凡煥, 「新羅 下代 景文王의 佛教政策」, 『新羅文化』 16집, 동국대 신라문화연구소, 1999.

趙仁成, 「新羅末 農民反亂의 背景에 대한 一試論」, 『新羅末·高麗初의 政治社會變動』, 신서원, 1994.

池憲英, 「三代目」研究 序說」, 『東方學誌』 68집, 연세대 국학연구원, 1990.

蔡尙植, 「新羅統一期의 成典寺院의 구조와 기능」, 『釜山史學』 8집, 부산사학회, 1984.

崔柄憲, 「新羅下代社會의 動搖」, 『한국사』 3, 국사편찬위원회, 1978.

최의광, 「〈三國史記〉〈三國遺事〉에 보이는 新羅의 '國人' 記事 檢討」, 『新羅文化』 25집, 동국대 신라문화연구소, 2005.

崔在錫, 「新羅의 花郎과 花郎集團」, 『韓國古代社會史研究』, 一志社, 1987.

崔在錫, 「新羅王室의 王位繼承」, 『歷史學報』 98집, 역사학회, 1983.

최홍조, 「신문왕대 김흠돌 난의 재검토」, 『大邱史學』 58집, 대구사학회, 1999.

河炫綱, 「高麗初期 崔承老의 政治思想研究」, 『梨大史苑』 12집, 1975.

한기문, 「신라말 선종사원의 형성과 구조」, 『한국선학』 2호, 한국선학회, 2001.

黃善英, 「敬順王의 歸附와 高麗初期 新羅系 勢力의 基盤」, 『韓國中世史研究』 14집, 한국중세사학회, 2003.

黃善英, 「新羅下代 景文王家의 王位繼承과 政治的 推移」, 『新羅文化』 27집, 동국대 신라문화연구소, 2006.

黃善英, 「高麗初期 公服制의 成立」, 『釜山史學』 12집, 부산사학회, 1987.

菅野銀八, 「新羅興寧寺澄曉大師塔碑の撰者について」, 『東洋學報』 13-2, 1923.

池內宏, 「新羅の骨品制と王統」, 『東洋學報』 28, 1941.

末松保和, 「新羅三代考」, 『新羅史の諸問題』, 東洋文庫, 1954.

井上秀雄, 「新羅朴氏王系の成立-骨品制の再檢討」, 『朝鮮學報』 47, 1968.

丸龜金作, 「高麗朝の新羅系勢力」, 『朝鮮學報』 48, 1968.

본서 수록 논문 출전

1. 「高麗初期의 新羅系勢力과 그 動向」, 『釜大史學』 17집, 부산대학교 사학회, 1993.6.
2. 「新羅下代의 花郎勢力」, 『新羅文化』 10 · 11합집, 동국대 신라문화연구소, 1994.
3. 「眞聖女王代의 花郎 孝宗과 孝女知恩 說話」, 『韓國民族文化』 25, 부산대 한국민족문화연구소, 2005.4.
4. 「憲康王代의 정치사회와 '處容郎望海寺'條 설화」, 『新羅文化』 26집, 동국대 신라문화연구소, 2005.8.
5. 「신라말의 개혁과 최치원」, 『新羅史學報』 5집, 신라사학회, 2005.12.
6. 「신라말 효공왕대의 정치사회 변동」, 『新羅文化』 27집, 동국대 신라문화연구소, 2006.2.
7. 「신라의 멸망과 朴氏王家」, 『韓國民族文化』 31집, 부산대 한국민족문화연구소, 2008.4.
8. 「『삼국유사』 소재 '眞聖女大王居陁知'조 설화의 검토」, 『한국민족문화』 38집, 부산대 한국민족문화연구소, 2010.11.

찾아보기

ㄱ

가무　100
看燈　45
康公萱　214
康州　155
開雲浦　107
居陁知　147, 154
거타지 설화　147
견훤　222, 248
景明王　247, 249, 262, 270
景文王家期　44
敬順王 金傅　80, 85, 252, 254, 274,
　　280, 294
景哀王 위응　235, 250, 262, 272
繼康　219, 243, 245
鷄林黃葉　183
啓明　32
桂元　34
鵠島　150
鵠嶺靑松　183
骨法　47, 191
光和夫人　32
9州　215
具足達　290
國人　142, 203, 240
群臣會議　277

궁예　190, 222
權臣　141
歸附　267
균여　293
金剛嶺　110
紀異　129
金樂　249
金蘭　35
金成　221, 243, 247
金岳　292
金億廉　37, 80, 214, 220, 248
金禮　283
金雄廉　244, 253
金幼卿　249
金裕廉　243, 276, 283
金仁匡　214
金仁允　283
金鎰　214, 282
金處誨　149
金行濤　214
金憲昌　29

ㄴ

樂浪公主　281
南山神　72, 108

334

「納旌節表」　195
郎　102

ㄷ

다라니　138
端儀長翁主　121
達姑狄　272
大矩和尙　36, 46
大道曲　36, 46
대야성　251
대야성 전투　219
同禮殿　110

ㅁ

望海寺　107
明基　27
文官　233
問群曲　36, 46
文臣官僚層　292
文元　233
文資王后　33, 197
美少年　54
敏恭　93, 118

ㅂ

朴秀宗　232
박씨왕실　230, 240, 247
百座講會　45
範敎師　31
夫禮郎　71
鳧好夫人　141
鼻荊郎　101
貧女養母條　61

ㅅ

謝嗣位表　192
私邸의 家人　302
사천왕사　257
『三代目』　45
三郎寺　89
上首　31
祥審　109
霜髥舞　109
西海若　150
禪讓　194
禪宗　121
聖帶　261
城主　177, 213
成虎大王　233
少年美丈夫　135, 142
蘇律熙　214
蘇忠子　214
孫紹　291, 292
叔宗郎　34
順弘角干　233
術士　302
시무 10조　171
神宮　262
신덕왕 景暉　216, 217, 236
신라 歸附人　280, 304
신라 三寶　261
신라의 歸附　266
神鷲宮　279
神聖王后　297
神穴寺　303
信弘　117

ㅇ

아달라왕　231

安樂　27
安宗 郁　282, 297
哀伊主　285
양길　222
「讓位表」　192, 200
兩尊寺　66
『어법집』　95
언옹　244
疫神　52
連權　65
燕丹　136
連乂　285
英景　244
乂謙　117, 119, 170, 200, 311
예겸세력　202, 239
譽昕郎　34
5小京　215
玉刀鈴　110
王居仁　136, 169
왕거인 사건　132
왕건　248
왕경　124
王逢規　158, 214
王順式　214
王融　295
왕의 庶子　190
王池本　214
邀元郎　34
龍神信仰　108
于公　136
元宗과 哀奴의 난　205
元弘角干　233
月上樓　93
魏弘　45, 114, 140, 310
遊　68, 71, 97
帷宮　189

流觴曲水　68
遺詔　81
柳勳律　290
6두품　122, 174
6두품 지식인　207, 287
殷影　224
膺廉　30
義明王太后　196
義明王后　197
李金書　286
李桓樞　290
林彦　159, 284

ㅈ

작제건　154
작제건 설화　152
長沙宅　234
赤袴賊　205
貞和夫人　231
州·府　215
俊興　211, 218
地伯級干　110
知州軍州事　176
知州諸軍事　59, 176, 213, 214
眞聖女王　139, 193
진성여대왕거타지　131

ㅊ

處容　51
處容郎望海寺　89
처용설화　97
천재지변　223, 259
賤妾　224
村主　215

崔光遠　288

崔光胤　288, 290

崔亮　292

崔承老　288, 292

최언위　287

崔殷含　288

최지몽　293, 295

崔致遠　33, 164, 171

崔行歸　288, 292

崔行言　284

鄒衍　136

出遊　73, 98

花郎勢力　26, 55, 84

皇龍寺　44

皇龍寺九層塔　115, 257

孝恭王 嶢　179, 188, 189

孝女知恩　38

효녀지은 설화　59, 58, 60, 75

孝廉　244

孝養坊　75

孝宗　37, 42, 67, 80, 216

興廉大王　233

＿ㅍ

八關會　109

平俊　285

鮑石祠　73

鮑石亭　71, 108, 252

鮑石亭 出遊　68

風流道　123

＿ㅎ

賀正使　172

憲康王　88, 111, 112

憲安王　31

獻哀王后　299

獻貞王后　299

玄琴抱曲　36, 46

玄昇　247

현종(대량군)　299

惠成大王　117

化達　81

花郎　25

花郎徒　105